基于人文通识教育的法语教学模式研究

葛莉 著

吉林大学出版社

图书在版编目（CIP）数据

基于人文通识教育的法语教学模式研究 / 葛莉著 .
—长春 : 吉林大学出版社 , 2018.7
ISBN 978-7-5692-2555-6

Ⅰ . ①基… Ⅱ . ①葛… Ⅲ . ①法语—教学模式—研究
Ⅳ . ① H329.3

中国版本图书馆 CIP 数据核字 (2018) 第 167907 号

基于人文通识教育的法语教学模式研究
JIYU RENWEN TONGSHI JIAOYU DE FAYU JIAOXUE MOSHI YANJIU

作　　者　葛莉　著
策划编辑　曲天真
责任编辑　赵国复
责任校对　曲天真
装帧设计　黄晓娟
出版发行　吉林大学出版社
社　　址　长春市人民大街 4059 号
邮政编码　130021
发行电话　0431-89580028/29/21
网　　址　http://www.jlup.com.cn
电子邮箱　jdcbs@jlu.edu.cn
印　　刷　廊坊市海涛印刷有限公司
开　　本　710mm×1000mm　　1/16
印　　张　20.5
字　　数　420 千字
版　　次　2018 年 10 月　第 1 版
印　　次　2022 年 8 月　第 2 次
书　　号　ISBN 978-7-5692-2555-6
定　　价　78.00 元

目 录

第四章　法语语用问题研究

第五章　法语词汇研究

第六章　语法

第七章　篇章

第八章　语言学与法语教学

第九章　从语言学到文学

第十章　中世纪文学

第一章
人文通识教育理念和法语教学

美国教授帕卡德首次将人文通识教育与大学教育联系起来，通识教育逐渐成为美国大学本科教育的传统，针对人文通识教育的研究也是成果丰硕。本书的研究通过阅读国内外相关文献、硕士博士论文及专著，对相关研究进行归纳总结并将研究内容归纳为以下三个方面：

1. 对通识教育实施中的问题研究；奥里林在《通识教育的困境：一个研究型大学中课程改革的讨论》（2007）、刘易斯在《失去灵魂的卓越哈佛是如何忘记教育宗旨的》（2012）、黄坤锦的《美国大学的通识教育——美国心灵的攀登》（2006）中都对美国大学通识教育的历史进行了追述和分析，梳理了美国大学通识教育的理论与实践并对美国通识教育的实施现状提出了批评。

2. 对通识教育实施方式的探讨。汤吉斯的《通识教育和院校文化：案例研究》（2012）、沃肯能的《通识教育是如何改变学生的》（2013）、沃克的《通识课群对大学新生的影响》（2010）等文章都通过案例研究探讨了通识教育实施的方式。

3. 对高校通识教育实施情况进行调查并提出建议。博耶的《学院——美国本科生的经历》（1987）、麦克耐利的《研究型大学中的自由学习：通识项目中的课程分布》（2004）、范耐里的《美国学院中的通识教育》（1997）都在实证调查的基础上探讨了美国大学本科教育的实施情况及不足。

国内方面：改革开放之后，高校教育改革越发关注对人的培养，学者们在教学与人的人文素养发展方面也开展了大量的研究。在 CNKI 数据库中，以"人文教育"为关键词进行搜索，从 1996 年至 2017 年，相关文献共计 4,482 条，期刊文献 4,206 篇，硕士博士论文219 篇；其中既包括对人文教育宏观的论述，也有对具体学科的探讨。通过整理和分析，本研究将其主要内容概括为以下几个方面：

1. 关于人文通识教育课程体系的研究。冯惠敏教授的《大学通识教育课程体系的构建与实施》（1996）、张寿松的《大学通识教育课程论稿》（2005）、彭寿清的《大学通识教育课程设计研究》（2006）等著作从通识教育课程的理论基础、要素内容、类型模式、实践案例等不同视角进行了研究。

2. 关于通识教育课程设置与实施的研究。如李曼丽（2001）介绍了通识教育课程的四种主要设置类型——分布必修型、核心课程型、名著课程型和自由选修型；熊贤君、金保华（2000）提出了通识教育课程的几种类型：国家的历史与问题的知识、哲学文学艺术的修养、介绍科学发展、方法与知识的课程；陶成（2010）建议分类必修、经典名著课程和开展第二课堂可以成为适合我国大学的人文通识教育课程实施途径；刘少雪（2010）等指出跨学科综合研究型课程模式已成为当今大学通识教育课程设置的有效方式。

3. 关于通识教育课程的实证调查研究。李曼丽等（2001）以北大、清华、人大、北师大四所高校为例调查了我国高校通识教育课程现状；冯惠敏、曾德军（2015）调查分析了武汉大学通识教育现状和问题；余凯《关于我国大学通识教育的调查与分析》（2003）参照卡内基教育促进基金会对美国大学的调查结果，对我国大学通识教育课程实施中的问题展开分析，并提出了政策性建议；陈秀平和刘拓（2003）对武汉大学、上海交通大学、吉林大学等五校的通识教育课程设置进行调查，发现问题并提出改进建议。

在外语人文教育方面的研究主要涉及外语教学与人的兴趣、动机、情绪、自信心、合作、学习策略以及自主学习等相关话题的研究。有关外语人文教育的研究成果主要归纳为以下几个方面：

1. 在教学理念方面，于根元先生强调了语言的人文性；林珈仰在《基于大学法语教学中文化意识培养的研究》（2015）一文中强调了人文精神培养在法语教育中的重要地位；罗常培的《语言与文化》（1950）、周振鹤，游汝杰的《方言与文化》（1986），何丽娟的《大学法语教学中文化意识的培养》（2011）、齐金雪的《浅议如何在高校法语教学中培养学生文化意识》（2011）这些研究成果都从不同的角度探讨了语言与文化的关系，旨在倡导培养学习者的文化意识和跨文化交际能力。

2. 在教学法方面，其中既包括基于提高综合素质的、基于交际能力培养的、基于学生情感态度的、基于学生学习方法的，也包括基于差异性的、还有的基于心理倾向性，侧重理论研究的有张正中的"外语立体化教学法"、章兼中的"十字教学法"等；侧重实践操作的有王才仁教授的"双重活动教学法"、刘兆义等提出的"整体教学法"、郝又明老师提出的"分级教学法""张思中教学法"等。

人文通识教育和法语教学：

目前学界对于通识教育、大学文化、外语人才培养的研究并不少，但缺乏对通识教育文化与外语人才培养关系的深入研究，从通识教育视角去解读外国文化、文化育人的研究更是寥寥可数，即使在已有的少量研究成果中，基本也都是以教育理念、文化环境、教育实践为出发点对人才培养所起影响的研究，缺乏深入全面的分析和论述。就学科而言，当前外语教学与人文通识教育的结合通常体现在英语学科；在法语教学中实施人文教育，无论是其具体实施，还是理论研究，目前都还处在探索和尝试的阶段。因此，本研究针对高校人文学科的发展特点对法语教学进行改革，在实践中摸索、总结并提出了以人文通识教育为主线，培养具有创新素质法语人才为目的的全新教育理念，坚持将课程教学与人文通识教育相结合，对法语专业学生知识体系的应对性和完整性进行构建，并明确了法语教学的目的不仅仅是提高学生的语言技能，更应培养具有创新素质的法语人才。课程教学不仅锻炼了学生的语言能力，还潜移默化地培养了学生的创新精神、创新能力和创新人格，真正做到了将人文通识教育与素质教育体现在课程教学中，并使之成为课程教学的一个内在组成部分。

教育的根本出发点是培养全面和谐发展的人才。在教育的过程中，科学知识的传授，能力的训练当然至关重要，但人文素养的培养对学生全面和谐发展也起着至关重要的作用。培养学生人文素养与人的和谐发展的提出有着深厚的理论基础，其中人文主义教育思想与马克思、苏霍姆林斯基关于以人的和谐发展思想为本研究提供了深厚扎实的理论支持。

1. 人文主义的教育思想

人文主义教育是人性的教育，是使人"成为人"的教育。人文主义教育可以帮助学生"精神成人"，培养学生成为具有健全的情感精神、安命立世的本领、独立的个性、完善的人格、富有责任感和创造力的自由、全面、和谐、可持续发展的人，最终教会学生如何做人与做事，生存与发展。人文主义教育思想的历史源远流长，为后人进行人文主义教育研究提供了坚实的理论基础。

2. 人的和谐发展思想

人的和谐发展是一个古老而永恒的话题。每一个时代都赋予了它不同的含义。随着社会的变化和发展，其价值意义并未随社会的变迁和岁月的流逝而有所贬值。同时，人的和谐发展的思想源远流长，我国古代文化典籍《易经》里有"天人合一"的观点，其基本含义是"人物交融，主客浑一，人与自然融合"，强调的是一种"人道"与"天道"的和谐协调关系。先秦时期有"和合论"，教育要使人获得全面和谐的发展。在西方有古希腊雅典奴隶制国家关于"和谐人"的培养思想，还有卢梭"自然人"的追求，还有裴斯泰洛齐与苏霍姆林斯基关于"全面的和谐人"的教育思想等等。马克思主义的和谐教育思想是马克思主义的重要组成部分，它追求人的全面与和谐发展。不同的历史时期，不同的历史角度，对人的和谐发展就有不同的阐释，但其和谐发展的教育思想却给后人留下了坚实的理论基石。

在法语教学中培养人文素质势在必行。

1. 社会和时代发展的需要、法语学科自身的特点以及大学生的身心发展特点决定了我们有必要将法语教学与人文素质培养进行有机结合。

2. 大学法语教学中对学生人文素质培养可能存在学生对人文知识的重要性认识不够，人文知识结构不合理等现象以及教师对人文教学目标的认识不清，教学方法单一等现象。

3. 本著作拟从构建人文通识教育目标框架入手，采用以学生为本的课程价值取向，以提升学生的人文素养为课程的终极目标，以反映法语文化的真实材料和法国文学名著为主要内容，以多样性、连贯性和整合性为课程组织原则；以课程教学为中心、从课外活动、国际交流和导师指导、网络社群交流一点四轴的教学模式以及多维课程评价体系入手探讨法语教学人文素养培养模式的构建。

由于法语教学中对学生人文素质培养的现状不乐观、存在很多问题，比如教学目标，课程定位、教学内容，方法都比较单一局限，学生对人文知识的重要性认识不够，人文知识结构不合理以及教师对人文教学目标的认识不清等。因此提出人文通识教育理念指导下的法语教学人文素养培养模式构建的设想很有必要。本著作的思路就是：围绕这些现状和问题，设计基于人文通识教育理念的法语人文素质培养教学流程。

人文素质培养教学流程主要通过两大模块的课程体系建设来实现：法语语言学以及法国文学。这是基于通识教育的非常全面的法语教学内容，规避了大学法语教学由于专业性而导致的知识片面化和割裂性。法语语言学是法语教学的灵魂，研究的主要内容包括法语语音、法语语法、法语句法、法语语篇、法语语用、法语教学等。研究方法主要采用对比语言学的方法，并巧妙结合二语习得理论，将法语的语法、词汇、句法、语用等方面和英语以及汉语进行共时性对比。其余主要是笔者自己教学过程中的实践心得，从层次方面来讲可能不够深入，但是从实用性角度来讲却是真真切切经过教学检验的。尤其是动词变位以及语法的总结，对于一二年级的初学者来说可以避免走一些弯路。而法国文学是以文化为导向，更加契合人文社科的要求，它以法国文学的发展历史为线索，以各个时期的文学流派，典型作家，及其代表作作为研究对象，并分析其文化现象。在这一部分，笔者不仅仅是作简单的罗列，而是基于文献搜集的基础上对具有时代影响力的作家及作品进行梳理，分析和总结。本书的目的是着眼法语基础教学，因此主要对语言学和文学进行了宏观性的概括研究，以便读者对法语有一个全面的系统认识。这是笔者十几年教学的初步汇总，主要起铺垫性的作用，因此比较注重知识的全面涉及而没有专题化，但是过程和努力却是实实在在严谨的。在后续的教学以及研究中将会进一步更新、完善，以求细致化、专题化。

语言是人类最基本的技能和最重要的交际工具，它对于人类社会经济，政治和跨文化的发展至关重要。作为一种特殊的符号系统，语言同时又是非常抽象并难以解释的现象。语言学的研究受到国内外学者的一致关注。

西方重要的语言学家有下面几位：

美国当代语言学家诺姆·乔姆斯基（Noam Chomsky, 1928—），转换生成语法的创始人。著作有：《现代希伯莱语语素音位学》《转换分析》《句法结构》。乔姆斯基最有名的就是转换生成理论，他虽然不是法国人，但是他的语言学思想却是受法国文艺复兴时期笛卡尔理论的启迪。

瑞士语言学家费尔迪南·德·索绪尔（Ferdinand de saussure 1857-1913）。主要著作是《普通语言学教程》（*Cours de Linguistique Generale*），这部专著为语言学的后期研究提供了非常有价值的参考，20世纪的很多语言学理论都来源于此。索绪尔祖籍也是法国。他是现代语言学的重要奠基人，也是结构主义的开创者之一，被后人称为现代语言学之父、结构主义的鼻祖。

梅耶（1866-1936，Meillet, Antoine），1866年11月11日生于穆兰（Moulins），法国的语言学家，教育学家。他是索绪尔的学生，主要研究领域是斯拉夫语、伊朗语、梵语、爱尔兰语等，同时兼顾比较语法的研究。梅耶受社会学家埃米尔·迪尔凯姆[1]的影响，特别强调语言的社会性功能。著作有：《古斯拉夫语词源与词汇研究》《古典亚美尼亚语比较史概论》《论拉丁语变位的某些创新》《希腊语史概论》《古亚美尼亚语基础读本》《古波斯语语法》《历史语言学与普通语言学》《历史语言学中的比较方法》《日耳曼语言的一般特点》《拉丁语史概要》。

其次还有房德里耶斯、巴依、斑威尼斯特、居约里、杜柯等。法国语言学家层出不穷，他们都丰富并推动了法语语言学的研究。

语言学是以语言为研究对象的一门学科，是对语言的一种科学化、系统化的理论研究。语言学分为认知语言学、心理语言学、神经语言学、共时语言学、历时语言学、应用语言学、类型语言学、对比语言学等。对比语言学主要是为了解决教学问题而对两种语言的异同点进行对比研究的学科，这也是本文语言学部分的研究中主要使用的方法。索绪尔也强调指出语言单位的价值取决于它所在系统中的地位而不是它的历史，即语言的共时性研究。对比语言学属于语言共时性研究的范围。

---

1 法国犹太裔社会学家、人类学家，法国首位社会学教授。与卡尔·马克思及马克斯·韦伯并列为社会学的三大奠基人，主要著作是《自杀论》及《社会分工论》等。

第二章

从古法语到现代法语

2.1 法语的起源和法语区

法语属于印欧语系罗曼语族，这要上溯到公元前 7 世纪到 6 世纪。当时说相同语种的一些人移居欧洲大陆和印度两地，印欧语系由此而得名。但是这一历史事实直到 14 世纪在古印度发现了梵文之后才得以证实，那些表面上看似不同的法语、英语、德语、俄语等等其实都是来源于同一语系——印欧语系。

比较下这几个语种的相似之处：

Latin	Anglais	Allemand	Français
mater	mother	Mutter	mère
frater	brother	Bruder	frère
pater	father	Vater	père
sorror	sister	Schwester	sœur

法语发展到我们今天所看到的现代语言不是一朝一夕的，中间经历了几次语言大融合。拉丁语和希腊语是法语发展演变过程中经历的非常重要的两种语言。目前世界上五大洲都有说法语的地方，比如北非阿尔及利亚、亚洲越南、美洲加拿大的魁北克省、欧洲比利时等。虽然都为法语，然而各地法语由于融入本地特色而不尽相同。比如比利时法语有比较重的卷舌音，非洲人说法语碰到复杂动词通常不变位。越南虽曾经作为法国殖民地，然而地处亚洲，从根本上来讲和法语不属于同一语系，发音也和法国地道法语有差别。就是法国本身的法语也有南方北方差别。代表法国两种南北方方言的奥依语（oïl）和奥克语（oc）自古就有。还有越来越多的国际组织都为弘扬法语做出不可忽视的贡献，比如各地的法语联盟，其次，法语还有联合国（OMC）及下属国际组织、欧盟（UE）及下属机构、国际奥委会（CIO）、法语国家国际组织（OIF）、世贸组织（OMC）、国际红十字会（CICR）、北约组织（OTAN）等国际组织的官方语言。有很多国家讲法语如：

la Belgique, le Bénin, la Bulgarie, le Burkina Faso, le Burundi, le Cameroun, le Canada, la République Centrafricaine, les Comores, le République du Congo, la République Démocratique du Congo, la Côte-D'Ivoire, l'Égypte, la France, le Gabon, la Guinée, la Guinée-Bissau, la

Guinée équatoriale，

2.2 法语的变迁

希腊和古罗马文明在欧洲乃至全世界都影响深远。希腊的哲学、神学、心理学都在世界文明史上产生过巨大影响，而罗马帝国的文明强大程度也毫不逊色，尤其在战争领域的功绩很突出。因此法语中很多哲学、心理学、宗教、战争等方面的词汇都来源于希腊语或者拉丁语。虽然在演变过程中很多已经相对于现代法语变得面目全非，但是究其词根，还是能从法语中找出希腊语和拉丁语相关领域的词汇。

法语的变迁与法国历史的发展密切相关。古罗马帝国统治欧洲后在欧洲范围内大面积推行拉丁语，很多欧洲国家的语言都与拉丁语有渊源，只是拉丁语在进入各国的时候都或多或少混入了本族语或者方言，于是就有了属于各国不同特色的拉丁语。比如法语、意大利语、西班牙语都起源于拉丁语，有很多相似之处，但是却又不同。法语起源于拉丁语要上溯到公元前 1 世纪，罗马帝国恺撒大帝统治高卢（今法国）。当时作为文明古国的古希腊、古罗马艺术都是世界领先的。罗马帝国商业，文化都比当时的高卢发达，罗马人有自己的正式语言——拉丁语。罗马人入驻高卢之后，与高卢人的生意往来越来越频繁，于是语言交流成为必不可少的因素。高卢人的语言是凯尔特语，但是凯尔特语没有自己的文字，相对而言古罗马的文明程度远远胜过高卢，所以罗马人对高卢人进行文化渗透，在高卢地区推广罗马帝国使用的官方语言拉丁语。自此拉丁语替代高卢语，罗马帝国在高卢实现了进一步的语言文化上的征服。法国国家象征性的动物高卢雄鸡就是这一时期来的。古罗马人嘲笑高卢人的野蛮落后，高卢这个单词在拉丁语中的意思就是公鸡，古罗马人称高卢人是公鸡，而高卢人却认为公鸡雄赳赳气昂昂，和高卢人骁勇好战的气质相符合，于是就索性笑纳。拿破仑曾经一度想改掉这个所谓的法国象征动物，但都不得而成。

接下来是公元 5 世纪，日耳曼人入侵高卢，日耳曼人中最重要的一个分支——法兰克人最终统治高卢，高卢地区因此改名为法兰克，"法国"一词便由此而来。法兰克人的入住随之而来的就是法兰克语的推广，并逐步取代拉丁语。这种法兰克语、拉丁语以及高卢当地方语言的融合就形成了中世纪的罗曼语，罗曼语就是我们所说的古法语。再后来古法语经过长时间流行并规范才慢慢演变为现代法语。所以虽然法语起源于拉丁语，但是在发展过程中经过完善，已经比拉丁语简化了好多。这种拉丁语、罗曼语和法语并列为法国官方语言直到 17、18 世纪。17 世纪之前的文学作品很多用拉丁语或罗曼语写的，而之后的文学作品已经趋于现代法语，所以我们今天还是可以完全看懂的。

公元 4 世纪高卢语几乎消失，取而代之的是夹杂着高卢口音的拉丁语和日耳曼语，之后演变为罗曼语。法语中至今还保留着一百多个高卢语词汇，如：

Alouette

Balai

Bouleau

Bruyère

Caillou

Char

Chemin

Chêne

Druide

Dune

Glaise

Lande

Ruche

Soc

Tonneau...

在法语方言的诞生中，不得不提到的是查理大帝之后的一段时期。查理大帝的三个孙子争夺王位，日耳曼人路易和秃头查理联合起来发布《斯特拉斯堡宣言》，以对付他们的兄长洛泰尔。在宣读誓言的时候为了让双方战士都能听懂，他们没有使用共同的拉丁语，而是采用了各自方言。自此法语南北方方言 oïl（奥依语）和 oc（奥克语）形成。

但是学校授课还是采用的是拉丁语，然而拉丁语的词尾和格的变化比较复杂，一些文人开始提倡用法语。直至 16 世纪，拉丁语在日常生活中的地位慢慢衰落，相反地法语地位上升，句子的主谓宾结构也较为明确。例如：

les feuilles de vigne	dessinaient	leurs ombres	sur le sable（Flaubert）
Sujet	Verbe	C.O.D.	Circ. de lieu
Pars	tout de suite	et reviens	idem（Hugo）
Verbe	Adverbe	Verbe	Adverbe

一些文人效仿前人的做法或者翻译一些古籍，希望从古希腊和古罗马文化中寻找灵感，由此催生文艺复兴。

公元 1635 年法国曾经的红衣主教黎塞留建立法兰西文学院，现在主要由一些院士组成，旨在剔除外来词和俗语，为规范法语以及保护法语的纯正性。此外还有对古文献，希腊语和拉丁语的研究。性质比较保守。一些词典的修订和新词的诞生都来源于此。1694 年，第一部字典，法兰西文学院字典《Dictionnaire de l'Académie》问世。

从 1789 年法国大革命到 19 世纪，法国出现了很多新思潮，文学领域空前发展，法语词汇也随之丰富，特别是浪漫主义作家创造了很多崭新的法语词汇。

20世纪科技的进步使得来源于本国的科技词汇引入法语，比如英语，除了之前的 meeting,budget 外，还有典型的科技类新词汇如 bulldozer、cédérom、Internaute、zapper、brexile。

2.3 法语词根来源

法语中来源于拉丁语的词根有：vincere（战胜，征服），对应的法语单词是 vincre。annoncer（宣告，通知）一词也来源于拉丁语，词根是 nonc 和 nonciat，对应的拉丁语原单词是 nuntius（消息，通告）。还有源自拉丁语 cerealis（谷物的）的法语单词 céréal，虽然没有完全引用，但是从象形的角度讲还是有很高相似度的。céréal 一词在18世纪末才用作名词，之前都用作形容词。还有 naître（诞生，生长）来源于拉丁语 nascere；esprit（思想，精神）来源于拉丁语 spiritus。拉丁语 cerealis 同时又是从拉丁语专有名词 Cérès（罗马神话中的谷物女神克瑞斯，司掌谷物生长）演化而来。nez（鼻子）来源于拉丁语单词 nasus；odeur（气味）则来源于拉丁语词根 odor.

法语中从星期一到星期天分别是：lundi、mardi、mercredi、jeudi、vendredi、samedi、dimanche。法语里的星期一到星期天都带有 di，这个来源于拉丁语 dies，意思是天，日。lundi 由来源于拉丁语的词根 lunae 中的 lun 加上 di 构成。lunae 为拉丁语中的月亮之神，因此星期一 lundi 为月神之日。

星期二 mardi 取自拉丁语 Mars 中的 mar 和来源于拉丁语 dies 中的 di 构成。Mars 为拉丁语中的战神马斯，因此 mardi 为战神之日。星期三 mercredi 来自拉丁语 Mercure，Mercure 后转化为 mercre，再加上 di 构成。Mercure 指的是众神的使者墨丘利，因此 mercredi 就指神使之日。星期四 jeudi 来源于由拉丁语 Jovis 演变而来的 jeu，再加上 di 构成。Jovis 在拉丁语中指的是主神朱庇特。因此星期四 jeudi 指的是主神之日。星期五 vendredi 由来源于 Vénus，后又演变为 vendre，vendre 加上 di 构成 vendredi。Vénus 是我们比较熟悉的古代罗马神话中的爱神，她的儿子就是小爱神丘比特（Cupid）。1820年在古希腊爱琴海的米洛岛发现了维纳斯雕像，因此也叫米罗维纳斯。法语中的星期五 vendredi 和金星 Vénus 都来源于这个单词。星期五也叫爱神之日。星期六 samedi 是由宗教词汇 sabbat 来的，sabbat 后演变为 same，再加上 di 构成 samedi。Sabbat 为安息之日，因此法语里的 samedi 又为安息日。星期天 dimanche 由 di 和 manche 构成，dimanche 来源于拉丁语 dominicus，为主人的意思。因此 dimanche 也为主日。

拉丁语单词 calere 的意思为发热、热量、激动、兴奋。由此衍生出的法语变体词根有 chal,chaud,chauff。因此法语中以上述为词根的词均有热，加热，热烈等意思。calere 还有一个派生词为 calor，如法语中 calorie 就是卡路里的意思。还有，法语中的太阳 soleil 一词来源于拉丁语 solis 中的词根 sol，意为太阳，太阳光。

  还有，法语中的 cosmos 来源于希腊语词根 kosmos，意为宇宙的。因此与此词根有关的 cosmonaute 为宇航员 , cosmologie 为宇宙学。法语中在天文学领域表示星星，星体的单词是 astre 或 astr。均来自希腊语单词 astron, 星星，星座。astrologie 为星相学 , astrologue 为星相学家。astronomie 为天文学。

  以上列举的都是一些由希腊语或者拉丁语词根演变而来的法语单词，当然只是部分典型。还有一些从希腊语和拉丁语词汇中直接借用来的，到现在都在沿用。如来源于希腊语的单词：mystère（神秘）、choriste（合唱团）、psycholigie（心理学）、psychopompe 等。来源于拉丁语的单词：mordicus（固执地，顽强地）、ex aequo（并列地，并列的，齐名者）、idem（同上，同前）、nota bene（注意）、alter ego（自我），veto（古罗马保民官的否决权，<转>反对，不同意）、grosso modo（大体上）、duo（二重唱，二重奏）、vice versa（相反地）、illico（马上，立刻）、agenda（记事本）、modus vivendi（临时协定）、album（相册）、curriculum vitae（个人简历，履历）、a priori（先验地，既定地）等。

第三章

语音

3.1 二语习得理论和法语语音

二语习得理论概述：

二语习得理论是当今世界上语言学界最具影响力又最具争议的理论。它是 20 世纪 80 年代初由美国教授 Stephen Krashen 所创立的，他在此基础上提出著名的语言监控理论，其 5 项基本假说是：语言习得与学习假说、自然顺序假说、监控假说、语言输入假说和情感过滤假说。Stephen Krashen 认为第二语言习得过程分为"习得"过程和"学得"或者"学习"过程，前者是无意识的，一般指的是母语习得，后者是有意识的，大都指的是第二外语的学习。Krashen 的理论为第二外语的学习和研究指明了清晰的方向。

3.2 基于二语习得的语言迁移在法语语音中的研究

3.2.1 法语在国内的普及状况

法语自从 19 世纪京师同文馆开设法语学科开始有一百多年历史。北上广地区法语相对发展较快，尤其是上海，上海由于历史上法租界的原因，法语的普及相较我国其他地区要高得多，甚至在某些幼儿园都有开设法语课。除此而外，我国其他地区的法语普及性还是相对较弱，目前法语专业主要集中在综合类或语言类高校。法语在国内的发展主要局限于专业领域，也就是专业性比较强，但是相对缺乏普遍性。参考笔者论文《论法语教学的专业性和普及性—评 < 法语专业教学与研究 >》。二语习得理论是建立在母语基础之上的，研究的对象是母语和第二外语的关联。鉴于上述原因，在法语教学中引入二语习得理论，将母语中的拼音规则及其语用问题和法语教学结合起来，可以有效规避小语种学习中遇到的问题。

3.2.2 母语在法语语音中的正迁移现象研究

法语字母表 abécédaire，来源于法语的前三个字母 abc，同时法语字母表还可以称作 alphabet，来源于希腊语字母表的前两个字母 α 和 β。然而法语字母表却是在拉丁语的基础上演化而来的,还有包括法语在内的很多语言在稍加改动的同时也使用了拉丁语字母表,如英语、西班牙语、葡萄牙语、意大利语、波兰语、荷兰语、巴斯克语、匈牙利语、威尔士语和加泰罗尼亚语等。希腊语字母表被用于俄语、塞尔维亚语、保加利亚语等。高卢语字母表被用在德语、瑞典语、芬兰语、冰岛语、爱尔兰语、丹麦语等。

法语中有 26 个字母 a-b-c-d-e-f-g-h-i-j-k-l-m-n-o-p-q-r-s-t-u-v-w-x-y-z 其中 a-b-d-e-f-i-k-l-m-n-p-s-t-u-w 的发音和汉语有相似之处。参照下面法语字母表的发音(其中元音字母和辅音字母分别简称为"元字"和"辅字"):

法语字母表

大写	小写	音标	属性	大写	小写	音标	属性
A	a	[a]	元字	N	n	[ɛn]	辅字
B	b	[be]	辅字	O	o	[o]	元字
C	c	[se]	辅字	P	p	[pe]	辅字
D	d	[de]	辅字	Q	q	[ky]	辅字
E	e	[ə]	元字	R	r	[ɛːr]	辅字
F	f	[ɛf]	辅字	S	s	[ɛs]	辅字
G	g	[ʒe]	辅字	T	t	[te]	辅字
H	h	[aʃ]	辅字	U	u	[y]	元字
I	i	[i]	元字	V	v	[ve]	辅字
J	j	[ʒi]	辅字	W	w	[dubləve]	辅字
K	k	[ka]	辅字	X	x	[iks]	辅字
L	l	[ɛl]	辅字	Y	y	[igrɛk]	元字
M	m	[ɛm]	辅字	Z	z	[zɛd]	辅字

例如 a [a],很多初学者直接把它发音成汉语的 a,它们的发音的确很像。但是法语开口度比我们汉语小,同时发音靠前。

i [i],同样,法语发 [i] 音时嘴唇是扁的。只是开口度比汉语小。

还有 e [ə],读到这个字母的时候我们一般都会自然联想到母语中 e 的发音,很容易读得跟汉语的 e 一样。但是要注意的是法语发 e 音的时候唇形较圆,同时音位也比较靠前。初学的时候也许对 a,e 的读音和母语区别不出来,要通过反复纠正发音慢慢体会。

其余 b、d、f、k、l、m、n、p、s、t 这些辅音字母的发音和汉语的声母发音具有高度相似性。例如拼读出来的 ba [ba]、da [da]、fa [fa]、la [la]、ma [ma]、na [na]、sa [sa]、se [sə]、di [di]、ni [ni]、li [li]、me [mə]、de [də]、le [lə]、ne [nə] 都和汉语发音几乎一致，这大大降低了记忆的难度，只需要注意区分二者的音位和开口度就行。

在这些法汉非常相似的字母发音里面，只有这三个 k [k]、p [p]、t [t] 稍有不同。由于在法语中这三个字母的发音存在送气和不送气两种情况，后面跟辅音时发音送气，即发本身音，后面跟元音时发音不送气。因此后面跟元音时的发音和母语稍有不同，如 ka [ka]、pa [pa]、ta [ta] 听起来和汉语是有差别的。

u [y] 的发音类似于汉语的 ü 或者 yu。另外 v 字母在汉语中是不存在的，这是一个发音时上齿咬下唇发出的唇齿音。如果汉语掌握这个要领，就会发成 w。也有把汉语的 w 发成 v 的，比如汉语中也有人将 wei le（为了）发音为 vei le，这都是不正确的，是母语负迁移产生的结果。

另外法语字母里面很难区分的两个字母是 g [ʒe] 和 j [ʒi] 的发音。它们的辅音部分 [ʒ] 的发音其实和汉语里面的 r [r] 是有高度相似性的。但是由于汉语说话南北方发音中卷舌音的差异，南方更多的是发唇齿音，导致对于发语中 [ʒ] 的发音把握不到位，因此这一部分同学在发法语 [ʒ] 时是相当有难度的。这时应该按照发音的舌位要领逐步正确地启发学生，关键是要将舌头上卷，而不是平伸。舌头上卷的同时舌尖不能抵上颚。在经过启发训练后还不能准确发音的话，可以用母语的 "r" 进行组词，也可以直接参照汉语的 "日" 的发音，因为汉语普通话中 "r" 的发音就是要求卷舌的。辅音部分 [ʒ] 音发准确之后，再区别这两个字母 g [ʒe] 和 j [ʒi] 元音部分的发音。前者是 [e]，开口度较大，后者是 [i]，开口度较小，口型较扁。经过这样的详细讲解和一对一的反复纠音练习，一般都可以达到正确区分的目的。

汉语拼音字母表对照：

汉语拼音韵母表

单韵母　　a o e i u ü

复韵母　　ai ei ui ao ou iu ie üe er

前鼻韵母　an en in un

后鼻韵母　ang eng ing ong

汉语拼音声母表

b p m f d t n l g k h j q x z c s r zh ch sh y w

整体认读

zhi chi shi yi wu yu yin yun ye yue

汉语拼音也采用的是拉丁字母，但拉丁字母只有 26 个，其中 "v" 并没有使用（韵母中没有唇齿音，声母中只有清辅音"f"为唇齿音），因此只采用了拉丁字母中的 25 个。所以制订《汉语拼音方案》时，就出现了重叠字母（zh、ch、sh、ng）、附加符号（ê、ü）、"i"的变读（zh、ch、sh、z、c、s 后变读表示舌尖元音）等补救办法。

法语除了前几个字母特别是 a, e, i 以及音素里面 [y] [i] [b] [p] [d] [t] [g] [k] [s] [z] [f] 和汉语有很多相似的地方外，法语的四个鼻化元音 [ɑ̃]、[ɛ̃]、[ɔ̃]、[œ̃] 的发音要领也能在汉语里面找到对应的相似发音，它们的发音就类似于汉语中的一些前鼻音和后鼻音。把它们和汉语类似发音一一对应起来分别就是：

[ɑ̃]-ang

[ɛ̃]-an

[œ̃]-en

[ɔ̃]-ong

3.2.3 法语发音的几个问题

其实纯粹从法语自身的角度也能找出发音要领。它们的发音其实就是将相对应的四个元音 [a] [ɛ] [o] [œ] 的发音在保持口型大小不变的前提下，分别分一部分音到鼻腔里，就产生了各自相对应的鼻化元音 [ɑ̃] [ɛ̃] [ɔ̃] [œ̃]。对于法语初学者一时之下难以区分或者难以掌握发音要领的时候，与其发错音，还不如适当引入汉语的前鼻音后鼻音的发音。但是始终需要注意的是，法语元音的发音比汉语靠前，开口度也相对较小，这在法语的 [œ̃] 和汉语的 en 中体现较为明显。所以法语发音相对严格、封闭。

法语语音阶段需要反复强调的就是切记法语的元音都是单元音，发音相比较英语的一个显著特征就是音素比较靠前，并且开口度不大，口型收得比较紧，因此发音干脆清晰，几乎无拖音现象。

切音：注意像 amitié [amitje]，tiens [tjɛ̃] 等的音标虽然是规则的，但是发音的时候要注意里面有个切音，切音是一个很形象的叫法，发音的时候有个类似"切"字的音。切音问题现代法语虽然已经不讲了，但是发音的时候还是保留了下来。一般在因素里出现 [tj] 的时候都发切音。

有关 h 字母：法语中的字母 h 在任何情况下永远都不发音，在单词的构成中有它和没它的发音都是一样的。如：thé [te]、Cathrine [katrin]、hôpital [opital]、habiter [abite]、enrhumé [ɑ̃ryme]。

h 字母在法语中虽然永远不发音，但是它却有嘘音和哑音之分，是通过查字典的方式来判断的。字典上 h 前面打了 * 号的是嘘音，没有打 * 号的是哑音。区分嘘音 h 还是哑音 h 目的都不是为了这个字母本身的发音，而是为了和它前面字母的连音联诵。比如嘘音 h 和辅音一样，不能和它前面的字母进行省音或者连音联诵。而哑音 h 可以和它前面的字母进行省音或者连音联诵。如：le héro [lə-ero] le haut [lə-o] des hors—d'oeuvre [de-ɔrdœ:vr]，它们中的 h 都是嘘音，朗读的时候不能和前面进行连音联诵，书写上也不能省音，要给嘘音 h 留一个送气的位置。而哑音 h 就不同了。l'hôtel [lotl],l'habit [labi],un hebdomataire [œ̃-n-ɛbdɔmatɛ:r] 中的 h 都是哑音，书写的时候可以省音，读的时候也可以连音联诵。h 字母的不发音问题是拉丁语在演变过程中遗留下来的，它曾经一度被踢出法语字母表，但是最后又加回来了，毕竟拉丁文化是文明和经典的象征。著名语言学家索绪尔将现代法语中保留 h 字母的这种现象称为"纪念式的回归"。

最后就是法语中弱化重音和长音，这是它的一个特色，我们在学习的时候也无须特意强调这两点。

3.2.4 英语在法语语音中的正迁移现象研究

假如说母语对于法语有迁移作用的话，那么英语对于法语的影响绝不亚于我们母语。英语和法语同属于印欧语系，二者在历史上有着深刻的渊源。学过英语的人再去学法语，会发现英语和法语在字母、因素、词汇方面，有许多都在互相借鉴，语法上也有很多共性。这都属于语言迁移的范畴。语言迁移有正迁移也有负迁移，我们研究语言学的目的是找出语言之间的异同，发现语言之间的正迁移现象，同时规避负迁移或者将负迁移转化为正迁移，以便更好地服务于教学和研究。因此我们在这里引入二语习得的理论，不仅是要研究二语习得普遍意义上的母语对于法语的影响，同时更重要的是研究英语对于法语的影响以及在法语中的迁移现象。目前法语专业主要在国内高校开设。这是它的局限性，同时也是一个优点。这样，法语学习群体都是有一定甚至有较强英语基础的人，因此将英语的很多语言、语法、词汇理论和习得应用在法语教学研究中大有裨益。

首先从字母上来讲,法语和英语一样都有相同的 26 个字母: a、b、c、d、e、f、g、h、i、j、k、l、m、n、o、p、q、r、s、t、u、v、w、x、y、z。从以上 26 个字母可以看出法语和英语字母的书写以及顺序都相同，因此记忆起来是比较容易的，这正是英语在法语中正迁移的一个体现。

3.2.4.1 英语音素在法语中的迁移现象研究

上面我们提到，法语 26 个字母的书写和英语完全一样，但是二者从发音角度来讲只有极个别有相似性，而绝大部分都是不同的。尤其是 i,r 这几个字母在法语中的发音分别和英语的 e,h 两个字母的发音对应相近，这时英语对于法语的负迁移现象就很明显了。要规避这些现象，有效识别两种语言的发音不同点，就要在学习的初始阶段反复大量进行单个字母的听写训练。虽然这 26 个字母的记忆不成问题，但是在听写中能否正确与语音对应才是学习的重点。

此外就是法语的 36 个音素。由于历史上法语这 36 个音素其中有两个发音极其相似的 [a]，到现在已经演变成了 35 个。我们所研究的音素就是 35 个。[a] [i] [e]……等 15 个元音音素，

20 个辅音音素。[b] [p] [d] [t] [g] [k] [s] [z] [f] [v] [ʃ] [ʒ] 这六对相对应的清浊辅音也是和英语一模一样的，所以很轻松地就搞定 12 个音素。[p] [t] [k] 三个音在英语中只有唯一一种发音，而在法语中却存在送气和不送气两种情况。

要重点加以区分的是，送气和不送气与爆破和不爆破一样，判断方法是否有气流从口腔喷出。但是不送气和浊辅音是两个概念，不能将二者混为一谈。不送气只是没有气流从口腔喷出，但是声带仍然是不震动的，因此反应在音素上仍旧是清辅音。而浊辅音的发音声带是要震动的，这是它和清辅音的本质区别。另外，鉴于每个人发音的个体差异，即使母语国家的人都无法保证百分之百的发音纯正，就像我们说普通话，也不能达到每个人都尽善尽美。因此清浊辅音甚至听力的判断也不能完全依靠听觉，要将听力和听觉，语法以及上下文语境结合起来才不失为学习外语的最佳方法。

另外英语中非常强调的长音和重音恰恰是法语比较弱化的一个问题。法语重音很有规律，每个单词的重音在最后一个音节上，每个句子的重音落在最后一个单词上。这已经成为一个默认法则，因此在字典中我们找不到打重音的现象。长音的划分有两种，一种是节奏长音，一种是历史长音。不论是重音还是长音，都是法语弱化的一个内容。只作为掌握，不能有意识地去强调。

语言的迁移现象有正迁移也有负迁移，以上主要研究的是对语言学习有利的正迁移。

3.3 法语音素归类记忆法则

法语音素的学习耗时相对较长，几乎大学一年级的半学期都在音素中度过，很多机械的，按教材顺序反复背诵语音规则的都是一些重复性工作，容易在短时间内失效。其实音素的学习并没有先后顺序。采用归类记忆的法则，找出 35 个音素之间的特点进行归类，有利于快速、稳定掌握法语语音。

笔者经过十几年的教学实践，归纳出以下较为方便快捷的法则：

1 组发音比较单一的元音：[a] [i]. 这两个都是发与字母本身书写相同的音。比如 a 发 [a] 音，i 发 [i] 音。此外要追加的是发 [i] 音的除了字母 i 外，还有 y，这点似乎与汉语中 i,y 的发音类似。如：lilas [lila]、madame [madam]、lily [lili]、salade [salad]、style [stil]、kaki [kaki] 等。

2 个发音相对互补的有 [ɛ] [e]，这两个发音互补是针对发它们各自音素 [ɛ] [e] 的字母 e 而言的。因此从字母到音素的记忆比音素到字母要相对容易。

a）与音符有关的发音：字母 e 上有闭音符号 é 时，e 发 [e] 音。如 bébé [bebe],café [kafe], préférer [prefere]。字母 e 上有其他音符如开音符 è，分音符 ë，长音符 ê 时，e 都发 [ɛ] 音，如 père [pɛ:r]、mère [mɛ:r]、frère [frɛ:r]、même [mɛm]、Noël [nɔɛl]、bête [bɛt]、fête [fɛt]、tête [tɛt]、vêtu [vɛty]。

b）e 在两个相同的辅音字母前发 [ɛ]。如：belle [bɛl]、elle [ɛl]、serre [sɛ:r]、messe [mɛs]、 cette [sɛt] 等。

c）字母组合发音 [ɛ]：ai,ei 及其 ai,ei 组合的变形发 [ɛ]。在此应该明白一个规则就是组合发音里面不能出现分音符，因为分音符的定义就是把它和它前面的字母分开发音，它和组合发音是相悖的。因此 ai,ei 组合的变形一般指的是 aî,eî 等。如 lait [lɛ]、fait [fɛ]、Seine [sɛn]、reine [rɛn]、fraîche [frɛʃ] 等。

d）et 组合在词末发音 [ɛ]：如 ticket [tikɛ]、filet [filɛ]、cadet [kadɛ]。

而 er 和 ez 组合在词末以及 es 在单音节词末均发 [e]。如 chez [ʃe]、parler [parle]、aller [ale]、mes [me]、les [le]。注意 es 在单音节词末发 [e] 一般指的是这个单词包括 es 组合的发音在内总共只有一个音节的单音节。如 tes [te]、ses [se]、des [de]、ces [se] 等。像 Londres [lɔ̃dr]、naples [napl]、tigres [tigr] 就不属于这种情况，因此 es 在这些结构的单词中不能发 [e]，而是按照普通规则不发音。

字母组合 et、er、ez、es 是容易搞混淆的发音，需要对比记忆。

e）e 在闭音节中发音 [ɛ]。

法语中对于开音节和闭音节的规定是和英语一样的。以元音音素结尾的音节为开音节，以辅音音素结尾的音节为闭音节。

如 escargot [ɛskargo]、nid [ni]、gilet [ʒilɛ]、souris [suri]、soleil [slɛ:j]、lilas [lila] 都为开音节单词。而 salle [sal]、malade [malad]、neuf [nœf]、nourriture [nurity:r]、septembre [sɛptã:br] 都为闭音节单词。在判断开音节和闭音节的时候一定要严格区分字母和音素的不同。

merci [mɛrsi]、fer [fɛ:r]、sel [sɛl]、bref [brɛf]、hebdomataire [ɛbdɔmatɛ:r] 中的 e 均处于闭音节中，因此 e 都发 [ɛ] 音。而试比较 mer [mɛ:r] 和 parler [parle]，两个单词中的 e 都在闭音节中也都处于词末的 er 组合中，却发音不一样。这种情况一般遵循的规则是单音节词末的 er 发 [ɛ:r]，而多音节词末的 er 发 [e]。

3 个半元音 [j] [ɥ] [w]：统一的规则，是由它们各自对应的元音 [i] [y] [u] 后面再出现一个元音的话，发相对应的半元音。试比较几组元音和半元音的发音，如：

lune [lyn]—nuage [nɥa:ʒ]

fumer [fyme]—saluer [salɥe]

lit [li]—lier [lje]

midi [midi]—yeux [jø]

nous [nu]—oui [wi]

mou [mu] —louer [lwe]

可以发 [j] 的音除了上述 i,y 在元音前以外，还有两种情况。

a）当 il 出现在词末时，在元音后读 [j] 如 soleil [sɔlɛ:j]. il 出现在词末时，在辅音后读 [i] 如 gentil [ʒãti]。当 il 出现在句中时仍按照普通发音读 [il]，如 filet [filɛ]、aile [ɛl]。

b）当字母组合 ill 在元音后读 [j]，如 travaille [trava:j]，当字母组合 ill 在辅音后读 [ij]，如 famille [fami:j]。此外，i 在辅音群后元音前也发 [ij]，如 ouvrier [uvrije]、bibliothèque [bibliɔtɛk]

除了上述所说的 ill 组合一种是在元音后发 [j]，一种是在辅音后发 [ij] 外，这条规则下面还有些例外，此时 ill 不发 [j] 或者 [ij]，而是发 [il] 如：

un bacille [basil] 杆状菌

un billion [bilɔ̃] 万亿

capillaire [kapilɛr] 毛发的

un codicille [kɔdisil] 追加遗嘱

distiller [distile] 蒸馏

Lille [lil] 里尔（法国城市）

lilliputien [lilipysjɛ̃] 小人国的

mille [mil] 千

un millénium [milenjɔm] 千禧年

millier [milje] 一千（名词）

le millage [mila:ʒ] 英里数

milli [mili] （前缀）

un milliard [milja:r] 十亿

un milliardaire [miljardɛ:r] 亿万富翁

le milliardième [miljardjɛm] 十亿分之一

un million [miljɔ̃] 百万

un millionaire [miljɔnɛ:r] 百万富翁

le millionième [miljɔnjɛm] 百万分之一

tranquille [trɑ̃kil] 安静的；平静的

une ville [vil] 城镇

une villa [vila] 别墅

un village [vila:ʒ] 村庄

还有一个单词既可以发 [il] 也可以发 [ij]

un/e pupille [pypil]/ [pypij]* ——受国家监护的未成年孤儿

4 个鼻化元音 [ɑ̃], [ɛ̃], [ɔ̃], [œ̃]。鼻化元音发音要领对照前面的讲过的规则，此处不再赘述。

5 个单辅音 [m] [n] [l] [r] [ɲ]。这五个单独的辅音 [m] [n] [l] [r] [ɲ] 在法语中发音相对比较独立、单一，除 gn 发 [ɲ] 外，其余 m 发 [m], n 发 [n], l 发 [l], r 发 [r]。如：masse [mɛs], nana [nana], lait [lɛ], rose [ro:z], rat [ra], champagne [ʃɑ̃paɲ], signal [siɲal].

6 对相对应的清浊辅音：[b]–[p]、[d]–[t]、[g]–[k]、[s]–[z]、[f]–[v]、[ʃ]–[ʒ]。以上六对清浊辅音的发音已经在上面和英语对比过了，此处也不再赘述。这六组辅音的发音要领绝大多数比较简单，每个音素对应了一组发音规则，如 b– [b] ;p– [p] ;d– [d] ;t– [t] ;v– [v] ;ch–[ʃ]。

需要特别掌握的是 [s] [z] [f] [g] [ʒ] [k] 这六个音素的发音要领，它们的发音不是唯一的。

[s]

a）字母 s,salade [salad],salle [sal]

b）ç, français [frãsɛ], ça [sa]

[z]

a）字母 z,zèle [zɛl], zut [zyt]

b）字母 s 在两个元音字母之间 valise [vali:z],vase [va:z]

[f]

a）字母 f, France [frã:s]

b）ph, phare [fa:r]、Philippes [filip]

[k]

a）字母 k,kaki [kaki],kiosque [kisk]

b）qu 组合，qui [ki],presque [prɛsk]

c）字母 c 在词末，sac [sak], bec [bɛk].

[g]

a）字母 g 在 a,o,u 以及辅音字母前,glace [glas],Grèce [grɛs], gare [ga:r], gorge [gɔrʒ],légume [legym]。

b）gu 在 e,i,y 前,guide [gid], guitare [gita:r], guerre [gɛ:r],Guy [gi]

[ʒ]

a）字母 g 在 e,i,y 前（或者除上述 g 在 a,o,u 以及辅音字母前的情况）gèle [ʒɛl], gilet [ʒilɛ], gifle [ʒifl], gymnase [ʒimna:z], génial [ʒenjal].

b）字母 j, je [ʒə], jade [ʒad], Jules [ʒyl], Jérôme [ʒerom].

几组发音比较相似的有：[ə]–[œ]–[ø], [o]–[ɔ] 以及 [u]–[y]

[ə] [œ] [ø] 之间的关系是：[ə] 和 [œ] 开口度大小基本一样，但是 [œ] 要嘴唇突出成圆形的同时舌头平伸。[œ] 和 [ø] 的相同点是舌位基本一致，都要嘴唇突出成圆形，舌头平伸，但是后者比前者开口度小，并且发音短促有力。

[o] 和 [ɔ] 的发音很相像，书写闭口的发音时开口度较小，书写半开口的，发音时开口度也较大。一般 o 在词首词中发 [o]，在词末开音节发 [o]，如：photo [foto]、loto [loto]、moto [moto]、monotone [monɔton]。此外 [o] 和 [u] 的发音也是初学者经常疑惑的问题之一，疑惑的

原因还是觉得两者发音很相似,无从区分。

其实仔细分析 [o] 和 [u] 的区分还是很明显的。首先 [o] 的开口度比 [u] 稍微大,其次 [u] 发音时明显有气流呼出。最后从汉语角度找相似度。[u] 和 "屋 –wu" 发音相似,而 [o] 和 "鸥 –ou" 的发音前半部分类似,只是 ou 是双元音,而法语 [o] 是单元音,但是二者从听力和开口度角度讲很类似。[y] 的发音很简单,语音规则也很单一,字母 u 以及所有变形都发 [y] 音。如:salut [saly]、mr [my:r]、lune [lyn]、univers [yniversəl].

e 字母发音总结

因为字母 e 在法语单词中的发音相对于其他元音字母来说是变化规则最多的一个,也是最容易搞混淆的一个发音,在此特别列出,以备形象记忆,一目了然。字母 e 共有三种发音。

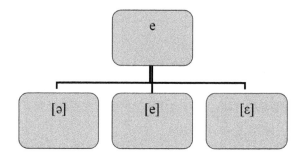

上述图表直观显示了字母 e 的三种发音。

细分的话,每种发音又有不同的规则。

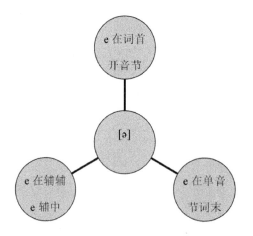

注:上面一个图表中提到 e 在 "辅辅 e 辅" 中 e 发 [ə] 本身音,其中 "辅" 指的是辅音音素,而不是字母。这一般是针对比较长的单词中的字母 e 的发音来说的。

如：mercredi [mɛrkr ə di], vendredi [vãdr ədi], appartement [apart ə mã] 等。

e 的另外两种发音如下图所示：

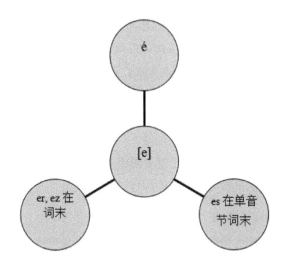

其实，有关字母 e 的发音可以根据在单词中的位置，简单地分为两大类：

1. e 在闭音节中一律发 [ɛ]。

2. e 不在闭音节中，分为以下几种情况：

1）e 在词首，也包含了词首音节，发 [ə] 本身音。

2）e 在词中（一般针对的是较长的单词），按照"元辅 e 辅元"和"辅辅 e 辅"的情况来分析（见上文）。

3）e 在词末，一般不发音。但是在单音节词末发 [ə] 本身音。

除此而外还有几种情况 e 是不发音的。

一种是在词末，如 sale [sal]、brave [bra:v]、table [tabl].

一种是 e 在"元辅 e 辅元"中。注意这种"元辅 e 辅元"的叫法只是简称，指的是 e 前面有一个元音和一个辅音，e 后面又有一个辅音和一个元音。这种情况下 e 不发音。如 appeler [aple], maintenant [mɛ tnã], lendemain [lãdmɛ]. 需要特别说明的是其中辅指的是辅音因素，元指的是元音音素，和上文的"辅辅 e 辅"是一样的，都指的是音素，而不是字母。还有我们经常见到的一个句型：Est-ce que c'est [ɛs-kə-sɛ]？相当于英语的 Is this ...? 单独的这四个单词发音分别是 est [ɛ], ce [sə], que [kə], c'est [sɛ], 但是在组成句子后 ce 不发本身音 [sə], 而是发 [s], 因为在 Est-ce que c'est [ɛs-kə-sɛ] 的整个节奏组中，ce 中的这个 e 处于元辅 e 辅元中，因此是不发音的。

最后一种情况就是 e 在元音字母前后不发音，不过这种情况较少，一般经常出现在专有名词，动词变位或个别其他单词中。如：Jeanne [ʒan]、asseoir [aswa:r]、mangeons [mãʒɔ̃].

依据以上法则，在快速掌握这些音素的发音之后，接下来就是要进行大量的拼读练习了。拼读练习中所选取的单词必须尽量贴近生活或者学生兴趣。比如法国有许多我们熟悉的国际品牌，但是在没学法语之前未必知道它们的正确发音，在此就可以利用品牌学法语。Chanel [ʃanɛl]、Louis Vitton [lwivitɔ̃]、Hermès [ɛrmɛs]、Lancôme [lãkɔm]、Vichy [vi ʃi]、Yves Saint Lanrent [iːv-sɛ̃ -lɔrã]、Christian Dior [kristjã–djɔːr]、Avène [aven]、Givenchy [ʒivãʃi]、Guerlain [gɛrlɛ̃]、Clinique [klinik]、renault [rəno]、peugeot [pøʒo]、Cartier [kartje]、 Balenciaga [balãsjaka]、Montagut [mɔ̃tagy]、 Pierre Cardin [pjɛːr–kardɛ̃]、Pierre Hermé [pjɛːr–ɛrme]、Ladurée [ladyre]、macaron [makarɔ̃]。

以上就是笔者梳理的法语语音记忆规则，不同于其他专著或教材的语音编排，主要是按照它们的相似度和混淆点进行汇总。笔者期待读者和广大法语学习者们能尝试运用上述归纳的几种规则来学习法语语音以达到事半功倍的效果。

3.4 关于法语的连音联诵

在法语中，依据不同的情况联诵有绝对联诵、自由联诵和禁止联诵三类。

1. 绝对联诵：

a）冠词和名词或者数词和名词之间：des（z）amis 、deux（z）ans、trois（z）euros

b）形容词和名词之间：un ancien（n）usage 文中：six（z）euros

c）代词（主语或宾语）和动词之间：ils（z）écoulent、elles（z）ont、vous（z）avez

d）est 和其后的单词之间：elle est（t）en colère 、C'est（t）une affaire.

e）副词和其修饰的词之间：bien（n）écouter、très（z）utile

f）介词和其后的单词之间：dans（z）une（n）heure、dans（z）un cirque

g）大多数固定搭配中：pot–（t）au–feu、 prêt–（t）à –porter

2. 自由联诵：

a）名词和形容词或其补语之间：des nations étrangères ou（z）étrangères

b）动词和其补语之间：Ils vivent à Paris ou（t）à Paris.

自由联诵的这种情况是比较多的

3. 禁止联诵：

a）连词 et 之后：un fils et（×）une fille， nous allons bien, et（×）elle?, vingt et（×）un

b）当单数名词且以不发音的辅音字母结尾时：un temps idéal

c）在 oui, onze, onzième 和以 y 开头的外来词前：des（×）oui, les（×）onze ouvriers.

d）以嘘音 h 开头的词不能与其前面的词联诵，如：les（×）héros , la（×）hanche。在 中间没有联诵。

e）主语与动词倒置时，主语不能与其后面的词联诵。例如：Sont-ils（×）étudiants?

f）在名词主语和动词之间：les enfants（×）ont dormi

下列情况联诵时有音的变化：

连音联诵中的清辅音一般浊化。

f 在 an, heure 前读成 /v/。

ex : neuf heures

s, x 和 z 一样，在连音联诵时读成 /z/。

ex : dix ans, dix euros, dans un cirque

鼻化元音在联诵中的变化，基本原则是在给鼻化音之后加 /n/。但是，-bon, -ain, -ein, -yen 结尾的形容词有联诵时，失去原来的鼻化元音。

ex : un bon élève, en plein air

鼻化元音与后一词的词首元音连读时，除了保持原有的鼻腔元音外，还将词末辅音字母 n 与后一词词首元音连读。

ex : mon oncle, en automne

有关 plus 中 s 的发音

plus 的常用用法有两类，第一类是和 ne 连用，组成 ne... plus 的否定意义的用法。在这种情况下，末尾的 s 总不发音，口语中 ne 常省略，如把 je n'en veux plus，说成 j'en veux plus，这时，s 都不发音。若是在如下句中 Ma collgue n'est plus heureuse，口语中若非要省 ne, plus 的末尾 s 也最好不要连诵，以免意思变得正好相反。

第二种情况就是要发音，这种情况与上面正好相反，一般不表示否定含义，而是表示肯定或者递增含义比如：J'ai plus de chocolat que michelle.（名词的比较）又如：Il mange plus que moi. Il mange le plus.（动词的比较）

Plus 发音的一个特殊用法就是构成比较级与最高级，这种情况下，除了修饰形容词（元音和 h 哑音开头的形容词除外，这点与上述所说的连音联诵有关，如：Il est plus agé qu'elle. Je suis plus heureux que toi.）最末的 s 不发音外（Elle est plus jeune que moi. Elle est la plus jeune. 形容词的比较），除此而外，其他情况下表示肯定或递增关系的这个 s 都要发音。

3.5 关于法语语音学习的建议

法语的发音比起我们所熟悉的汉语、英语来说要有规律得多，只要你学好了法语的发音，以后碰到完全不认识的单词甚至文章都可以流利地读下来。原则上是这样的，但是要真正达到完全流利的阅读，还是要靠反复记忆。法语教材进度的安排一般都是从音标开始的。不同版本的安排不尽相同，但通常都是前 7 或前 10 课专门系统地讲解语音知识，之后让学生根据所学的语音知识注音标、读单词，教材上也就不再注音标，这是对法语初学者的一个硬性要求。当然，法语的读音并非完全规律的，但是绝大部分遵循语音规则，特殊的发音可以在以后学习中碰到时再个别记忆。

一、大声朗读字母和音标，读音是法语教学的一种重要方式，读得好，记得牢，才能顺利通过记忆单词这一环节，为以后的口语、阅读以及学好语法奠定坚实基础。上语音课的时候，我总是一个个把字母写到黑板上，让他们对法语字母和音标都有一个感性认识，形象识别字母的同时让他们跟着我大声读出它的发音。我先示范读音，请学生仔细倾听我的发音，观察我的口型。然后告诉学生每个音是从哪个发音器官发出来的，让他们模仿。由于地域的差别，尤其是南北方说话卷舌音的差别，总是会出现少数的学生发音带有他们的地方色彩。发现了这一点，我就提前纠正和避免，先告诉他们汉语是怎么发的，然后再发法语的音。还要借助自然、逼真和恰到好处的表情和姿态手势等体态语言，来加强表现力，这样能引起学生的注意和兴趣。总之，在这一阶段，要拿出教小孩子学汉语拼音的方法和耐心去教会他们，因为法语对于一般人来说的确是一门崭新又有难度的语言。个别发音的时候，我先让他们自己回忆发音要领，不会的时候我再重复，总之每个人都要大胆地发出声来。朗读的时候我一再强调，要他们放开，千万不要难为情或怕羞，否则舌位等不到位，造成不准确甚至错误的发音。老师方面，我首先做到了尊重和关爱每一个学生，平等对待每一个学生，形成一种平等、友好的师生关系。因为在民主和谐的课堂氛围中，学生才敢于轻松自由地大声说法语。大声朗读是一种舒缓情绪和倾听自己发音的最好方法，否则自己都很难发现自己的发音弱点。

二、与英语对比，记忆法语的语音语调与英语有很大的出入。音素发音时，唇、舌以及口腔的动作往往较明显、突出。因此，每个音素都应发得清楚、明确、有力。法语也没有双元音，发音比较优雅庄重，卷舌音也不像英语那样明显。而初学者常犯的一个错误是用讲英语的语感来读法语，让人听起来缺乏稳重。重音也跟英语不太一样，一般法语的重音总是落在节奏组的第一个音节，只起节奏的作用，并不表示什么意思。这些知识点都要在语音阶段明确。记音标的时候应该把 16 个元音和 20 个辅音进行巧妙分组。法语的 6 对清浊辅音和英语是一样的，只是 [p]，[t]，[k] 三个清辅音存在爆破与不爆破两种情况，可以把它们和英语放在一起做比较。

三、多模仿，录音学语言的最初都是由模仿开始的。多跟读，多模仿不失为学习语言特别是语音学习的有效方法。跟读的时候，可以训练耳朵的敏感性。同时，口语表达的感觉会在大量的跟读模仿练习的过程中得到极大的锻炼，可谓一举多得。

四、多说多练，法语学习离不开听说。要说得地道，听得明白，就必须把语音学好，语音是学习法语的基础，也是基本功。基本功靠的就是艰苦的反复的练习。熟能生巧，这样就会把语音知识变成一种技能，说出一口腔调地道的法语才会成为可能。

五、及时抓听写，学语音是为了运用于实际，只有读写并进才会相得益彰。其实读和写是两种逆向的思维，是读和听的反射。如果我们只用惯有的思维学语音，达到正确认识，正确朗读语音就够了的话，等到别人读出某个字母或单词的话我们可能一下子反应不上来。法语 26 个字母和英语是一样的，有的发音相似，有的却大相径庭。由于受英语的影响，学生中常见的法语听写问题是：在读法语 i 的时候经常写成 e，而读 r 的时候却写成 h，都是一时难以扭转的英语习惯所致。改变这一障碍的方法还是要多听写，多训练。这也是基本功，容不得一点松懈和马虎。

六、设置场景对话或歌曲巩固发音

语音的学习还是比较枯燥的，因此不能太单向。我们都知道，记忆单词不能独立进行，否则无规律的记忆遗忘的速度很快。字母的记忆也是如此。学完每一课的语音后，引入一个单词，可能的话加入一个小对话，这一有了意思，有了语境，记起来更系统更容易。

例如，学完前几个语音，我们可以加入 Çava?Salut！等让学生当堂背诵下来，并两两一组让他们模仿表演。记住，对话一定要是比较简单又都是最常用的，否则容易记了就忘，同时这也是对口语的一个提高。刚开始勇于张口说外语，就为以后奠定了一个良好的基础。

否则语音阶段都不愿意开口，到以后比较复杂的语法阶段就一心致力于单词、语法和句意等的学习，忽视了语音的学习，殊不知语言最多的就是为了交流，就是一门交流工具。等到意识到这一点的重要性再来补充这方面的知识，一来有可能在语音阶段基础没打好，形成不标准甚至错误的发音，一时之下很难纠正过来。二来，刚开始没有培养起开口的习惯，后来可能更没勇气，有心理障碍了。

还可以给法语学习配上音乐，让学生在音乐的美感和节奏中轻松学法语。这里特别推荐是 Hélène, L'amour est bleu, Noël sans toi,Le temps du muguet 等比较慢，容易跟得上节奏的歌曲 ，这些歌曲节奏虽然较慢，但是囊括了法语几乎所有语音知识，这样学生学起来还比较容易，又复习了语音，兴趣，自然得以提高，同时自信心也树立起来了。从下面的 Le temps du muguet 可以看出，几乎所有法语音素的发音都包含在里面了。所以通过歌曲学习法语，不仅让学生在轻松愉悦的气氛中学习了复杂的语音知识，并且培养了学生对于法语的审美情操。比如下面这首 Le temps du muguet 的歌，韵律好听，简单易学，同时又几乎囊括了法语所有音素。

> Il est revenu le temps du muguet
>
> Comme un vieil ami retrouvé
>
> Il est revenu flâner le long des quais
>
> Jusqu'au banc où je t'attendais
>
> Et j'ai vu refleurir
>
> L'éclat de ton sourire

Aujourd'hui plus beau que jamais

Le temps du muguet ne dure jamais

Plus longtemps que le mois de mai

Quand tous ses bouquets déjà se sont fanés

Pour nous deux rien n'aura changé

Aussi belle qu'avant

Notre chanson d'amour

Chantera comme au premier jour

Il s'en est allé le temps du muguet

Comme un vieil ami fatigué

Pour toute une année pour se faire oublier

En partant il nous a laissé

Un peu de son printemps

Un peu de ses vingt ans

Pour s'aimer pour s'aimer longtemps

七、用法语起名在语音初学阶段，根据所学进度，给每一个学法语的同学起一个好听的法语名字，不仅可以让他们感到新奇有趣，同时也辅助性地记忆了语音。

当然，学好法语语音的方法很多，仁者见仁，智者见智。以上只是我个人在教学的过程当中总结出的几点经验，用以大家共同提高法语教学。古有云：万事开头难。语音是外语学习的起点，同时又贯穿整个外语学习的始终。扎实认真地学好法语语音，达到正确流利地进行法语交流，是提高教学质量和提升外语交际能力的重要途径。

八、可以通过品牌学法语或者记忆法语缩略词的方式巩固语音

法国的奢侈品世界闻名，很多人对此有浓厚的兴趣。比如 Chanel、Louis Vitton、Herme、Vichy、Lancôme、Michelin 很多品牌。在了解它们的品牌之后引入正确的地道发音，肯定比陌生单词更能激发学生兴趣。还有一些法语缩略词，也可以从法国知名领域开始，如 AFP,FIFA 这些都主要是以兴趣为切入点，继而引导法语语音的学习。

第四章

法语语用问题研究

在第一次世界大战以前，法国的语言学研究主要停留在传统的语文学方面，一战以后索绪尔将语言学的研究领域扩大至语言学的整体研究上。从 20 世纪 30 年代到 70 年代法国对语言学的结构主义方面的研究占主流。20 世纪 20 年代中期开始，法国一些语言学家致力于法语语用学方面的研究，其中以 Antoine Culioli、Oswald Ducrot、Emile Benveniste 三位为代表。他们的研究更倾向于语言使用环境方面，而不是语言本身的语法或者语义对错。语用学就是一门研究语言在特定条件下使用是否规范的一门学科。它是在掌握好词汇、语法、语义等知识之后对语言使用是否得体的一种衡量。语法好并不一定语言就能运用得体。语言的使用更多的是依赖于习惯和环境。由于受到母语习惯的影响，学习第二外语的时候往往会将母语的习惯或者思维迁移到第二外语学习中。这种迁移有时是好的，但有时却是不恰当的。这种不恰当很难用语法或者句法去分析它错在哪里，但是就是会令对方感到尴尬甚至不明白我们说话的意图，这就是语言使用环境的不恰当导致的。下面来分析几种典型的法语语用失误情况。

4.1 社交语用失误

我们汉语见面喜欢问对方："你吃了吗？"，而法国人见面喜欢问对方你好！假如直接将这种母语习惯迁移过去和对方打招呼的话势必让人疑惑。

另外，初学法语的时候我们都习惯说 Bonjour, Au revoir，但是真正在生活中只有在比较正式场合或者和对方初次见面才会说 Bonjour，Au revoir。而熟人朋友之间我们听到更多的是说 Salut，Coucou。在分别的时候甚至还有一个更流行的意大利语 ciao 来替代 Au revoir。这样的表达大家更乐于接受。反而熟人之间或天天见面的朋友之间说 Au revoir 反而让对方感到生分甚至误会。

再者，法语 "Merci"（谢谢）对应的应该是 "Je vous en prie"（不用谢）或者是 "De rien（不客气）" 之类的，而 "Pardon,Excuse-moi"（对不起，抱歉）对应的应该是 "ça ne fait rien"（没关系），但是由于受母语负迁移的影响，经常在回答的时候将这两者混用。还有法语中并不是所有问句都适合用 oui 来回答的。比如：avec plaisir, pas de problème, c'est entendu,d'accord 等等。避免千篇一律地使用 oui。

还有，法国人打比方说两个人长得像，喜欢说："Ils se resemblent comme deux goûtes d'eau."（他们像两滴水）。"Il est fort comme un Turc."（他壮如土耳其人）。我们找东西的时候会说"它就在你眼皮底下"，而法国人则说"Il est sous le nez.（它就在鼻子上面）"，意思似乎接近，但是表述不同。

还有，法国人说 Il est malade comme chien.（病得像狗），而我们说累得像狗或者像病猫．Jeter des peaux de banane à qn（给某人扔香蕉皮）。这个不难理解，指的是给某人下绊脚石。Qn est paresseux comme un lézard（懒得像壁虎），比喻懒到极致，动都不想动一下。Je sui heureuse comme un roi（幸运得像国王）。Quand le chat s'en va, le rat danse（无人管束，自由自在）。Raconter des salades（撒谎），这样的表述比直接说 mentir 要委婉形象多了。

Qn est aux pommes（容易上当受骗，容易被诱惑）。这个说法的确与文化有关。据《圣经·创世纪》记载，耶和华造出了一男一女 Adam（亚当）和 Eve（夏娃），二人受蛇的诱惑，偷食伊甸园中的苹果，开启了人类罪恶的源头。因此苹果也被称为禁果，成为不好的寓意。Qn est bête comme ses pieds（彻头彻尾的大笨蛋）。

我们说放鸽子，在法语里的说法是：Poser un lapin（放兔子）。

法语里，管好你的事是：S'occuper de ses oignons/S'occuper de ses fesses。当你问别人一些多余的或令对方不满意的问题时，他们可能会说：Occupe-toi de tes oignons! 当我们疑惑法语为何要如此比喻的时候，别忘了其实汉语里说别人多管闲事也会说"你算哪根葱？！"。这种表达似乎有异曲同工的妙用。

法语中 poire（梨子），除了是水果外，也和苹果一样被代指傻瓜，笨蛋。Couper la poire en deux.（把梨子切成两半，暗示对方 AA 制度。）

另外，Cracher dans la soupe（往汤里吐口水）的意思是说某人"白眼狼"。

Blond comme les blés（像小麦那样金黄色）。看到最后一句不禁想起《小王子》中的一句话："我不喜欢小麦，但是小麦是金黄色的，你的头发也是金黄色的，以后听见风吹小麦就会想起你。"现在终于理解了作者为何会用小麦来比喻小王子的 cheveux d'or 了。假如我们不了解这些原汁原味的比喻的话很容易就会在造句的时候说成"像双胞胎"，"壮如牛"这样的话来。

以上这些说法并没有任何语法错误，然而却是不规范的，这些都是由于母语的负迁移所致的对法国文化了解的欠缺。可见外语学习中的语用研究是何等重要。要避免这些语用失误就要多加强异国文化和思维方式的学习，并采用有效的课堂教学方法，尽可能地使用原版教材进行真实法语的学习。

4.2 法语俗语研究

能否适应母语场合以及完全听懂对方讲话内容，较高的语言水平是必要的，但又不是绝对的。导致这一现象的原因可能与通俗语的出现有关。非母语环境下学习的第二语言通常都是以课本为依托的标准书面语的学习。在这里学习的都是规范的词汇，规范的语法和表达。但是生活用语往往追求的是简单易懂，而且里面有大量通俗化的街头用语。这是我们在书本上很难学到的。

比如在法语中我们说"吃饭"是 manger,prendre le repas，而在电影或者生活中听到的却是 casser la croûte 等。我们说鼻子是 nez，而生活中法国人经常说的是 pif。我们管警察叫 police，然而听到的往往是 flic。这些并非是一个人听力水平的问题。Avoir du sable dans les yeux.〈口语〉昏昏欲睡。瑞士法语方言中小鸡是 poussin，甚至还有 poussine，但是法语中却只用 poulet 一词。

还有广播电视领域出现的将音节颠倒而构成的新词如：

> ripou（pourri）
>
> meuf（femme）
>
> keuf（flic）

其中 rebeu（beur）属于 arabe 的二次倒置。还有一些年轻人喜欢标新立异，打破常规，试图挖掘所有崭新的东西，包括单词构成的新的排列组合，这种音节倒置词成为他们群体中的主要语言现象。这在中国的研究较少，而在法国成为年轻人中的主要研究对象。音节倒置词 verlan 本身就是 lenvers 的颠倒。还有法国非常有名的奶酪 rormage,原本应该是 formage。

这种音节倒置的现象最早可以追溯到 16 世纪。音节倒置现象不是一个简单的语言学现象，它背后有着社会和心理的因素在里面。音节倒置词多出现在巴黎郊区的年轻人身上，他们大部分都是北非移民，从地理上来讲处于郊区和都市的边缘，从心理上讲无法彻底融入巴黎人的生活，移民原因导致他们也无法完全传承他们父辈的生活,处在一种边缘文化中。他们存在教育、住房等问题，很多人对社会和在法国的待遇很不满，为发泄愤怒，经常会使用一些颠倒词，以示对法国传统文化的反抗，在长期的使用中也慢慢被接纳，由此催生了一些边缘词汇。然而这些音节倒置词是无法进入正规法语的。它们背后所折射出来的某种特殊文化和社会问题，值得法国人思考。

所有语用问题归根结底不是专业知识或能力的欠缺问题，而是来自不同国家思维方式的差异。要消除这种差异，就要在专业知识之外进行额外的文化或常识性问题的补充，多看原版名著，多学习原汁原味的法语，了解法国人的地道用语。

4.3 法语网络用语研究

处于信息社会下，社交和网络非常发达，为适应这种便捷的需要，特别是在与法国人的沟通中，不可避免地要接触一些网络用语，这些网络用语不同于我们所学习的完整、正规的法语，然而却能达到高效交流的目的。因此简洁明了的法语网络用语应运而生，尤其是一些短信缩略用语开始流行。如：

6né ＝ Ciné

电影院

lg ＝ long

长

ms ＝ mais

但是

alld ＝ allemand

德语

art ＝ article

文章

Ass ＝ Assemblée

议会

auj ＝ aujourd'hui

今天

av ＝ avant

以前

bcp ＝ beaucoup

许多

cad ＝ c'est-à-dire

即，就是说

chgt ＝ changement

改变

dcd ＝ décider

决定

id ＝ idem

同上

imp ＝ important

重要的

nb ＝ nombre

数字

Pt = parlement

最高法院

p-ê = peut-être

可能

csq = conséquence

后果

ss = sans

无，没有

sf = sauf

除非

sc = science

科学

ns = nous

我们

vs = vous

你们

sol = solution

解决方案

qd（kan）= quand

何时

ki = qui

谁

qq = qulque

某个

tps = temps

时间

svt = souvent

经常

tjs = toujours

总是

tt = tout

全部

comt cva？ = comment ça va?

怎么样？

slt = salut

你好

pcq = parece que

因为

dsl = desolé

抱歉

svp = s'il vous plait

请

K7 = cassette

磁带

aprem = après-midi

下午

dpt = département

部门

k = cas

情况

s = sur / sous

在……上 / 在……下

cô = comme

如同

A+ / @+ = à plus

待会见

A 1 2 C 4 = à un de ces quatres

过些天见

ALP = à la prochaine

下次见，拜拜

AMHA = à mon humble avis

以我愚见

APLS = à plus

待会见

ASV = âge, sexe, ville

年龄、性别、城市

auj = aujourd'hui

今天

b1 sur = bien sûr

当然

BAL = boîte aux lettres

信箱

BCP = beaucoup

很多；非常

bjr = bonjour

你好；日安

bsr = bonsoir

晚上好

C / Cé = C'est...

这是……

CAD = c'est-à-dire

也就是；即

cb1 = C'est bien !

好！

Ché = Chez / Je sais.

在家 / 我知道。

Chui = Je suis...

我是……

C mal1 = C'est malin

真精明，狡猾

C pa 5pa = C'est pas sympa.

这不好哦。

d'ac / dak = D'accord.

一言为定

DSL = Désolé.

抱歉。

DQP = Dès que possible.

尽快。

EntouK = en tout cas

无论如何

G = J'ai...

我有……

G1id = J'ai une idée de cadeau.

我有个好主意。

GHT2V1 = J'ai acheté du vin.

我买了些酒。

GspR b1 = J'espère bien.

但愿如此。

Je le saV = Je le savais.

我知道的。

Je tM = Je t'aime.

我爱你。

Je vé = Je vais.

我要去了；我要走了。

JMS = Jamais！

决不；没门！

Kan = Quand...

何时；当……

Ké = gu'est

什么是；是……

Kel = quel, quelle

哪个

Ksk t'fu = Qu'est-ce tu fou？

你在干什么？

Koi = Quoi？

什么

Koi29 = Quoi de neuf?

有啥新鲜事？

Lckc = Elle s'est cassée.

她离开了。

L's tomB = Laisse tomber.

没事，算了。

Lut ＝ Salut！

嗨！

MDR ＝ Mort de rire.

笑死了。

mr6 ＝ Merci.

谢谢。

NSP ＝ Ne sais pas.

不知道。

o ＝ Au...

在······

OQP ＝ Occupé.

忙着。

Oué ＝ Ouais！

哦；唷！

parske ＝ parce que

因为

p–ê ou pitit ＝ peut–être

可能

PTDR ＝ Pété de rire.

笑爆了。

pk ＝ Pourquoi

为啥

Po ＝ pas

不

q–c q ＝ Qu'est–ce que...

什么······

qq ＝ quelques

一些；有些

qqn ＝ quelqu'un

某人；某些人

raf ＝ Rien à faire

没事做

ras ＝ Rien à signaler.

没啥可报告。

RE = retour, rebonjour

（我）回来了

savapa = Ca va pas ?

什么不对劲？

slt = Salut.

你好。

STP/SVP = S'il te/vous plait.

请。

T = T'es...

你是……

tabitou = T'habites où ?

你住哪儿？

tjs = Toujours

总是；一直……

TLM = tout le monde

大家

TOK = T'es OK?

你还好吧？

TOQP = T'es occupé ?

你在忙吗？

V1 = Viens.

来。

vazi = Vas-y.

去。

VrMan = Vraiment.

真的。

X = crois, croit

相信

ya = Il y a...

有……

Kestufé ? = Qu'est-ce que tu fais ?

你做什么？

Kestudi ？ = Qu'est-ce que tu dis ?

你说什么？

Komencava ？ = Comment ça va ?

你好吗？

Tétéou ？ = Tu étais où ?

你在哪里？

Ta ht du p1 ？ = Tu as acheté du pain ?

你买了面包吗？

Tabitou ？ = Tu habite où ?

你住在那里？

Kdo = cadeau

礼物

PK = pourquoi

为什么

OQP = occupé

忙碌的

Ab 1 to = A bientôt.

一会儿见。

Gt o 6né = J'étais au cinéma.

我去了电影院。

NRV = énervé

紧张的

T le + bo（bl） = Tu es le plus beau.

你是最美的。

1 viT = inviter

邀请

Je tatan 2pui25mn = Je t'attends depuis 25 minutes.

我等了你 25 分钟。

@2m = A demain.

明天见。

rstp = Réponds, s'il te plaît.

请回答。

jeteléDjadi = Je te l'ai déjà dit

我对你已经说了。

HT = acheter

购买

5pa = sympa

给人好感的，令人喜悦的

Je le sa V = Je le savais.

我知道。

CT b1 = C'était bien.

一切都好。

Kelkun = quelqu'un

某人

G pas bcp d'ID = J'ai pas beaucoup d'idées.

我没有很多注意。

a+ = A plus.

一会儿见。

BJR = Bonjour.

你好。

BSR = Bonsoir.

晚上好。

tu vi1 m ？ = Tu viens demain?

你明天来吗？

从以上可以看出法语缩略词的规则：

1 大都采用一句话每个单词的首字母缩写或者单词的首、中、尾字母缩写。如：

BJR = Bonjour.

BSR = Bonsoir.

rstp = Réponds, s'il te plaît.

2 利用发音相似的特点将其转换为数字。如：

5pa [sɛ̃k pa] = sympa [sɛ̃pa]

K7 [kasɛt] = cassette [kasɛt]

Koi29 [kwa-dø-nœf] = Quoi de neuf? [kwa-də-nœf] 这些发音有的具有高度相似性，有的发音完全相同，这样在不影响发音和交流的前提下大大简化了书写，节约了时间，实在值得提倡。

4.4 法语谚语研究

法语谚语的研究也应该掌握。因为谚语一般都是语言在长期的发展过程中留下的既简明又经典的语句。背诵这些谚语对于口语以及写作质量的提升不可小觑。谚语背后是一种文化和习惯的高度浓缩。有时我们精心设计的完美的句子，本来没有任何语法以及单词的错误，却往往抵不过依据经典的谚语，因为凌驾在语言之上的永远是文化，笔者在语用一章节已经讲过。比如：

Chacun son goût. 各有所好。

Qui vivra,verre. 走着瞧。

从语法角度分析都是有错误的，然而我们最终遵循的是约定俗成的表达。还有很多，如：

Tous les chiens qui aboient ne mordent pas. 会叫的狗不咬人。

Aide-toi, le ciel t'aidera. 自助者天助。

C'est l'air qui fait la chanson. 锣鼓听声，说话听音。

Au long aller, petit fardeau pèse. 远道无轻担。

L'appétit vient en mangeant. 越有越想有。

Après la pluie, le beau temps. 雨过天晴。

Couper l'arbre pour avoir le fruit. 伐木取果，杀鸡取蛋。

Les arbres cachent la forêt. 见树不见林。

Le temps c'est de l'argent. 一寸光阴一寸金。

En avril ne te découvre pas d'un fil, en mai, fait ce qu'il te plaît.

四月不减衣，五月乱穿衣。

Brebis qui bêle perd sa goulée. 多叫的羊少吃草。

Le mieux est l'ennemi du bien. 好了好想再好，反而会把事情弄坏。

Un bienfait n'est jamais perdu. 善有善报。

Qui vole un œuf, vole un bœuf. 会偷蛋，就会偷牛。

Le vin est tiré, il faut le boire. 一不做，二不休。

On ne saurait faire boire un âne qui n'a pas soif. 不能驴不喝水强按头。

Qui a bu boira. 本性难移。

Brebis comptées, le loup les mange. 智者千虑，必有一失。

Qui se fait brebis, le loup le mange. 人善受人欺。

Tout ce qui brille n'est pas or. 发亮的不都是金子。

La caque sent toujour le hareng. 积习难改。

Qui casse les verre les paie. 谁惹祸谁赔。

On ne fait pas d'omelettes sans casser des œufs. 有所得必有所失。

A bon chat bon rat. 棋逢对手。

Qui aime bien châtie bien. 爱之深，责之切。（打是疼，骂是爱。）

Tous les chemins mènent à Rome. 条条大路通罗马。（殊途同归。）

Qui cherche, trouve. Vouloir c'est pouvoir. 有志者事竟成。

Qui veut noyer son chien l'accuse de la rage. 欲加之罪，何患无辞。

Qui n'entend qu'une cloche n'entend qu'un son. 兼听则明，偏听则暗。

Loin des yeux, loin du cœur. 人远情疏，人走茶凉。

Il n'y a si bonne compagnie qui ne se sépare. 天下无不散的筵席。

C'est au fruit qu'on connaît l'arbre. 观其行而知其人。

Chacun son goût. 各有所好。

Il vaut mieux tenir que courir. 多得不如现得。

Il n'y a que le premier pas qui coûte. 万事开头难。

Une fois n'est pas coutume. 只此一遭，下不为例。

Bien faire et laisser dire. 好好干，让别人去说吧。

L'homme propose, Dieu dispose. 谋事在人，成事在天。

Les grandes douleurs sont muettes. 大悲无声，大哀无泪。

C'est une tempête dans un verre d'eau. 小题大做，庸人自扰。

Il n'y a pas de petites économies. 积少成多。

Les paroles s'envolent, les écrits restent. 口说无凭，落笔为据。

Quand on parle du loup, on en voit la queue. 说曹操，曹操到。

Les grands esprits se rencontrent. 英雄所见略同。

Une hirondelle ne fait pas le printemps. 独燕不成春。

Paris ne s'est pas fait en un jour. 事情不是一蹴而就。

Ce qui est fait est fait. 事已至此，无法挽回。

Il n'y a pas de fumées sans feu. 无风不起浪。

Tel père, tel fils. 有其父必有其子。

L'union fait la force. 团结就是力量。

La pelle se moque du fourgon. 五十步笑百步。

C'est une goutte d'eau dans la mer. 沧海一粟，杯水车薪。

Trop gratter cuit, trop parler nuit. 言多必失。

Manger son blé en herbe. 寅吃卯粮。

Il ne faut jurer de rien. 什么事都不可说得太绝。

Il faut tourner sept fois sa langue dans la bouche avant de parler.

要考虑成熟后再讲。

Qui veut voyager loin ménage sa monture. 路遥惜坐骑。

A quelque chose malheur est bon. 塞翁失马，焉知非福。

Les murs ont des oreilles. 隔墙有耳。

Pas de nouvelles,bonne nouvelle. 没有消息，就是好消息。

Œil pour œil,dent pour dent. 以眼还眼，以牙还牙。

La parole est d'argent et le silence est d'or. 开口是银，沉默是金。

Pas à pas, on va loin. 千里之行，始于足下。

Plus on se dépêche, moins on réussit. 欲速则不达。

Qui vivra verra. 日久自明。

Qui sème le vent récolte la tempête. 种荆棘者得刺。种瓜得瓜。

Ce qui est amer à la bouche est doux au cœur. 苦于口者利于心。

Qui ne risque rien n'a rien. 不入虎穴焉得虎子。

Il vaut mieux s'adresser à Dieu qu'à ses saints.

宁可求阎王，不去求小鬼。

Tôt ou tard, le crime reçoit son salaire. 罪恶迟早总有报。

Il faut battre le fer tant qu'il est chaud. 要趁热打铁。

La vérité sort de la bouche des enfants. 小孩口里说实话。

Prendre le temps comme il vient. 既来之，则安之。

Vivre selon ses moyens. 量入为出。

Dis—moi qui tu fréquentes, je te dirai qui tu es. 从其交友，知其为人

Laissez—lui prendre un pied, il en prendra quatre.

现在让他一步，他会得寸进尺。

Aux grands maux les grands remèdes. 重病要用重药治。

Erreur n'est pas compte. 错误总是可以改正的。

N'avoir ni foi ni loi. 无法无天 。

Jamais deux sans trois. 有两次必有第三次。

（Il n'ya）Point de roses sans épines. 哪有玫瑰不带刺。（有乐必有苦）

Tel maître, tel valet. 有其主必有其仆。

Des goûts et des couleurs il ne faut pas disputer. 各有所好。

Prudence est mère de sécurité. 谨慎是安全之母。

Jeter des perles devant les pourceaux. 把珍珠投在猪前。明珠暗投。

Qui se ressemble s'assemble. 物以类聚，人以群分。

Rendez à César ce qui appartient à César, et à Dieu ce qui appartient à Dieu. 物归其主。

Il n'est point de sot métier. 行行出状元。

A chaque oiseau son nid est beau. 金窝银窝不如自己的草窝。

Le jeu ne vaut pas la chandelle. 得不偿失。

Chose promise, chose due. 言而有信。

La nuit porte conseil. 静夜出主意。

En petite tête gît grand sens. 人小主意大。

Clou chasse l'autre 旧的不去，新的不来。

Chassez le naturel, il revient au galop. 本性难移。

Bon chien chasse de race. 龙生龙，凤生凤，老鼠的儿子会打洞。

C'est en forgeant qu'on devient forgeron. 趁热打铁。

A bon vin point d'enseigne. 酒香不怕巷子深。

Adieu paniers, vendanges sont faites. 过河拆桥。

Pierre qui roule n'amasse pas mousse.

（滑石不生苔）常改行是发不了财的。

Autant de têtes, autant d'avis. 三个臭皮匠，赛过一个诸葛亮。

Au royaume des aveugles les borgnes sont rois. 盲人国里，独眼称王。

Comme on connaît les saints on les honore. 见什么人，说什么话。

Dans le doute abstiens-toi. 拿不准，别开口。

Bien mal acquis ne profite jamais. 不义之财难安享。

Au bout du fossé, la culbute. 山穷水尽，必临绝境。

Jeu de mains, jeu de vilains. 动口别动手。

Comme on fait son lit on se couche. 怎样铺床怎么睡（喻自作自受或自食其果）。

De deux maux it faut choisir le moindre. 两害其间取其轻。

Il ne faut pas mettre le doigt entre l'arbre et l'écorce. 不要插手别人的家庭纠纷。

Il ne faut pas dire: Fontaine, je ne boirai pas de ton eau. 不要把话说绝了。

Les chiens aboient, la caravane passe. 他说他的，我干我的。

Qui ne dit mot, consent. 沉默即是默许。

On ne connaît l'ami dans le besoin. 患难之中见真情。

Charité bien ordonnée commence par soi-même. 先顾自己，后顾别人。

Les affaires sont les affaires. 生意就是生意。

Tel maître, tel valet. 有其师，必有其徒。

Un sou est un sou. 一分钱要当一分钱化。

Il faut que jeunesse se passe. 年轻人犯错，可以宽容。

Chose promise, chose due. 言而有信。

L'habitude est une seconde nature. 习惯成自然。

Contentement passe richesse. 知足胜于钱财。

Petit à petit, l'oiseau fait son nid. 聚少成多。

Si tu veux la paix, prépare la guerre. 若要和平，就得准备战争。

Si jeunesse savait et si vieillesse pouvait ! 如果年轻人有经验，老年人有精力，那该多好呀!

Des goûts et des couleurs, il ne faut pas discuter. 众口难调，各有所好。

Abondance de biens ne nuit pas. 多多益善。

A l'œuvre on connaît l'artisan. 见作品，识大师。

Dans les petits pot, les bons onguents. 麻雀虽小，五脏俱全。

La vérité sort de la bouche des enfants. 童无戏言。

Bon sang ne peut mentir. 龙生龙，凤生凤。

Tant va la cruche à l'eau qu'à la fin elle casse. 瓦罐不离井边碎。

Les extrêmes se touchent. 两极相通。

A père avare, fils prodigue. 老子吝惜儿挥霍。

On ne prête qu'aux riches. 只有锦上添花，没有雪中送炭。

L'exception confirme la règle. 例外正证实了规律。

Quand le chat n'est pas là, les souris dansent. 猫儿不在，耗子跳舞。

法语谚语有很多，以上只是列举出一部分。这些谚语和最初的语言学习一样，是不需要创造的，恰如其分地模仿反而会更地道并且能彰显语言的整体驾驭能力。

其次，对于语言的称谓要了解。比如不同的语言就有不同的说法：

古老的语言或者死的语言（les langues anciennes ou mortes），一般指的是已经消亡的拉丁语。

活的语言（les langues vivantes），比如世界上目前仍在使用的语言，如法语，汉语，英语，比利时语，俄语，德语，西班牙语，意大利语等等。

要了解的古典语言（les langues classiques à savoir）指的是拉丁语和希腊语。从语言可见希腊罗马文化的经典，拉丁语虽然已经不用了，但是它的始祖地位是不可撼动的，作为学习语言的必须要知道这一点。

les langues internationales parfois appelées langues artificielles : langues utilisées ou créées pour permettre la communication entre des personnes de langues différentes （l'espéranto, le volapük, l'anglais）.

母语或者第一语言（la langue maternelle ou première），从刚说话开始就讲的语言，这是一个非常形象的比方。

第二语言（la langue seconde），在母语之后所掌握的语言。

la langue nationale : langue d'un groupe ethnique dont l'usage est reconnu légalement dans et par l'État auquel ce groupe appartient。

官方语言（la langue officielle）：一个国家或者正式组织所使用的，用来书写官方条文的语言。

神圣语（la langue sacrée），liturgique ou religieuse : langue utilisée pour l'exercice d'un culte religieux。

子语言（la langue fille ou dérivée）：来源或隶属于另外一种语言的语言。

绿色语言（la langue verte）：俚语或者行话

粗俗语（la langue vulgaire）：大众用语或者通俗用语，和学术用语相对。

科学用语（la langue savante）：来自拉丁语或者希腊语的科学语言，与通俗用语相对。

专业术语（la langue spéciale）：用在专门的运动或者领域的一些词汇，有点类似于绿色语言，行话，和日常用语相对。

通用语，交际语（la langue véhiculaire）：母语不同的人或者民族所使用的交际用语或者混合用语。如不纯粹的英语，萨比尔语（法语，西班牙语，意大利语和阿拉伯语的混合语，常见于北非和地中海东部地区）。

本地语（la langue vernaculaire）：与交际语相对，一般是在一个团体内部讲的语言，有点类似于方言。

神的语言（la langue des dieux）：诗歌。

莫里哀的语言（la langue de Molière）：（规范）法语。或者拉辛的语言（la langue de Racine）：（典雅）法语。可见莫里哀和拉辛这两位古典主义戏剧大师在法语中的影响地位。

莎士比亚的语言（la langue de Shakespeare）：英语。

第五章

法语词汇研究

5.1 对比语言学视角下的法语词汇研究

对比语言学属于语言学的一个分支，它的理论基础是建构主义理论。它于 20 世纪四五十年代诞生于美国，指的是在共时性的前提下研究两种或两种以上语言之间异同的一门学科。对比内容可以涉及语音、词汇、语法、语用、翻译、文化、心理等方面，其研究目的是为了解决语言使用或教学中出现的问题。从研究内容和目的方面与二语习得相关。

5.2 法语对偶词

法语词汇绝大部分都来源于拉丁语，在法语单词的发展过程中，有的不以拉丁语为词根，而是创造了意思和拉丁语相同，但是形态却不同的单词，导致有些拉丁语单词和法语单词同时出现在现代法语中的情况，这叫作同源对偶词或者对偶词，法语中的这种对偶词共有大约 800 个。

对偶词	
通俗形式	正式形式
écouter	ausculter
délié	délicat
mâcher	mastiquer
naïf	natif
nager	naviguer
dîme	décime
usine	officine
poison	potion
prêcheur	prédicateur
rançon	rédemption
frêle	fragile
raide（roide）	rigide

其实除了拉丁语词汇外，法语还从英语，意大利语，西班牙语借入新词汇。这些单词有的在借入的同时保留了法语的形式。

5.3 英法词汇对比研究

上文主要阐述了法语中的外来借词，以拉丁语居多，法语词汇最初都是以拉丁语为词根或者基础创造出来的。然而拉丁语是已经消亡的语言。作为世界上使用最广的英语，它和法语有很多可比性，不仅是词汇，还有语法都有很多相似性。下面主要讲解英语中的法语外来词。先入为主的原则，在刚着手学习法语的时候，经常会在潜移默化地受英语的影响；其实更确切地说，应该更多的是法语影响了英语，只是我们接触法语比较晚才会形成法语单词和英语很像的错觉，这句话应该颠倒过来。基于这种原因，在学习法语的时候可以充分利用我们所学了十几年的英语。

法语和英语同属于印欧语系，在历史上有割不断的渊源。英语是全世界借词最多的一门语言，相反它的本民族语言所占分量比较轻。正是由于这种对外来语的大量借入，使得英语不断输入新鲜血液，语言更加丰富、普及。据统计，英语中的借用词占80%，这些借用词中有一半来源于法语，这种语言之间的借入为对比语言学的研究提供了有效参考。同时，通过对比分析可使两门语言的词汇，语法更加清晰。这些属于法语借用词的法语在英语中的借入大致分为四个时期。最辉煌的当属公元11世纪，法国诺曼底的威廉公爵率领大军跨过英吉利海峡（法语叫拉芒什海峡）征服英国，在英国伦敦的威斯敏斯特大教堂加冕为王，从此建立了对英国长达一百多年的统治，当时中世纪的英国国王都是法国的诺曼底公爵。时至今日英国王室仍然还是威廉的后裔。与此同时法语成为英国上流社会的官方用语。此时也是法语借用词大量涌入英国的时期。表现为政府，行政阶层以及宗教方面（当时宗教人士和僧侣在法国地位很高）的法语借用词最为突出。如：

国会 parlement（法）— parliament（英）

统治 gouverner（法）— govern（英）

王冠 couronne（法）— crown（英）

帝国 empire（法）— empire（英）

条约 traité（法）— treaty（英）

补贴金 subside（法）— subsidy（英）

宫廷 cour（法）— court（英）

政府 gouvernement（法）— government（英）

地方议会 conseil（法）— council（英）

君主统治 reigner（法）— reign（英）

议会 assemblée（法）— assembly（英）

联盟 alliance（法）— alliance（英）

税 taxe（法）— tax（英）

权力 autorité（法）— authority（英）

王室的 royal（法）— royal（英）

税收 revenue（法）— revenue（英）

管理 administrer（法）— administer（英）

宗教事务方面的词也多来自法语，例如：

教士 clergé（法）— clerk

布道 sermon（法）— sermon（英）

宗教 religion（法）— religion（英）

红衣主教 cardinal（法）— cardinal（英）

圣人 saint（法）— saint（英）

神学 théologie（法）— theology（英）

洗礼 baptême（法）— baptism（英）

祈祷 prier（法）— prayer（英）

十字架 croix（法）— crucifix（英）

忏悔 confession（法）— confession（英）

当时英国的上层人士或者受过良好教育的人都以说法语为身份的象征，法语被誉为贵族语言，但凡上流社会的人都会让孩子学习法文或者给家里配备专门的法语教师。英国王公贵族们都以说法语为荣，也是在这一时期，英法两国的联姻现象最为频繁。英国的王宫，宗教，军队里都在使用法语，只有劳动人们才使用英语，英语被视为粗俗的下层语言，书面英语濒临消亡的危险。而法国是欧洲大陆的十字路口，当时经济，交通，文化都很发达，是整个欧洲的文化中心，法语的社会地位非常高。当时在俄国上流社会，年满 18 周岁的王孙贵族们如果不会法语是不许结婚的。法语成为整个欧洲效仿的语言，俄国的托尔斯泰，屠格涅夫都会法语。托尔斯泰的《安娜·卡列尼娜》被改编成法语电影。这种法语的空前盛况历时了三个多世纪，直到英法爆发了争夺王位的百年战争。此时英法关系冻结，法语没有了之前的繁荣景象，英语开始逐步回归。

第二次英语中法语外来词的借入是十七世纪的英国王朝复辟时期。

法律方面的词更是大部分来自法语，例如：

justice（正义）

equity（公平）

judgement（审判）

crime（罪行）

plea（抗辩）

suit（诉讼）

plaintiff（原告）

defendant（被告）

judge（法官）

advocate（辩护者）

attorney（律师）

petition（请愿）

complaint（控告）

summons（传票）

verdict（裁决）

sentence（判决）

decree（判决）

award（裁决书）

fine（罚款）

forfeit（没收）

punishment（惩罚）

prison（监狱）

pillory（连枷）

军事方面英语也有不少法语词汇，例如：

army（军队）

navy（海军）

peace（和平）

enemy（敌人）

arm（武器）

battle（战役）

combat（战斗）

skirmish（小规模战斗）

siege（包围）

defence（防御）

ambush（埋伏）

stratagem（战略）

retreat（撤退）

soldier（士兵）

garrison（卫戍部队）

guard（卫兵）

spy（密探）

captain（上尉）

lieutenant（中尉）

sergeant（军士）

生活方面的英语词汇也有许多来自法语，这些词先是在社会上层中使用，渐渐地成为全民的词汇。它们在发音和拼写上完全与英语同化了，不少词成为表达社会生活各方面不可缺少的词语。例如：

fashion（流行式样）

dress（服装）

habit（习惯）

gown（长袍）

robe（罩袍）

garment（衣服）

attire（服装）

cloak（斗篷）

coat（上衣）

collar（衣领）

veil（面纱）

lace（花边）

embroidery（刺绣）

button（钮扣）

tassel（流苏）

plume（羽饰）

satin（缎子）

fur（皮毛）

表示颜色的英语词也有从法语来的，如：

blue（蓝色的）

brown（褐色的）

vermilion（朱红色的）

scarlet（猩红色的）

saffron（藏红色的）

russet（黄褐色的）

王室贵族崇尚法国文化，以说法语为时髦风雅，大批法语词被吸收进英语，大多涉及军事、商业、艺术、饮食等，反映出统治阶级的生活方式，如：

dragoon（龙骑兵）

parole（假释）

ballet（芭蕾舞）

burlesque（滑稽剧）

champagne（香槟酒）

coquette（卖弄风情的女人）

liaison（联络）

cortege（随从）

demarche（外交新方针）

décor（舞台装置）

forte（强音）

soup（汤）

十八世纪引入英语的法语词则以军事、外交为主，也有些词反映了 1789 年法国资产阶级革命。下面是一些比较常用的词，如：

guillotine（断头台）

regime（政体）

corps（军用）

manoeuvre（演习）

espionage（谍报）

depot（仓库）

salon（雅致的大会客室）

bureau（局）

canteen（小卖部）

critique（文艺批评）

nuance（细微差别）

brochure（小册子）

rouge（胭脂）

liquor（液，汁）

picnic（野餐）

etiquette（礼节）

police（警察）

coup（突然的一击）

十九世纪是继中古英语时期之后法语词进入英语数量最多的年代，尤以文学艺术、外交、饮食方面的词汇为多。下面举出几个比较常用的词例，如：

literature（文学）

Renaissance（文艺复兴）

baton（指挥棒）

matinee（日戏，午后的演出）

premier（总理）

attache（使馆馆员）

charge d'afaires（代办）

prestige（威望）

debacle（山崩）

dossier（一宗档案材料）

menu（菜单）

chef（厨房）

chauffeur（汽车司机）

élite（精华）

fiancée（未婚妻）

但是，英语从法语大量引进词语的历史已告结束。目前的情况正好相反，大批英语词语——主要是美国英语的用词——进入法语，使维护法语"纯正"的学者专家们大为恼火，同时又深感头痛。

5.4 法语同音词和一词多义研究

5.4.1 法语同音词

同音词和一词多义现象在很多语言中都存在。法语的同音词直接影响听说。在法语语言和教学法这一节可以看到听说问题在法语中尤为突出，而根据调查，影响法语听力最重要的一个因素就是同音词的干扰。根据上下文，有效辨别这些同音词，对于法语听说能力的提高至关重要。下面来看一组法语同音词：

autant, au temps

quelque(s), quel(s) que, quelle(s) que

quel(s), quelle(s), qu'elle(s)

ce, se

c'est, s'est

c'était, s'était

ces, ses

on, on n'

si, s'y

ni, n'y

sans, s'en, c'en

dans, d'en

la, la, l'a

sa, ça

où, ou

prêt, près

plus tôt, plus tôt

peu, peux, peut

quant a, Quand, qu'en

quoique, quoi que

5.4.2 法语一词多义

除了上述所讲的同音词以外，一词多义的研究也属于词汇学共时性研究的一个内容。法语和英语中一词多义现象也不可避免。它们都为丰富词汇做出了贡献。假如说同音词的掌握是为了有效提高法语的输入能力的话，那么一词多义的研究则对法语输出能力的培养至关重要，尤其是对法语文章的理解以及正确的翻译很有帮助。首先要从两大类分析一词多义现象，比如有的名词本身既可以是阳性（m）也可以是阴性（f），要在首先搞清楚阴阳性的前提下，再逐步记忆一词多义。如：

un aide –une aide

un poste–une poste

un tour–une tour

un mémoire–une mémoire

un livre–une livre

比如常见的一词多义单词有：

àutoriser v.t.

1）donner à qqn la permission,le pouvoir ou le droit de faire qqch 允许

2）rendre qqch possible 使可能，使有理由

3）s'autoriser v.pr.LITT.s'appuyer sur 依靠，依据

biais n.m.

1）ligne,direction oblique 斜

2）moyen détourné、habile de résoudre une difficulté、d'atteidre un but （转）迂回的办法，转弯抹角的办法，花招，借口，遁词

3）côté d'un caractère;manière de considérer june chose （转）方面，角度

4）Diagonale d'un tissu par rapport à sa chaine et à sa trame 斜向

marge n.f.

1）espace blanc latéral d'une page imprimée ou écrite 页边空白，页边

2）avoir de la marge、un temps、une latitude suffisants pour agir （做一件事）有充实的时间；有余力

3）marge continentale、ensemble formé par la plate-forme continentale et la pente continentale qui la limite （海洋）大陆边缘

tableau n.m.

1）oeuvre picturale exécutée sur un panneau de bois, une toile tendue sur un châssis, génér présentée dans un cadre 画

2）ce qui s'offre à la vue et provoque une certaine impression 画面，情景

3）description orale ou écrite évoquant une situation 描绘，描述

4）théâtre subdivision d'un acte, marquée par un changement de décor 场

5）support d'écriture mural 书写用板

6）panneau plan destiné à recevoir des renseignement, des annonces, etc. 公告牌

7）support plan destiné à recevoir des objets 平面板

8）ensemble comprenant l'appareillage de commande des dispositifs électriques 台

9）liste contenant des informations, des données, des renseignements disposés de façon claire, systématique ou méthodique ； disposition graphique en colonnes 表

10）liste des membres d'un ordre professionnel 名单

11）partie plane et quasi verticale de l'arrière d'un voilier ou d'un canot 船名板

taille n.f.

1）action de tailler, de couper 切削；雕琢

2）manière de tailler; façon donnée à l'objet taillé 切削方式；雕琢的形状

3）incision de la planche qui servira à tirer une estampe tranchant d'une épée 剑刃

4）chantier allongé qui progresse simultanément sur toute sa longueur 工作面

5）impôt direct levé sur les roturiers，en France，sous l'Ancien Régime 人头税

6）hauteur du corps humain 身高

7）hauteur et grosseur des animaux 动物的身高和大小

8）dimension，grandeur de qqch 尺寸

9）ensemble des dimensions du corps servant de modèle pour les vêtements；dimension standard 尺码

10）partie du corps située à la jonction du thorax et de l'abdomen；partie ajustée du vêtement qui la marque 腰部

citer v.t.

1）reproduire exactement un texte ou les paroles de qqn 引用，引述

2）désigner avec précision 列举，准确指出

3）signaler les actions d'éclat de 【军】表扬，嘉奖

4）sommer de se présenter devant un juge,un tribunal 【法】传讯，传唤

bateau n.m

1）terme générique désignant toutes sortes d'embarcations 船

2）dénivellation d'un trottoir devant une porte cochère,un garage （车库门前或通车辆的大门前的）人行道道边

3）en forme de bateau 船形的

4）Monter un bateau à qqn ou mener qqn en bateau;forger une histoire de toutes pièces pour tromper qqn（转；俗）编造谎话欺骗某人

garder v.t.

1）surveiller un être pour le protégder,prendre soin de lui 看管，看护，照料

2）surveiller qqn pour l'empêcher de s'évader,de nuire 看守，监视

3）surveiller un lieu,une issue,etc.,pour en défendre l'accès 守卫，保卫

4）ne pas quitter un lieu,rester chez soi,en parlant d'un malade 不离开，呆在（指病人）

5）conserver une denrée périssable,mettre en réserve 保存，储存

6）conserver sur soi,près de soi 随身携带

7）conserver sur soi un vêtement 不脱去（衣服）

8）conserver pour un temps limité ou en vue d'une utilisation ultérieure 留，保留

9）retenir qqn près de soi 把最好的留在最后

10）continuer à employer, à fréquenter qqn 留住某人

11）conserver pour soi, ne pas révéler 继续雇用，继续与人来往

12）conserver tel sentiment, rester dans tel état 怀有，心里存有（感情），保持

13）garder le silence, ne pas parler 保持沉默，不作声

14）LITT.prendre garde à, se méfier de 提防

15）éviter 防止

manier v.t.

1）tenir qqch entre ses mains, le manipuler 使用，运用

2）se servir d'un appareil,d'un instrument; manoeuvrer un véhicule,une machine 操作

3）employer, combiner avec habileté des idées, des mots, des sentiments 善于使用

4）diriger 控制，支配

5）pétrir à la main du beurre et de la farine pour les mêler intimement 揉和

naissance n.f.

1）commencement de la vie indépendante pour un être vivant,au sortir de l'organisme maternel 诞生，出生

2）mise au monde 分娩，生产

3）enfant qui naît 新生儿

4）rndroit,point où commence qqch,partic.une partie du corps （转）产生处，发源地，起点，根部

5）moment où commence qqch （转）开始

6）fait pou qqch d'apparaître,de commencer （转）出现，开端

7）de naissance,de façon congénitale,ono acquise 先天，天生

note n.f.

1）courte indication qui l'on écrit pour se rappeler qqch 笔记，记录

2）brève communication écrite destinée à informer, notammun contexte administratif 通知，启事，照会，便条

3）courte remarque apportant un commentaire,un

4）éclaircissement sur un texte 注解，说明

5）marque distinctive 色调，气氛

6）évaluation, souvent chiffrée, de la valeur de qqn, de sa conduite, de son travail, etc 分数；评语

7）détail d'un compte à acquitter （应付清的）账单

8）signe; syllabe ou lettre le désignant （乐）音符；调；音键；乐音

9）donner la note, indiquer le ton, ce qu'il convient de faire 定音，起音，（转）定调

epreuve n.f.

1）ce qu'on impose à qqn pour connaitre sa valeur, sa résistance 考验

2）adversité qui frappe qqn 不幸

3）compétition sportive （体）比赛

4）composition,interrogation faisant partie d'un examen,d'un concours 考试，考核

5）essai par lequel on éprouve la qualité d'une chose 检验，试验

6）texte imprimé tel qu'il sort de la composition （印）校样

7）PHOT.image obtenue par tirage d'après un cliché （摄）照片

santé n.f.

1）état de qqn dont l'organisme fonctionne,maitrise bien 健康

2）état de l'organisme, bon ou mauvais 健康状况

3）équilibre de la personnalité de ses moyens intellectuels （心理）健康

4）état sanitaire des membres d'une collectivité （公共）卫生

5）état d'un système, d'une branche d'activité quelconques （经济等）状况

6）formule de voex exprimée lorsqu'on lève son verre en l'honneur de qqn（为健康）干杯

7）boire à la santéde qqn, former des voeux relatifs à sa santé, considérée comme condition de son bonheur 举杯祝某人健康

8）maison de santé, établissement privé où l'on traite spécialement les maladies mentales 精神病私人诊所

9）santé publique,service administratif chargé du controle et de la protection sanitaires des citoyens 公共卫生部门

renouveler v.t.

1）remplacer une personne ou une chose par une nouvelle 更换

2）remplacer une chose altérée par qqch de neuf 更换

3）rendre nouveau en transformant 使新生，改革，使面目一新

4）faire,donner de nouveau 重新做，重新提出

5）conclure un nouveau contrat du meme type que celui pui expire 续订，使（契约等）
展期

6）se renouveler, v.pr.se transformer 变化，更新

7）prender une forme nouvelle 写新主题，运用新手法

8）se produire de nouveau 重又发生，重演

rigueur n.f.

1）caractère,manière d'agir de qqn qui se montre sévère, inflexible 严厉，严峻

2）dureté extreme d'une règle, d'une obligation, d'une action 严格

3）conditions atmosphériques 严酷（尤指气候）

4）grande exactitude, exigence intellectuelle 精确，严密

5）à la rigueur,au pis aller,en cas de nécessité absolue 在必要时，迫不得已

6）tenir rigueur à qqn de qqch, lui en garder du ressentiment 因某事对某人怀恨在心

prenant,e adj.
qui cpptive, qui intéresse profondément 动人的，迷人的

concevoir v.t

1）se représenter qqch par la pensée; avoir une idée de qqch 想象；理解

2）former, élaborer dans son esprit 设计，构想

3）SOUT.commencer à éprouver 开始怀有，初步抱有

4）accomplir l'acte sexuel par lequel sera engendré un enfant,devenir enceinte,en parlant
d'une femme 受孕，怀孕

5）bien,mal conçu,bien,mal organisé,agencé 构想好（坏）的

essentiel,elle adj.

1）PHILOS.relatif à l'essence, àla nature intime d'une chose ou d'un etre（par opp.à
accidentel）（哲）本质的，实质的

2）nécessaire ou très important 必需的，必要的，主要的

3）MED.se dit d'une maladie dont la cause est unconnue【医】我发的，原发的

4）relatif à une essence alimentaire ou aromatique 提炼的，精华的

5）n.m.le point le plus important,le principal 要点，要素，主要的事

6）objets nécessaires,indispensables 必需品

7）la plus grande partie de 最主要的部分

etat n.m

1）entité politique constituée d'un territoire délimité par des frontières,d'une population et d'un pouvoir institutionnalisé 国家

2）ensemble des pouvoirs publics,des organismes qui dirigent un pays 国家，政府机关

3）communauté établie sur un territoire défini et formant une unité politique;division territotiale dans certains pays 国，邦，州

4）affaire d'état, qfui concerne l'intéret public; au fig, affaire importante 国务，国务活动【转】要事，大事

5）homme,femme d'état,homme,femme politique qui exerce ou a exercé des fonctions à la tete du pouvoir exécutif d'un état 国家活动家，政治活动家

6）raison d'état,considération de l'intéret public au nom duquel est justifiée une action 以国家利益为理由，【转】借口

7）état-nation,état dont les citoyens forment un peuple ou un ensemble de populations se reconnaissant comme ressortissant essentiellement d'un pouvoir souverain qui émane d'eux et qui les exprime 民族国家

plonger v.t.

1）faire entrer qqch,entièrement ou en partie,dans un liquide 浸入

2）enfoncer vivement 伸入，探入

3）mettre brusquement ou complètement dans un certain état physique ou motal 投入

4）v.i. s'enfoncer entièrement dans l'eau 潜入（水中）；

sauter dans l'eau,la tete et les bras en avant 跳水，跳到水里

5）aller du haut vers le bas;descendre brusquenment vers qqch 俯冲，突然下降

6）etre enfoncé profondément dans qqch 深入，插入

7）au football,effecter un plongeon（足球守门员）鱼跃扑球

8）se plonger v.pr. s'adonner entièrement à une activité 全神贯注于

poche n.f.

1）partie d'un vetement en forme de petit sac où l'on peut mettre de menus objets 衣袋，口袋

2）sac, contenant 包

3）partie, compartiment d'un cartable,etc 夹袋

4）pathologique; boursouflure（人体的）腔，窝；浮肿

5）fluide contenu dans une cavité souterrai 矿囊

6）déformation,faux pli d'un tissu,d'un vetement 皱褶

7）zone non encore soumise à l'intétieur d'un territoire controlé par un ennemi【军】袋形阵地

8）argent de poche, somme destinée aux petites dépenses personnelles 零花钱

9）enetre de sa poche, essuyer une perte d'argent 【转；俗】赔本

10）ne pas avoir la langue, les yeux dans sa poche, parler avec facilité; être observateur 【俗】说话流利，善于观察

11）payer de sa poche, avec son argent 自掏腰包

第六章

语法

对比语言学视角下的法语语法研究

6.1 名词，形容词之英语法语对比研究

6.1.1 名词

法语名词分为普通名词和专有名词；可数名词和不可数名词，具体名词和抽象名词。

普通名词指的是表示普通的人或者物的名词，如桌子（la table），教师（le professeur）。专有名词指的是表示特定的人或物的名词，如中国人（les Chinois），太阳（le Soleil），等。有一些专有名词最后演变成了普通名词，如：Camembert（卡门贝村）——camembert（卡门贝干酪），也有一些普通名词最后演化成专有名词，如：carrefour（十字路口）——Carrefour（家乐福）

在法语中，月份（janvier, février, mars, avril, mai, juin, juillet, août, septembre, octobre, novembre, décembre），星期（lundi, mardi, mercredi, jeudi, vendredi, samedi, dimanche），语种（chinois, espagnol, italien...），四季（printemps, été, automne, hiver）等为普通名词，不需要大写第一个字母，这也是跟英语的一个很大不同。

法语中表示方位的东南西北，是否需要大写取决于意思。如果单纯表示方向，就不需要大写，如

Le soleil montre un petit éclair blanc à l'est.

如果表示的是地区，如北部地区等等，则要大写第一个字母，如：Il fait très froid et il neige dans la région du Nord.

可数名词和不可数名词的理解基本和汉语一样，一般具体的或者能数得清数目的都是可数名词。

如：un livre（一本书），une pisicine（一个游泳馆），une maison（一座房子），un lapin（一只兔子），un cheval（一匹马）等。

不可数名词多为无法计算，无法数数，没有固定形状的名词。

如：eau（水）、esprit（思想）、viande（肉）、air（空气）、thé（茶）等等。

注：但是法语中不可数名词可以有复数形式，如：légumes（蔬菜），croissants（羊角面包），fruits（水果）等。这是让法语学习者无法理解的一点，既然不可数，为什么还要有复数呢？好在这类名词并不多，对于这种问题，在教学的时候直接让学生记住就行。

名词的阴阳性

法语名词和英语以及我们汉语最大的一个区分就是有阴阳性。这也是法语严谨的体现。

这里需要澄清一个问题。法语中每个名词都有阴阳性，但不是每个名词都有相对应的阴阳性。举例说明：桌子（bureau）是阳性的，花（fleur）是阴性的。天空（ciel）是阳性的，大地（terre）是阴性的，还有大海（mer）也是阴性的等等。以上这些名词的阴阳性是唯一的，也就是要么是阳性，要么是阴性。没有相对应的阴阳性。

但是表示人和动物的阴阳性就是相对应的，是成对出现的。比如学生，有男学生（étudiant）和女学生（étudiante）之分。猫，有公猫（chat）和母猫（chatte）之分，都是相对应的。只有表示人和动物的名词才有相对应的阴阳性，表示事物的名词的阴阳性是人为规定的。我们可以说把 vendeur（售货员）变成相对应的阴性形式，却不能说把 chapeau（帽子）变成阴性。特别对于专业学生，要注意一些术语的表达。

6.1.2 名词和形容词的阴阳性归类记忆

名词和形容词虽然词性不同，但是在阴阳性的变化法则上趋于一致。

名词阳性变阴性一般遵循以下规则：

1：一般给词尾加 é 如：un candidat–une candidate, un marchand–une marchande, un fiancé–une fiancée

2：以 e 结尾的不变 如：un secrétaire–une secrétaire, un styliste–une styliste

3：以 er 结尾的变成 ère 如：un berger–une bergère un infirmier–une infirmière

4：以 n 结尾的词尾变成 nne 如：un baron–une baronne, un lycéen–une lycéenne 但是以 in 和 un 结尾的不需要双写 n 如：un cousin–une cousine, un Américain–une Américaine un lion–une lionne

5：以 x 结尾的词尾变为 se 如：un époux–une épouse

6：以 f 结尾的词尾变为 ve 如：un actif–une active

7：以 eur 结尾的词尾变为 euse 如：un vendeur–une vendeuse

8：以 teur 结尾的词尾变为 trice

如：un acteur–une actrice, un directeur–une directrice, un animateur–une animatrice

注：但是有些词的词根完全发生变化，如：un boeuf–une vache un homme–une femme

un coq–une poule un cheval–une jument

还有一些表示职业的名词，由于本身历史的原因，只有阳性没有阴性，如：professeur, facteur, chauffeur, médecin, auteur, président 要想强调阴性概念，需要给这个词前面加上 une femme，如：une femme médecin, une femme président

此外还有一些表示动物的名词，本身只有一种阴阳性（这似乎有点不合情理），如：hirondelle 只有阴性，serpent 只有阳性。要想表达它们相对的性别，需要给这个词后面加 mâle 或者 femelle。如：une hirondelle mâle, un serpent femelle; un éléphant–un éléphant femelle, une souris–une souris mâle

6.1.3 形容词阴阳性

首先，法语中形容词和名词一样，有阴阳性和单复数。形容词主要是用来修饰名词或者作表语的，要与所修饰的名词保持性数一致。

形容词阳性变阴性有如下法则：

1：一般给词尾加 e

ravi–ravie laid–laide

2：以 e 结尾的不变

riche–riche utile–utile confortable–confortable

3：以 er 结尾的变为 ère

étranger–étrangère

4：以 n 结尾的双写 n 加 e

bon–bonne européen–européenne

Mais: fin–fine voisin–voisine

5：以 eau 结尾的变为 elle

nouveau–nouvelle beau–belle

6：以 é 结尾的变为 ée

marié–mariée enchanté–enchantée

7：以 x 结尾的变为 se

travailleux–travailleuse joyeux–joyeuse

7：以 f 结尾的变为 ve

vif–vive actif–active

注：grand 本身有阴性变化，但是 grand 所构成的复合名词中，grand 无阴性变化，但可以有复数变化，如：grand–chose grand–mère grand–tante

grands–pères grands–oncles grands–choses

几个特殊形容词 beau nouveau mou fou vieux 它们的阴性分别如下：

> beau–belle　nouveau–nouvelle

> mou–molle　fou–folle　vieux–vielle

多出来一种阳性单数的形式，分别是 bel nouvel mol fol vieil，都是为了发音的连音联诵，
Un bel homme

> un nouvel hôtel

> un mol oreiller

> un fol espoir

> un vieil ami

6.1.4 名词形容词的单复数对比研究

法语名词除了阴阳性以外还有单复数。形容词一般是修饰名词的，它也和名词一样，
除了有阴阳性外还有单复数，而且单复数的变化也可以参照名词。这也是跟英语不同的一点。
英语中的名词有复数，但是形容词没有。这就提醒法语学习者时刻注意名词和形容词的性
数配合。

名词单数变复数一般有以下规则：

1：一般给词尾加 s 如：un table–des tables, une photo–des photos

2：以 s,x,z 结尾的不变 如：un cours–des cours, un fils–des fils, un pays–des pays, une noix–
des noix, un nez–des nez, une voix–des voix

3：以 eu,au,eau 结尾的加 x 如：un neveu–des neveux, le feu–les feux, un tuyau–des tuyaux,
un chapeau–des chapeaux

4：以 al 结尾的变 aux 如：un cheval–des chevaux, un journal–des journaux

还有以下例外：avals, bals, cals, carnavals, cérémonials, chacals, chorals, festivals, régals,
récitals.

5：以 ou 结尾的一般加 s 如：un clou–des clous, un fou–des fous,un trou–des trous

但是有 7 个单词例外。 un chou–des choux, un joujou–des joujoux,un caillou–des cailloux,
un bijou–des bijoux, un pou–des poux, un genou–des genoux,un hibou–des hiboux

6：以 ail 结尾的本来是规则变化的，如：ail–ails un détail–des details

但是有 7 个单词特殊，其规律是变 ail 为 aux 如：bail–baux, corail–coraux, émail–émaux,
soupirail–soupiraux, travail–travaux, vantail–vantaux, vitrail–vitraux

noter bien:

un oeuf–des oeufs, un boeuf–des boeufs,

Madame Lamy–Mesdames Lamy un monsieur–des messieurs

une mademoiselle–des mademoiselles

un gentilhomme–des gentilshommes

un bonhomme–des bonshommes

形容词单数变复数有如下规则：

1：一般给单数词尾加 s

formitable–formitables chaud–chauds

2：以 s,x,z 结尾的不变

Doux–doux bas–bas

3：以 al 结尾的变为 aux

Normal–normaux amical–amicaux

4：以 eau 结尾的加 x

Beau–beaux nouveau–nouveaux

6.1.5 形容词的位置

形容词修饰名词的时候一般放在名词后面。

如：Ce sont des livres très intéressants.

Je vois partout ici des paysages pittoresques.

但是有一部分形容词修饰名词的时候放在名词前面，这些词一般是表示物体最一般最基本特征的形容词。如：grand（大的）、petit（小的）、haut（高的）、long（长的）、court（短的）、beau（漂亮的）、joli（美丽的）bon（好的）、mauvais（坏的）、jeune（年轻的）、vieux（年老的）

其中有一些形容词既可以放在名词前，也可以放在名词后，放前面一般有引申的、抽象的含义，放后面一般表示具体含义。除了我们最常见的 un grand homme（一位伟人）和 un homme grand（一个高个子的人）以外，还有以下几组如：

une courte rencontre（一个短暂的会面）les cheveux courts（短发）

ma pauvre collègue（我可怜的同事） un ami pauvre（一位穷朋友）

mon propre verre（我自己的杯子） une table propre（一张干净的餐桌）

un brave police（一名正直的警察）un police brave（一名勇敢的警察）

une simple paysan（一位单纯的农民）une phrase simple（一个简单的句子）

son ancienne amie（他以前的朋友） un temple ancien（一座老庙）

6.1.6 词性分析法在复合名词复数中的研究

法语中的名词除了简单名词外还有复合名词。简单名词的复数上面已经说过了。复合名词指的是由两个或者两个以上的词组成的一个名词。复合名词的复数要看情况。是法语学习的一个重点难点。

一般来说，复合名词的组合中如果是名词＋名词的结构的话，两个名词都有性数变化。如果是名词＋形容词组合的话则同样二者都要性数配合。然而如果出现名词＋动词，名词＋介词，名词＋代词，动词＋名词，动词＋代词，动词＋副词等的组合，都是只配合里面的名词和形容词，其他词类是不配合的。当然任何事情都很难绝对，法语中也没有无例外的规则，有的打破语法规则的是需要个别单独记忆的。

1: 名词 + 名词

ex: un wagon–lit—des wagons–lits

un chef–lieu—des chefs–lieus

un chou–fleur—des choux–fleurs

une machine–outil—des machines–outils

2: 名词 + 形容词

ex: le grand–père—les grands–pères

un coffre–fort—des coffres–forts

3: 形容词 + 形容词

ex: un sourd–muet—des sourds–muets

aigre–doux—aigres–doux

un dernier–né—des derniers–nés

exception:

une timbre–poste—des timbres–poste

un chef–d'oeuvre—des chefs–d'oeuvre

Une pomme de terre—des pommes de terre

Un arc–en–ciel—des arcs–en ciel

une année–lumière 或（une année de lumière）—des années–lumière

une bête à cornes—des bêtes à cornes（带角兽）

以上几个虽为名词＋名词的组合，但是第二个名词不是中心词，被看作补语成分，是对第一个名词的补充或修饰。

un nouveau–né—des nouveau–nés 这里的 nouveau 被看成是副词。但是和它形态非常类似

的 dernier-né 就相对比较规则了，变成复数是 derniers-nés

ex: un aller-retour—des aller-retour

un va-et-vient—des va-et-vient

un passe-partout—des passe-partout

un laissez-passer—des laissez-passer

以上组合中都是动词 + 动词或动词 + 副词，因此都不变。

un tire-bouchon—des tire-bouchons

un cure-dent—des cure-dents

une porte-carte—des porte-cartes

un tourne-disque—des tourne-disques

un haut-parleur—des haut-parleurs

un non-lieu—des non-lieux

un rendez-vous—des rendez-vous

以上是动词 + 名词，动词 + 代词或副词 + 名词的组合，因此名词有变化而动词无变化。

un pot-au-feu—des pot-au-feu

un après-midi—des après-midi

une tête-à-tête—des tête-à-tête

une tête-à-queue—des tête-à-queue

un post-scriptum—des post-scriptum（PS）

以上一组是不变词类，单复数没有任何变化。

comparez "une timbre-poste" et "un avant-poste"，"un avant-port"，"un arrière-poste"

注：在 garde 所构成的复合名词中，如果 garde 是名词（看管者，守卫者），则 garde 有变化，如果 garde 当动词（看管，保护）来讲，则无变化。

une garde（保管）-robe—des garde-robes（衣橱）

un garde（保管）-meuble—des garde-meuble（s）

un garde-boue—des garde-boue 挡泥板

un garde-feu—des garde-feu（壁炉的挡火板）

un garde-corps—un garde-corps 扶手

une grand-mère—des grands-mères

un garde（看守人）–chasse—des gardes–chasse（s）

un garde–voie—des gardes–voie（s）路警

un garde（看守人）–barrière—des gardes–barrière 栅栏（s）

一般英语外来词的复数按照英语的来，在整个复合名词词末加 s。如：

un pull–over—des pull–overs   un week–end—des week–ends

样题分析

1. Ces tableaux sont les（1）du grand peintre Pablo Picasso.

2. La sonorisation était parfaite grâce aux（2）.

3. Des（3）de toutes les couleurs embelissaient le ciel.

4. Dans l'immeuble où j'habite il y'a deux（4）.

5. Tante Mina brode de très jolis（5）.

6. Sans（6）il est inutile d'essayer de casser toutes ces noix.

7. Ce magasin vend des（7）à des prix très avantageux.

8. Les（8）du mouvement de la droite ont manifesté leur colère.

9. Une association a été construite pour venir en aide aux enfants（9）.

10. Aujourd'hui c'est l'anniversaire de ma（10）.

上述例句中依次分别需要填入的词汇应该是：

（1）：chefs–d'oeuvre 两者虽然均为名词，但由介词连接，前者是中心名词，故加 s，后者是修饰词，不需要加。这相当于汉语中的偏正短语结构。

（2）： haut–parleurs 此处 haut 被副词化，因此只有 parleur 加 s。

（3）：cerfs–volants 典型的名词加形容词结构，二者均要加 s。

（4）：sous–sols sous 是介词，因此只有 sol 加 s。

（5）：couvre–lits couvre 是动词，只需要变化 lit。

（6）：casse–noisettes 同 5）

（7）：réveille–matin 不变名词一类，需要单独记忆。

（8）：porte–parole 同 7）

（9）：sourds–muets 二者均为形容词，均要变化。

（10）：grands–mères 形容词加名词结构，二者均要加 s。但是注意 grand 构成的复合名词没有阴性。

6.2 法语冠词和英语冠词的对比研究

法语和英语中都有定冠词和不定冠词。这两类冠词在法语中有阴阳性之分，而在英语中则没有。从用法上看基本相同。但是也有个别例外。参看以下例句。

法语：Mon père aime le thé.

英语：My father like tea.

法语：Elle est l'amie de Thomas.

英语：She is a friend of Thomas.

第一个句子在法语中要加定冠词，表示物体的一类或总体概念。但是在英语中则不需要任何冠词。

第三个句子之所以用定冠词是因为后面有限定成分，是有明确指向的。而在英语中通常则用不定冠词。搞清楚这两点区别，其他可以参照英语定冠词的语法进行理解与记忆，可以达到事半功倍的效果。

6.2.1 法语四类冠词的区别

法语的冠词有四大类，分别是定冠词，不定冠词，部分冠词和缩合冠词。冠词的复数不分阴阳性。它们的形态分别如下：

	阳性单数	阴性单数	复数
定冠词	le（或 l' + 元音或哑音 h）	la（或 l' + 元音或哑音 h）	les
不定冠词	un	une	des
部分冠词	du（或 de l' + 元音或哑音 h）	de la（或 de l' + 元音或哑音 h）	des
缩合冠词	du	de la	des

不定冠词：un, une, des。用在可数名词前，用来表示初次提到的，或者是不确指的人或物。

如：C'est un cinéma.

Il y a une image dans la salle de lecture.

Des étudiants lisent le matin au bord du lac.

J'ai vu un éleve lire sous un arbre.

Un jour, mes frères sont venus me voir.

J'ai besoin des romans français originaux, mais j'ai trouvé seulement des copies.

La baleine est un mammifère.

Un bon chien reste toujours fidèle à ses maîtres.

Nous sommes payés une fois par mois.

定冠词：le, la, les.

1：曾经提到过的人或事，如：Voilà une photo, c'est la photo de ma famille.

2：确指的人或物，如：Les cahiers de Gotillard est sur le bureau.

3：放在抽象名词前，如：La comptabilité est très difficile à contrôler, j'en ai marre.

4：放在表示总体概念的名词前，如：Mes frères adorent la musique, surtout le guitare.

5：独一无二的事物，如：

La lune tourne autour du soleil.

Donc, on peut dire que le chien est l'ami de l'homme.

部分冠词：du, de la, des，用在不可数的又不确定的名词前，表示部分的量或者概念。

Je prends souvent des pâtes le midi, mais aujourd'hui, je mange du riz et de la viande.

On prépare du jus d'orange pour les amis qui ne veulent pas d'alcool.

Le soir après le travail, je fais des achats et je prépare des plats, on a toujours de la soupe le soir

Il prend du pain avec du fromage et de la confiture.

Il nous faudra de la patience pour élever le bébé.

L'air est frais dans la fôret.

Nous lisons du Zola.

Il a fait de la chimie mais sa soeur du droit.

Les gens qui a de la fièvre ne peuvent pas entrer à la salle d'attente.

Voulez vous des carottes ?

Je prendrai des vacances très bientôt.

Le repas est fini et il reste des miettes sur la table.

Mon petit ne cesse pas de lui demander du pain, du lait, de la confiture, des oeufs et du bacon.

Elle m'a souhaité du bonheur, du plaisir, de l'argent et de l'énergie pour le nouvel an.

6.2.2 绝对否定句中的 de

在绝对否定句中，直接宾语前的不定冠词或部分冠词被 de 替代。

Tu as une soeur, mais je n'ai pas de soeur.

Les enfants ne mangent pas de poisson tous les jours.

Je n'achète pas de cassettes musicales.

Ce ne sont pas des Français, ce sont des Allemands.（des Français 不是宾语是表语，因此 des 不能被 de 替代）

Il ne déteste pas le sport, mais il n'en fait pas souvent.（le sport 中的 le 是定冠词，因此不能被 de 替代）

注：有时在绝对否定中不定冠词没有被 de 替代，这种情况是为了强调。如： Il ne comprend pas un mot latin.

缩合冠词：指的是定冠词 le,la,les 和介词 de,à 的缩合。du,des,au,aux

规则如下：de +le = du de +les = des

à +le = au à +les = aux 而介词 de, à 和阴性的定冠词不进行缩合。

Tout le monde parle du nouveau président.

Ce sont les revues du professeur

On a besoin des livres pour apprendre cette langue.

Elle vit aux Etats−Unis avec toute sa famille.

Pascal va au cinéma le samedi soir.

Mais:Il vient de la bibliothèque.

Nous allons à la piscine en été.

解析：（区别下列冠词）

On a besoin des ducuments pour accomplir ce travail.

Ce soir, il y a seulement des légumes dans le réfrigérateur, il faut acheter encore des fruits et de la viande.

On voit partout dans la rue des gendarmes en costume.

Ce sont les billets d'avion des voyageurs.

以上四个句子中均有 des，第一个 des ducuments 里面的 des 是来自固定表达 avoir besoin de，然后再和名词前面的定冠词 les 进行缩合最后形成 des 的形式，这种 des 不是不定冠词或者部分冠词的原始形式，而是和定冠词 les 缩合来的，因此第一个 des 为缩合冠词。

第二个句子中的 des légumes 和 des fruits 都表示一些不确指的含义，同时 légumes 和 fruits 都是不可数的，因此两个 des 都为部分冠词。

第三个句子中的 des gendarmes 虽是不确指的，但是 gendarmes 是可数名词，因此 des 是不定冠词。第四个句子 des voyageurs 里面的 des 含有所属关系，即……的，为介词 de 和定冠词 les 的缩合。

综上归纳，判断冠词属于哪一类性质，一定要根据冠词在句子中所代表的不同含义，再结合其所修饰的名词是否可数进行辨别。定冠词可以通过形态直接判别，但是不定冠词和部分冠词还有缩合冠词里面都有 des，而部分冠词和缩合冠词里面都有 du 和 des。因此这里主要讲的是不定冠词，部分冠词和缩合冠词里面形态相同的冠词如何辨别。

如果冠词表达的是不确定的人或者事，并且后面的名词是可数的，那么这个冠词就是不定冠词。如果冠词表达的是不确定的人或者事，并且后面的名词是不可数的，那么这个冠词就是部分冠词。如果冠词里面含有"的"的所属含义或者来源于含有"的"的固定表达，那么就是缩合冠词。

6.2.3 冠词的省略

1：名词作表语，表示职业，身份，国籍，前面省略冠词。

Nous sommes tous Chinois et nous aimons la Chine.

2：名词表示罗列，省冠词。

Livres, cahiers, vêtements, chaussettes, il y a de tout, tout en désordre.

3：名词用作呼语，省冠词。

Mesdames et messieurs, on se rassemble ici pour lutter contre tout ce qui détruit la paix.

4：在书名或者标题名前面一般不用冠词。

《À la recherche du temps perdu》a été écrit par Proust.

5：作同位语的名词前面无冠词。

Je vous présente mon amie Gotillard, professeur d'université.

6：数量名词或数量副词后面的名词前面无冠词。

Il y aura trois jours de congés, je vais prendre un peu de temps pour bien goûter beacoup de plats délicieux avec mon mari et mon fils.

样题解析：Il gèle, il y a souvent（1）vent et（2）neige.

Les Français prennent souvent（3）pain avec（4）confiture, ils prennent aussi（5）fromage,（6）café,（7）viande,（8）légumes et（9）vin. Mais Les Chinois aiment（10）thé, ils prennent souvent（11）thé,（12）riz et（13）nouilles. Selon la météo, il y aura（14）nuages ce soir.

（1）：du

（2）：de la

（3）：du

（4）：de la

（5）：du

（6）：du

（7）：de la

（8）：des

（9）：du

（10）：du

（11）：du

（12）：du

（13）：des

（14）：des

上述一题全部填的是部分冠词。一种是部分冠词用在不可数的食物名称前面，配合吃喝一类的动词，表示部分的概念。另外一种是用在表示天气一类的名词前面，也是不可数的。

6.3 法语形容词

6.3.1 法语指示形容词 ce, cet, cette, ces 和英语的 "this"

ce 在法语中的意思相当于英语里面的 "this"，c'est = this is。但是法语中的 ce 除了上述情况外，都是作形容词讲，而 "this" 更偏重于代词。

指示形容词 ce 是伴有指示或指代的形容词，意为这个或这些，在法语中有四种形态：ce（这个），cet（这个），cette（这个），ces（这些）。其中 cet 用在以元音或者哑音起始的阳性单数名词前。

法语中有很多打破语法规则的东西，都是为了发音需要。这也是法语追求语音美的一个特点。

J'aime bien cette timbre.

Ce village est riche en Camenbert.

On ne connaît pas cet homme.

Ces revues se vendent bien dans cette librairie.

注意：像这种类似 C'est un musicien. 的句子中，ce 作主语，因此是代词而不是形容词。这时 ce 是中性的，没有阴阳性或单复数变化。如：Ce sont des musiciens. Ce sont des vendeuses. 不论表语是阴性还是复数，代词 ce 始终不变。

6.3.2 疑问形容词 quel, quelle, quels, quelles 和英语的 "what" / "which"

Quel 作疑问形容词，既具备形容词的功能，修饰名词或者充当表语，同时可以引导疑问句。与所修饰的名词或者主语保持性数一致。

如：

A quelle école tes frères font–il de la guitare ?

Quels films aimes–tu voir ?

Quel est votre nom ?

Quelles revues françaises avez–vous lues pendant les vacances?

本来与英语的疑问词"what"对应的是法语的"que"，而与疑问词"which"对应的是法语的"quel"。

但是，疑问形容词 quel 有时相当于"what"，有时相当于"which"，在表达"什么"这个意思的时候，如果后面还有名词或者是处于表语的位置，就用 quel，其余用 que。在表达"哪一个 / 哪一些"等这些概念的时候，一律用 quel。

Quel cours enseignes-tu ce semestre? （"什么"后有名词）

Que dites-vous? （"什么"）

Quel est son numéro de téléphone? （"什么"作表语）

Quelles compositions écrivez-vous? （"什么"后有名词，或翻译成"哪些"）

Quelle revue est la meilleure? （"哪个"）

在年份、季节、月份、日期、星期的表达中用的也是疑问形容词 quel。

EX:En quelle année sommes-nous?

–Nous sommes en 2016.

En quelle saison sommes-nous?

–Nous sommes au printemps.

–Nous sommes en été/en automne/en hiver.

En quel mois sommes-nous?

–Nous sommes en décembre.

Quelle date sommes-nous?

–Nous sommes le 15 décembre.

Quel jour sommes-nous?

–Nous sommes jeudi.

6.3.3 感叹形容词 quel, quelle, quels, quelles 和英语的"what"

quel 当感叹形容词，后接名词引导感叹句，相当于英语中 what 加名词引导的感叹句的用法。如：Quelles revues utiles !

Quels beaux parsages on a vus!

Quelle bonne idée !

Quel grand appartement !

注：法语中 quel 引导的感叹句跟英语不同的一点就是名词前面无冠词。

Quelle jolie fleur !（多漂亮的一朵花啊）， fleur 前面不能加冠词 une 。

6.3.4 主有形容词（Adjectifs Possessif）和英语的形容词性物主代词：

法语			英语
mon（我的）	ma（我的）	mes（我的）	my
ton（你的）	ta（你的）	tes（你的）	your
son（他的/她的）	sa（他的/她的）	ses（他的/她的）	his/her
notre（我们的）	nos（我们的）		our
votre（你们的）	vos,（你们的）		your
leur（他们的/她们的）	leurs（他们的/她们的）		their

Attention:

1：在 mon（我的）、ton（你的）、son（他的/她的）、ma（我的）、ta（你的）、sa（他的/她的）中，主有形容词的选择是分阴阳性的，阴阳性的选择取决于后面的被所有者，也就是被修饰词，与所有者（说话人）无关。因此 son 和 sa 与说话人的阴阳性无关，所以既可以等同于英语的 his 也可以等同于英语中的 her。第三人称的 sa, ses, leur, leurs 也同样。

例如：son père，所有者不管是男的还是女的，说出来都是一样的，阴阳性只取决于 père 一词。

2：在以元音或者哑音 h 开头的阴性名词或者形容词前面，不用 ma, ta, sa 而用 mon, ton, son，为了保持连音联颂。

例　如：mon histoire、ton amie、son horloge、mon héroÏne、ton ancienne amie、son étudiante、son angoisse.

3：法语中的主有形容词相当于英语的形容词性物主代词。因为有阴阳性，并且区分了所有者和被所有者的单复数，因此比英语的形容词性物主代词形态多。

为什么法语的主有形容词有这么多形式？这是很多法语初学者很不理解的一点。因为法语的主有形容词对阴阳性和所有者以及被所有者的单复数都作了限定，因此按照所有者和被所有者的单复数可以将其归结为四大类。

第一大类：mon（我的）、ton（你的）、son（他的/她的）、ma（我的）、ta（你的）、sa（他的/她的）、所有者和被所有者均为单数。例如：ma famille ton nom

第二大类：mes（我们的）、tes（你们的）、ses（他们的/她们的），所有者为单数，被所有者为复数。例如：mes parents, mes enfants

第三大类：notre（我们的）、votre（你们的）、leur（他们的/她们的），所有者为复数，被所有者为单数。例如：notre pays, votre école

第四大类：nos（我们的）、vos（你们的）、leurs（他们的 / 她们的），所有者和被所有者均为复数。例如：nos vêtements, leurs amis

其中 votre 除了表示你们的还可以表示敬称您的，这时所有者和被所有者都为单数。

例如：Est-ce que vous pouvez eppeler votre nom?

同样，vos 也可以表示敬称您的，这时候所有者为单数，被所有者为复数。例如：Quelles sont vos activités préférées pendant les vacances, monsieur?

6.4 tout

tout 在法语里既可以当形容词，还可以当代词和副词，这是学习的一个难点。鉴于上述原因，笔者在此将 tout 的用法单独归类讲解。

1：tout 作形容词

一般配合冠词使用，意为每、所有的、整个的。tout 还可以不加冠词直接修饰名词，这时表示的是泛指，任意的，任何的。

Tout le monde est présent à l'examen.

Il travaille beaucoup tous les jours.

Tous les jeunes se sont précipités au cinéma pour voir ce nouveau film.

C'est la veille du Nouvel An, toute ma famille est en fête.

Tout travail mérite la récompense.

2：tout 作代词

代替前文出现的名词，指代所有的人或者所有的物。

Tout est à sa place.

Nous sommes tous très contents de rester ensemble avec ma grand-mère.

Ne le dis pas à tous.

Ma petite nièce aime chanter,danser et jouer de la guitare, tout l'intéresse.

On voit beaucoup de filles participant au concours de chansons, toutes sont charmantes.

3：tout 作副词

tout 当副词来讲跟一般副词一样，大部分时间是没有阴阳性和单复数变化的，只有在阴性的以嘘音或者辅音开头的形容词前面才有变化。

如：Ma fille est toute joyeuse de voir ces cadeaux.

Ma mère est tout heuheuse d'avoir des enfants si excellents.

Ils sont tout intelligents.

Elle est toute honteuse d'entendre cela.

Les deux amies sont tout honorés d'être inviteés ici.

有关 tout 的否定。tout 的否定是半否定，也就是只否定 tout 本身，而不是整个句子。

例如：On ne travaille pas tous les jours .

Il ne se lève pas tôt le matin.

样题解析：

Elle est toute contente de me voir.

Ils sont tout joyeux.

Tous non amis assisteront à notre mariage.

J'ai vu trois aventurières, toutes sont courageuses.

Tout est en ordre dans la chambre.

Mes grands-parents sont tout contents de voir mon copain.

Mon père travaille toute la journée.

Marie est tout heureuse d'avoir trouver un bon travail.

Les visiteurs parlent tous anglais et français.

A ces mots, les filles sont toutes honteuses.

Elles sont tout intelligentes.

Mes voisins sont tout étonnés d'entendre ça.

Il y a un métro toutes les dix minutes.

Ma grand-mère a 71 ans, ses cheveux sont tout blancs.

6.5 代词

代词是用来指代或者替换前文中出现的名词，法语中的代词也有阴阳性和单复数。代词要与它所代替的名词保持性数一致。

6.5.1 主语人称代词

顾名思义，是作主语的人称代词，在法语中共有 8 个，分别是：je（我）、tu（你）、il（他）、elle（她）、nous（我们）、vous（你们）、ils（他们）、elles（她们）。

注意：法语中的第二人称主语人称代词既可以指你们，也可以指单数的您，表示敬称。

另外，法语中主语人称代词的第三人称单数 il，不仅可以指代人，也可以指代物或者动物。相当于英语的 it。

6.5.2 重读人称代词

重读人称代词是一个崭新的概念，是英语中没有的一种代词。八个主语人称代词分别对应八个重读人称代词，分别是：

je	tu	il	elle	nous	vous	ils	elles
moi	toi	lui	elle	nous	vous	eux	elles

注意这里重读的含义不是读音方面的重读或者是加重，而是语义方面的着重强调。

重读人称代词主要有四点用法：

1：用在 c'est 后

c'est 引导的句子是一个主系表结构，后面的表语既可以是形容词也可以是名词或者代词，但是要注意，后面一旦跟了代词，就要选择代词的重读形式。

如：Qui dit cele tout à l'heure? C'est toi ou c'est lui?

2：用在介词后。介词后面也是一样，要加代词的话，必须加重读人称代词。

如：Je connaît bien Yves et Cabrielle, je sors souvent avec eux.

3：省略句中。这种省略句一般指的是无谓语的省略句。

如：–Qui peut m'expliquer cette grammaire? –Moi.

4：用作主语同位语。同位语使用重读人称代词，也是对主语的一个强调补充。

如：Moi, je suis professeur, lui, il est patron.

重读人称代词 soi 是第三人称特殊自反形式，用于主语是泛指代词 on, chacun, tout le monde, personne, celui qui……等句子中：

如：On ne doit pas penser toujours à soi.

Chacun travail pour soi.

On se sent bien chez soi.

Il faut avoir confiance en soi.

6.5.3 宾语人称代词

直接宾语人称代词和间接宾语人称代词。直接宾语人称代词在法语中总共有 7 个，间接宾语人称代词有 6 个。

法语中的直接宾语人称代词是代替作直接宾语的名词。间接宾语人称代词是代替作间接宾语的名词。直接宾语人称代词的性数要和所替代名词的性数相一致。作为直接宾语和间接宾语的人称代词，一般都放在动词前。

此外，法语中有一种特殊形态的动词叫代动词，它的形式是自反人称代词 se 加动词，如：se présenter, se marier 等。其中自反人称代词 se 也根据主语的变化而变化。现将主语人称代词分别对应的直宾间宾人称代词和自反代词罗列如下：

主语	直接宾语	间接宾语	自反代词
je	me	me	me
tu	te	te	te
il, elle	le, la	lui	se
nous	nous	nous	nous
vous	vous	vous	vous
ils, elles	les	leur	se

用法：直接宾语人称代词放在动词前，在句子中代替作直接宾语的名词。如：

Vous faites très bien , je vous suis.

Ce nouvel étudiant est serviable, tout le monde l'aime.

Les romans de cet écrivain sont intéressants, je les recommande à mes amis.

间接宾语人称代词也放在动词前，在句子中代替作间接宾语的名词。如：

Pouvez-vous leur dire de m'appeler plus tard?

Au début, elle ne lui a pas écrit fréquemment.

代动词的变位除了本身动词以外，自反人称代词也要跟着主语的变化而变化。

Vous devez vous mettre en route aussitôt, il fait noir.

Je vais me lever demain matin plus tôt pour éviter l'embouteillage.

6.5.4 副代词 y（les pronoms adverbiaux）

副代词 y 原先是表示地点的副词，后来也做代词使用，因此称为副代词。

y 代替由介词 à, dans, sur, chez,en, sous……引导的地点状语。

Mon ami est allé chez ses parents, j'y suis allé moi aussi.（y = chez mes parents）

代替由介词 à 引导的指物的间接宾语或不定式。

ex:– Les femmes de la famille sont-elles prêts à préparer le reveillon? – Oui, elles y sommes prêts.（y = à préparer le reveillon）

Le roman que je n'ai pas tout lu est très intéressant, j'y pense en rentrant.（y = à ce roman）

Ce que tu viens de dire est très important, je vais y réfléchir.（à ce que tu viens de dire）

6.5.5 副代词 en 的用法

代替由 de 引入的做动词宾语的名词。

ex: Elle aperçoit un restaurant et s'en approche. （en ＝ de ce restaurant）

C'était une époque sans justice ni raison, on en souffrait beaucoup. （en ＝ de cette époque-là）

Ce film,on en parle lontemps. （en ＝ de ce film）

代替不定冠词 des，部分冠词 du, de la,des 引导直接宾语。

ex: – Les légumes sont bons pour la santé, prends-en. （en ＝ des légumes）

As-tu des frères? —Oui, j'en ai. （en ＝ des frères）

代替由介词 de 引入的形容词补语。

ex: – Etes-vous satisfait de votre succès?

– Bien sûr, j'en suis très satisfait. （en ＝ de mon succès）

代替数量副词或基数词后面的名词。Combien y a-t-il de personnes dans votre famille?
—Nous en avons 5. （en ＝ personnes）

As-tu pris de l'eau ? —Oui, j'en ai pris un peu （en ＝ d'eau）

同样，副代词 en 原先是表示地点的副词，后来也作为代词使用，因此称为副代词。

代替由介词 de 引导的地点状语。

Elle va visiter Paris l'année prochaine , mais j'en suis revenue il y a quelques jours. （en ＝ de Paris）

代替由介词 de 引导的名词补语。

ex: J'aime beaucoup ce roman, et j'en connais l'auteur.

代替由介词 de 引入的句子

ex: Yves est reçu par l'Université Oxford, ses parents en sont très fiers. （en ＝ de ce que Yves est reçu par l'Université Oxford）

注：当 en,y 分别充当间接宾语时，若被代替的间接宾语是人而不是物，通常使用重读人称代词，而不使用 en 或 y。

C'est ta grand-mère qui s'occupait de toi quand tu étais petite?

—Oui, c'est elle qui s'occupait de moi.

Est-ce que vous parlez du professeur? –Oui, nous parlons de lui.

J'aime bien mes parents et je suis nostalgique, je pense souvent à eux surtout depuis mon séjour dans une autre province.

6.5.6 宾语人称代词在句子中的位置

一般情况下，法语中的宾语人称代词和副代词放在动词前面，遵循的法则是：一般第一、二人称代词在第三人称代词前面。在只有第三人称代词的情况下，直接宾语在前，间接宾语在后。如下图所示：

	me	le	lui			
	te	la				
sujet	nous	les		y	en	verbe
	vous		leur			

但是肯定命令式是个例外。肯定命令式中，一般遵循直接宾语在前，间接宾语在后的规则。肯定命令式中，宾语人称代词和副代词在句子中的位置如下：

		moi-		
	le-	toi-		
verbe-	la-	nous-		
	les-	vous-	y-	en
		lui-		
		leur-		

此外，在肯定的命令式中还应该注意三点：

1：人称代词和副代词放在动词后面。

2：动词和代词之间使用连字符连接。

3：me, te 改为 moi, toi。

Ex: Dites-le-moi le plus tôt possible!

Ex: Ne le dérange pas, laisse-le dormir, il est très occupé.

Paul a besoin de cette revue, passe-la-lui.

第一组规则动词的第二人称单数命令式本来是没有 s 的，但是如果后面的代词是 y 或者 en 的话，为了发音，s 要还原，如 Manges-en!　Vas-y!

6.5.7 中性代词 le:

中性代词 le 无性数变化。有以下两点用法。

1：作表语，代替作表语的无冠词的名词或形容词；（区别于 les）

Sont-elles étudiantes?

Oui, elles le sont.

2：可代替前文中出现的句子。

Il est très studieux, tout le monde le sait.

可代替中性指示代词 cela 或动词不定式。

Je ne comprends pas cela, qui veut me l'expliquer?

Rester ici, si tu le veux.

样题解析：

—Dis donc, je peux essayer ta voiture ?

—D'accord, je （1） （2） prêterai demain.

—Sophie et Thomas, je vous ai parlé de mes projets ?

—Oui, vous （3） （4） avez parlé hier.

—Où as-tu acheté cette bague ?

—C'est mon ami qui （5） （6） a offerte. C'est sa grand-mère qui （7） （8） a donnée.

—Tu as les clefs de la voitures ?

—Non, je （9） （10）ai données hier soir. Ah non ! Je sais, à Marie . Demande-（11） （12）!

—Vous savez que je vais me marier avec Yves ?

—Non, mais présentez （13） （14）.

Michel comprend cette question, je （15） （16） ai expliquée.

—Tu as acheté une robe ? Montre （17） （18）, s'il te plaît.

Je veux des fraises, donnez （19） （20） un kilo, s'il vous plaît.

依次分别填入的代词是：

（1）：te

（2）：la

（3）：nous 其中 Sophie et Thomas 是复数。

（4）：en des projets 是 de+ 名词。故用 en 替代。

（5）：me 根据上文，（1-5）tu 对应的是 me。

（6）：la 指的是直宾 baguette。

（7）：la 同样指的是直宾 baguette。

（8）：lui 第三人称并列，直宾在前，间宾在后。

（9）：te 根据说话对象。

（10）：les 代替直接宾语 les clefs。

（11）：les 仍旧代替直接宾语 les clefs。

（12）：lui 代间接宾语 Marie，位于直接宾语后。

（13）：le 代替 présentez 的直接宾语 Yves。

（14）：moi 与说话人 vous 相对应。

（15）：la 代替直接宾语 la question。

（16）：lui 代替间接宾语 Michel，不分阴阳性。

（17）：la la 是直接宾语 la robe。

（18）：moi 根据 s'il te plaît 的说话逻辑。

（19）：les 指的是 montrez 的直接宾语 fraises。

（20）：moi 在肯定命令式中，直接宾语位于间接宾语前，不分人称。

6.5.8 法语英语关系代词对比分析

关系代词（Les pronoms relatifs）是用来连接它所替代的名词和关系从句，关系代词所替代的名词，称为先行词。法语中的关系代词分为简单关系代词和复合关系代词。简单关系代词有四个，分别是 qui, que, où, dont。复合关系代词是 lequel。

1：qui 作主语，代替人或物，相当于英语的 who。

ex: Antoine, qui avait à cette époque seize ou dix-sept ans, se souvenait de la discussion orageuse.

Je vais te raconter ce qui m'est arrivé hier.

ex: Je sais distinguer mes amis de mes ennemis, j'aime qui m'aime, et déteste qui me haît.

上句话中 qui 前面没有先行词，但是我们可以通过上下文判断它代替的是 les gens。

2：qui 还可以代替间接宾语或状语，名词或形容词补语，从句由介词加 qui 引导，这时 qui 只能代替人不能代替物。

ex: Le police, à qui ils ont téléphoné tarde à venir.

Monsieur Duval, chez qui j'ai passé les vacances d'été est un vieil ami de mon père.

Jean, de qui je viens de recevoir une lettre va nous voir après-demain.

que 在从句中作直接宾语，可指人或物。相当于英语中 what 或 which 的用法。

ex: Voilà la maison qu'on a vue de loin.

J'ai préparé tout ce que je veux pour la fête.

C'est une politesse qu'on fait à table aux personnes qu'on estime.

Que 和直接宾语人称代词 le、la、les 等的区别：

Que 是引导主从复合句，在句子中替代直接宾语。le、la、les 是直接宾语人称代词，也替代直接宾语。二者的语法意义相同。但是不同的是 que 所替代的直接宾语位于主从复合句中，而 le、la、les 所替代的直接宾语是隶属于另外一个单句。意义相同，但是句子结构不同。

ex: La veille de Nouvel An que nous avons passées ensemble,mes parents, mon mari et moi, est pleine de joie et de bonheur.

La veille de Nouvel An est pleine de joie et de bonheur,mes parents, mon mari et moi, nous l'avons passées ensemble.

Les enfants attendent fiévreusement les cadeaux que leur offrira le Père Noël.

Les enfants attendent fiévreusement les cadeaux. Le Père Noël les leur offrira .

que 和 quoi

que 在句子中可以作疑问代词，关系代词，副词，连词。

如：Qu'est-ce qu'il fait là-bas? （疑问代词）

Ce petit garçon croit que le père Noël va lui offrir la cadeau à la veille de Noël s'il est sage.（连词）

Les données que j'ai consultées dans la bibliothèque sont inutiles. （关系代词）

Que le temps est magnifique aujourd'hui! （感叹副词）

Je ne comprends pas l'histoire qu'il raconte en français. （关系代词）

C'est là qu'il se promène. （关系代词，经常以 ici 或 là 为先行词，代替关系代词 où 的用法，比较口语化）

quoi 是中性，只能代替表示事物的名词。它既是 que 的重读形式，又是 que 的口语形式，既是关系代词又是疑问代词。quoi 在句子中可以作：间接宾语或状语。一般来说，其先行词是中性指示代词 ce，泛指代词 quelque chose，rien 等，quoi 由介词引入。

ex: Il n'y a rien sur quoi on ait tant disputé.

Dans ce film il y a toujours quelque chose à quoi je dois bien réfléchir.

Je voudrais savoir ce à quoi il s'en tient.

quoi 可以替代一个句子，相当于 cela。

ex: Vas-y tout de suite, sans quoi il va être en colère.

Elle partit sans me dire adieu à quoi je fus très sensible.

de quoi 后跟不定式，

Donnez-leur de quoi manger.

Tiens, voici de quoi payer les frais du voyage.

C'est à quoi j'ai réfléchi. （关系代词 que 的重读形式）

C'est quoi ce truc? （口语）

Tu dis quoi? （口语）

De quoi s'occupe-t-il en ce mement? （疑问代词 que 的重读形式）

注：疑问词里面只有 que 有重读形式，其余疑问词的重读和非重读形式都一样。

dont

dont 可以代替由介词 de 引入的间接宾语。

ex: L'aventure dont il m'a parlé est vraiment extraordinaire.

Mon mari m'a offert des magasins dont j'ai besoin.

状语

ex: Mais il n'avait pas d'idée arrêtée sur la façon dont les choses devaient se passer.

La blessure dont le soldat est mort semblait, au début, sans gravité.

名词的补语

ex: Voilà le professeur dont la fille a fait ses études à l'Oxford.

Le journaliste dont nous avons fait la connaissance l'été dernier est très connu.

形容词补语

ex: Le patron lui a confié une tâche dont il est capable.

Son fils dont il était très fier est devenu ingénieur.

作数量形容词，数量副词，表示数量的泛指代词的补语，相当于 parmi lesquels

ex: Paul m'a montré ses timbres dont beaucoup sont précieux.

Je lui ai envoyé des photos dont deux avaient été prises au bord de la mer.

J'ai visité plusieurs pays dont la France et les Etats-Unis.

Où

Où 作时间状语或者地点状语，只能代替表示事物的名词。相当于英语中的关系副词 where 或者 when。

ex: Elle a fait un rêve où tout était confus.

ex: Il est parti par un mauvais temps où il faisait trop froid et il negeait.

dont 和 d'où 的区别 d'où 表示具体的地点概念，dont 表示抽象的：

Le village d'où il est venu est écarté de la grand-route. 他来的那个村子离大路很远。

La famille dont je suis sorti est orginaire du nord. 我的老家祖籍北方。

d'où 还可以引出一个结果。

如：Il ne m'avait pas prévenu de sa visite: d'où mon étonnement.

6.5.9 复合关系代词

复合关系代词可代替表示人或事物的名词，其性、数必须与先行词一致，在从句中往往由介词引入。

作间接宾语

ex: C'est un aspect de la question auquel Paul n'avait pas réfléchi.

作状语

ex: Jeanne a reçu une lettre de son amie dans laquelle elle la convie à son anniversaire.

Le sport est l'art par lequel l'homme se libère de lui-même.

由 de 引入作带有介词的名词补语，在这种情况下不能用 dont

ex: L'homme se dirige vers l'arbre à l'ombre duquel des enfants s'amusaient.

Mon ami m'a prêté un livre à la fin duquel il manque quelques pages.

可用 lequel 代替 qui 作主语。在书面语中，为了避免两个性、数不同的先行词出现歧义。

ex: Je connais bien la fille de Jean, laquelle adore la musique.

关系代词样题解析：

1：Je ne connais pas la personne （1） vous retient de partir.

2：Vous souvenez-vous de l'annonce publicitaire （2） je vous ai parlé hier?

3：La personne （3） vous devez vous adresser est absente.

4：Ce n'est pas du tout ce （4） je m'attendais.

5：Je ne me souviens plus des rues à la découverte （5） tu m'as entraîné l'autre jour.

上述五题依次分别应该填入的关系代词是：

（1）：qui　　从句中缺主语，故用 qui，人或物都可以替代。

（2）：dont　　从句中缺 de 加指物的间接宾语。

（3）：à qui　　从句中缺 à 加指人的间接宾语。

（4）：à quoi　　从句中缺 à 加指物的间接宾语。

（5）：desquelles　从句中缺状语补足语，故用复合关系代词。

lequel/laquelle 与 qui 的区别：

前者用于明确指性别，避免歧义时，一般用介词＋qui，entre 和 parmi 后与 lesquels 连用，而不用 qui。

dont 所替代的词不能充当从句中的间接宾语的补语或状语的补语。

L'homme sur l'aide de qui je compte est mon frère cadet. 这里，de 前面有一个介词 sur，因此不能用 dont。

6.5.10 主有代词

主有代词（Les pronoms possessifs）和英语的名词性物主代词

法语中主有代词代替的是主有形容词和它后面的名词。表示主语以及主语所拥有的人或物。

le mien	la mienne	les miens	les miennes
le tien	la tienne	les tiens	les tiennes
le sien	la sienne	les siens	les siennes
le nôtre	la nôtre	les nôtres	les nôtres
le vôtre	la vôtre	les vôtres	les vôtres
le leur	la leur	les leurs	les leurs

用法：做主语。

ex: – Fabienne, ta robe est très jolie.

– La tienne est aussi très belle.

做直接或间接宾语。

ex: Ma chambre est claire, mais trop petite, je préfère la vôtre.

J'écris tous les mois à mes parents, est-ce que tu écris souvent aux tiens?

主有代词的阳性复数能用来表示"家里人""自己的人"（les proches, les partisans）。

ex: Je serai très content de revoir bientôt les miens.

主有代词的阳性单数与部分冠词连用，表示"某某的力量或意见"。

ex: Nous devons y mettre du nôtre.

6.5.11 指示代词

指示代词（Les pronoms démonstratifs）用来代替表示人或物的名词，并同所代的名词保持性、数一致。

		单数	复数
简单词形	阳性	Celui	Ceux
	阴性	Celle	Celles

复数词形	阳性	Celui-ci	Ceux-ci
		Celui-la	Ceux-là
	阴性	Celle-ci	Celles-ci
		Celle-là	Celles-là

注意：简单指示代词 celui, celle, ceux,celles 不能单独使用，必须后面跟由介词引导的补语或者 qui,que,où,dont 引导的关系从句。

ex: Ces gamins qui se battent sont ceux de ma voisine, les nôtres sont à la maison.

Ce disque est celui que je cherche lontemps.

Ces idées ne plaisaient pas à tout le monde, surtout celles qui avaient trait à la solidarité et à la coopération.

Vous auriez vu passer Madame Imbert qui tenait des asperges deux fois plus gros que celles de la mère Gallot.

Mon ami est porté sur la musique moderne, mais moi, celle classique.

Il a pris de nouveaux interrupteurs pour remplacer ceux qui ne marchent plus.

复合指示代词 celui-ci、celui-là、celle-ci、celle-là、ceux-ci、ceux-là、celles-ci、celles-là 可以单独使用。其中带 ci 的是近指，也可以指后者，意为"这"。带 là 的是远指，也可以指前者，意为"那"。用 ci 还是用 là 取决于句意表达的需要。

ex：Je veux changer de voiture, celle-ci est un peu petite.

Ces manteaux ne me plaisent pas, mais regarde,ceux-là ont l'air pas mal.

Dans le TGV, un homme qui vient de monter a placé un demi sac de cacahouètes au-dessus d'une vieille dame, alors celle-ci a crié immédiatement.

Il faut remplacer ces vêtements, ceux-ci sont vraiment démodés.

指示代词单独使用时只能指人，不能指物。

Ma grand-mère maternelle préparent le jus de fruit pour ceux qui ne boivent pas d'alcool à la réunion familiale.

Celui qui joue le mieux de la flûte est mon oncle .

Celui qui fait la chasse perd sa place.

注：在没有明确指代的前提下，一般是先近指再远指。celui-ci 表示较近的；celui-là 表示较远的。

On voit beaucoup de bandes dessinées à la librairie,celles-ci sont en chinois, celles-là en français.

Il rôda dans les deux granges, celle-ci pour l'avoine, celle-là pour le blé.

Il y a des jouets partout ici, mon fils préfère ceux-ci à ceux-là.

ceci 和 cela 是指示代词的中性形式，ceci 用来指下文将提到的事，而 cela 则指上面已提到的事。当单指某一事物时，使用 cela。

Ne dis pas cela à tous.

6.6 动词变位系统归纳

归纳法下的动词变位研究。据 19 世纪法兰西文学院公布的数据来看，法语单词数量有十几万。动词是句子中最核心的一部分，法语中的动词不同于一般动词，在组成句子的时候都要进行变位的。不算最新引进的外来词，法语现在使用的动词总共有 7500 多个，这 7500 多个动词在使用的时候都要进行变位。特别是第三组动词，因为没有规律可循，使得变位比较复杂。在使用的时候如果只知道动词意思而不会变位的话，也是无法进行口语和书面表达的，可见动词变位对于法语的重要性。这是法语动词区别于英语的重要一点。要想攻克动词变位这个难关，就要探索一条比较有规律的方法。

动词可谓是法语学习的核心内容。因为法语中有英语和汉语都没有的动词变位。也就是每个动词依据不同的人称和时态进行的相应变化。这使得法语动词的识别度很高，同时也是法语严谨，不容易出现歧义的一点。

法语的动词变位也是其另一大特色，假如说在英语中可以看到的动词变位最多的一个就是系动词 be，如：I am, you are, he/she is，其余基本上没有变化。我们母语更不存在动词变化，如我"是"，你"是"，他"是"，她"是"，我们"是"，你们"是"，他们"是"，她们"是"，以及其他动词，不管是写出来还是说出来，所有人称都是一样的。

然而法语就不同。刚才上文提到了，法语的动词有 7500 多个，这 7500 多个动词每个在使用的时候都要进行变位，而且每个动词除了对应六种人称以外，还对应大约 20 种时态，每一种时态的变位也都是不同的，这无疑让人谈动词色变。但是看了笔者下面的总结之后也许我们对动词变位的畏惧会减少。因为动词数量虽然多，但是绝大部分都是第一组是以 er 结尾的动词，这类动词大约又 6000 多个。接下来就是以 -ir 结尾的第二组动词变位，它们的变位也是规则的。接下来就是第三组不规则动词，这类动词的数量就更少了，虽然需要特殊记忆，但是随着学习的深入和单词量的加大，这里面也隐藏着变位规律，需要我们去发掘和总结。况且在实际生活中最常用的动词其实也就 500 多个。

动词变位分类总结：

第一组是以 -er 结尾的动词（除动词 aller 外），它们的变位相当有规律。其规则是去掉旧词尾 -er，分别加上以下新词尾：

je	tu	il/elle	nous	vous	Ils/elles
−e	−es	−e	−ons	−ez	−ent

je	tu	il/elle	nous	vous	Ils/elles
gagne	gagnes	gagne	gagnons	gagnez	gagnent

gagner

类似的以 −er 结尾的动词还有如下：

Affairer, affabuler, aérotransporter, adorer, abandonner, abaisser, parler, aéroporter, adverbialiser, aduler,

adadouber, adosser, adorner, abat−carrer, abcéder, abdiquer, abécher, aberrer, abhorrer, abîmer, abjurer, abloquer, abominer, abonder, abonner, aboucher, abouler, abouter, aboyer, abraser, abréger, abreuver, abricoter, abriter, abroger, absenter, absorber, abuser, acagnarder, accabler, accaparer, accastiller, accéder, accélérer, accentuer, accepter, accidenter, acclamer, acclimater, accointer, accoler, accommoder, accompagner, accorder, accorer, accoster, accoter, accoucher, accouer, accoupler,

accoutrer, accoutumer, accréditer, accréter, accrocher, acculer, acculturer, accumuler, accuser, acenser, acérer, acétifier, acétyler, achalander, achaler, acharner, acheminer, avoisiner, avorter, avouer, avoyer, axer, axiomatiser, azurer,

aviner, aviser, avitailler, aviver, avaler, avaliser, avancer, avantager, avarier, avenir, aventurer,

avérer, aveugler, aututomiser, autofinancer, autographier, autoguider, automatiser, autoproclamer, autopsier, autoriser, autosuggestionner, autotomiser, attifer, attiger, attirer, attiser, attitrer, attraper, attremper, attribuer, attriquer, attrister, attrouper, auditer, auditionner, augmenter, augurer, auréoler, aurifier, ausculter, authentifier, authentiquer, autocensurer, autodéterminer, attester, attenter, atténuer, atterrer, atteler, assumer, assurer, asticoter, astiquer, atermoyer, atomiser, atrophier, attabler, attacher, attaquer, attarder, assoner,

apponter, apporter, apposer, apprécier, appréhender, apprêter, apprivoiser, approcher, approprier, approuver, approvisionner, appuyer, apurer, arabiser, araser, arbitrer, arborer, arboriser, arc−bouter, archaïser, architecturer, archiver, arçonner, ardoiser, argenter, argotiser, argougner, arguer, argumenter, ariser, armer, armorier, arnaquer, aromatiser, arpéger, arpenter, arquepincer, arquer, arracher, arraisonner, arranger, arrenter, arrérager, arrêter, arriérer, arrimer, ariser, arriver, arroger, arrondir, arroser, arsouiller, articuler, ascensionner, aseptiser, aspecter, asperger, asphalter, asphyxier, aspirer, assaisonner, assarmenter, assassiner,, assécher, assembler, assener, assermenter, assibiler, assiéger, assigner, assimiler, assister, associer, assoiffer, assoler, assommer, acheter, achever, achopper, achromatiser, acidifier, aciduler, aciérer, aciériser, aciseler, acoquiner, acquiescer, acquitter, acter, actionner, activer, actualiser, adapter, additionner, adhérer, adirer, adjectiver, adjectiviser, adjuger, adjurer, administrer, admirer, admonester, adoniser, adonner, adopter, adorer, adosser, adouber, adoucir, adresser, adsorber, aduler, adultérer, aérer, affabuler, affairer, affaisser, affaiter, affaler, affamer, afféager, affecter, affectionner, afférer, affermer, afficher, affiler, affilier, affiner, affirmer, affleurer, affliger, afflouer, affluer, affoler, affouager, affouiller, affourager, affourcher, affourrager, affréter, affriander, affricher, affrioler, affriter, affronter, affruiter, affubler, affurer, affûter, africaniser, agacer, agencer, agenouiller, agglomérer, agglutiner, aggraver, agioter, agiter, agneler, agoniser, agrafer, agrainer, agréer, agréger, agrémenter, agresser, agricher, agriffer, agripper, aguicher, ahaner, aheurter, aider, aiguiller, aiguilleter, aiguillonner, aiguiser, ailler, aimanter, aimer, airer, ajointer, ajourer, ajourner, ajouter, ajuster, alambiquer, alarmer, alcaliniser, alcaliser, alcooliser, alerter, aléser, aleviner, aliéner, aligner, alimenter, aliter, allaiter, allécher, alléger, allégoriser, alléguer, aller, allier, allonger, allouer, allumer, alluvionner, alpaguer, alphabétiser, altérer, alterner, aluminer, aluner, amadouer, amalgamer, amariner, amarrer, amasser, ambiancer, ambitionner, ambler, ambrer, améliorer, aménager, amender, amener, amenuiser, américaniser, ameuter, amidonner, aminer, amnistier, amocher, amodier, amonceler, amorcer, amordancer, amouracher, amourer, amplifier, amputer, amurer, amuser, analgésier, analyser, anastomoser, anathématiser, anatomiser, ancrer, anémier, anesthésier, anglaise, angliciser, angoisser, anhéler, animaliser, animer, aniser, ankyloser, anneler, annexer, annihiler, annoncer, annoter, annualiser, annuler, anodiser, ânonner, antéposer, anticiper, antidater, antiparasiter, aoûter, apaiser, apanager, apercevoir, apeurer, apiquer, apitoyer, aplomber, apostasier, aposter, apostiller, apostropher, appairer, appareiller, apparenter, apparier, appâter, appeler, appéter, appliquer, appointer;babiller, bâcher, bachoter, bâclerbadauder, badigeonner, badiner, baffer, bafouer, bafouiller, bâfrer, bagarrer, bagotter, bagouler, baguenauder, baguer, baigner, bailler, bâillonner, baiser, baisoter, baisser, balader, balafrer, balancer, balanstiquer, balayer, balbutier, baleiner, baliser, balkaniser, ballaster, baller, ballonner, ballotter, bambocher, banaliser, bancher, bander, banner, banquer, banqueter,

baptiser, baquer, baqueter, baragouiner, baraquer, baratiner, baratter, barber, barbifier, barboter, barbouiller, barder, baréter, barguigner, barioler, barjaquer, baronner, barouder, barrer, barricader, basaner, basculer, baser, bassiner, bastillonner, bastionner, batailler, bateler, bâter, batifoler, bâtonner, battre, bauger, bavarder, bavasser, baver, bavocher, bayer, bazarder, béatifier, bêcher, bêcheveter, bécoter, becquer, becqueter, becter, bedonner, béer, bégayer, bégueter, bêler, bémoliser, bénéficier, béquer, béqueter, béquiller, bercer, berner, besogner, bêtifier, bêtiser, bétonner, beugler, beurrer, biaiser, bibeloter, biberonner, bicher, bichonner, bichoter, bidonner, bidouiller, biffer, bifurquer, bigarrer, bigler, bigorner, billancher, billebauder, biller, billonner, biloquer, biner, biologiser, biper, biscuiter, biseauter, bisegmenter, biser, bisquer, bisser, bistourner, bistrer, biter, bitter, bitturer, bitumer, bituminer, biturer, bivouaquer, bizuter, blablater, blackbouler, blaguer, blairer, blâmer, blaser, blasonner, blasphémer, blatérer, bléser, blesser, bleuter, blinder, blinquer, bloguer, blondoyer, bloquer, blouser, bluffer, bluter, bobiner, bocarder, boetter, boire, boiser, boiter, boitiller, bolcheviser, bombarder, bomber, bonder, bondériser, bondonner, bonifier, bonimenter, border, borner, bornoyer, bosseler, bosser, bossuer, bostonner, botaniser, botteler, botter, boubouler, boucaner, boucharder, boucher, bouchonner, boucler, bouder, boudiner, bouffer, bouffonner, bouger, bougonner, bouillonner, bouillotter, boulanger, bouler, bouleverser, boulocher, boulonner, boulotter, boumer, bouquiner, bourder, bourdonner, bourgeonner, bourlinguer, bourreler, bourrer, bourriquer, boursicoter, boursouffler, boursoufler, bousculer, bousiller, boustifailler, bouteiller, bouter, boutonner, bouturer, boxer, boycotter, braconner, brader, brailler, braiser, bramer, brancarder, brancher, brandiller, branler, braquer, braser, brasiller, brasser, braver, brayer, bredouiller, brêler, breller, brésiller, bretailler, bretteler, bretter, breveter, bricoler, brider, bridger, briefer, brifer, briffer, brigander, briguer, brillanter, brillantiner, briller, brimbaler, brimer, bringuebaler, bringuer, brinquebaler, brinqueballer, briquer, briqueter, briser, brocanter, brocarder, brocher, broder, broncher, bronzer, brosser, brouetter, brouillasser, brouiller, brouillonner, brouter, broyer, bruiner, bruire, bruisser, brûler, brumasser, brumer, brusquer, brutaliser, bûcher, budgéter, budgétiser, buffler, buller, bureaucratiser, buriner, buser, busquer, buter, butiner, butter, buvoter, cabaler, cabaner, câbler, cabosser, caboter, cabotiner, cabrer, cabrioler, cacaber, cacarder, cacher, cacheter, cadancher, cadastrer, cadeauter, cadenasser, cadencer,

cadmier, cadoter, cadrer, cafarder, cafouiller, cafter, cagnarder, cagner, cahoter, caillasser, cailler, cailleter, caillouter, cajoler, calamistrer, calancher, calandrer, calciner, calculer, caler, calfater, calfeutrer, calibrer, câliner, calligraphier, calmer, calomnier, calorifuger, calotter, calquer, calter, cambrer, cambrioler, cambuter, cameloter, camionner, camoufler, camper, canaliser, canarder, cancaner, caner, canneler, canner, cannibaliser, canoniser, canonner, canoter, cantiner, cantonner, canuler, caoutchouter, caparaçonner, capéer, capeler, caper, capeyer, capitaliser, capitonner, capituler, caponner, caporaliser, capoter, capsuler, capter, captiver, capturer, capuchonner, caquer, caqueter, caracoler, caractériser, caramboler, caraméliser, carbonater, carboniser, carbonitrurer, carburer, carcailler, carder, carencer, caréner, caresser, carguer, caricaturer, carier, carillonner, carmer, carotter, caroubler, carreler, carrer, carrosser, carroyer, cartelliser, carter, cartographier, cartonner, cascader, caséifier, casemater, caser, caserner, casquer, casser, castagner, castrer, cataloguer, catalyser, catapulter, catastropher, catcher, catéchiser, catégoriser, catiner, cauchemarder, causer, cautériser, cautionner, cavalcader, cavaler, caver, caviarder, céder, ceinturer, célébrer, celer, cémenter, cendrer, censurer, centraliser, centrer, centrifuger, centupler, cercler, cerner, certifier, césariser, cesser, chabler, chagriner, chahuter, chaîner, challenger, chalouper, chamailler, chamarrer, chambarder, chambouler, chambrer, chamoiser, champagniser, champlever, chanceler, chanfreiner, changer, chansonner, chanstiquer, chanter, chantonner, chantourner, chaparder, chapeauter, chapeler, chaperonner, chapitrer, chaponner, chaptaliser, charbonner, charcuter, charger, chariboter, charmer, charpenter, charrier, charroyer, chasser, châtier, chatonner, chatouiller, chatoyer, châtrer, chauffer, chauler, chaumer, chausser, chavirer, chelinguer, cheminer, chemiser, chercher, chérer, cherrer, chevaler, chevaucher, cheviller, chevreter, chevretter, chevronner, chevroter, chiader, chialer, chicaner, chicoter, chienner, chier, chiffonner, chiffrer, chiner, chinoiser, chiper, chipoter, chiquer, chirographier, chlinguer, chlorer, chloroformer, chlorurer, chniquer, chômer, choper, chopiner, chopper, choquer, chorégraphier, choser, chosifier, chouchouter, chouraver, chouriner, choyer, christianiser, chromer, chromiser, chroniquer, chronométrer, chroumer, chuchoter, chuinter, chuter, cibler, cicatriser, ciller, cimenter, cinématographier, cingler, cintrer, circonstancier, circulariser, circuler, cirer, cisailler, ciseler, citer, civiliser, clabauder, claboter, claironner, clamecer, clamer, clamper, clamser, claper, clapoter, clapper, clapser, claquemurer, claquer, claqueter, clarifier, classer, classifier, claudiquer, claustrer, claver, claveter, clavetter, clayonner, clicher, cligner, clignoter, climatiser, cliquer, cliqueter, clisser, cliver, clochardiser, clocher, cloisonner, cloîtrer, cloner, cloper, clopiner, cloquer, clôturer, clouer, clouter, coaguler, coalescer, coaliser, coasser, cocher, cochonner, cocoler, cocoter, cocotter, cocufier, coder, codifier, coéditer, coexister, coffrer, cofinancer, cogérer, cogiter, cogner, cohabiter, cohériter, coiffer, coincer, coïncider, coïter, cokéfier, collaborer, collationner, collecter, collectionner, collectiviser, coller, colleter, colliger, colloquer, colmater, coloniser, colorer, colorier, coloriser, colporter, coltiner, combiner, combler, commander, commanditer, commémorer, commencer, commenter, commercer, commercialiser, commérer, commissionner, commotionner, commuer, communaliser, communier, communiquer, commuter, compacter, comparer, compartimenter, compasser, compenser, compéter, compiler, compisser, complanter, compléter, complexer, complexifier, complimenter, compliquer, comploter, comporter, composer, composter, compresser, comprimer, comptabiliser, compter, compulser, computer, concasser, concaténer, concéder, concélébrer, concentrer, conceptualiser, concerner, concerter, concilier, concocter, concorder, concréter, concrétiser, concurrencer, condamner, condenser, conditionner, confectionner, confédérer, conférer, confesser, confier, configurer, confiner,

confirmer, confisquer, confluer, conformer, conforter, confronter, congédier, congeler, congestionner, conglomérer, conglutiner, congratuler, congréer, conjecturer, conjuguer, conjurer, connecter, connoter, conobrer, consacrer, conscientiser, conseiller, conserver, considérer, consigner, consister, consoler, consolider, consommer, consoner, conspirer, conspuer, constater, consteller, consterner, constiper, constituer, constitutionnaliser, consulter, consumer, contacter, contagionner, containeriser, contaminer, contempler, conteneuriser, contenter, conter, contester, contingenter, continuer, contorsionner, contourner, contracter, contractualiser, contracturer,

contrarier, contraster, contre-attaquer, contre-braquer, contre-buter, contre-indiquer, contre-manifester, contre-miner, contre-murer, contre-passer, contre-plaquer, contre-sceller, contre-tirer, contrebalancer, contrebouter, contrebuter, contrecarrer, contreficher, contremander, contremarquer, contreplaquer, contrer, contresigner, contretyper, contreventer, contribuer, contrister, contrôler, controuver, controverser, contusionner, conventionner, converger, converser, convier, convoiter, convoler, convoquer, convoyer, convulser, convulsionner, coopérer, coopter, coordonner, copartager, copermuter, copier, copiner, coposséder, copuler, coquer, coqueter, coquiller, coraniser, cordeler, corder, cordonner, cornaquer, corner, correctionnaliser, corréler, corriger, corroborer, corroder, corroyer, corser, corseter, cosigner, cosmétiquer, cosser, costumer, coter, cotiser, cotonner, côtoyer, couchailler, coucher, couder, coudoyer, couillonner, couiner, couler, coulisser, coupailler, coupeller, couper, coupler, courailler, courbaturer, courber, courcailler, couronner, courroucer, courser, court-circuiter, courtauder, courtiser, cousiner, coûter, couturer, couver, craboter, cracher, crachiner, crachoter, crachouiller, crailler, cramer, cramponner, crampser, cramser, craner, cranter, crapahuter, crapaüter, crapuler, craqueler, craquer, craqueter, crasser, cravacher, cravater, crawler, crayonner, crécher, crédibiliser, créditer, créer, crémer, créneler, créner, créosoter, crêper, crépiter, crétiniser, creuser, crevasser, crever, crevoter, criailler, cribler, crier, criminaliser, crisper, crisser, cristalliser, criticailler, critiquer, croasser, crocher, crocheter, croiser, croller, croquer, crosser, crotter, crouler, croupionner, croustiller, croûter, crucifier, crypter, cuber, cuirasser, cuisiner, cuiter, cuivrer, culbuter, culer, culminer, culotter, culpabiliser, cultiver, cumuler, curer, cureter, customiser, cuveler, cuver, cyanoser, cyanurer, cycliser, cylindrer, dactylographier, daguer, daigner, daller, damasquiner, damasser, damer, damner, dandiner, danser, dansoter, dansotter, darder, dater, dauber, déactiver, déambuler, débâcher, débâcler, débagouler, débâillonner, déballer, déballonner, débalourder, débanaliser, débander, débanquer, débaptiser, débarbouiller, débarder, débarquer, débarrasser, débarrer, débâter, débaucher, débecqueter, débecter, débenzoler, débéqueter, débiliter, débillarder, débiner, débiter, déblatérer, déblayer, débloquer, débobiner, déboetter, déboiser, déboîter, débonder, déborder, débosseler, débotter, déboucher, déboucler, débouder, débouler, débouronner, débouquer, débourber, débourrer, débourser, déboussoler, débouter, déboutonner, débrailler, débrancher, débraser, débrayer, débrider, débrocher, débrouiller, débroussailler, débrousser, débucher, débudgétiser, débuller, débureaucratiser, débusquer, débuter, décacheter, décadenasser, décadrer, décaféiner, décaisser, décalaminer, décalcifier, décaler, décalotter, décalquer, décambuter, décamper, décaniller, décanter, décapeler, décaper, décapitaliser, décapiter, décapoter, décapsuler, décapuchonner, décarbonater, décarburer, décarcasser, décarreler, décarrer, décartonner, décauser, décavaillonner, décaver, décéder, déceler, décélérer, décentraliser, décentrer, décercler, décérébrer, décerner, décerveler, décesser, déchagriner, déchaîner, déchanter, déchaper, déchaperonner, décharger, décharner, déchaumer, déchausser, déchevêtrer, décheviller, déchiffonner, déchiffrer, déchiqueter, déchirer, déchlorurer, déchristianiser, déchromer, décider, décimaliser, décimer, décintrer, déclamer, déclarer, déclasser, déclaveter, déclencher, décléricaliser, décliner, déclinquer, décliqueter, décloisonner, déclouer, décocher, décoder, décoffrer, décoiffer, décoincer, décolérer, décollectiviser, décoller, décolleter, décoloniser, décolorer, décommander, décompenser, décomplexer, décomposer, décompresser, décomprimer, décompter, déconcentrer, déconcerter, déconditionner, décongeler, décongestionner, déconnecter, déconner, déconseiller, déconsidérer, déconsigner, déconstiper, décontaminer, décontenancer, décontracter, déconventionner, décorder, décorer, décorner, décortiquer, découcher, découler, découper, découpler, décourager, découronner, décrasser, décrédibiliser, décréditer, décrêper, décrépiter, décréter, décreuser, décrier, décriminaliser, décrisper, décrocher, décroiser, décrotter, décroûter, décruer, décruser, décrypter, décuivrer, déculasser, déculotter, déculpabiliser, décupler, décuver, dédaigner, dédicacer, dédier, dédiviniser, dédommager, dédorer, dédouaner, dédoubler, dédramatiser, défâcher, défalquer, défarder, défatiguer, défaufiler, défausser, défavoriser, défenestrer, déféquer, déférer, déferler, déferrer, déferriser, défeuiller, défeutrer, défibrer, déficeler, déficher, défier, défiger, défigurer, défiler, défiscaliser, déflagrer, déflaquer, déflorer, défolier, défoncer, déforcer, déformer, défouler, défourailler, défourner, défourrer, défragmenter, défranciser, défrayer, défretter, défricher, défringuer, défriper, défriser, défroisser, défroncer, défroquer, défruiter, dégager, dégainer, dégalonner, déganter, dégasoliner, dégazer, dégazoliner, dégazonner, dégeler, dégénérer, dégermer, dégingander, dégîter, dégivrer, déglacer, déglinguer, dégluer, dégobiller, dégoiser, dégommer, dégonder, dégonfler, dégorger, dégoter, dégotter, dégoudronner, dégouliner, dégoupiller, dégoûter, dégoutter, dégrader, dégrafer, dégraisser, dégravoyer, dégréer, dégrever, dégringoler, dégripper, dégriser, dégrosser, dégrouiller, dégrouper, dégueuler, déguiller, déguiser, dégurgiter, déguster, déhaler, déhancher, déharder, déharnacher, déhotter, déhouiller, déifier, déjanter, déjauger, déjeter, déjeuner, déjouer, déjucher, délabialiser, délabrer, délacer, délainer, délaisser, délaiter, délarder, délasser, délatter, délaver, délayer, déléaturer, délecter, délégitimer, déléguer, délester, délibérer, délicoter, délier, délimiter, délinéer, délirer, délisser, déliter, délivrer, délocaliser, déloger, déloquer, délourder, délover, délurer, délustrer, déluter, démaçonner, démagnétiser, démailler, démailloter, démancher, demander, démanger, démanteler, démantibuler, démaquer, démaquiller, démarcher, démarier, démarquer, démarrer, démascler, démasquer, démastiquer, démâter, dématérialiser, démazouter, démédicaliser, démêler, démembrer, déménager, démener, démerder, démériter, déméthaniser, démeubler, demeurer, démieller, démilitariser, déminer, déminéraliser, démissionner, démobiliser, démocratiser, démoder, démoduler, démonétiser, démonter, démontrer, démoraliser, démotiver, démoucheter, démouler, démouscailler, démoustiquer, démultiplier, démurer, démurger, démuseler, démutiser, démystifier, démythifier, dénasaliser, dénationaliser, dénatter, dénaturaliser, dénaturer, dénazifier, dénébuler, dénébuliser, déneiger, dénerver, déniaiser, dénicher, dénickeler, dénicotiniser, dénier, dénigrer, dénitrer, dénitrifier, déniveler, dénombrer, dénommer, dénoncer, dénoter, dénouer, dénoyauter, dénoyer, densifier, denteler, dénucléariser, dénuder, dénuer, dépailler, dépaisseler, dépalisser, dépanner, dépaqueter, déparaffiner, déparasiter, dépareiller, déparer, déparier, déparler, départager, départementaliser, dépasser, dépassionner, dépatouiller, dépatrier, dépaver, dépayser, dépecer, dépêcher, dépeigner, dépelotonner, dépénaliser, dépenser, dépentaniser, dépersonnaliser, dépêtrer, dépeupler, déphaser, déphosphater, déphosphorer, dépiauter, dépigmenter, dépiler, dépingler, dépiquerdépister, dépiter, déplacer, déplafonner, déplanquer, déplanter, déplatiner, déplâtrer, déplier, déplisser, déplomber, déplorer, déployer, déplumer, dépoétiser, dépointer, dépolariser, dépolitiser, dépolluer, dépolymériser, déponer, dépontiller, déporter, déposer, déposséder, dépoter, dépoudrer, dépouiller, dépoussiérer, dépraver, déprécier, dépressuriser, déprimer, dépriser, déprogrammer, déprolétariser, dépropaniser, dépuceler, dépulper, dépurer, députer, déqualifier, déquiller, déraciner, dérader, dérager, dérailler, déraisonner, déramer, déranger, déraper, déraser, dérater, dératiser, dérayer, déréaliser, déréglementer, dérégler, déréguler, déresponsabiliser, dérider, dériver, dériveter, dérober, dérocher, déroder, déroger, dérouiller, dérouler, dérouter, désabonner, désabuser, désacclimater, désaccorder, désaccoupler, désaccoutumer, désacraliser, désactiver, désadapter, désaérer, désaffecter, désaffectionner, désaffilier, désagencer, désagréger, désaimanter, désaisonnaliser, désajuster, désaliéner, désaligner, désalper, désaltérer, désamarrer, désambiguïser, désâmer, désamidonner, désamorcer, désannexer, désapparier, désappointer, désapprouver, désapprovisionner, désarçonner, désargenter, désarmer, désarrimer, désarticuler, désassembler, désassimiler, désatelliser, désavantager, désaveugler, désavouer, désaxer, desceller, déscolariser, déséchouer, désectoriser, désembourber, désembourgeoiser, désembouteiller, désembrayer, désembuer, désemmancher, désemparer, désempeser, désemprisonner, désencadrer, désencarter, désenchaîner, désenchanter, désenclaver, désencoller, désencombrer, désencrasser, désencrer, désénerver, désenfiler, désenflammer, désenfler, désenfumer, désengager, désengorger, désengrener, désenivrer, désenlacer, désennuyer, désenrayer, désenrhumer, désenrouer, désensabler, désensibiliser, désensimer, désentoiler, désentortiller, désentraver, désenvaser, désenvelopper, désenvenimer, désenverguer, déséquilibrer, déséquiper, déserter, désespérer, désétamer, désétatiser, désexciter, désexualiser, déshabiller, déshabituer, désherber, déshériter, déshonorer, déshuiler, déshumaniser, déshumidifier, déshydrater, déshydrogéner, désidéologiser, désigner, désiler, désillusionner, désincarcérer, désincarner, désincorporer, désincruster, désinculper, désindexer, désindustrialiser, désinfecter, désinformer, désinhiber, désinsectiser, désinstaller, désintégrer, désintéresser, désintoxiquer, désinviter, désirer, désister, désobliger, désobstruer, désoccuper, désodoriser, désoler, désolidariser, désoperculer, désopiler, désorber, désorbiter, désordonner, désorganiser, désorienter, désosser, désoxyder, désoxygéner, desquamer, dessabler, dessaler, dessangler, dessaouler, dessécher, desserrer, dessiller, dessiner, dessoler, dessouder, dessoûler, dessuinter, déstabiliser, déstaliniser, destiner, destituer, déstocker, déstresser, déstructurer, désulfiter, désulfurer, désurchauffer, désynchroniser, désyndicaliser, détacher, détailler, détaler, détalonner, détapisser, détartrer, détaxer, détecter, dételer, déterger, détériorer, déterminer, déterrer, détester, détirer, détisser, détitrer, détoner, détonneler, détonner, détortiller, détourer, détourner, détoxiquer, détracter, détrancher, détransposer, détraquer, détremper, détréper, détresser, détricoter, détromper, détroncher, détrôner, détroquer, détrousser, dévaler, dévaliser, dévaloriser, dévaluer, devancer, dévaser, dévaster, développer, déventer, dévergonder, déverguer, déverrouiller, déverser, dévider, dévier, deviner, dévirer, dévirginiser, déviriliser, dévisager, deviser, dévisser, dévitaliser, dévitrifier, dévoiler, dévolter, dévorer, dévouer, dévoyer, diaboliser, diagnostiquer, dialectaliser, dialectiser, dialoguer, dialyser, diamanter, diaphragmer, diaprer, dicter, diéséliser, diéser, diffamer, différencier, différentier, différer, difformer, diffracter, diffuser, digérer, digitaliser, digresser, dilacérer, dilapider, dilater, diligenter, diluer, dimensionner, diminuer, dindonner, dîner, dinguer, diphtonguer, diplômer, diriger, discerner, discipliner, discompter, discontinuer, discorder, discounter, discréditer, discriminer, disculper, discutailler, discuter, disgracier, disjoncter, disloquer, dispatcher, dispenser, disperser, disposer, disproportionner, disputailler, disputer, disqualifier, disséminer, disséquer, disserter, dissimuler, dissiper, dissocier, dissoner, dissuader, distancer, distancier, distiller, distinguer, distribuer, divaguer, diverger, diversifier, diviniser, diviser, divorcer, divulguer, documenter, dodeliner, dodiner, dogmatiser, doguer, doigter, doler, domestiquer, domicilier, dominer, dompter, donner, doper, dorer, dorloter, doser, doter, doubler, doublonner, doucher, douer, douter, dracher, dragéifier, drageonner, draguer, drainer, dramatiser, drapeler, draper, draver, drayer, dresser, dribbler, driller, driver, droguer, droper, dropper, drosser, dudgeonner, dulcifier,, duper, duplex, r, dupliquer, durer, duveter, dynamiser, dynamiter, ébarber, ébaucher, ébavurer, éberluer, ébiseler, éborgner, ébosser, ébouer, ébouillanter, ébouler, ébourgeonner, ébouriffer, ébourrer, ébouter, ébraiser, ébrancher, ébranler, ébraser, ébrécher, ébrouer, ébruiter, ébruter, écacher, écaffer, écailler, écaler, écanguer, écarner, écarquiller, écarteler, écarter, échafauder, échalasser, échancrer, échanfreiner, échanger, échantillonner, éch, pper, échardonner, écharner, écharper, échauder, échauffer, échauler, échaumer, échelonner, écheniller, écher, écheveler, échiner, échographier, échopper, échouer, écimer, éclabousser, éclairer, éclater, éclipser, éclisser, écloper, écluser, écobuer, écoeurer, économiser, écoper, écorcer, écorcher, écorer, écorner, écornifler, écosser, écouler, écourter, écouter, écouvillonner, écrabouiller, écraser, écrémer, écrêter, écrier, écrivailler, écrivasser, écrouer, écrouler, écroûter, écuisser, éculer, écumer, écurer, écussonner, eczématiser, édenter, édicter, édifier, éditer, éditionner, édulcorer, éduquer, éfaufiler, effacer, effaner, effarer, effaroucher, effectuer, efféminer, effeuiller, effiler, effilocher, efflanquer, effleurer, effluver, effondrer, efforcer, effranger, effrayer, effriter, égailler, égaler, égaliser, égarer, égayer, égermer, égorger, égosiller, égoutter, égrainer, égrapper, égratigner, égrener, égriser, égruger, égueuler, éjaculer, éjarrer, éjecter, éjointer, élaborer, élaguer, élancer, élaver, électrifier, électriser, électrocuter, électrolyser, électroniser, élever, élider, élimer, éliminer, élinguer, éloigner, élonger, élucider, élucubrer, éluder, émacier, émailler, émanciper, émaner, émarger, émasculer, embabouiner, emballer, emballotter, embarbouiller, embarder, embarquer, embarrasser, embarrer, embastiller, embastionner, embâter, embaucher, embaumer, embecquer, embéguiner, emberlificoter, embêter, embidonner, embieller, emblaver, embobeliner, embobiner, emboîter, emboquer, embosser, embotteler, emboucher, embouer, embouquer, embourber, embourgeoiser, embourrer, embouteiller, embrancher, embraquer, embraser, embrasser, embrayer, embreler, embrever, embrigader, embringuer, embrocher, embroncher, embrouiller, embroussailler, embrumer, embuer, embusquer, émécher, émerger, émerillonner, émeriser, émerveiller, émettre, émier, émietter, émigrer, émincer, emmagasiner, emmailloter, emmancher, emmarger, emmêler, emménager, emmener, emmerder, emmétrer, emmieller, emmitonner, emmitoufler, emmortaiser, emmouscailler, emmurer, émonder, émorfiler, émotionner, émotter, émoucher, émoucheter, émousser, émoustiller, empailler, empaler, empalmer, empanacher, empanner, empapilloter, empaqueter, emparer, emparquer, empâter, empatter, empaumer, empêcher, empeigner, empêner, empenner, empercher, emperler, empeser, empester, empiéger, empierrer, empiéter, empiffrer, empiler, empirer, emplâtrer, employer, emplumer, empocher, empoigner, empoisonner, empoisser, empoissonner, emporter, empoter, empourprer, empoussiérer, empresser, emprésurer, emprisonner, emprunter, émuler, émulsifier, émulsionner, enamourer, enarbrer, encabaner, encadrer, encager, encaisser, encanailler, encapuchonner, encaquer, encarter, encartonner, encartoucher, encaserner, encasteler, encastrer, encaustiquer, encaver, enceinter, encelluler, encenser, encercler, enchaîner, enchanter, enchaperonner, encharner, enchâsser, enchatonner, enchausser, enchemiser, enchevaler, enchevaucher, enchevêtrer, enchifrener, encirer, enclaver, enclencher, encliqueter, encloîtrer, enclouer, encocher, encoder, encoffrer, encoller, encombrer, encorder, encorner, encourager, encrasser, encrêper, encrer, encroiser, encroûter, enculer, encuver, endauber, endenter, endetter, endeuiller, endêver, endiabler, endiguer, endimancher, endivisionner, endoctriner, endommager, endosser, endurer, énerver, enfaîter, enfanter, enfariner, enfermer, enferrer, enficher, enfieller, enfiévrer, enfiler, enflammer, enflécher, enfler, enfleurer, enfoncer, enfourcher, enfourner, enfumer, enfutailler, enfûter, engager, engainer, engamer, engargousser, engaver, engazonner, engendrer, engerber, englacer, englober, engluer, engober, engommer, engoncer, engorger, engouer, engouffrer, engouler, engraisser, engranger, engraver, engrener, engrosser, engrumeler, engueuler, enguirlander, enharnacher, enherber, énieller, enivrer, enjamber, enjaveler, enjôler, enjoliver, enjoncer, enjouer, enjuguer, enjuiver, enjuponner, enkikiner, enlacer, enlever, enliasser, enlier, enligner, enliser, enluminer, enneiger, ennoyer, ennuager, ennuyer, énoncer, énoper, énouer, enquêter, enquiquiner, enraciner, enrager, enrailler, enrayer, enrégimenter, enregistrer, enrêner, enrhumer, enrober, enrocher, enrôler, enrouer, enrouiller, enrouler, enrubanner, ensabler, ensaboter, ensacher, ensaisiner, ensanglanter, ensauver, enseigner, ensemencer, enserrer, ensiler, ensoleiller, ensorceler, ensoufrer, enstérer, entabler, entacher, entailler, entamer, entaquer, entartrer, entasser, enténébrer, enter, entériner, enterrer, entêter, enthousiasmer, enticher, entoiler, entôler, entonner, entortiller, entourer, entourlouper, entr'aimer, entr'égorger, entraccorder, entraccuser, entradmirer, entraider, entraîner, entraver, entre-déchirer, entre-dévorer, entre-frapper, entre-heurter, entre-louer, entre-manger, entre-tisser, entre-tuer, entrebâiller, entrechoquer, entrecouper, entrecroiser, entrelacer, entrelarder, entremêler, entreposer, entretoiser, entrevoûter, entrobliger, entuber, énucléer, énumérer, envaser, envelopper, envenimer, enverger, enverguer, envider, envier, environner, envisager, envoiler, envoler, envoûter, envoyer, épailler, épaler, épamprer, épancher, épanneler, épanner, épargner, éparpiller, épater, épaufrer, épauler, épeler, épépiner, éperonner, épeuler, épeurer, épicer, épier, épierrer, épiler, épiloguer, épinceler, épincer, épinceter, épiner, épingler, épisser, épivarder, éployer, éplucher, épointer, éponger, épontiller, épouiller, époumoner, épouser, épousseter, époustoufler, époutier, épouvanter, éprouver, épucer, épuiser, épurer, équerrer, équeuter, équilibrer, équiper, équivoquer, éradiquer, érafler, érailler, érayer, éreinter, ergoter, ériger, éroder, érotiser, errer, éructer, esbigner, esbroufer, escalader, escaloper, escamoter, escarmoucher, escarrifier, escher, esclaffer, escoffier, escofier, escompter, escorter, escrimer, escroquer, espacer, espagnoliser, espérer, espionner, espoliner, espouliner, esquicher, esquinter, esquisser, esquiver, essaimer, essanger, essarter, essayer,

esseuler, essorer, essoriller, essoucher, essouffler, essuyer, estamper, estampiller, ester, estérifier,
esthétiser, estimer, estiver, estomaquer, estomper, estoquer, estrapader, estrapasser, estropier, établer,
étager, étalager, étaler, étalinguer, étalonner, étamer, étamper, étancher, étançonner, étarquer, étatiser,
étayer, éterniser, éternuer, étêter, éthérifier, éthériser, étinceler, étioler, étiqueter, étirer, étoffer,
étoiler, étonner, étouffer, étouper, étoupiller, étrangler, étrenner, étrésillonner, étriller, étriper,
étriquer, étronçonner, étudier, étuver, euphoriser, européaniser, évacuer, évader, évaluer, évangéliser,
évaporer, évaser, éveiller, éventer, éventiller, éventrer, évertuer, évider, évincer, éviscérer, éviter,
évoluer, évoquer, exacerber, exagérer, exalter, examiner, exaspérer, exaucer, excaver, excéder,
exceller, excentrer, excepter, exciper, exciser, exciter, exclamer, excommunier, excorier, excréter,
excursionner, excuser, exécrer, exécuter, exemplifier, exempter, exercer, exfiltrer, exfolier, exhaler,
exhausser, exhéréder, exhiber, exhorter, exhumer, exiger, exiler, exister, exonder, exonérer, exorciser,
expatrier, expectorer, expédier, expérimenter, expertiser, expier, expirer, expliciter, expliquer,
exploiter, explorer, exploser, exporter, exposer, exprimer, exproprier, expulser, expurger, exsuder,
extasier, exténuer, extérioriser, exterminer, externaliser, extirper, extorquer, extrader, extrapoler,
extravaguer, extravaser, extruder, exulcérer, exulter, fabriquer, fabuler, facetter, fâcher, faciliter,
façonner, factoriser, facturer, fader, fagoter, faignanter, failler, fainéanter, faisander, falsifier, faluner,
familiariser, fanatiser, faner, fanfaronner, fanfrelucher, fantasmer, farandoler, farder, farfouiller,
fariner, farter, fasciner, fasciser, faseiller, faseyer, fatiguer, faucarder, faucher, fauconner, fauder,
faufiler, fausser, fauter, favoriser, faxer, fayoter, fayotter, féconder, féculer, fédéraliser, fédérer,
feignanter, feinter, fêler, féliciter, féminiser, fendiller, fenestrer, fenêtrer, ferler, fermenter, fermer,
ferrailler, ferrer, ferrouter, fertiliser, fesser, festonner, festoyer, fêter, fétichiser, feuiller, feuilleter,
feuilletiser, feuler, feutrer, fiabiliser, fiancer, ficeler, ficher, fidéliser, fieffer, fienter, fier, figer,
fignoler, figurer, filer, fileter, filialiser, filigraner, filmer, filocher, filouter, filtrer, finaliser, financer,
finasser, finlandiser, fiscaliser, fissionner, fissurer, fixer, flacher, flageller, flageoler, flagorner, flairer,
flamber, flamboyer, flancher, flâner, flanquer, flaquer, flasher, flatter, flauper, flécher, flemmarder,
fleurer, fleureter, flexibiliser, flibuster, flinguer, flipper, flirter, floconner, floculer, floquer, flotter,
flouer, flouser, fluctuer, fluer, fluidifier, fluidiser, fluoriser, flûter, fluxer, focaliser, foirer, foisonner,
folâtrer, folichonner, folioter, fomenter, foncer, fonctionnaliser, fonctionnariser, fonctionner, fonder,
forcer, forer, forfaitiser, forger, forjeter, forlancer, forligner, forlonger, formaliser, formater, former,
formoler, formuler, forniquer, forpaiser, fortifier, fosserer, fossiliser, fossoyer, fouailler, foudroyer,
fouetter, fouger, fouiller, fouiner, fouler, foulonner, fourailler, fourber, fourcher, fourgonner, fourguer,
fourmiller, fourrager, fourrer, fourvoyer, fracasser, fractionner, fracturer, fragiliser, fragmenter, fraiser,
framboiser, franchiser, franciser, francophoniser, franger, fransquillonner, frapper, fraser, fraterniser,

frauder, frayer, fredonner, frégater, freiner, frelater, fréquenter, fréter, frétiller, fretter, fricasser, fricoter, frictionner, frigorifier, frigorifuger, frimer, fringuer, friper, friponner, friser, frisotter, frissonner, fristiquer, fristouiller, fritter, froisser, frôler, froncer, fronder, frotter, frouer, froufrouter, fructifier, frusquer, frustrer, fuguer, fulgurer, fulminer, fumer, fumiger, fureter, fuseler, fuser, fusiller, fusionner, fustiger, gabarier, gabionner, gabouiller, gâcher, gadgétiser, gaffer, gager, gagner, gainer, galantiser, galber, galéjer, galérer, galeter, galipoter, galonner, galoper, galvaniser, galvauder, gambader, gambergeailler, gamberger, gambiller, gaminer, gangrener, ganser, ganter, garancer, garder, garer, gargariser, gargoter, gargouiller, garrotter, gasconner, gaspiller, gâter, gâtifier, gatter, gaufrer, gauler, gausser, gaver, gazéifier, gazer, gazonner, gazouiller, gélatiner, gélatiniser, geler, gélifier, géminer, gemmer, gendarmer, gêner, généraliser, générer, géométriser, gerber, gercer, gérer, germaniser, germer, gesticuler, giboyer, gicler, gifler, gigoter, gironner, girouetter, gîter, givrer, glacer, glairer, glaiser, glander, glandouiller, glaner, glavioter, glaviotter, gléner, glisser, globaliser, glorifier, gloser, glouglouter, glousser, glycériner, gober, goberger, gobeter, gobichonner, godailler, goder, godiller, godronner, goguenarder, goinfrer, gominer, gommer, gonder, gondoler, gonfler, googler, gorger, gouacher, gouailler, goudronner, goujonner, goupiller, goupillonner, gourer, gourmander, goûter, goutter, gouverner, gracier, graduer, graffiter, grafigner, grailler, graillonner, grainer, graisser, grammaticaliser, graniter, granuler, graphiter, grappiller, grasseyer, graticuler, gratifier, gratter, graver, gravillonner, graviter, gréciser, grecquer, gréer, greffer, grêler, grelotter, grenader, grenailler, greneler, grener, grenouil, er, gréser, grésiller, grever, gribouiller, griffer, griffonner, grigner, grignoter, grillager, griller, grimacer, grimer, grimper, grincer, grincher, gringuer, gripper, grisailler, griser, grisoler, grisoller, grisonner, griveler, grognasser, grogner, grognonner, grommeler, gronder, grossoyer, grouiller, grouper, gruger, grumeler, gruter, guéer, guerroyer, guêtrer, guetter, gueuler, gueuletonner, gueuser, guider, guigner, guillemeter, guillocher, guillotiner, guincher, guindailler, guinder, guiper, guniter, habiliter, habiller, habiter, habituer, hâbler, hacher, hachurer, halener, haler, haleter, halluciner, hameçonner, hancer, handicaper, hannetonner, hanter, happer, haranguer, harasser, harceler, harder, harmoniser, harnacher, harpailler, harper, harponner, hasarder, hâter, haubaner, hausser, haver, héberger, hébéter, hébraïser, héler, helléniser, herbager, herber, herboriser, hercher, hérisser, hérissonner, hériter, héroïser, herscher, herser, hésiter, heurter, hiberner, hiérarchiser, hisser, historier, hiverner, hocher, homogénéifier, homogénéiser, homologuer, hongrer, hongroyer, honorer, hoqueter, horrifier, horripiler, hospitaliser, houblonner, houer, houpper, hourder, houspiller, housser, houssiner, hucher, huer, huiler, hululer, humaniser, humecter, humer, humidifier, humilier, hurler, hybrider, hydrater, hydrofuger, hydrogéner, hydrolyser, hypertrophier, hypnotiser, hypostasier, hypothéquer, idéaliser, identifier, idéologiser, idiotiser, idolâtrer, ignifuger, ignorer, illuminer, illusionner, illustrer, imager, imaginer, imbiber, imbriquer, imiter, immatérialiser, immatriculer, immerger, immigrer, immiscer, immobiliser, immoler, immortaliser, immuniser, impacter, impatienter, imperméabiliser, impétrer, implanter, implémenter, impliquer, implorer, imploser, importer, importuner, imposer, imprégner, impressionner, imprimer, improuver, improviser, impulser, imputer, inactiver, inaugurer, incarcérer, incarner, incendier, incidenter, incinérer, inciser, inciter, incliner, incomber, incommoder, incorporer, incrémenter, incriminer, incruster, incuber, inculper, inculquer, incurver, indaguer, indemniser, indexer, indianiser, indicer, indifférer, indigner, indiquer, indisposer, individualiser, indulgencier, indurer, industrialiser, infantiliser, infatuer, infecter, inféoder, inférer, inférioriser, infester, infiltrer, infirmer, infliger, influencer, influer, informatiser, informer, infuser, ingénier, ingérer, ingurgiter, inhaler, inhiber, inhumer, initialer, initialiser, initier, injecter, injurier, innerver, innocenter, innover, inoculer, inonder, inquiéter, insculper, inséminer, insensibiliser, insérer, insinuer, insister, insoler, insolubiliser, insonoriser, inspecter, inspirer, installer, instaurer, instiguer, instiller, instituer, institutionnaliser, instrumenter, insuffler, insulter, insurger, intailler, intégrer, intellectualiser, intensifier, intenter, intercaler, intercéder, intercepter, interclasser, interconnecter, intéresser, interfacer, interférer, interfolier, intériorier, interjeter, interligner, interloquer, internationaliser, interner, interpeller, interpénétrer, interpoler, interposer, interpréter, interroger, interviewer, intimer, intimider, intituler, intoxiquer, intriguer, intriquer, introniser, intuber, intuiter, invaginer, invalider, invectiver, inventer, inventorier, inverser, investiguer, invétérer, inviter, invoquer, ioder, iodler, ioniser, iouler, iriser, ironiser, irradier, irriguer, irriter, islamiser, isoler, italianiser, itérer, jabler, jaboter, jacasser, jachérer, jacter, jalonner, jalouser, jambonner, japonner, japper, jardiner, jargonner, jarreter, jaser, jasper, jaspiner, jauger, javeler, javelliser, jerker, jeter, jeûner, jobarder, jodler, joindre, jointoyer, joncer, joncher, jongler, jouailler, jouer, jouter, jouxter, jubiler, jucher, judaïser, juger, juguler, jumeler, juponner, jurer, justifier, juter, juxtaposer, kidnapper, kiffer, kilométrer, klaxonner, koter, labéliser, labelliser, labialiser, labourer, lacer, lacérer, lâcher, laïciser, lainer, laisser, laitonner, laïusser, lambiner, lambrisser, lamenter, lamer, laminer, lamper, lancequiner, lancer, lanciner, langer, lang, ueyer, lanterner, laper, lapider, lapidifier, lapiner, laquer, larder, lardonner, larguer, larmoyer, lasser, latiniser, latter, laver, layer, lécher, légaliser, légender, légiférer, légitimer, léguer, lénifier, léser, lésiner, lessiver, lester, leurrer, lever, léviger, levretter, lexicaliser, lézarder, liaisonner, liarde,, libeller, libéraliser, libérer, licencier, licher, liciter, liéger, lier, lifter, ligaturer, ligner, lignifier, ligoter, liguer, limander, limer, limiter, limoger, limoner, limousiner, linger, liquéfier, liquider, lisérer, lisser, lister, liter, lithographier, livrer, lixivier, lober, localiser, locher, lock-outer, lofer, loger, loguer, longer, loquer, lorgner, lotionner, louanger, loucher, louer, loufer, louper, lourder, lourer, louver, louveter, louvoyer, lover, lubrifier, lucher, luger, luncher, lustrer, luter, lutiner, lutter, luxer, lyncher, lyophiliser, lyrer, lyser, macadamiser, macérer, macher, machicoter, machiner, mâchonner, mâchouiller, mâchurer, macler, maçonner, macquer, maculer, madéfier, madériser, madrigaliser, maganer, magasiner, magner, magnétiser, magnétoscoper, magnifier, magouiller, mailler, maîtriser, majorer, malaxer, malléabiliser, malmener, malter, maltraiter, mamelonner, manager, manchonner, mandater, mander, mandriner, manéger, mangeotter, manger, manier, maniérer, manifester, manigancer, manipuler, manoeuvrer, manoquer, manquer, mansarder, manucurer, manufacturer, manutentionner, maquer, maquignonner, maquiller, marabouter, marauder, marbrer, marchander, marcher, marcotter, margauder, marger, marginaliser, marginer, margoter, margotter, marier, mariner, marivauder, marmiter, marmonner, marmoriser, marmotter, marner, maronner, maroquiner, marotiser, maroufler, marquer, marqueter, marrer, marronner, marsupialiser, marteler, martyriser, marxiser, masculiniser, masquer, massacrer, masser, massicoter, massifier, mastiquer, masturber, matcher, matelasser, mater, matérialiser, materner, materniser, mathématiser, mâtiner, matraquer, matricer, matriculer, maturer, maugréer, maximaliser, maximiser, mazer, mazouter, mécaniser, mécher, mécompter, mécontenter, médailler, médiatiser, médicaliser, médicamenter, médiser, méditer, méduser, méfier, mégisser, mégoter, méjuger, mélanger, mêler, mémérer, mémoriser, menacer, ménager, mendier, mendigoter, mener, mensualiser, mensurer, mentaliser, mentionner, menuiser, mépriser, merceriser, merder, merdouiller, merdoyer, meringuer, mériter, mésestimer, mesurer, mésuser, métaboliser, métalliser, métamorphiser, métamorphoser, métastaser, météoriser, méthaniser, métisser, métrer, meubler, meugler, meuler, miauler, microfilmer, mignarder, mignoter, migrer, mijoter, militariser, militer, millésimer, mimer, minauder, miner, minéraliser, miniaturiser, minimaliser, minimiser, minorer, minuter, mirer, miroiter, miser, miter, mithridatiser, mitiger, mitonner, mitrailler, mixer, mixtionner, mobiliser, modeler, modéliser, modérer, moderniser, modifier, moduler, moffler, mofler, moirer, moiser, moissonner, moiter, molester, moleter, mollarder, molletonner, momifier, monder, mondialiser, monétiser, monnayer, monologuer, monopoliser, monter, montrer, moquer, moquetter, moraliser, morceler, mordancer, mordiller, mordorer, morfaler, morfiler, morfler, morganer, morguer, morigéner, mortaiser, mortifier, motionner, motiver, motoriser, motter, moucharder, moucher, moucheronner, moucheter, mouetter, moufeter, moufter, mouiller, mouler, mouliner, moulurer, mouronner, mousser, moutonner, mouvementer, mouver, moyenner, mucher, muer, mugueter, muloter, multiplexer, multiplier, municipaliser, munitionner, murailler, murer, murmurer, musarder, muscler, museler, muser, musiquer, musquer, musser, muter, mutiler, mutiner, mutualiser, mystifier, mythifier, nacrer, nager, nanifier, naniser, napper, narguer, narrer, nasaliser, nasiller, natchaver, nationaliser, natter, naturaliser, naufrage, naviguer, navrer, nazifier, néantiser, nébuliser, nécessiter, nécroser, négliger, négocier, négrifier, neigeoter, neiger, nervurer, nettoyer, neutraliser, neyer, niaiser, nicher, nickeler, nicotiniser, nidifier, nieller, nier, nigauder, nimber, nipper, niquer, nitrater, nitrer, nitrifier, nitrurer, niveler, noliser, nomadiser, nombrer, nominaliser, nominer, nommer, nonupler, noper, normaliser, noter, notifier, nouer, nover, noyauter, noyer, nuancer, nucléariser, nucléer, nuer, numériser, numéroter, obérer, objecter, objectiver, objurguer, obliger, obliquer, oblitérer, obnubiler, obombrer, obséder, observer, obstiner, obstruer, obtempérer, obturer, obvier, occasionner, occidentaliser, occulter, occuper, ocrer, octavier, octroyer, octupler, oedématier, oeilletonner, oeuvrer, offenser, officialiser, officier, offusquer, oiseler,, ombrager, ombrer, ondoyer, onduler, opacifier, opaliser, opérer, opiacer, opiner, opiniâtrer, opposer, oppresser, opprimer, opter, optimaliser, optimiser, oraliser, oranger, orbiter, orchestrer, ordonnancer, ordonner, organiser, organsiner, orientaliser, orienter, oringuer, ornementer, orner, orthographier, oscille,, oser, ossifier, ostraciser, ôter, ouater, ouatiner,, oublier, ouiller, ourler, outiller, outrager, outrepasser, outrer, ouvrager, ouvrer, ovaliser, ovationner, ovuler, oxyder, oxygéner, ozoner, ozoniser, pacager, pacemaquer, pacifier, pacquer, pactiser, padoquer, paganiser, pagayer, pageoter, pager, paginer, pagnoter, paillarder, paillassonner, pailler, pailleter, paillonner, paisseler, pajoter, palabrer, palancrer, palangrer, palanguer, palanquer, palataliser, paletter, palettiser, palissader, palisser, palissonner, pallier, palmer, paloter, palper, palpiter, pâmer, panacher, paner, panifier, paniquer, panneauter, panner, panoramiquer, panosser, panser, panteler, pantoufler, papillonner, papilloter, papoter, papouiller, parachever, parachuter, parader, parafer, paraffiner, paraisonner, paralléliser, paralyser, paramétrer, parangonner, parapher, paraphraser, parasiter, parcellariser, parceller, parcelliser, parcheminer, pardonner, parementer, parer, paresser, parfiler, parfumer, parier, parjurer, parkériser, parlementer, parler, parloter, parodier, parquer, parqueter, parrainer, parsemer, partager, participer, particulariser, partouser, partouzer, passementer, passepoiler, passer, passionner, passiver, pasteller, pasteuriser, pasticher, pastiller, pastiquer, patarasser, patauger, pateliner, patenter, pâter, patienter, patiner, pâtisser, patoiser, patouiller, patronner, patrouiller, patter, pâturer, paumer, paumoyer, paupériser, pauser, pavaner, paver, pavoiser, payer, peaufiner, peausser, pécher, pécloter, pédaler, peigner, peiner, peinturer, peinturlurer, pelauder, peler, peller, pelleter, pelliculer, peloter, pelotonner, pelucher, pénaliser, pencher, pendiller, pendouiller, penduler, pénétrer, penser, pensionner, pépier, percer, percher, percuter, perdurer, pérégriner, pérenniser, perfectionner, perforer, perfuser, péricliter, périmer, périphraser, perler, permanenter, perméabiliser, permuter, pérorer, peroxyder, perpétrer, perpétuer, perquisitionner, perreyer, persécuter, persévérer, persifler, persiller, persister, personnaliser, personnifier, persuader, perturber, pervibrer, peser, pester, pestiférer, pétarader, pétarder, péter, pétiller, petit–déjeuner, pétitionner, pétouiller, pétrifier, pétuner, peupler, phagocyter, phantasmer, philosopher, phosphater, phosphorer, photocomposer, photocopier, photographier, phraser, piaffer, piailler, pianoter, piauler, picoler, picorer, picoter, piéger, pierrer, piéter, piétiner, pieuter, pifer, piffer, pigeonner, piger, pigmenter, pignocher, piler, piller, pilonner, piloter, pimenter, pinailler, pinceauter, pincer, pindariser, pinter, piocher, pioger, pioncer, pionner, piorner, piper, pique-niquer, piquer, piqueter, pirater, pirouetter, pisser, pistacher, pister, pistonner, pitancher, pitaucher, pitonner, pivoter, placarder, placer, placoter, plafonner, plagier, plaider, plainer, plaisanter, planchéier, plancher, planer, planifier, planquer, planter, plaquer, plasmifier, plastifier, plastiquer, plastronner, platiner, platiniser, plâtrer, plébisciter, pleurer, pleurnicher, pleuvasser, pleuviner, pleuvioter, pleuvoter, plier, plisser, plomber, plonger, ploquer, ployer, plucher, plumer, pluviner, pocharder, pocher, poêler, poétiser, poignarder, poiler, poinçonner, pointer, pointiller, poireauter, poiroter, poisser, poivrer, poivroter, polariser, polémiquer, policer, polissonner, politiquer, politiser, polluer, polycopier, polymériser, pomder, pommeler, pommer, pomper, pomponner, poncer, ponctionner, ponctuer, pondérer, ponter, pontifier, pontiller, populariser, poquer, porphyriser, porter, portraiturer, poser, positionner, posséder, poster, posticher, postillonner, postposer, postsynchroniser, postuler, potasser, potentialiser, poter, potiner, poudrer, poudroyer, pouffer, pouliner, pouponner, pourchasser, pourlécher, pourprer, pousser, poutser, praliner, pratiquer, préacheter, préaviser, précariser, précautionner, précéder, préchauffer, prêcher, préci,, ter, préciser, précompter, préconiser, prédestine, prédéterminer, prédiquer, prédisposer, prédominer, préempter, préexister, préfacer, préférer, préfigurer, préfixer, préformer, préjudicier, préjuger, prélasser, prélever, préluder, préméditer, prénommer, préoccuper, préparer, prépayer, prépensionner, prépoper, prérégler, présager, présélectionner, présenter, préserver, présider, pressuriser, prester, présumer, présupposer, présurer, prêter, prétériter, prétexter, prévariquer, prier, primariser, primer, priser, prismatiser, privatiser, priver, privilégier, procéder, processionner, proclamer, procréer, procurer, prodiguer, profaner, proférer, professer, professionnaliser, pofiler, profiter, programmer, progresser, prohiber, projeter, prolétariser, proliférer, prolonger, promener, promulguer, prôner, prononcer, pronostiquer, propager, prophétiser, proportionner, proposer, propulser, proroger, prosodier, prospecter, prospérer, prosterner, prostituer, protéger, protester, prouter, prouver, proverbialiser, provigner, provisionner, provoquer, psalmodier, psychanalyser, psychiatriser, publier, pudler, puer, puiser, pulluler, pulser, pulvériser, punaiser, purger, purifier, putréfier, putter, pyramider, pyrograver, pyrrhoniser, quadriller, quadrupler, qualifier, quantifier, quarrer, quartager, quarter, quémander, quereller, questionner, quêter, queuter, quiller, quintessencier, quintupler, quittancer, quitter, quotter, rabâcher, rabaisser, rabanter, rabibocher, rabioter, râbler, raboter, rabouter, rabrouer, raccommoder, raccompagner, raccorder, raccoutrer, raccoutumer, raccrocher, raccuser, racheter, raciner, racketter, racler, racoler, raconter, rader, radicaliser, radier, radiner, radiobaliser, radiodiffuser, radiographier, radioguider, radioscoper, radiotélégraphier, radoter, radouber, raffiner, raffoler, raffûter, rafistoler, rafler, rager, ragoter, ragoûter, ragrafer, ragréer, raguer, railler, rainer, raineter, rainurer, raisonner, rajouter, rajuster, râler, ralinguer, ralléger, rallier, rallonger, rallumer, ramager, ramailler, ramander, ramarder, ramarrer, ramasser, ramastiquer, rambiner, ramender, ramener, ramer, rameuter, ramifier, ramoner, ramper, rancarder, rançonner, randomiser, randonner, ranger, ranimer, rapapilloter, rapatrier, raper, rapercher, rapetasser, rapetisser, rapiécer, rapiéceter, rapiner, rappareiller, rapparier, rappeler, rapper, rappliquer, rapporter, rapprêter, rapprocher, rapprovisionner, raquer, raréfier, raser, rassasier, rassembler, rasséréner, rassurer, ratatiner, ratatouiller, râteler, rater, ratiboiser, ratifier, ratiner, ratiociner, rationaliser, rationner, ratisser, rattacher, rattraper, raturer, raucher, raugmenter, rauquer, ravager, ravaler, ravauder, ravigoter, raviner, raviser, ravitailler, raviver, rayer, rayonner, razzier, réabonner, réabsorber, réaccoutumer, réactiver, réactualiser, réadapter, réaffirmer, réaffûter, réajuster, réaléser, réaligner, réaliser, réaménager, réamorcer, réanimer, réapparaître, réapprovisionner, réargenter, réarmer, réarranger, réassigner, réassurer, rebaisser, rebander, rebaptiser, rebeller, rebiquer, reboiser, reborder, reboucher, rebouter, reboutonner, rebroder, rebrousser, rebrûler, rebuter, recacheter, recadrer, recalcifier, recalculer, recaler, recapitaliser, récapituler, recarder, recarreler, recaser, recauser, recéder, receler, recenser, recentrer, receper, réceptionner, recercler, rechampir, rechanger, rechanter, rechaper, réchapper, recharger, rechasser, rechauffer, rechausser, rechercher, rechigner, rechristianiser, rechuter, récidiver, réciproquer, réciter, réclamer, reclasser, récliner, reclouer, recoiffer, récoler, recoller, recolorer, récolter, recommander, recommencer, récompenser, recomposer, recompter, réconcilier, recondamner, réconforter, recongeler, reconnecter, reconsidérer, reconsolider, reconstituer, recontacter, recopier, recoquiller, recorder, recorriger, recoucher, recouper, recourber, recouvrer, recracher, recréer, recreuser, récrier, récriminer, recristalliser, recroiser, recroqueviller, recruter, rectifier, reculer, reculotter, récupérer, récurer, récuser, recycler, redemander, rediffuser, rédiger, redimensionner, rédimer, rediscuter, redistribuer, redonder, redonner, redorer, redoubler, redouter, redresser, réécouter, réédifier, rééditer, rééduquer, réembaucher, réemployer, réemprunter, réengager, réenregistrer, réensemencer, rééquilibrer, réer, réescompter, réessayer, réétudier, réévaluer, réexaminer, réexpédier, réexporter, refaçonner, référencer, référer, refermer, refiler, refléter, refluer, refonder, reforger, reformer, reformuler, refouiller, refouler, réfracter, refréner, réfrigérer, réfugier, refuser, réfuter, regagner, régaler, regarder, régater, regazonner, regeler, régénérer, régenter, regimber, régionaliser, registrer, réglementer, régler, régner, regonfler, regorger, regratter, regréer, regreffer, régresser, regretter, regrimper, regrouper, régulariser, réguler, régurgiter, réhabiliter, réhabituer, rehausser, réhydrater, réifier, réimperméabiliser, réimplanter, réimporter, réimposer, réimprimer, réincarcérer, réincorporer, réinsérer, réinstaller, réintégrer, réinterpréter, réinventer, réinviter, réitérer, rejeter, rejointoyer, rejouer, rejuger, relâcher, relaisser, relancer, relater, relativiser, relaver, relaxer, relayer, reléguer, relever, relier, reloger, reloquer, relouer, reluquer, remâcher, remailler, remanger, remanier, remaquiller, remarcher, remarier, remarquer, remastiquer, remballer, rembarquer, rembarrer, rembaucher, rembiner, remblaver, remblayer, rembobiner, remboîter, rembouger, rembourrer, rembourser, rembucher, remédier, remembrer, remémorer, remercier, remeubler, remilitariser, remiser, remmailler, remmailloter, remmancher, remmener, remmouler, remodeler, remonter, remontrer, remorquer, remoucher, remouiller, remouler, rempailler, rempaqueter, remparer, rempiéter, rempiler, remplacer, remplier, remployer, remplumer, rempocher, rempoissonner, remporter, rempoter, remprunter, remuer, rémunérer, renâcler, renarder, renauder, rencaisser, rencarder, renchaîner, renchérir, rencogner, rencontrer, rendosser, renégocier, reneiger, renfaîter, renfermer, renfiler, renfler, renflouer, renfoncer, renforcer, rengager, rengainer, rengorger, rengracier, rengraisser, rengrener, renier, renifler, renommer, renoncer, renouer, renouveler, rénover, renquiller, renseigner, rentabiliser, rentamer, rentoiler, rentrayer, rentrer, renvelopper, renvenimer, renverger, renverser, renvider, renvier, renvoyer, réoccuper, réopérer, réorchestrer, réordonnancer, réordonner, réorganiser, réorienter, repairer, réparer, reparler, repartager, repasser, repatiner, repaver, repayer, repêcher, repeigner, repenser, repercer, répercuter, repérer, répertorier, répéter, repeupler, repincer, repiquer, replacer, replanter, replâtrer, replier, répliquer, replisser, replonger, reployer, reporter, reposer, repositionner, repousser, représenter, réprimander, réprimer, repriser, reprocher, reprogrammer, reprographier, reprouver, républicaniser, répudier, répugner, réputer, requêter, requinquer, réquisitionner, requitter, resaler, resaluer, rescinder, réséquer, réserver, résider, résigner, résilier, résiner, résinifier, résister, resocialiser, resonner, résorber, respectabiliser, respecter, respirer, responsabiliser, resquiller, ressaigner, ressasser, ressauter, ressayer, ressembler, ressemeler, ressemer, resserrer, ressouder, ressourcer, ressuer, ressusciter, ressuyer, restaurer, rester, restituer, restructurer, résulter, résumer, retailler, rétamer, retaper, retapisser, retarder, retâter, retenter, retercer, reterser, réticuler, retirer, retisser, retomber, rétorquer, retoucher, retourner, retracer, rétracter, retraiter, retrancher, retravailler, retraverser, retremper, rétribuer, rétrocéder, rétrograder, retrousser, retrouver, retuber, réunifier, réutiliser, revacciner, revaloriser, revancher, revasculariser, rêvasser,, réveiller, réveillonner, révéler, revendiquer, rêver, réverbérer, revercher, révérer, reverser, revigorer, revire, reviser, revisiter, revisser, revitaliser, revivifier, revoler, révolter, révolutionner, revolvériser, révoquer, revoter, révulser, rewriter, rhabiller, rhumer, ribler, ribouldinguer, ribouler, ricaner, ricocher, rider, ridiculiser, riffauder, rifler, rigidifier, rigoler, rimailler, rimer, rincer, ringarder, ringardiser, rioter, ripailler, riper, ripoliner, riposter, risquer, rissoler, ristourner, ritualiser, rivaliser, river, riveter, rober, robotiser, rocher, rocouer, rocquer, rôdailler, roder, rogner, rognonner, roiller, romancer, romaniser, ronchonner, ronéoter, ronéotyper, ronflaguer, ronfler, ronger, ronronner, ronsardiser, roquer, roser, rosser, roter, roucouler, rouer, ro, ugeoyer, rougnotter, rouiller, rouler, roulotter, roupiller, rouscailler, rouspéter, router, rubaner, rubéfier, rubriquer, rucher, rudenter, rudoyer, ruer, ruiler, ruiner, ruisseler, ruminer, rupiner, ruser, russifier, russiser, rustiquer, rutiler, rythmer, sabler, sablonner, saborder, saboter, sabouler, sabrer, sacagner, saccader, saccager, saccharifier, sacquer, sacraliser, sacrer, sacrifier, safraner, saietter, saigner, saisonner, salarier, saler, salifier, saliver, saloper, saluer, sanctifier, sanctionner, sanctuariser, sandwicher, sangler, sangloter, santonner, saouler, saper, saponifier, saquer, sarcler, sarmenter, sasser, sataner, satelliser, satiner, satiriser, satonner, saturer, saucer, saucissonner, saumurer, sauner, saupoudrer, saurer, sauter, sautiller, sauvegarder, sauver, savonner, savourer, scalper, scandaliser, scander, scanner, scarifier, sceller, scénariser, scheider, schématiser, schlinguer, schlitter, schtroumpfer, scier, scinder, scintiller, sciotter, scissionner, scléroser, scolariser, scotcher, scotomiser, scrabbler, scratcher, scribouiller, scruter, sculpter, sécher, seconder, secouer, sectionner, sectoriser, séculariser, sécuriser, sédentariser, sédimenter, segmenter, séjourner, sélecter, sélectionner, seller, sembler, semer, semoncer, sensibiliser, séparer, septupler, séquencer, séquestrer, sérancer, sérialiser, sérier, seriner, seringuer, sermonner, serpenter, serrer, sevrer, sextupler, sexualiser, shampooiner, shampouiner, shooter, shunter, sidérer, siéger, siester, siffler, siffloter, signaler, signaliser, signer, signifier, silhouetter, silicatiser, siliconer, sillo, nner, similiser, simplifier, simuler, singer, singulariser, siniser, sintériser, sinuer,, situer, skier, slalomer, slaviser, slicer, smasher, smiller, sniffer, snober, sociabiliser, socialiser, socratiser, sodomiser, soigner, solariser, solder, solenniser, solfier, solidariser, solidifier, solifluer, soliloquer, solliciter, solmiser, solubiliser, solutionner, somatiser, sombrer, sommeiller, sommer, somnoler, sonder, songer, sonnailler, sonner, sonoriser, sophistiquer, sorguer, soubattre, soubresauter, soucheter, souchever, soucier, souder, soudoyer, souffler, souffleter, soufrer, souhaiter, souiller, soulager, soûler, soulever, souligner, soumissionner, soupçonner, souper, soupeser, soupirer, souquer, sourciller, sourdiner, sous–alimenter, sous–assurer, sous–déclarer, sous–employer, sous–estimer, sous–évaluer, sous–exploiter, sous–exposer, sous–louer, sous–payer, sous–titrer, sous–traiter, sous–utiliser, sous–virer, soutacher, soutirer, soviétiser, spathifier, spatialiser, spécialiser, spécifier, spéculer, speeder, sphacéler, spiritualiser, spitter, splitter, spolier, sponsoriser, sporuler, sprinter, squatter, squattériser, squeezer, stabiliser, staffer, stagner, staliniser, standardiser, starifier, stariser, stationner, statuer, statufier, sténographier, sténotyper, stéréotyper, stérer, stériliser, stigmatiser, stimuler, stipendier, stipuler, stocker, stopper, stranguler, stratifier, stresser, striduler, strier, stripper, striquer, structurer, stupéfier, stuquer, styler, styliser, subdéléguer, subdiviser, subjuguer, sublimer, submerger, subodorer, subordonner, suborner, subroger, subsidier, subsister, substantiver, substituer, subsumer, subtiliser, subventionner, succéder, succomber, sucer, suéoter, sucrer, suer, suffixer, suffoquer, suggérer, suggestionner, suicider, suifer, suiffer, suinter, sulfater, sulfiter, sulfoner, sulfurer, superposer, superviser, supplanter, suppléer, supplémenter, supplicier, supplier, supporter, supposer, supprimer, suppurer, supputer, surabonder, surajouter, suralimenter, surbaisser, surcharger, surchauffer, surclasser, surcoller, surcomprimer, surcontrer, surcouper, surdéterminer, surdorer, surédifier, surélever, surentraîner, suréquiper, surestimer, surévaluer, surexciter, surexploiter, surexposer, surfacer, surfer, surfiler, surgeler, surgeonner, surglacer, surhausser, surimposer, suriner, surinformer, surjaler, surjeter, surlier, surligner, surlouer, surmédicaliser, surmener, surmonter, surmouler, surnager, surnommer, suroxyder, surpasser, surpayer, surpiquer, surplomber, surprotéger, sursaturer, sursauter, sursemer, surtaxer, surtitrer, surveiller, survirer, survoler, survolter, susciter, suspecter, sustenter, susurrer, suturer, swinguer, syllaber, symboliser, symétriser, sympathser, synchroniser, syncoper, syncristalliser, syndicaliser, syndiquer, synthétiser, syntoniser, tabasser, tabler, tabouer, tabouiser, tabuler, tacher, tacheter, tacler, taillader, tailler, taler, taller, talocher, talonner, talquer, tambouriner, tamiser, tamponner, tancer, tanguer, taniser, tanner, tanniser, tapager, taper, tapiner, tapisser, taponner, tapoter, taquer, taquiner, tarabiscoter, tarabuster, tarauder, tarder, tarer, targuer, tarifer, tarmacadamiser, tartiner, tasser, tâter, tatillonner, tâtonner, tatouer, taveler, taveller, taxer, tayloriser, tchatcher, techniciser, techniser, technocratiser, teiller, teinter, télécharger, télécommander, télécopier, télédiffuser, télégraphier, téléguider, télémtiser, télémétrer, téléphoner, télescoper, téléviser, télexer, témoigner, tempérer, tempêter, temporiser, tenailler, tenonner, ténoriser, tenter, tercer, tergiverser, terminer, ternir, terrasser, terreauter, terrer, terrifier, terroriser, terser, tester, tétaniser, téter, texturer, texturiser, théâtraliser, thématiser, tire—bouchonner, tirebouchonner, tirer, tiser, tisonner, tisser, titiller, titrer, tituber, titulariser, toaster, toiler, toiletter, toiser, tolérer, tomber, tomer, tonifier, tonitruer, tonner, tonsurer, tontiner, toper, topicaliser, toquer, torcher, torchonner, toréer, toronner, torpiller, torréfier, torsader, tortiller, tortorer, torturer, tosser, totaliser, toucher, touer, touiller, toupiller, toupiner, tourber, tourbillonner, tourillonner, tourmenter, tournailler, tournasser, tournebouler, tourner, tournicoter, tourniller, tourniquer, tournoyer, toussailler, tousser, toussoter, trabouler, tracaner, tracasser, tracer, tracter, traficoter, trafiquer, traînailler, traînasser, traîner, traiter, tramer, tranchefiler, trancher, tranquilliser, transbahuter, transborder, transcener, transcoder, transférer, transfigurer, transfiler, transformer, transfuser, transgresser, transhumer, transiger, transistoriser, transiter, translater, translitérer, translittérer, transmigrer, transmuer, transmuter, transpercer, transpirer, transplanter, transporter, transposer, transsubstantier, transsuder, transvaser, transvider, trapper, traquer, traumatiser, travailler, travailloter, traverser, trébucher, tréfiler, treillager, treillisser, trémater, trembler, trembloter, trémousser, tremper, trémuler, trépaner, trépasser, trépider, trépigner, tressauter, tresser, treuiller, trévirer, trianguler, triballer, tricher, tricoter, trier, trifouiller, triller, trimarder, trimbaler, trimballer, trimer, tringler, trinquer, triompher, tripatouiller, tripler, tripoter, triquer, triséquer, trisser, triturer, trôler, tromper, trompeter, tronçonner, trôner, tronquer, tropicaliser, troquer, trotter, trottiner, troubler, trouer, troussequiner, trousser, trouver, truander, trucider, truffer, truquer, trusquiner, truster, tuber, tuberculiner, tuberculiniser, tuberculiser, tuer, tuiler, tuméfier, turbiner, turlupiner, turluter, tuteurer, tutoyer, tuyauter, twister, tympaniser, typer, typiser, tyranniser, ulcérer, ululer, unifier, uniformiser, universaliser, upériser, urbaniser, urger, uriner, user, usiner, usurper, utiliser, vacciner, vaciller, vadrouiller, vagabonder, vaguer, vaironner, valdinguer, valeter, valider, valiser, valoriser, valouser, valser, vamper, vampiriser, vandaliser, vanner, vanter, vaporiser, vaquer, varapper, varier, varloper, vasectomiser, vaseliner, vaser, vasouiller, vassaliser, vaticiner, vautrer, vedettiser, végéter, véhiculer, veiller, veiner, vélariser, vêler, velouter, vendanger, vénérer, venger, venter, ventiler, ventouser, verbaliser, verbiager, verdoyer, verduniser, verglacer, vérifier, verjuter, vermiculer, vermiller, vermillonner, vermouler, vernisser, verrouiller, verser, versifier, vesser, vétiller, vexer, viabiliser, viander, vibrer, vibrionner, vicier, vidanger, vider, vidimer, vieller, vigiler, vigneter, vilipender, villégiaturer, vinaigrer, viner, vinifier, violacer, violenter, violer, violeter, violoner, virer, virevolter, virguler, viriliser, viroler, viser, visionner, visiter, visser, visualiser, vitrer, vitrifier, vitrioler, vitupérer, vivifier, vivoter, vocaliser, vociférer, voguer, voiler, voisiner, voiturer, volatiliser, volcaniser, voler, voleter, voliger, volleyer, volter, voltiger, voter, vouer, vousoyer, voussoyer, voûter, vouvoyer, voyager, vriller, vulcaniser, vulgariser, vulnérabiliser, warranter, yodiser, yodler, zapper, zébrer, zester, zézayer, ziber, zieuter, zigouiller, ziguer, zigzaguer, zinguer, zinzinuler, zipper, zoner, zoomer, zouker, zozoter, zwanzer, zyeuter

以上以 –er 结尾的动词变位的直陈式现在时词尾全部都是规则的。但是具体还分以下几种情况：

a）以 –cer 结尾的第一人称复数词尾为 –çons.

je	tu	il/elle	nous	vous	ils/elles
prononce	prononces	prononce	prononçons	prononcez	prononcent

je	tu	il/elle	nous	vous	ils/elles
songe	songes	songe	songeons	songez	songent

b）以 –ger 结尾的第一人称复数变位为 –geons, 如 songer:

c）以 e+ 辅音字母 +er 结尾的动词变位一种是类似于 mener 的，如 lever, semer,acheter 等。第一人称复数 nous 和第二人称复数 vous 的变位是规则的，其余人称将 e+ 辅音字母 +er 中的 e 变为 è。如 mener：

je	tu	il/elle	nous	vous	ils/elles
mène	mènes	mène	menons	menez	mènent

另外一种是类似于 jeter 的，如 éppeler,appeler 等。第一人称复数 nous 和第二人称复数 vous 的变位是规则的，其余人称将 e+ 辅音字母 +er 中的辅音字母进行双写。如 jeter：

je	tu	il/elle	nous	vous	ils/elles
jette	jettes	jette	jetons	jetez	jettent

d）如果是以 e+c+er 结尾的动词变位则既要综合 cer 的变位，同时又要兼顾 e+ 辅音字母 +er 的一类变位。如 rapiécer, dépecer

je	tu	il/elle	nous	vous	ils/elles
rapièce	rapièces	rapièce	rapiéçons	rapiécez	rapiècent

je	tu	il/elle	nous	vous	ils/elles
siège	sièges	siège	siégeons	siégez	siègent

e）如果是以 e+g+（–er）结尾的动词变位则既要综合 ger 的变位，同时又要兼顾 e+ 辅音字母 +（–er）的一类变位。如 siéger

f）如果是以 yer 结尾的动词变位则第一人称复数 nous 和第二人称复数 vous 的变位是规则的，其余人称将 y 变为 i。如 payer, essayer, essuyer, envoyer, ployer

je	tu	il/elle	nous	vous	ils/elles
paie	paies	paie	payons	payez	paient

但是 grasseyer 的变位依据正常的以 er 结尾的动词变位规则，无需像上述一样改变 y。

以下是除 er 词尾以外的以其他词尾结尾的动词，主要是以 ir 或 re 结尾的单词。如：

abasourdir, abâtardir, abattre, abêtir, ablatir, abolir, abonnir, aboutir, abréagir, abrutir, abstenir, abstraire, accomplir, accourcir, accourir, accroire, avoir, avilir, aveulir, accroître, accroupir, accueillir, affaiblir, avertir, avenir, avachir, autodétruire, atterrir, attiédir, attendre, attendrir, atteindre, assortir, assoupir, assouplir, assourdir, assouvir, assujettir, appointir, appondre, apprendre, approfondir, arrondir, assagir, assaillir, assainir, assavoir, asseoir, asservir, assombrir, applaudir, appendre, appesantir, appauvrir, apparoir, appartenir, apparaître, aplanir, aplatir, apercevoir, anordir, anoblir, anéantir, amuïr, amortir, amoindrir, amollir, amincir, amerrir, ameublir, agiragoniragrandiraguerrir, aigriralanguiralentir, allégir, alourdir, alunir, amaigrir, amatir, affranchir, affermir, affadir, advenir, adoucir, admettre, adjoindre, acquérir, bannir, bénir, bâtir, barrir, bienvenir, blêmir, blettir, bouillir, bleuir, bouffir, bondir, blondir, bruir, calmir, candir, chérir, chauvir, chancir, chaloir, catir, choir, choisir, circoncire, circonscrire, clore, consentir, conquérir, connaître, conjoindre, cônir, conduire, confire, concourir, concevoir, conclure, comprendre, complaire, compatir, comparaître, commettre, combattre, construire, contenir, contraindre, contrebattre, contredire, contrefaire, contrefoutre, contrevenir, convenir, convertir, coproduire, corrompre, cotir, cueillir, cuire, croupir, croire, croître, crépir, courir, courre, coudre, débâtir, débattre, débleuir, débouillir, décatir, décevoir, dégourdir, déglutir, dégauchir, dégarnir, défraîchir, défléchir, défleurir, définir, déduire, défaillir, défaire, dédire, décuire, décroître, découvrir, découdre, déconstruire, déconfire, dégrossir, déguerpir, déjaunir, démentir, démolir, démordre, démunir, dénantir, désemplir, désassortir, désapprendre, dérougir, déraidir, dépolir, déplaire, dépérir, dépendre, départir, désenlaidir, désépaissir, désétablir, désobéir, dessaisir, dessertir, desservir, désunir, déteindre, détendre, détenir, détordre, durcir, doucir, dormir, divertir, distendre, distordre, distraire, dissoudre, disparaître, discourir, disconvenir, dire, devoir, dévêtir, dévernir, devenir, déverdir, ébahir, éblouir, ébattre, ébaubir, ébaudir, ébroudir, écatir, échampir, éclaircir, éclore, écrire, écrouir, effleurir, émouvoir, émettre, embrunir, emboutir, embellir, élire, élégir, élargir, emplir, empreindre, empuantir, enceindre, enchérir, encourir, endolorir, endormir, enduire, endurcir, enforcir, enfouir, enfuir, entremettre, entreprendre, entrebattre, entre-haïr, entre-détruire, entrapercevoir, ensevelir, enrichir, enquérir, enorgueillir, ennoblir, enlaidir, enhardir, engourdir, engloutir, entretenir, entrevoir, entrouvrir, envahir, épaissir, épandre, épanouir, époutir, épreindre, éprendre, équarrir, esbaudir, estourbir, extraire, exclure, évanouir, étrécir, étreindre, étourdir, Être, éteindre, établir, étendre, faillir, faire, falloir, farcir, férir, feindre, finir, fléchir, flétrir, fleurir, fondre, forcir, fouir, fourbir, fournir, foutre, fraîchir, franchir, fuir, froidir, frire, frémir, garantir, garnir, gésir, gémir, geindre, gauchir, glapir, glatir, grandir, gravir, guérir, grossir, haïr, havir, hennir, honnir, hourdir, huir, impartir, inclure, induire, infléchir, instruire, interagir, interdire, interrompre, intervenir, intervertir, issir, invertir, investir, introduire, jaillir, jaunirjoindre, jouir, languir, lire, lotir, louchir, luire, maigrir, mainmettre, maintenir, matir, maudire, mécroire, médire, méfaire, mégir, mentir, mincir, mettre, messeoir, méprendre, moitir, mollir, mordre, mûrir, munir, mugir, mouvoir, mourir, moudre, naître, noircir, nourrir, nordir, nuire, obéir, obscurcir, obtenir, obvenir, occire, occlure, omettre, offrir, oindre, ouïr, ourdir, paître, pâlir, parcourir, parfaire, périr, perdre, percevoir, pendre, peindre, pâtir, parvenir, partir, permettre, pervertir, pétrir, pondre, pleuvoir, plaindre, plaire, pourrir, poursuivre, pourvoir, prédire, prémunir, prendre, prescrire, punir, provenir, proscrire, promettre, promouvoir, produire, prévenir, prévoir, quérir, rabonnir, rabougrir, raccourcir, racornir, raidir, raire, rajeunir, ralentir, ramollir, rancir, raplatir, rapointir, rappointir, rapprendre, rassir, rassortir, recroître, récrire, recrépir, recourir, recouvrir, recoudre, reconstruire, reconvertir, reconnaître, reconquérir, reconduire, recomparaître, reclure, recevoir, rebâtir, réassortir, réapprendre, réagir, réadmettre, ravoir, ravilir, ravir, rebattre, reblanchir, reboire, rebondir, rechampir, recueillir, recuire, redécouvrir, redéfaire, redéfinir, redémolir, redevenir, redevoir, redire, réduire, réécrire, réélireréentendre, refaire, refendre, réfléchir, refleurir, refondre, refroidir, regarnir, régir, regrossir, réinscrire, réintroduire, réinvestir, rejaillir, rejoindre, réjouir, repaître, répandre, reparaître, rentrouvrir, rentraire, renformir, rendre, rendormir, renchérir, renaître, remplir, remoudre, remordre, remettre, rembrunir, reluire, relire, rélargir, repartir, repeindre, reperdre, repleuvoir, repolir, répondre, rependre, repentir, repourvoir, reprendre, reproduire, requérir, resalir, résoudre, ressaisirressentir, resservir, ressortir, ressurgir, restreindre, resurgir, rétablir, reteindre, retendre, retenir, retentir, retondre, retordre, retraduire, retraire, retranscrire, retransmettre, rétrécir, retreindre, rétroagir, rugir, roussir, roustir, rouvrir, rouir, rougir, rôtir, rosir, rompre, rondir, roidir, rire, revouloir, revivre, reverdir, revernir, revêtir, revaloir, réunir, réussir, saillir, saisir, salir, satisfaire, saurir, savoir, sertir, servir, sévir, serfouir, sentir, seoir, séduire, secourir, souffrir, stupéfaire, souscrire, sous-tendre, sourdre, subir, subvenir, subvertir, suffire, suivre, superfinir, surenchérir, suspendre, surtondre, surseoir, surprendre, surir, surproduire, surgir, surfaire, surveiller, survendre, survenir, survivre, sourire, soustraire, soutenir, soutirer, souvenir, surseoir, tapir, tarir, tartir, tiédir, terrir, ternir, tendre, tenir, teindre, tondre, tordre, transir, transcrire, traire, trahir, traduire, transparaître, travestir, tré fondre, tressaillir, unir, vagir, vaincre, valoir, venir, vendre, verdir, vernir, vêtir, vieillir, vioquir, voir, vivre, vomir, vouloir, vrombir

以上动词里面包括第二组以 –ir 结尾的规则动词。第二组是以 –ir 结尾的动词的变位相当有规律。其规则是去掉旧词尾 –ir，分别加上以下新词尾：

je	tu	il/elle	nous	vous	ils/elles
–is	–is	–it	–issons	–issez	–issent

finir, choisir, réunir 以及一些表示颜色或形状变化的动词，如 grossir, jaunir, rougir, grandir, verdir, noicir, blanchir, durcir, arrondir 等都属于上述规则变位。如：

je	tu	il/elle	nous	vous	ils/elles
réunis	réunis	réunit	réunissons	réunissez	réunissent

除上述外的其余以 –ir 和 –re 结尾的动词变位几乎都是无规律的。除了完全无规则的外，其中还有一些是有规律可循的。请看下列总结：

a）以 –dre 结尾的动词变位虽然被划为第三组不规则动词，但是一般直陈式现在时变位遵循以下两种情况，一种是以 prendre 为词根的，如 apprendre, comprendre。

je	tu	il/elle	nous	vous	ils/elles
prends	prends	prend	prenons	prenez	prennent

另一种则除上述第一种情况外的其他情况，如 réponde, attendre, entendre, vendre, répandre, perdre, mordre 等。

je	tu	il/elle	nous	vous	ils/elles
réponds	réponds	répond	répondons	répondez	répondent

b）以 ir 结尾的除了第二组规则动词外，还有一种是类似 lire 的，如 conduire, construire, suffire, nuire, cuire 等。

je	tu	il/elle	nous	vous	ils/elles
conduis	conduis	conduit	conduisons	conduisez	conduisent

c）此外 partir, sortir, dormir, servir 动词变位也很类似。很多无规则的动词变位都要自己从中摸索规律。

je	tu	il/elle	nous	vous	ils/elles
dors	dors	dort	dormons	dormez	dorment

dormir

je	tu	il/elle	nous	vous	ils/elles
sers	sers	sert	servons	servez	servent

最后就是最初接触的一批动词如 être, aller, avoir, faire, venir 等，它们的变位都是特殊的，没有规律可循的，然而这些动词恰恰又是最基本的，最初开口说法语或者简单造句都必须涉及到这些动词。所以无论如何，不管这些动词的变位多么特殊，还是要想方设法去记忆，这是学法语的初始阶段必须克服的障碍。

笔者基于十几年的法语一线教学经验，对于初学的几个无规律动词摸索出一点经验，在此供广大法语学习者参考。

être

je	tu	il/elle	nous	vous	ils/elles
suis	es	est	est	être	sont

avoir

j'	tu	il/elle	nous	vous	ils/elles
ai	as	a	avons	avez	ont

aller

je	tu	il/elle	nous	vous	ils/elles
vais	vas	va	allons	allez	vont

faire

je	tu	il/elle	nous	vous	ils/elles
fais	fais	fait	faisons	faites	font

学生在最初记忆这几个动词的时候，经常把复数部分混淆。在此我们不妨采用前后联想的记忆法。单数变位和复数变位在某种程度上是存在互相照应的情况的。比如：je suis, nous sommes, ils sont 这三个人称的变位都以字母 s 开头

J'ai, nous avons ils ont. 这三个人称都是以元音字母开头。

Je vais, ils vont. 这两个人称都是 v 字母开头。

还有很多其他第三类的不规则动词。它们的变位一般都是比较随意的，无规律的。但是通过大量单词和变位的学习，我们可以从中挖掘出一些有规律的东西。比如：

je	tu	il/elle	nous	vous	ils/elles
joins	joins	joint	joignons	joignez	joignent

与上述变位相同的有：craindre, peindre, pleindre。

还有 vouloir 和 pouvoir 也很类似。

je	tu	il/elle	nous	vous	ils/elles
veux	veux	veut	voulons	voulez	veulent

je	tu	il/elle	nous	vous	ils/elles
peux	peux	peut	pouvons	pouvez	peuvent

强调句：

Papa fait la cuisine aujourd'hui.

Il va au cinéma avec Sophie.

如果强调主语用 C'est...qui

C'est Papa qui fait la cuisine aujourd'hui.

C'est lui qui va au cinéma avec Sophie.

Maman dit à petit Toutou de bien rester à la maison.

C'est Maman qui dit à petit Toutou de bien rester à la maison.

强调主语以外的其他成分用 C'est...que

C'est aujourd'hui que Papa fait la cuisine.

C'est avec Sophie qu'il va au cinéma.

但是如果强调间接宾语的话，Cest...que 中间要还原间接宾语的介词 à，否则无法与所强调的主语或者直接宾语相区分。

Danielle ne téléphone pas souvent à son mari, car ils se voient tous les jours.

Danielle ne lui téléphone pas souvent, car ils se voient tous les jours.

C'est à lui（强调间接宾语） que Danielle ne téléphone pas souvent, car ils se voient tous les jours.

Ses parents l'appelle Yves.

C'est lui（强调直接宾语） que ses parents l'appelle Yves.

Il aime la propreté.

C'est lui（强调主语） qui aime la propreté.

6.7 法语英语动词时态对比分析

法语除了基本的动词变位外，还有各种各样的时态。动词变位主要考察记忆，而时态则考察的是逻辑分析。法语动词时态相比英语较为复杂，然而还是有相似的地方。在时态这一章节的研究上，主要采取的方法是对比分析法和归纳总结法。这两种方法对于法语复杂的语法梳理至关重要。下面依次讲解法语动词各种时态的用法。

6.7.1 法语直陈式现在时和英语的一般现在时对比分析。

直陈式现在时是法语中最基本同时也是笔者认为最笼统的一个时态。之所以说它笼统是相对于法语其他语法的精细而言的。在法语中，不管是现在进行时还是一般现在时，只要发生在现在或者存在于现在的，法语中均用直陈式现在时表示。这也是法语日常口语中使用率最高的一个时态。

由于代动词的形态相对复杂，现将各种形式列表。

肯定	否定
je me lave	je ne me lave pas
tu te laves	tu ne te laves pas
il se lave	il ne se lave pas
nous nous lavons	nous ne nous lavons pas
vous vous lavez	vous ne vous lavez pas
ils se lavent	ils ne se lavent pas
疑问	否定疑问
me lave–je?	ne me lave–je pas?
te laves–tu?	ne te laves–tu pas?
se lave–t–il?	ne se lave–t–il pas?
nous nous lavons–nous?	ne nous lavons–nous pas?
vous lavez–vous?	ne vous lavez–vous pas?
se lavent–ils?	ne se lavent–ils pas?

Ma grand–mère maternelle fait tous les matins des exercices.

On voit très rare le ciel si bleu.

Son mari lui remplace à taper les documents.

Nous ne nous levons pas tôt pendant les vacances d'hiver.

La plupart des hommes qui ont obtenu le succès font plus d'efforts que les autres .

Ne s'habille–t–il pas à 12 ans? C'est impossible!

注意：由于代动词中自反人称代词和动词是一个整体，因此否定的时候要将它们当成一个整体否定，即在代动词整体一前一后分别加 ne...pas。同样，倒装的时候也要把自反人称代词和动词看成一个整体与主语进行倒装。

6.7.2 最近将来时和过去最近将来时对比研究

最近将来时构成： aller（直陈式现在时）+ 动词不定式：Je vais réussir. 用法和英语中

的 be going to+ 动词原形是一样的，表示很快，立即，马上要发生的事。如：Je vais réussir avec des efforts.（经过努力我会马上成功）. 这里的 aller 和英语 be going to 中的 go 一样，都是助动词，没有实际含义。

过去最近将来时构成：aller（未完成过去时）+ 动词不定式：J'allais réussir. 之所以把过去最近将来时和最近将来时放在一起是因为它们的意义很相似，都是表示很快，立即，马上要发生的事。只是最近将来时是以现在为起点的一个很快要发生的将来时，而过去最近将来时是以过去为起点的一个很快要发生的将来时，要有一个过去的动作为参照物。如：La prévisions météorologique nnoncé qu'il allait neiger le lendemain.（天气预报说第二天下雪）

6.7.3 最近过去时和过去最近过去时对比研究

最近过去时构成：venir（直陈式现在时）+de + 动词不定式，表示刚刚，不久发生的事。如：Je viens de rentrer de l'étranger.（我刚从国外回来）.

相当于英语中的 have just done。

过去最近过去时构成：venir（未完成过去时）+de + 动词不定式。最近过去时和过去最近过去时的共同点都是表示刚刚或不久发生的事，不同的是最近过去时是以现在的时间为参照物，而过去最近过去时是以过去的时间为参照物。相当于英语中的 was/were going to 等。

如：

Ces enfants en pleine montagne ne savaient plus ce qu'ils allaient dire à leurs parents après un long moment de séparation.

La directrice m'a dit qu'elle venait d'être opérée.（领导告诉我她刚做完手术）。她告诉我，发生在过去，做手术发生在她告诉我之前不久，是过去的过去，并且离过去的参照时间很近，因此用过去最近过去时。

Comparer:

Il vient d'aller en France.

Il m'a dit qu'il venait d'aller en France.

Il est minuit, mes parents viennent de dormir.

Quand je suis rentré, mes parents venaient de dormir.

6.7.4 简单将来时和过去将来时对比研究

I 简单将来时：

1. 简单将来时是由动词不定式加上以下词尾 –ai, –as –a, ons, –ez, –ont 构成的。以 –re 结尾的第三组动词须去掉词尾的 e。

gagner	choisir	attendre
je gagnerai	je choisirai	j'attendrai
tu gagneras	tu choisiras	tu attendras
il gagnera	il choisira	il attendra
nous gagnerons	nous choisirons	nous attendrons
vous gagnerez	vous choisirez	vous attendrez
ils gagneront	ils choisiront	ils attendront

某些动词的简单将来时变位特殊：

avoir —— j'aurai		voir —— je verrai	
être ——je serai		courir — je courrai	
aller —— j'irai		pouvoir—— je pourrai	
faire ——je ferai		vouloir—— je voudrai	
venir —je viendrai		savoir —— je saurai	
achete—j'achèterai		envoyer—— j'enverrai	
essayer — j'essaierai		falloir —— il faudra	
appeler——j'appellerai		pleuvoir— il pleuvra	

用法：

表示将来要发生的动作，这个要发生的动作距离现在时间远近一般不明确，只是发生在将来。意义相当于英文中的 will+ 动词原形构成的一般将来时。

Je n'irai pas au concert demain.

On construira des cités ouvrières autour de la ville.

1. 过去将来时是由简单将来时的词根 + 未完成过去时的词尾构成，表示过去某一动作之后将要发生的事情，相当于英语的一般过去将来时。

gagner	choisir	attendre
je gagnerais	je choisirais	j'attendrais
tu gagnerais	tu choisirais	tu attendrais
il gagnerait	il choisirait	il attendrait
nous gagnerions	nous choisirions	nous attendrions
vous gagneriez	vous choisiriez	vous attendriez
ils gagneraient	ils choisiraient	ils attendront

特殊记忆：

avoir —— j'aurais		voir —— je verrai	
être ——je serais		courir — je courrai	
aller —— j'irais		pouvoir—— je pourrais	
faire ——je ferais		vouloir—— je voudrais	
venir —je viendrais		savoir —— je saurais	
achete—j'achèterais		envoyer—— j'enverrais	
essayer — j'essaierais		falloir—— il faudras	
appele——j'appellerais		pleuvoir— il pleuvras	

2．Ses parents ne savaient pas si le train arriverait à l'heure.

Le professeur a dit qu'on aurait un examen le lendemain.

6.7.5 简单将来时和先将来时对比研究

先将来时

构成

avoir （简单将来时）+ 过去分词： j'aurai parlé

être   je serai allé（e）

elle sera allée   elles seront allées

用法：

quand, lorsque, dès que （as soon as） 等引导的时间状语从句中，表示在另一将来动作之前先完成的动作，相当于英语中的现在完成时或一般现在时。

Nous ferons une promenade quand nous aurons fini nos devoirs.

Elle vous écrira dès qu'elle sera arrivée à Paris.

也可用于主句或独立句中，一般都有状语从句或时间状语限制；相当于英语中的将来完成时：

Ils seront sortis quand vous rentrerez à la maison.

Il aura réparé la voiture avant la pluie.

ex: J'arriverai dès qu'elle sera parti.

Quand tu auras trouvé un travail, tout ira mieux.

Lorsque tu te seras marié, tu changeras d'avis.

Dès qu'il sera revenu, tu m'avertiras.

Nous aurons fini cette lecon avant vendredi.

Penseras-tu à moi quand tu seras arrivé aux Etats-Unis ?

Je déjeunerai dès que maman aura préparé le repas.

Tu boiras ton café dès que tu auras terminé ta tartine.

简单将来时和先将来时的动作都发生在将来，简单将来时仅仅强调将来，而先将来时还强调一个"先"字，要先于另外一个将来的时间或者动作之前完成。

从时态搭配的角度来讲，先将来时的搭配一般是单项的，只与简单将来时搭配，口语中也可与最近将来时搭配。然而简单将来时的搭配就相对自由，可以与现在时或先将来时搭配使用。

6.7.6 复合过去时和简单过去时对比研究

构成：avoir 或 être（直陈式现在时）+ 过去分词：j'ai aimé

肯定	否定	疑问
j'ai aimé	je n'ai pas aimé	ai-je aimé?
tu as aimé	tu n'as pas aimé	as-tu aimé?
il a aimé	il n'a pas aimé	a-t-il aimé?
nous avons aimé	nous n'avons pas aimé	avons-nous aimé?
vous avez aimé	vous n'avez pas aimé	avez-vous aimé?
ils ont parlé	ils n'ont pas aimé	ont-ils aimé?

时间轴上的一个时间点，相当于英语中的现在完成时或一般过去时。

Je n'ai pas trouvé ce mot dans le dictionnaire.

Les saisonniers ont fait beaucoup de pizzas pendant ces vacances.

Sa robe est déchirée avec imprudence.

在复合时态中（复合过去时，愈过去时，先过去时等），宾语人称代词和副代词均放在助动词前面。复合时态的否定只能否定助动词，与过去分词无关。

Ils n'ont pas encore goûté les plats si délicieux.

J'ai déjè fini toutes les rédactions des livres.

Ils ont parlé à sa mère.

Les parisiens ont occupé la maison.

Ils ont enfin respiré un air pur.

Le raz-de-marée a submergé les terres voisines de l'océan. Cette mère s'est épuisée pour ses enfants.

以 être 为助动词的复合过去时

部分表示位移的不及物动词以及所有代动词的复合过去时，均用 être 作助动词。如 aller、venir、entrer、sortir、rentrer、partir、retourner、descendre、arriver、devenir、monter、naître、rester、mourir、tomer、passer 等。还有，所有代动词的复合过去时都是以 être 作助动词。

se laver 的复合过去时：

肯定	否定
je me suis lavé（e）	je ne me suis pas lavé（e）
tu t'es lavé（e）	tu ne t'es pas lavé（e）
il s'est lavé	il ne s'est pas lavé
nous nous sommes lavé（es）	nous ne nous sommes pas lavé（es）
vous vous êtes lavé（es）	vous ne vous êtes pas lavé（es）
ils se sont lavé（s）	ils ne se sont pas lavé（s）

注意：

1：在以 être 作助动词的复合时态中，过去分词要和主语进行性数配合。

2：在以 avoir 作助动词的复合时态中，如果直接宾语提前，过去分词要和主语进行性数配合。

3：代动词的复合过去时中过去分词是否作性数配合，要根据情况来。

（1）：在表示自反或者相互意义的代动词中，如果 se 是直接宾语，过去分词则要和主语配合；如果 se 是间接宾语，过去分词则不需要和主语配合。

（2）：在表示绝对或者被动意义的代动词中，不管 se 是直接宾语还是间接宾语，过去分词一律要和主语配合。

分析下列例句：

1：Pourquoi tu es sortie sans permission? Demandent les parents à sa petite fille.（以 être 作助动词的复合时态中，过去分词要和主语进行性数配合。）

2：Les enfants sont passés devant la classe attentivement.（同上）

3：Cette héroïne est née et morte en Chine.（同上）

4：Ils sont rentrés tard hier soir.（同上）

5：Elle est descendue du métro.（同上）

6：Elle est montée dans le train.（同上）

7：Elle est venue ici en train.（同上）

8：Ils sont devenus professeurs il y a trois ans.（同上）

9：Sa grand–mère s'est occupée de lui quand il était petit.（表示绝对意义，过去分词一律要和主语配合。）

10：Ces revues se sont bien vendues.（代动词表示被动意义,过去分词一律要和主语配合。）

11：Cette langue s'est parlée dans le monde entier.（代动词表示被动意义，过去分词一律要和主语配合。）

12：Elles se sont mises en route de bonne heure.（代动词表示绝对意义，过去分词一律要和主语配合。）

13：Paul et Fanny se sont aimés depuis lontemps.（代动词表示相互意义，se 是直接宾语，过去分词要和主语配合。）

14：Le directeur et les parents d'étudiants se sont parlé au coin de la classe.（代动词表示相互意义，se 是间撞宾语，过去分词不需要和主语配合。）

15：Quand Jacques et son voisin se sont rencontrés dans l'escalier.（代动词表示相互意义，se 是直宾，过去分词要和主语配合。）

16：Ils se sont dit bonjour.（代动词表示相互意义，se 是直接宾语，过去分词不需要和主语配合。）

17：Elle s'est regardée dans le miroir.（代动词表示自反意义，se 是直接宾语，过去分词要和主语配合。）

18：Ils se sont parlé là-bas.（代动词表示相互意义，se 是间接宾语，过去分词不需要和主语配合。）

19：Ils ne se sont pas reposés.（代动词表示自反意义，se 是直接宾语，过去分词要和主语配合。）

20：Nous ne nous sommes pas couchées. 代动词表示自反意义，se 是直接宾语，过去分词要和主语配合。）

21：Nons nous sommes promenés dans Paris. 代动词表示自反意义，se 是直接宾语，过去分词要和主语配合。）

22：Nous nous sommes trompés d'adresse.（代动词表示绝对意义，过去分词一律要和主语配合。）

23：Fanny, je l'ai vue dans une librairie.（在以 avoir 作助动词的复合时态中，如果直接宾语提前，过去分词要和主语进行性数配合。）

24：J'aime bien les romans français , j'en ai lu beaucoup pendant les vacances.（在以 avoir 作助动词的复合时态中，如果直接宾语提前，过去分词要和主语进行性数配合。但是直接宾语如果是 en 的话，则不需要配合。）

25：J'ai pris beaucoup de photos, je les ai montrées à Paul.（在以 avoir 作助动词的复合时态中，如果直接宾语提前，过去分词要和主语进行性数配合。）

26：Elise est venue, je l'ai aperçue ce matin dans le couloir.（以 être 作助动词的复合时态中，过去分词要和主语进行性数配合。）

27：Elle nous a salués.（在以 avoir 作助动词的复合时态中，如果直接宾语提前，过去分词要和主语进行性数配合。）

28：Son discours les a impressionnés.（同上）

29：La décision qu'il a prise nous a étonnés.（同上）

30: Quels livres t'a-t-il prêtés ?（在以 avoir 作助动词的复合时态中，如果直接宾语提前，过去分词要和主语进行性数配合。）

31：Quelle belle maison il a achetée !（同上）

32：Les élèves de l'élémentaire ont participé au défilé du 2004 avril.（在以 avoir 作助动词的复合时态中，直接宾语没有提前，过去分词不需要进行性数配合。）

33：Ils ne nous ont pas obéi.（obéir à qn，间接宾语提前，不需要配合。）

34：Ils nous ont distribué des tenues. （distribuer qch à qn，间接宾语提前，不需要配合。）

35:Elles ont oublié leurs cahiers. （在以 avoir 作助动词的复合时态中，直接宾语没提前，过去分词不需要进行性数配合。）

无人称动词的过去分词永远不用配合。

Exemple : Les chaleurs qu'il a fait la semaine dernière étaient insupportables.

提前的直接宾语如果是 en 的话，过去分词和直接宾语也不要配合。这在上题有提到。

Exemple : Les oranges étaient délicieuses, j'en ai mangé trois.

Attention：dans certains cas, en plus du pronom « en », il peut y avoir un complément d'objet direct exprimé précédent le participe et entraînant l'accord. Exemple : Les souvenirs que j'en ai gardés sont encore frais dans mon esprit.

在以 dire, devoir, croire, savoir, pouvoir, vouloir, etc. （dit, dû, cru, su, pu, voulu, etc.）等为过去分词的复合时态中，如果提前的直接宾语从逻辑上推断不是过去分词的直接宾语而是不定式动词或是另外一个潜在的句子的直接宾语时，这时过去分词不需要和直接宾语配合。

Exemple : J'ai fait tous les efforts que j'ai pu.（faire）   Il n'a pas fait tous les efforts que j'avais cru （qu'il ferait）

如果过去分词的直接宾语是中性代词时，过去分词和直接宾语不配合。

Exemple : L'interrogation a été plus difficile qu'on ne l'avait prévu.

感官动词引导的不定式句中，如果先行词是不定式动词的主语，则过去分词要和先行词配合，如果先行词不是不定式动词的主语，则过去分词不需要要和先行词配合。

Exemple : Les personnes que j'ai entendues chanter ont de belles voix.

Mais on écrira : Les voitures que j'ai vu réparer sont de seconde main.

faire 引导的不定式句中，过去分词 fait 永远不配合主语。

Exemple : Les musiciens qu'il a fait venir ont animé la fête.

如果不定式后面跟了介词 par，这种复合时态的过去分词也保持不变。

Exemple : Les arbres que j'ai vu abattre par les bûcherons sont des caïlcédrats.

有的动词如 coûter, valoir, peser, mesurer, marcher, courir, vivre, dormir 后面可能会跟一个 que，但此时 que 不是引导直接宾语的而是引导状语，这时过去分词不需要和主语配合。

Exemple: –Les deux heures que j'ai marché m'ont épuisé. （que: pendant combien de temps ？）

– Les soixante–quinze ans qu'il a vécu lui ont fait acquérir de la sagesse.

比 较 : Vous ne pouvez imaginer la peine que ce travail m'a coûtée. Il n'oubliera jamais les années heureuses qu'il a vécues au village.

Exemple: Elles se sont lavées.

Elles se sont envoyé des lettres.

Elle s'est aperçu de son erreur.

Exemple: Nous nous sommes blessés.

Elle s'est coupée au doigt.

Elle s'est coupé le doigt.

Nous nous sommes envoyé des messages.

Les sacrifices qu'elle s'est imposés sont énormes.

有一些代动词在复合时态中不配合，因为它们的自反人称代词是间接宾语。如: se dire, s'écrire, se demander, se convenir, se nuire, s'entre–nuire, se mentir, s'en vouloir, se parler, se plaire, se déplaire, se complaire, se ressembler, se rire, se sourire, se succéder, se suffire, se survivre

Exemple: Ils se sont nui.

Plusieurs rois se sont succédé au trône en l'espace de cinq ans.

有些代动词永远要配合，可将其视为绝对意义，如：s'évanouir, se cabrer, s'évader, s'enfuir, s'élancer, s'accroupir, s'agenouiller, se désister,s'écrier, s'envoler, s'exclamer, se repentir, s'insurger,se moquer, se raviser, se réfugier, se suicider, s'abstenir, s'ébattre, s écrouler, s'emparer, s'enquérir, s'eprendre, se rebeller, se prosterner, se soucier, s'adonner, s'efforcer, se méprendre, se souvenir, se recroqueviller,s'effondrer

Exemple:Les prisonniers se sont évadés cette nuit.

Les palissades se sont effondrées.

Exemple: La bataille s'est livrée ici. （表示被动意义）

过去分词配合问题样题解析:

Il nous a （1） （félicité）.

2）Cela nous aurait （2） （suffi）.

3）Il nous a （3） （obéi）.

4）Vous nous avez （4） （cru）.

5）Il vous aura （5） （envoyé） quelqu'un...

6）Il vous a （6）（nui）.

7）Il vous a （7）（lésé）.

8）Il vous a （8）（décrit）.

9）Ils nous ont （9）（fui）.

10）Elle nous a （10）（écrit）.

11）Vous en ont-ils （11）（parlé）？

12）Ces propositions, il les a （12）（soumettre） à ses collaborateurs.

13）Voici la voiture qu'il a （13）（conduire） depuis Thiès.

14）Quelle adresse as-tu （14）（écrire）？

15）Ces maisons étaient insalubres, on les a （15）（détruire）.

16）Les fautes que j'avais （16）（omettre）, il les a （17）（découvrir）.

依次填入的过去分词正确形态分别是：

（1）：félicités 直接及物动词，要配合提前的复数直接宾语。

（2）：suffi　间接及物动词，不能配合复数直接宾语。

（3）：obéi　间接及物动词，不能配合复数直接宾语。

（4）：crus　直接及物动词，要配合提前的复数直接宾语。

（5）：envoyé envoyer qn à qn 此处为间接宾语 vous 提前，无需配合。

（6）：nui　间接及物动词，不能配合复数直接宾语。

（7）：lésé（s）　léser 是直接及物动词，"损害"，但是要视直接宾语 vous 的单复数来决定是否加 s。

（8）：décrit（s）同上。

（9）：fui　间接及物动词，不要配合复数直接宾语。

（10）：écrit　间接宾语提前，不需要配合。

（11）：parlé　parler de qch à qn。都不需要配合。

（12）：soumis　soumettre qch à qn。要配合直接宾语 qch。

（13）：conduite 直接及物动词，要配合提前的阴性直接宾语。

（14）：écrite　直接宾语 lettre 提前，要配合。

（15）：détruites détruire qch，要配合提前的直接宾语 les maisons。

（16）：omises　omettre qch. 和直接宾语 les fautes 配合。

（17）：découvertes 同上。

样题解析：分析正误

1）Les ennemis ont pris la ville et ils l'ont détruit.

解析：错误。此处直接宾语 la 提前，détruire 是直接及物动词，la 是直接宾语，détruit 应加 s。

2）Nous avons reçu cette lettre et nous l'avons joint au courrier.

解析：错误。很明显，此题中直接宾语 la 已经提前了。joint 应为 jointe。

3）Les dépenses étaient excessives, on les a réduits.

解析：错误。réduits 配合不完全，应该是阴性复数。

4）L'esclandre qu'elle a faite, était déplacée.

解析：正确。

5）Vous connaissiez la loi et pourtant vous l'avez enfreins.

解析：错误。应该看直接宾语，配合阴性而不是复数。

6）Les nouvelles qu'il avait apprises l'avaient surprises.

解析：错误。第二个 surprises 不应该配合。第一个配合是因为直接宾语 Les nouvelles 提前。而第二个 surpris 的直接宾语是 le，故无需配合。

1：La vertu timide est souvent（opprimer）.

解析：opprimée. 被动态中过去分词和主语配合。

2：Les petits esprits sont（blesser）des plus petites choses.

解析：同 1。

3：La Casamance est parfois（appeler）le grenier du Sénégal.

解析：同 1。

4：Les efforts qu'il leur a（falloir）faire les ont（épuiser）.

解析：fallu, épuisés. efforts 不是 falloir 的直接宾语，不需要配合。但是 les 是 épuiser 提前了的直接宾语，所以要配合。

5：Les villes côtières furent presque toutes（détruire）par le tsunami.

解析：détruites. 被动态中过去分词和主语配合。

6：Les régions du Sud sont（arroser）par de nombreux cours d'eau.

解析：arrosées. 同 5。

7：Les pluies qu'il y a（avoir）pendant deux jours ont（raviner）le terrain.

解析：a eu, raviné。两个都是 avoir 为助动词的复合过去时，直接宾语未提前，不需要做配合。

8：La tige a（résister）aux vents qui l'ont（plier）. La petite fille a（dormi）toute la matinée.

解析：résisté, pliée。plier 的直接宾语提前了，需要配合。

9：Les gamins sont（parti）pour la fête.

解析：partis。以 être 为助动词的复合过去时中，过去分词和主语一律配合。

10：Les mois qu'il a（vivre）en suisse lui ont（faire）grand bien.

解析：vécu，fait。Les mois 是 vivre 的状语。

11：Les mères étaient（arrivé）avant leurs filles.

解析：arrivées。以 être 为助动词的复合过去时中，过去分词和主语一律配合。

12：Il a perdu la montre qu'il s'était（acheter）.

解析：achetée。la montre 作为 acheté 的直接宾语提前，要配合。

13：Je ne sais pas de quelle affaire ils se sont（parlé）.

解析：parlé。parler de qch。de quelle affaire 作为 parler 的间接宾语。

14：A deux heures, les invités se sont（lever）de table.

解析：levés。se lever 是 se 为直接宾语的表示自反意义的关系代词。

15：Ils se sont（plaint）de la mauvaise nourriture.

解析：plaints。se plaindre de 是绝对意义的代动词，要配合。

16：Ils se sont beaucoup（nuire）.

解析：nui。nuire à qn，se 是间接宾语。

17：Ils se sont（apercevoir）trop tard de leur maladresse.

解析：aperçus。s'apercevoir de 是绝对意义的代动词，要配合过去分词。

18：Ces enfants que j'ai（voir）grandir me sont très chers.

解析：vus。Ces enfants 是 voir 提前了的直接宾语。

19：Les élèves que nous avons priés de chanter, arrivent.

解析：priés。prier qn de faire qch。Les élèves 是 prier 提前了的直接宾语。

20：Il touchera plus tard les redevances que nous lui avons（promettre）.

解析：promises。les redevances 是 promettre 提前了的直接宾语。

21: Autant d'ennemis il a（attaquer）, autant 'il en a（vaincre）.

解析：Attaqués,vaincu。ennemis 同为 attaquer 和 vaincre 的直接宾语。

22：Ils ont copié des adresses, voici celles que j'ai（retenir）.

解析：retenues。celles 即为 retenir 提前了的直接宾语 adresses。

23：La fumée que nous avons（voir）s'échapper de la cave ne nous avait pas（inquiéter）.

解析：vu，inquiété。Voir s'échapper, 因此 voir 不能和 la fumée 配合。而 inquiéter 可以，它的直接宾语就是 la fumée。

24：Les pauses qu'il m'a（permis）m'ont bien（reposé）.

解析：

25：Ils n'ont pas fait toutes les bonnes actions qu'ils auraient（pu）.

解析：

26：La boussole a（fait）faire d'immenses progrès la navigation.

解析：fait。为助动词的复合过去时，没有直接宾语提前的情况，无需配合过去分词。

时态填空解析：

1：Marc et Sophie ne（se marier）（1）Pas parce que leurs parents ne（être）（2）pas d'accord. Mais ils（s'aimer）（3）toujours. Et au bout de trois ans, ils（arriver）（4）enfin à se marier.

解析：

（1）：se sont pas mariés. 表示一个结果。

（2）：était. 引起上述（1）结果的一个原因。

（3）：s'aimaient. 以 toujours 为标志，表示持续性，是未完成过去时的标志。

（4）：sont arrivés. 由 enfin 引出一个结果，一个一次性发生的事。

2：Quand je（être）（1）enfant，je（détester）（2）l'école. Je（préférer）（3）faire du vélo à la campagne. Je（avoir）（4）dix ans quand je（rencontrer）（5）Jacques. Il（être）（6）grand, il（avoir）（7）les yeux bleus et il（porter）（8）toujours une chemise . Il（aimer）（9）l'école. Il（dire）（10）toujours :La vie（être）（11）belle, et on（devoir）（12）bien travailler. Un jour, il me（donner）（13）un livre, ce（être）（14）un roman de Jules Verne.

解析：

（1）：était. 未完成过去时表示状态。

（2）：détestait. 未完成过去时用在情感一类的动词前，表示持续。

（3）：préférait. 同（2）。

（4）：avais. 同（1）。

（5）：ai rencontré.复合过去时结合瞬间动词"遇到"，表示发生在过去的一个一次性动作。

（6）：était. 未完成过去时的人物外形描写。

（7）：avait. 未完成过去时的人物外形描写。

（8）：portait. 未完成过去时的衣着描写。

（9）：aimait. 和（2），（3）一样，未完成过去时用在情感一类的动词前，表示持续。

（10）：disait. 结合 toujours 一词，表示重复性的动作，用未完成过去时。

（11）：est. 作者叙述的原话，用现在时。

（12）：doit. 同（11）。

（13）：a donné. 发生在过去的一个一次性动作。用复合过去时。

（14）：était. 未完成过去时表示描写。

简单过去时

简单过去时之所以叫简单过去时，笔者的理解是它首先是一个简单时态，其次它的意义也比较简单，完全可以等同于复合过去时。因此教学中把它和复合过去时进行对比就很容易掌握其用法。但是 不同的是，简单过去时和复合过去时的语用环境截然不同，这也是它们最大的区别。前者是文学和书面语的过去时，后者是口语和标准语的过去时。 另外，简单过去时的变位相对比较复杂。

简单过去时的构成要根据动词分类进行。

所有以 er 结尾的动词，包括 aller 在内，去掉词尾 –er，加上以下新词尾：

–ai, –as, –a, –âmes, –âtes, –èrent

quitter

je quittai	nous quittâmes
tu quittas	vous quittâtes
il quitta	ils quittèrent

第二组动词和部分第三组动词后加 –is, –is, –it, –îmes, îtes, –irent

finir

je finis	nous finîmes
tu finis	vous finîtes
il finit	ils finirent

rendre

je rendis	nous rendîmes
tu rendis	vous rendîtes
il rendit	ils rendirent

第三组无规则动词的词尾是加 –us, –us, –ut, –ûmes, ûtes, –urent

croire

je crus	nous crûmes
tu crus	vous crûtes
il crut	ils crurent

词根发生变化的动词：

être——je fus

avoir——j'eus

venir——je vins

faire——je fis

voir——je vis

écrire——j'écrivis

répondre——je répondis

vouloir——je voulus

partir——je partis

Sortit——je sortis

prendre——je pris

用法：

简单过去时相当于英语中的一般过去时，但只能用于书面语以及新闻报刊报道中，通常多用第三人称。

Il entra brutalement,prit un paquet de cigarettes et s'en alla.

6.7.7 直陈式未完成过去时

（复合过去时是一个点，未完成过去时是一条线）由直陈式现在时第一人称复数去掉词尾 –ons, 换成词尾：–ais, –ais, –ait, –ions, –iez ,–aient

parler：（nous）parlons

je parlais	nous parlions
tu parlais	vous parliez
il parlait	ils parlaient

faire：（nous）faisons

je faisais	nous faisions
tu faisais	vous faisiez
il faisait	ils faisaient

être 是个例外：

j'étais	nous étions
tu étais	vous étiez
il était	ils étaient

1. 未完成过去时相当于英语中的一般过去时和过去进行时。

Sa famille habitait dans une vieille maison quand il était tout petit.

Elle était paysanne avant d'entrer à l'université.

2. 对于过去的描写，这种描写可以是人物，背景，天气描写等。

Lundi dernier, j'ai demandé à mes parents de faire un pique-nique dimanche suivant dans un parc . Ce dimanche-là,il faisait beau,le temps était magnifique,on est allé pique-niquer, il y avait beaucoup d'enfants dans l-herbe .

Il était enfoui dans son large fauteuil garni de velours d'Utrecht, et tenait entre les mains un livre qu'il considérait avec la plus profonde admiration.

3. 直陈式未完成过去时还可以表示：

过去的一个动作发生时正延续着另一个动作，相当于英语中的过去进行时。

Ma soeur faisait ses devoirs quand vous lui avez téléphoné.

若两个都是延续进行的动作，均用未完成过去时。

Les élèves lisaient pendant que leur professeur écrivait au tableau noir.

4. 表示重复发生或具有习惯性的过去动作。

Quand j'étais petite, je passait souvent les vacances d'été chez ma grand-mère maternelle.

Elle allait chaque année à la campagne, elle entendait de temps en temps des cris des oiseaux quand elle flânait dans le sentier.

还有一种未完成过去时的用法，就是用在条件式现在时的固定搭配中，表示假设。如：

Si j'étais une millionnaire, je ferais sûrement des oeuvres de bienfaisance !

6.7.8 直陈式愈过去时和先过去时比较研究

愈过去时构成：

avoir/être（未完成过去时）+ 过去分词：

如 j'avais travaillé；j'étais venu（e）

愈过去时的助动词选择 avoir 还是 être 和复合过去时一样。所有复合时态中助动词的选择都是一样的。

2. 用法：在另外一个过去的动作之前发生的动作或状态，两个动作之间距离一般相对较远。愈过去时常与复合过去时、简单过去时、未完成过去时配合使用。

Les acteurs ont dit qu'ils avaient parcouru beaucoup de régions ces derniers jours.

Le vieil homme reconnut le jeune homme qui l'avait aidé à traverser la rue.

Le médecin avait enlevé l'abat-jour de la lampe, une clarté blanche emplissait la pièce.

Un joli sourire s'écrivait sur le visage du petit bébé, parce qu'il avait fait un beau rêve.

Les voitures étaient partis quand la neige se fondit.

与未完成过去时配合使用，可表示重复的或习惯性的过去动作：

Lorsqu'il avait pris le dîner, il se promenait toujours.

用于 si（if）引导的感叹句中，表示遗憾：

Si j'avais reçu le télégramme un peu plus tôt！

先过去时

构成：avoir/être　　　（简单过去时）+ 过去分词

如：j'eus mangé; je fus venu（e）

用法：

先过去时和愈过去都表示过去的过去，但它只能与简单过去时配合使用，表示两个动作发生的时间相距很近。从语用角度来讲，先过去时仅用于书面语或文学语言中。

先过去时一般用于以下列连词引导的时间状语从句中。如：dès que, à peine... que, aussitôt que, lorsque, quand 等。表示在一动作前不久刚发生的动作，相当于英语中与 as soon as, no sooner than 等一起使用的过去完成时。quand 在先过去时中一般当"在……之后"的意思讲，其他连词是"一……就"

Dès que nous nous fûmes couchés, ma mère se remit à travailler à la lumière faible de la lampe d'huile.

在 à peine... que 引导的从句中，采用主谓倒装词序。

Mais à peine eut-elle posé Jeanne dans son grand lit, que ce pauvre petit corps de fillette fut agité de violentes convulsions.

Les enfants se couchèrent aussitôt qu'ils eurent pris la douche.

注意：通过以上例句可以看出愈过去时和先过去时有很多相似的地方。简单过去时既可以搭配愈过去时，也可以搭配先过去时，关键取决于连接词。如果连词是 qui, parce que 等时，那么在它之前的一个过去时应该是愈过去时；如果连词是 dès que, à peine … que, aussitôt que, lorsque, quand 时，一般搭配先过去时，表示和现在距离很近的一个过去。

对比下列愈过去时所搭配的时态：

1. J'ai mangé la part de tarte que maman m'avait apportée（apporter）hier, elle est très bonne.

2. J'arrivais à l'école lorsque je m'aperçus que j'avais oublié（oublier）mon livre de français.

3.Je pensais que j'avais raté （rater） mon examen, mais finalement je l'ai réussi.

4. Nous serions dans la même classe si Tom n'avait pas choisi （ne pas choisir） de prendre l'option grec.

5. J'ai pris une douche car j' avais transpiré（transpirer） pendant la séance de sport au collège.

上述五个例句进一步证明了愈过去时既可以搭配复合过去时，又可以搭配未完成过去时，总之要比另外一个过去时早。

6.7.9 现在分词和副动词对比研究

现在分词：

构成：直陈式现在时第一人称复数去掉词尾 –ons, 换上 –ant。

travailler — travaillons — travaillant

réussir — réussissons — réussissant

aller — allons — allant

三个例外的动词：

avoir — ayant

être — étant

savoir — sachant

用法：

法语现在分词无人称和性数变化

永远表示主动含义，与英文的现在分词相同。可以在句中表示时间、原因、方式、条件或相当于一个并列句。

现在分词表示和主语同时发生的动作。现在分词和主句可以是同一个主语，也可以是不同主语。

1）作定语，相当于 qui 引导的关系从句

L'étudiante lisant le roman français est bien appréciée par le maître.

Les magistrats composant les parlements de cette époque–là étaient les défenseurs de l'ordre traditionnel et voulaient à tout prix conserver cette monarchie sans la réformer.

Au dix–huitième siècle, une culture de Salon naissant de la couche supérieure française était répandue petit à petit en toute l'Europe.

Beaucoup de jeunes gens bavardant au café commencent à aimer cet atmosphère plus libre.

L'homme écrivant un petit texte bilingue sur le facebook divient vite fameux sur l'internet.

2）现在分词兼有动词特性，可有宾语、状语成分

J'ai enfin trouvé ma soeur jouant du violon chez notre voisin.

Mon fils regarde sans quitter les yeux les poissons rouges nager dans le bocal.

3）表示主动意义

Tous les samedis, on voyait de vieilles dames vendant des légumes frais ici.

J'ai acheté une série de bandes dessinées amusant les enfants.

Après un long voyage fatiguant, nous ne voulons qu'à nous reposer.

4）表原因

Ayant mal au ventre, cette petite fille ne peut aller à l'école aujourd'hui.

Etant en retard, ce candidat a perdu une bonne occasion d'être recruté dans la grande société .

N'apercevant pas le danger de l'échelle, cette petite fillette y est monté et a fait une chute.

现在分词在表示原因的时候相当于一个以 comme 引导的表示原因的从句

如：

Ayant mal au ventre = Comme elle a mal au ventre

5）表时间

Apprenant qu'elle avait accompli cet ouvrage, elle pleura de joie.

Passant par le magasin, elle a jeté un coup d'oeuil sur les articles en vitrine.

现在分词在表示时间的时候相当于一个以 quand 引导的表示原因的从句

如：

Apprenant qu'elle avait accompli cet ouvrage. = Quand elle a appris qu'elle avait accompli cet ouvrage.

Passant par le magasin. = Quand elle passait par le magasin.

6）表条件

Ne garant pas n'importe où, il n'aurait pas reçu une amende.

Travaillant davantage et tenant jusqu'au bout, la plupart d'entre nous ferait plus de progrès.

现在分词在表示条件的时候相当于一个以 si 引导的条件从句。

Ne garant pas n'importe où = S'il ne garait pas n'importe où

Travaillant davantage et tenant jusqu'au bout = Si on travaillait davantage et tenait jusqu'au bout

7）作同位语

Ouvrant la porte du bureau, le directeur a vu devant lui un étudiant avec un bouquet de fleurs à la main.

Payant un foulard, elle a trouvé un autre plus joli que celui-là.

Elle hésitait, prise d'une honte, ne voulant pas avouer une aïeule enfermée dans une maison d'aliénés. Toute son ascendance était tragique.

现在分词在当同位语讲的时候相当于一个并列句。

如上述三句话如果不用现在分词的话，还可以用并列句这样表达：

Le directeur a ouvert la porte du bureau et a vu devant lui un étudiant avec un bouquet de fleurs à la main.

Elle a payé un foulard et a trouvé un autre plus joli que celui-là.

Elle hésitait, prise d'une honte, elle ne voulait pas avouer une aïeule enfermée dans une maison d'aliénés.

6.7.10 副动词

副动词（Le Gérondif）构成：en+ 现在分词。

副动词是动词的副词形式。副词无性数变化，必须与主句动词同一主语。在句中作状语，表示时间、方式、条件或与主动词相伴随动作等。

注意：avoir 和 être 没有副动词形式。

1）表时间

En voyant que la salle était bien remplie,le conferencier commença à prendre sa parole.

Mes amis marchaient devant, en se donnant le bras.

2）表条件

En ordonnant petit peu au fil de la pensée tous les jours , vous pourriez peut-être terminer votre manuscrit.

3）表方式

En voyagant partout, il a appris beaucoup de connaissances géographiques.

Elle gngne sa vie en rammassant des ordures.

从上述现在分词和副动词的用法可以看出以下几点：

现在分词和副动词都只表示主动含义，无人称和性数变化。

现在分词和副动词都可以表示时间和条件，相当于一个时间状语从句或者是条件句。因此在某种程度上二者可以互换。

现在分词和主句可以同主语，也可以不同主语（在相当于引导的从句的时候，现在分词和主句是不同主语的）。而副动词和主句一定同主语。

6.7.11 现在分词和复合过去分词对比研究

复合过去分词

构成：

ayant/étant + 过去分词

ayant mangé

étant venu

s'étant promené

用法：

复合过去分词也可以表示时间、原因，在句子中起状语和同位语的作用，与英语中现在分词的完成式基本相同。但是复合过去分词表示的时间必须在主句谓语之前完成。

Ayant pris（having finished）le bon petit-déjeuner, il est allé visiter le musée avec sa famille.

Ayant fini son travail = Après avoir pris le bon petit-déjeuner

S'étant réveillée（having waked）très tôt, Sophie put partier à 7 heures.

S'étant réveillée très tôt = Comme Sophie s'était réveillée très tôt

N'ayant pas reçu（not having received）d'é-mail, je lui ai écrit de nouveau.

N'ayant pas reçu = Comme il n'avait pas reçu d'é-mail

Ayant rendu les copies d'examen,les étudiants sont sortis de la classe .

Ayant rendu les copies d'examen = Quand les étudiants avaient rendu les copies d'examen

N'ayant pas retenu ce terme par coeur, je n'ai pas pu rendre cette phrase en chinois.

N'ayant pas retenu ce terme par coeur = Comme je n'avais pas retenu ce terme par coeur

Ayant gagné la France, j'achèterai des produits de beauté pour ma mère.（ = Quand j'aurai gagné la France）

以 être 作助动词的复合过去分词，Etant 常可省略。复合过去分词的被动形式 ayant été + p.p. 中 ayant été + p.p. 也可以省略：

（Etant）entrés dans ce domaine, ces écrivains ont pris conscience qu'il faut changer la monarchie.

（Ayant été）grondée par son oncle, Sylvie commence à pleurer et ne veut plus rester à la ferme.

（Etant）allés en ville,ces jeunes paysans supportent de lourdes charge.

（Etant）installés dans l'hôtel, ils nous téléphonèrent pour annoncer une surprise.（ = dès qu'ils furent descendus）

现在分词回顾：

现在分词的构成在上面已经介绍了。下面直接看用法。

回顾一下，现在分词和复合过去分词一样，都可以表示原因和时间。

Oubliant l'adresse de son copain, elle s'est trompée de porte.

Choisissant les cadeaux de Noël pour son enfant, elle a rencontré une femme familière.

可以看到上述含有现在分词和复合过去分词的句子，分别都可以表示原因和时间，但是二者本质的不同点是现在分词表示和主语同时发生的动作，而复合过去分词表示主句谓语动作之前发生并完成的动作。

复合过去分词还可以构成独立的过去分词句：

L'heure de repas（étant）arrivée, les enfants sont sortis de la classe.

La pluie ayant cessé, on a repris la route.

La journée（étant）finie, Claude rentra chez lui.

6.7.12 现在分词和过去分词归纳

过去分词除与助动词构成复合时态和被动态以外，还可以独立使用。

特征：

1）相当于形容词，置于名词后，与该名词的性数一致。

Voilà des cartes postales bien faite par les enfants pour leurs mères .

2）兼有动词特点，可有补语、状语等。

Ils se promenaient souvent le long de la rivière bordée d'arbres.

Les films faits pour instruire le font dormir.

3）直接及物动词的过去分词具有被动意义。

Il relit son devoir corrigé par le professeur.

Nous avons visité une grande usine construite dans les années 60.

用法：

1）作形容语

Par la fenêtre ouverte, on voyait l'herbe verte sur laquel était pleine de monde.

A ces cris, les spectateurs surpris se jetèrent vers la sortie.

2）作表语

Nous sommes entourés d'ennemis psychologiques.

Cette vieille maison semblait abandonnée.

3）作状语

L'étranger, bien embarrassé, ne sait plus que faire.

Le conférencier sortit, suivi d'une foule d'étudiants.

说明

以 avoir 为助动词的不及物动词的过去分词，一般不能单独使用。

以 être 为助动词的不及物动词的过去分词，可以单独使用，具有主动意义，表示动作先完成，其性数与被修饰名词或代词一致。

Descendue du train, elle a aperçu son ami qui l'attendait sur le quai.

某些代动词的过去分词也可以独立使用，具有主动意义，也表示动作先完成，其性数与被修饰的名词代词相一致。

Réveillée dès cinq heures, elle put partir à six heures.

上述句子可以看出现在分词只能表示主动含义，而过去分词可以表示被动含义。一般及物动词的过去分词表示被动，不及物动词的过去分词表示完成。

6.7.13 条件式现在时和英语中虚拟条件句对比分析

I 构成：直陈式条件式现在时的构成完全等同于过去将来时。

II 用法：条件式现在时用在表示结果的主句中，从句用 si 引导，其谓语用直陈式未完成过去时；相当于英语中表示现在或将来情况的虚拟条件句。

1）表示与现在事实相反 Non, merci, si je prenais du thé, je ne pourrais pas bien dormir la nuit.

2）表示将来可能实现的动作：Est-ce que cela te dérangerait si je te téléphonait après la sorti du travail?

如果动作实现的可能性极大，则主句用直陈式简单将来时，从句用直陈式现在时；相当于英语的真实条件句：

S'il ne pleuvait pas samedi, j'irai faire de la montagne avec mon mari et mon fils.

条件从句也可由其他表示条件的词组代替：

A votre place, je prendrais toutes les occasions pour bien étudier.

Avec des si, on n'aurait pas si de regrets.

用在表示愿望、请求、建议、推测的独立句中，能表达委婉语气；相当于英语中情态动词用法。

J'aimerais faire le tour du monde. （I'd like to travel round the world.）

Pourrais-je écouter cette cassette avant de l'acheter ? （Could I listen to this cassette before buying it?）

Vous feriez mieux de suivre le conseil du médecin. （You'd better follow the doctor's advice.）

6.7.14 条件式过去时和英语中的虚拟式对比分析

构成：

avoir （条件式现在时）/être（条件式现在时） ＋过去分词，如：

j'aurais parlé

je serais allé （e）

je me serais levé （e）

用法：条件从句由 si 引导，si 引导的从句用直陈式愈过去时，主句用条件式过去时。表示与过去事实相反，相当于英语中的虚拟式。

Si j'avais su que ces connaissances étaient si importantes, j'aurais fait mes efforts pour bien les maîtriser .

Vous auriez bien ri si vous aviez su le détail de cette aventure !

Sans l'empêchement, ils se seraient mariés l'année dernière.

Dans ces conditions, elle serais devenue une vedette célèbre.

在独立句中表示可能已经发生，但未肯定，多见于新闻报道：

On aurait envoyé un homme dans la Lune.

Un accident d'avion aurait eu lieu au-dessus de la Méditerranée.

在从句中，作直陈式式过去先将来时，表示过去时间里一个先完成的将来动作；相当于英语的过去将来时或过去完成时。

Il m'a dit qu'il vous écrirait des qu'il serait arrivé à Venise.

Mon ami m'a demandé si j'aurais fini mon travail avant les vacances.

Elle m'a promis qu'elle me donnerait son opinion dès qu'elle aurait lu ce roman.

对比下列各句条件式的用法：

Si pour l'instant tu travailles, on ne peut pas manger ensemble.

Si demain après-midi tu travailles, on ne peut pas manger ensemble.

Si demain, tu as réparé mon ordinateur , c'est promis, j'aurai préparé ta voiture.

Si demain, tu prépares le repas , c'est promos, je ferai le ménage.

Si en 1985 il a étudié à Londre, il a peut-être rencontré mon père.

Si en 1985 il étudiait l'anglais, il connaissait peut-être mon père.

Si j'étais toi, je ferais autrement.

Si pour l'instant tu écoutais un peu mieux ce que j'explique, tu pourrais comprendre bien cette grammaire.

Si pendant les vacances de Noël mes parents venaient me voir en France, je serais très heureux.

Si la semaine prochaine tu n'avais pas lu ce livre, on ne pourrait pas en parler ensemble.

Si je n'avais pas perdu mes clés, je n'aurais pas besoin de téléphoner à un serrurier.

Si le mois dernier je n'étais pas allé au ski, je ne serais pas à l'hôpital aujourd'hui.

Si le mois dernier je n'étais pas allé au ski, je ne me serais pas cassé la jambe.

Si demain il faissait beau, on partirait en randonnées.

Si vous avez compris, on peut parler d'autre chose.

Si vous aviez compris, on pourrait parler d'autre chose.

Si vous me posiez des questions, je serais heureux de vous répondre.

Le repas aurait été meilleur si tu n'avais pas mis autant de sel.

Si tu avais travaillé suffisamment, tu aurais pu envisager d'aller la fac de médecine.

Si tu avais arrêté de fumer plus tôt ta santé serait meilleure maintenant.

6.7.15 虚拟式现在时

构成：虚拟式现在时由直陈式现在时第三人称复数去掉词尾 –ent，换上词尾 –e, –es, –e, –ions, –iez, –ent 构成。

除第一组以 –er 和第二组以 –ir 结尾的规则动词，如 visiter，réunir 外，还有一些特殊的虚拟式需要记忆。

visiter	réunir
que je visite que tu visites qu'il visite que nous visitions que vous visitiez qu'ils visitent	que je réunisse que tu réunisses qu'il réunisse que nous réunissions que vous réunissiez qu'ils réunissent
avoir	être
que j'aie que tu aies qu'il ait que nous ayons que vous ayez qu'ils aient	que je sois que tu sois qu'il soit que nous soyons que vous soyez qu'ils soient

venir	aller
que je vienne	que j'aille
que tu viennes	que tu ailles
qu'il vienne	qu'il aille
que nous venions	que nous allions
que vous veniez	que vous alliez
qu'ils viennent	qu'ils aillent

pouvoir	vouloir
que je puisse	que je veuille
que tu puisses	que tu veuilles
qu'il puisse	qu'il veuille
que nous puissions	que nous voulions
que vous puissiez	que vous vouliez
qu'ils puissent	qu'ils veuillent

savoir	faire
que je sache	que je fasse
que tu saches	que tu fasses
qu'il sache	qu'il fasse
que nous sachions	que nous fassions
que vous sachiez	que vous fassiez
qu'ils sachent	qu'ils fassent

用法：

6.7.15.1 虚拟式用于名词性从句

虚拟式常用于以连词 que 引导的名词性从句中，相当于英语中用于宾语从句的虚拟语气。

主句谓语表示愿望、请求、命令、禁止等

vouloir, désirer, aimer, préférer, demander, permettre, ordonner, interdire

Mes parents veulent que j'apprenne deux langues étrangères.

Il n'aime pas qu'on dise des choses désagréables.

Le directeur demande que chacun participe à ce travail.

Le médecin ordonne qu'elle garde le lit pendant deux jours.

1.2. 主语谓语表示快乐、悲伤、愤怒、惊奇、遗憾、害怕等

être content, être heureux , être fier, être mécontent, être triste, être étonné, regretter, avoir peur, craindre...

Nous sommes contents qu'on installe bientôt le climatiseur dans la maison.

Le maître est étonné que Toto soit si paresseux.

Marie regrette que son ami ne puisse pas aller au concert avec elle.

主句谓语表示害怕、担心，从句谓语前一般加赘词 ne, 如果从句为否定句，则为 ne...pas

J'ai peur que vous ne manquiez le train.

On craint qu'elle ne vienne pas au bal.

1.3. 主句谓语表示怀疑、否定、应该、可能与否等

il est douteux	il faut
douter	il est important
il vaut mieux	il semble
il est possible	il est naturel...

Je doute qu'ils remettent leur voyage à cause de la pluie.

Il faut que vous vous arrêtiez au feu rouge.

Il est possible qu'ils prennent le même avion pour aller au Japon.

GRAMMAIRE

6.7.15.2 虚拟式用于形容词性从句

主句表示愿望，从句表示还不是实际存在的事物。

Je voudrais un disque qui comprenne toutes mes chansons préférées.

Je cherche un roman français qui soit intéressant et que je puisse lire sans difficulté.

J'ai trouvé un disque qui comprend toutes mes chansons préférées.

On m'a prêté un roman qui est intéressant et que je peux lire sans difficulté.

主句表示否定或怀疑，关系代词的先行词为泛指代词 personne, quelqu'un, quelque chose, rien 等。

Y a-t-il quelqu'un chez vous qui collectionne les cartes postales ?

Je ne connais personne qui parle à la fois （both） anglais et français.

Il n'y a rien qui puisse le faire reculer.

Il y a peu d'hommes qui soient satisfait de leur destin.

关系代词的先行词是带有最高级形式的形容词或 le premier, le dernier, le seul, l'unique

等表示绝对意义的词。

Voilà le robot le plus moderne qui puisse faire ce travail dangereux.

Tu es la première personne à qui je veuille confier mon secret.

La gare est peut-être le seul endroit où l'on puisse trouver le plus de gens heureux.

6.7.15.3 虚拟式用于副词性从句

虚拟式可用在副词性从句，相当于英语中用于状语从句的虚拟语气。

表示目的的连词短语：pour que, afin que （in order that）, de sorte que, de façon que （so as to, so that）。

Ses amis lui montrent la lettre pour qu'il sache la vérité.

Le conférencier s'approche du micro de façon qu'on puisse mieux l'entendre.

De sorte que, de façon que 也可用来表示结果，这时从句用直陈式：

Il a employé une bonne méthode de sorte qu'il a réussi dans son travail.

表示时间的连词短语：avant que, jusqu'à ce que

On organisera une soirée pour eux avant qu'ils （n'） aillent en France.

Je resterai jusqu'à ce qu'il soit de retour.

表示条件、假设的连词短语：à condition que, supposé que, pourvu que, à moins que

Je vous prêterai cette revue à condition que vous me la rendiez demain.

Supposé qu'il fasse beau demain, ferez-vous une promenade avec nous ?

L'excursion aura lieu demain, à moins qu'il ne pleuve.

表示让步的连词或连词短语：bien que, quoique

Nous serons à l'heure bien que le train ait dix minutes de retard.

Il réussit mal quoiqu'il fasse le maximum d'efforts.

让步方式的表达方式还有：

Qui que vous soyez, vous ne pouvez pas entrer sans permission.

Quoi que tu entendes, ne le répète à personne.

Où qu'ils aillent, ils seront bienvenus.

Quelque étrange que soit cette musique, elle m'est cependant agréable.

Quelles que soient vos raisons, votre attitude m'inquiète.

表示否定的连词短语：sans que, non que

L'enfant cherche à sortir sans que son père s'en aperçoive.

Il aime ce quartier de Paris, non qu'il soit beau, mais il est tranquille.

6.7.15.4 替代其他连词的 que

quand, lorsque, comme, si, puisque, parce que, dès que, pour que, bien que 等引导几个并列的

状语从句时，可以用连词 que 替代重复出现的上述连词或连词短语。

Quand l'accusée fut entrée et qu'elle se fut assise, le juge l'interrogea.

Comme le son était mauvais et que je n'entendais rien, j'ai changé de place.

Le patron ne veut pas lui attribué cette tâche, parce qu'il est étourdi et qu'il manque d'expérience.

Bien qu'il pleuve et qu'il fasse un grand vent, le match a eu lieu au tepms prévu.

Que 替代 si 时，从句动词要用虚拟式：

Si vous êtes libre et que le temps le permette, nous ferons une promenade en bateau.

以下这些单词后要跟虚拟式从句：

admettre、avoir envie、aimer mieux、commander、consentir、défendre、prendre garde、prescrire、soufrir、supplier、veiller、désirer、éviter、exiger、implorer、ordonner、refuser、aimer、agréer、avoir soin、conjurer、convenir、demander、préférer、prier、souhaiter、tolérer、vouloir、empêcher、exhorter、il me tarde、interdire、s'opposer、permettre、écire、dire、téléphoner、entendre、admirer、craindre、détester、s'étonner、se féliciter、se plaindre、regretter、se repentir、avoir honte、avoir peur、être bien aise、être content（heureur、étonné、joyeux、satisfait、affligé、charmé、désolé、fâché、indigné、mécontent、surpris）、il est triste（étonnant、heureux、curieux、fâcheux）、c'est pitié（un bonheur、dommage、une honte）、appréhenter、déplorer、se fâcher、s'indigner、redouter、se réjouir、conterter、disconvenir、ignorer、démentir、désespérer、douter、nier、il est（faux、impossible、douteux、possible、rare）、il s'en faut、il ne se peut pas（il se peut）、approuver、désapprouver、être indigne、juger à propre、louer、tenir à ce que、touver（bon、mauvais、injuste）、il convient、il importe、il vaux mieux、il est à désirer（à souhaiter）、il est à propos（essentiel、important、indispensable、juste、naturel、nécessaire、temps、urgent、utile、convenable、facile）、être digne、blammer、mériter、valoir、il faut、il suffit

pourque、afin que、de（telle）sorte que、de（telle）manière que、de（telle）façon que、de crainte que、de peur que、avant que、en attendant que、jusqu'à ce que、non que、ce n'est pas que、soit que ... soit que ...、à moins que、a condition que、à supposer que、pourvu que、au cas que

loin que, sans que

assez...pour que, trop...pour que   quoique, bien que, admettre, s'apercevoir, assurer, avouer, croire, sentir, supposer, jurer, considérer, savoir, voir, se rappeler, contaster, être avis（certain, sûr, persuadé）, il est certain（clair, incontestable, sûr, probable, évident, vraisemblable）, affirmer, apprendre, s'attendre, compredre, penser, s'imaginer, juger, estimer, présumer, trouver, prévoir, se souvenir seul, premier, dernier, unique

有关法语虚拟式中的赘词 ne

不仅仅是法语，汉语中其实也存在这个赘词 ne，经常出现在害怕、担心、惊恐的语句中。

如：我差点儿（没）吓死。

他怀疑老师今天（不）来。

刚学会骑车的那天，他差点儿（没）撞到树上。

虽然赘词 ne 在法语中和在汉语里一样，属于可有可无的东西，即便没有它，也不影响句子意思。但是赘词 ne 在虚拟式中的运用是一种习惯，会使得句子显得正式、规范。

6.7.15.5 虚拟式用于独立句

虚拟式也可用在 que 引导的独立句中，这在英语中是没有的。

用于第三人称，表示命令、禁止、请求

Qu'il me rende le reportage à la réunion!

Que toute ma famille vive heureusement ！

Qu'il me réponde le plus tôt possible !

Qu'il sortie d'ici, ce gamin !

Que rien ne soit décidé en mon absence !

表示祝愿

Que mes parents soient en bonne santé !

Que 有时可以省略，主谓倒装

Vive les vacances! Vive la République populaire de Chine !

6.7.15.6 虚拟式过去时

构成

avoir/ être（虚拟式现在时）+ 过去分词

que j'aie réussi,   que je sois rentré（e ）

用法：

表示现在或将来某一时刻前已经完成的动作，重在强调动作的完成。

Je suis très contente qu'il m'ait remplacé pour voir ma grand-mère au cours de mon séjour à l'étranger .

Il est possible qu'on soit arrivé avant la pluie.

Le professeur doute que ses étudiants aient fini leurs devoirs quand le nouveau semestre commencera.

Je suis surprise que mon fils ait obtenu le diplôme de doctorat.

6.7.15.7 虚拟式愈过去时：

构成：avoir/être （虚拟式未完成过去时）+ 过去分词

qu'il fût allé

qu'il eût parlé

用法：

如果主句中用过去时态，从句谓语也可用虚拟式愈过去时。

1）在主句谓语完成前已经完成的动作，类似英语中的过去时。

On regretta qu'elle fût partie sans mot dire.

2）表示过去的将来时刻前已经完成的动作；类似英语的过去将来完成时。

Il était impossible que Paul eût fini son travail avant son départ.

Le maître demanda que ses élèves eussent fait la composition quand le surveillant général viendrait.

虚拟式愈过去时属于文学语言，多用于第三人称；现代法语中，常以虚拟式过去时代替。

Jean était content que son oncle lui ait acheté （eût acheté） un ordinateur.

虚拟式样题解析：

1. Elle a mal à la tête, qu'il （prendre） l'aspirine.

解析：a pris。后面从句相当于 De sorte que 引导的表示结果的从句，用直陈式。

2. Rentrons avant qu'il （pleuvoir）!

解析：ne pleuve.avant que 后面不但要跟虚拟式，还要加赘词 ne。

3. Il m'a promis de venir bien qu'il （être） très occupé.

解析：soit。 Bien que 后跟虚拟式。

4. J'étais étonné qu'elle ne （connaître） pas ce célèbre joueur de football.

解析：connaisse。être étonné que 后跟虚拟式。

5. Il paraît qu'on （aller） construire une autoroute pour lier ces deux villes.

解析：va。Il paraît que 后跟直陈式。il semble que 后跟虚拟式。

6. Il semble que ce （être） une bonne idée.

解析：soit。参考上题。

7. Du silence, pour qu'on （se reposer） et qu'on （dormir）.

解析：se repose, se dorme pour que 后接虚拟式。另外一个 que 是对 pour que 的重复省略。

8. Le professeur de maths aimerait que nous （terminer） ce programme quinze jours avant l'examen.

解析：terminions 表示喜欢讨厌等情感类动词，后接虚拟式。

9. Les Français regrettaient que leur équipe （perdre） le match dimanche dernier.

解析：perde。regretter que 后接虚拟式。

10. Je m'indigne que tu （oublier） le rendez-vous.

解析：oublies。s'indigner 表示愤怒，引导虚拟式从句。

11. Il y a peu d'homme qui （être） contents de leur sort.

解析：soit。虚拟式用在形容词性从句中，主句先行词表示否定怀疑等意义时，从句用虚拟式。

12. On le fuit, non qu'il （être） laid, mais parce qu'il （être） antipatique.

解析：soit, est。 non que 后跟虚拟式，parce que 后跟直陈式。

13. Je désire encore un peu de salade à moins que tu n'en （avoir） plus.

解析：aies。à moins que 后接虚拟式，并且用赘词 ne。

14. Le médecin s'est dépêché d'arriver avant que le blessé ne （perdre） connaissance.

解析：perde。avant que 后接虚拟式，并且用赘词 ne。

15. Soit que vous （désirer） un prêt soit que vous （vouloir） placer votre argent, notre banque est là.

解析：désiriez, Soit que...soit que 后接虚拟式。

16. Qu'il （faire） beau ou qu'il （pleuvoir）, Jean fait deux heures de marche le dimanche.

解析: fasse,pleuve。Que用在虚拟式单句中,表示让步,假设,命令等等。在此处表示让步。

17. J'aimerais （avoir） une voiture électrique qui ne （polluer） pas.

解析: avoir用原形。pollue是虚拟式,虚拟式用在形容词性从句中,主句先行词表示目的,从句用虚拟式。

18. Cela m'ennuie que vous （partir）.

解析：partiez, ennuyer que 是表示情感一类的动词，从句用虚拟式。

19. Nous espérons que nous （arriver） à midi.

解析：arriverons, espérer que 相比较 souhaiter que 主观愿望不强，后接直陈式。

20. Pensez-vous que cela （valoir） la peine d'aller voir cette exposition ?

解析：vaille。penser,trouver,croire 等词，肯定用直陈式，否定和疑问用虚拟式。

21. Marie était très timide. L'étonnant est qu'elle （réussir） à devenir présentatrice à la télévision.

解析：réussisse, 主句表示惊讶，从句用虚拟式。

22. Quel dommage que tu t'en （aller） déjà et que tu ne （pouvoir） pas dîner avec nous !

解析：ailles, puisses。Être dommage que 后接虚拟式。

23. Il est probable que Monsieur le Président（aller）à notre ville vendredi prochain.

解析：iront。Il est probable que 后跟直陈式，直陈式要特别注意时态。与它意思很相近的 Il est possible que 后跟虚拟式。

6.7.16 法语英语被动态对比研究

法语中被动态用法与英语的被动态相同，都是系词 être 的直陈式现在时 + 直接及物动词的过去分词。如果要引出施动者补语，则用 par，相当于英语中的 by。

Cette oeuvre est rédigée par un jeune professeur.

Tous ces livres sont écrits pour les enfants de cinq à huit ans.

Elle est gourmandée par sa mère.

Ces devoirs sont finis par les étudiants.

La voix du professeur de la classe voisine est entendue par nous.

Ce fromage est pris avec du vin rouge.

Sa voiture est volée.

Son permis de conduire est retiré par la police.

在被动态中，如果是表示情感或伴随状态等意义的动词，往往用介词 de 引导

Les enfants sont aimés de leurs parents.

Le conférencier fut accompagné d'une foule d'étudiants.

Ce vieil homme est respecté de tous les villageois.

如果同时具有直接宾语和间接宾语的主动态改为被动态时，只能用直接宾语作被动态的主语：

Mon ami m'a offert ce dictionnaire pour mon anniversaire.

Ce dictionnaire m'a été offert par mon ami pour mon anniversaire.

间接及物动词和不及物动词不能构成被动态

被动态的时态：

由于被动态是由系词 être + 过去分词构成，过去分词在任何复合时态中都是一样的，因此将被动态改为不同的时态只需要改变系词 être 的时态即可。需要注意的是，被动态的任何时态中都要配合过去分词和主语。

现在时：Ces légumes dans la cour sont plantés par ma grand-mère maternelle.

复合过去时：Ces légumes dans la cour ont été plantés par ma grand-mère maternelle.

未完成过去时：Ces légumes dans la cour étaient plantés par ma grand-mère maternelle.

简单过去时：Ces légumes dans la cour avaient été plantés par ma grand-mère maternelle.

愈过去时：Ces légumes dans la cour avaient été plantés par ma grand-mère maternelle.

简单将来时：Ces plans seront élaborés par le patron.

不定式：Ces légumes dans la cour doivent être surveillées plantés par ma grand-mère maternelle.

说明：

表示情感或伴随状态等意义的动词，往往用介词 de 引导

Les enfants sont aimés de leur mère.

Le conférencier fut accompagné d'une foule d'étudiants.

Tous ces livres sont écrits pour les enfants de cinq à huit ans.

同时具有直接宾语和间接宾语的主动态改为被动态时，只能用直接宾语作被动态的主语：

Ce dictionnaire m'a été offert pour mon anniversaire.

间接及物动词一般不能构成被动态：

Récemment, on a beaucoup parlé de cet accident.

间接问句采用陈述语序。

Qu'est-ce que—ce que

Qu'est-ce qui —ce qui

Est-ce que—si

Comment, pourquoi,qui, auqnd, où,pourquoi 等疑问词不变。

时态配合：从句主谓语时态与主句的配合使用

主句谓语现在时，从句谓语有以下一些情况：

现在时：　　　　　La jeune fille dit que son fiancé dirige l'orchestre.

复合过去时：　　　Je veux savoir pourquoi tu as consulté ton avocat.

未完成过去时：　　Le jeune homme répond qu'il était employé chez un marchand de glaces à ce moment-là.

简单将来时：　　　Je ne sais pas si elle ira encore dans ce petit cinéma.

主句谓语过去时，从句谓语有以下一些情况：

未完成过去时：　　Mme Lamy disait que la situation était plus complexe qu'avant.

愈过去时：　　　　Mon père a expliqué j'avais appris à parler comme un perroquet.

过去将来时：　　　Paul demanda si l'on ferait un pique-nique à mi-chemin.

6.8 法语常用介词

Pendant 和 pour

Pendant 是介词，意思为在……之内。一般表示在过去的时间段内。如：J'ai appris le fraçais pendant trois ans.

Il a plu hier, je suis resté à la maison pendant toute la journée.

而 pour 强调的不是用在过去时或者将来时中，pour 强调的主要意思是"未发生"，当然这个"未发生"既可以是过去的，也可以是将来的。

ex:Il a réservé une chambre pour deux nuits.

Cet été, je prendrai les vacances à Paris pour 15 jours.

De, à

介词 de 和 à 是法语中最基本的两个介词，从某种意义上来说它们正好是互补，相反的。

1. 表地点，来自……相当于英语中的 from

Marion Gotillard est une actrice très connue, qui vient de France.

La bibliothèque de notre université est un peu loin du domicile .

2. 表所属……的相当于英语中的 of

Les Français ne mange pas de chien, il le prend comme l'ami de l'homme.

3. 表时间或地点 de...à，从……到……相当于英语中的 from...to... 既可以指时间，也可以指空间。

On fait des heures supplémentaires aujourd'hui, je travaille du matin au soir.

Elle est indifférente du début à la fin.

La distance de Nan Chang à Xi, An est de plus de 1100km.

De...en 从……到…… 程度加深，表示重复

Il parcourt d'une ville en une autre pour faire croire à ses produits.

4. 表原因

Tenant le diplôme qu'elle attendait depuis lontemps, elle pleure de joie.

Après une longue marche,il meurt de faim et de soif.

5. 构成数量名词

Pierre a offert un bouquet de fleurs à sa copine pour son anniversaire.

Les enfants ont droit à trois mois de vacances chaque année.

6. 表方式

Il me fit signe des yeux au cours de l'allocution.

7. 表材料

Son pull-over est de coton, mais le mien est de laine.

à 的用法：

1. 表去向，相当于英语中的 to.

Mes parents aiment la nature, ils vont souvent à la campagne ou à la forêt pour admirer les paysages sauvages.

2. 在具体的时间点前，相当于英语中的 at.

Ce spectacle à 19:00 du soir où se réunissent beaucoup de vedettes va prendre un grand succès .

3. être à

C'est mon papa qui achète cet automobile, il est à mon papa.

4. à...de 距离……有多远

à+ 距离 / 时间 de+ 地点 / 方式

L'université est à 12km de chez moi, tous les jours je passe presque deux heures à faire un aller-retour .

Nous habitons en banlieue, le supermarché est à 20 minutes de voiture.

5. 以……的数量

Ces dames d'honneur viennent à plusieurs à l'opéra pour admirer la symphonie.

En cette saison, les fraises se vendent à 30 yuans le kilo.

Une ménage au-dessus de chez moi vivent à 8, ils font souvent du bruit.

Ces collègiens ont 11 à（ou）12 ans.

6. 名词补语

Ils sont les premiers à monter dans l'himalaya.

7. 表示用途，特征或成分

En France, la cave sert souvent à conserver le vin.

Les élèves aux cheveux marron et verts organise un club pour suivre la mode.

La table est bien prête, la nape blanche, les couteaux, les fourchettes,les verres à vin et à eau etc. il y a de tout.

8. 乘某种交通工具 . 以前最早的交通工具都是等一些比较简单的东西，所以大都用介词 à, 如 à cheval, à charette, à bicyclette, à pied 等。以后有了汽车，火车，飞机等，乘交通工具的方式发生巨大改变，介词也由 à 变为 de, 如 en voiture, en train, en avion 等等。在此我们可以将此理解为，人在交通工具内部用 en, 人在交通工具外部用 à.

9. 以……的方式

On voit ici des jardins typiques à la chinoise.

10. 应该，必须

Cet appartement est à repeindre ?

en（au）bas de：在……下面

On est en train de construire un centre de distraction en bas de chez moi.

à bas de 从……下来

Il est tombé sur le jardin à bas de la fenêtre du premier étage et s'est cassé une jambe.

Vous pouvez répondre par oui ou par non,excepté par le silence.

au bout de 在……底部，在……尽头

Le lavabo se trouve au bout du couloir.

a bout de 竭尽，耗尽……

A bout de raisons, l'accusé ne peut prononcer d'un mot.

Jacques est à bout de forces et a lâché la man de son ami.

en avance：表示时间上的提前。

Arrivé en avance à la gare pour faire la queue, il a enfin acheté le billet de train.

Une de mes camarades de classe est sortie en avance de l'école à cause de sa famille modeste.

à l'avance, par avance, d'avance 这几组词所表达的意思基本相似，表示事先，提前。

Ma mère a fait d'avance beaucoup de raviolis pour le réveillon du Nouvel An.

Le surveillant nous annonce par avance la nouvelle qu'on aura 5 semaines de vacances dès ce semestre.

de nouveau 重新，再来

à nouveau 以新的方法重新开始

En：

1. 表示正在进行的某种状态

être en retard, être en train de, être en scène

Cest la fête des lanternes aujourd'hui, toute ma famille est en joie.

2. 用某种材质，此种情况可以和 de 替换。

Ce sac et ce porte-monnaie sont en cuir.

3. 在某个时间段内

Les ouvriers ont construit ce bâtiment en deux année.

4. 在月份前

On commence à entrer la saison de pluie dans ma région en mars ou en avril.

5. 表示形状

La France est un pays en hexagone, la Chine en coq.

J'ai vu dans certaine région de Yunnan les chemin en zigzag.

6. 使用某种语言

Les habitants utilise le mandarin à la condition officielle, mais ils se parlent souvent en dialecte.

7. 表示着装

Son père, vertu souvent familiérement, porte aujourd'hui en costume bleu pour assister à la conférence de son fils dont il est fier toujours.

法语中使用频率最高的三个介词是 dans, sur, devant，其次还有一些比较重要的介词，在此和英语对照，简单说明它们的意思。

avec——with

sans——without

pour——to

sur——on

sous——under

derrière——behind

6.9 法语数字的表达

在其他语言学习者看来，法语数字的读法简直是太奇葩，加法和乘法都用到了。比如 1 到 10 中有一半发音是特殊的。如 Un [œ̃] deux [dø] trois [trwa] quatre [katr] cinq [sɛ̃:k] six [sis] sept [sɛt] huit [ɥit] neuf [nœf] dix [dis] onze [ɔ̃:z] douze [du:z] treize [trɛ:z] quatorze [katɔrz] quinze [kɛ̃:z] seize [sɛ:z] dix-sept [disɛt] dix-huit [dizit] dix-neuf [disnœf] vingt [vɛ̃]。

从法语以上数字的构成可以看出 17 到 19 是通过 10 和 7、8、9 组成一个复合数字。同样 21 到 29 是通过 20 和 1 到 9 这几个数字分别组成的一个复合数字，31 到 39 直到 61 到 69 全部都是通过 30 和 1 到 9 以及 60 和 1 到 9 这几个数字分别组成一个复合数字。然后到了 70 就没有自己的叫法了，是 60 加 10。到了 80 更是，直接是 4 个 20。90 是 4 个 20 加 10。这种混乱的计数方法很让人质疑。然而假如我们了解过去法语不是一门纯粹的语种，就不会再为此抱怨了。据说 20 进制法是古罗马遗留下来的。毕竟文化和习惯的作用是强大的，语言不能凌驾于文化之上。其实仔细研究的话，法语的数字就像它的动词变位一样，还是很有规律的。1 到 20 各自都有一个新的表达法，20 以上都是以 10 或 20 以内的数字为基础的复合数字（法语从 17 开始）。这种运用已有数字创造出新数字的概念实际上是属于法国语言学家Fauconnier所提出的整合概念的一种。回想一下我们汉语数字的表达也是这样，只是汉语 10 以内的数字是全新的，10 以上是以 10 为基础进行整合的。所以对于法语数字的记忆法则就是 20 以内的数字逐个记忆，20 以上就只需要记整数，比如 30，40，50……其他只需要进行累加就行。比如 45 = 40+5（quarante-cinq），68 = 60+8（soixante-huit）。

需要注意的是法语数字里面的几个特殊表达法。一百，cent，整百是 cents，非整百是 cent。比如 trois cents 中的 cent 是整百，要加 s，而 trois cent vint-deux 中的 cent 非整百，因此 cent 不加 s，然后就是数字一千，mille，永远不能加 s。而百万 million，和十亿 milliard，只要超过一，都要加 s。

还有法语中电话号码的读法，是遵循两位两位的原则的。如 13970821826 的读法是 cent trente-neuf soixante-dix quatre-vingt-deux dix-huit vingt-six。

接下来就是序数词。法语序数词是以基数词为基础然后给词尾加 -ième 构成的。

deux-deuxième

six-sixième

sept-septième

但是有几个特殊记忆的

cinq-cinquième

quatre-quatrième

onze-onzième

另外，（un）所对应的第一是 premier（阳性）和 première（阴性）。也有一种是 unième，但是不是一（un）所对应的序数词，而是第多少多少零一所对应的第一。如第三十一，trente et unième .

在法语中，分数的表达法有三种：

第一种是常用的百分制。用 pour cent（％）来表示。如 trente pour cent（30%），quatre-vingt-cinq pour cent（85%）

第二种是类似于数学上的几分之几。规则是分子用基数词，分母用序数词，分子超过一，分母加 s。

如：

1/4 = un quatrième

3/4= trois quatrièmes

4/5= quatre cinquièmes

5/6= cinque sixièmes

3/8= trois huitièmes

最后一种分数表达法就是分子和分母都用基数词，中间用介词 sur 连接。当分母不是一百，又比较难以转化成一百，同时数字比较大的时候，用第一种和第二种表达法都比较复杂，此时一般采取这种分数表达法。

如：34/73，26/191，14/301 等等的这种形式，一般用 sur 表示比例关系。

ving-quatre sur trente et un d'étudiants de notre classe ont réussi à l'examen national.（我们班 31 个同学里面有 24 个通过了国家考试。）

第七章

篇章

7.1 概述

篇章学习是语言学习的上升阶段。篇章是一个比较书面语的概念，篇章即文本，通俗层面上讲就是一段段话语所组成的结构规范、意思连贯的文字。篇章是一个是由句子组成的，词汇和语法学习的终极目标都将服务于篇章。但是篇章又不是一个个词汇或者句子的机械叠加。掌握了大量词汇和语法，不一定能写出正确的篇章。篇章最核心的内容就是连贯和衔接。也正是连贯和衔接才组成篇章中最重要的两个概念。连贯着眼于意义层面，指的是篇章构成中语义的前后意思连贯，有逻辑性。衔接是指篇章形式方面的连接，为保持篇章结构连贯所使用的各种手段和借助的各种方法。篇章分析理论诞生于 20 世纪六七十年代，是语言学研究的一部分，也是语言学研究中非常有前途和研究空间的一门学科。

既然句子是篇章的基本构成部分，本章就以法语篇章中的句子为例，分析篇章的构成，并适时和母语进行对比研究。由于本著作的核心是法语语言与文学，篇章只是法语语言学里面研究的一部分，而且篇章涵盖的范围比较广博，因此本文只选取比较基本的、典型的部分进行讲述，而不能全面论述。

7.2 基本篇章分析

在篇章研究中，名词是一个非常重要的组成部分。名词既是起表述作用的，名词又是客观世界的东西，它是篇章构成中的一个基本成分。在篇章分析中，名词组合用 SN 表示，动词组合用 SV 表示，介词组合用 SP 表示。

法语和汉语中经常会出现介词词组加动词词组再加名词词组所构成的句子，它们的基本组成结构是 SP+SV+SN。如：

在这个岛屿上，住着一些渔夫。

Sur cet île, habitent des pêcheurs.

海面上飞过几只海鸥。

Au-dessus du mer, volent de jolies mouettes.

小河的不远处，有几座用砖砌成的老房子。

Non loin de la rivière, il y a de vieux bâtiment en brique.

寺庙里面住着三个和尚、几个乞丐和一些无家可归的流浪者。

Dans le temple, habitent trois moines,quelques mandiants et des vagabons sans abri.

广场前面聚集着一些失业工人和几位因为要缩短工作日而罢工的职员。

Devant la place, se rassemblent des ouvriers au chômage et des employés qui demande la diminution de la durée de travail.

从衣柜上，掉下几颗糖，正好掉到装满水的杯子里。

A bas de l'armoire ,sont bien tombés des bonbons dans un verre remplie d'eau.

上面几个句子是典型的 SP+SV+SN 的结构。法语和汉语中都存在类似结构。 habitent des pêcheurs 和 volent de jolis pigeons 都是谓语 SV+ 名词词组 SN，因此采用的是主谓倒装。

另外，法语和汉语中还会经常出现介词词组加名词词组再加动词词组所构成的句子，它们的基本组成结构是 SP+SN+SV，此时的名词词组一般转换为代词，所以句子用的是正常语序。如：

在水塘边，我们尽情地玩耍直到天黑。

Au bord de l'étang, nous jouions sans penser à rien jusqu'à ce qu'il fasse nuit.

在过去，大家食不果腹，但是一家人在一起有说有笑，依然过得很开心。

Dans le passé, on a peu de nourriture à manger, mais on riait, on se parlait ensemble avec la famille, et on vivait heureusement quand-même.

田野上，我看到几个乡下的孩子在玩耍，还有一群绵羊在吃草。

Sur le champs, j'ai vu des paysans récolter du blé et un troupe de brebis manger de l'herbe.

法语中的连词如：et、mais、car 使用频率相当频繁，这些是表示并列关系的连词 et，表示转折关系的连词 mais 和表示因果关系的连词 car，它们都指出了篇章衔接中的逻辑关系，与篇章研究紧密相连。 还有副词短语 premièrement、depuis、après、avant、au début、quand、où、ainsi、sinon、 et puis、en fin、aussi,表示递进关系的 d'ailleurs 等，这些副词有篇章时间范围衔接的导入词，也有地点、方式、目的范围的导入词。它们都是篇章衔接中经常使用的一些衔接词，有了这些衔接词，语篇才会前后意思连贯。很难想象一篇文章中如果没有词语的衔接，逻辑还是否成立。这些法语衔接词的用法和我们汉语中语篇衔接词的用法很类似。如

老师检查了我的作业并且指出了错误。

Le professeur a vérifié mes devoirs et indiqué des fautes.

这位年轻的士兵不能再对她女朋友说更多了，因为他要赶火车去执行一项任务。

Ce jeune soldat ne peut pas parler plus à sa petite copine, car il doit attraper le train pour la mission.

我给了她一些糖果，但是她还问我要。

Je lui ai donné des bonbons, mais elle m'en demandé encore.

三十年来，他在十一家不同的报社当过秘书，他处事和看问题的方式没有一点点改变。

Depuis trente ans, il avait été secrétaire de onze jounaux différents, sans modifier en rien sa manière de faire ou de voir.

你必须要在今年春节期间把这些稿子写完，否则明年你会很忙，就没有足够的时间做这些了。

Tu dois finir ces manuscrits au cours de la fête du printemps de cette année, sinon, tu seras occupé l'année prochaine, tu n'auras pas assez de temps de les faire.

我通常都会采购好几天的东西，这样一来我就会有更多的时间来照看孩子。

Je fais souvent des provisions pour quelques jours, ainsi, je peux avoir plus de temps de garder le bébé.

要写一部专著，首先应该制定一份详细的计划，然后再构思逻辑开始动笔，最后进行修订。

Pour écrire une oeuvre, premièrement, on doit faire un plan detaillé, et puis commence à réfléchir au logiciel et écrire , enfin on fait la correction.

存在句	衔接词	后句
Le long de la Seine il y a beaucoup de cafés.	et	Des jeunes gens se bavardent dedans.
En face de chez mes parents,se trouve une petite usine.	mais	On ne voit personne travaillant à l'intérieur.
Dans le domicile de l'université, sont restés quelques étudiants.	car	Tout le monde est rentré ou a pris les vacances.

今天，我仅仅想表达的一个愿望就是：我出版了将近九年的那些小说，其中一些原有的计划被提前突然中止是为了取决于到整体。因此我们在评价它的时候也同时应该考虑到它在整体中的协调。

Aujourd'hui, j'ai simplement le désir de prouver que les romans, publiés par moi depuis bientôt neuf ans, dépendent d'un vaste ensemble, dont le plan a été arrêté d'un coup et à l'avance, et que l'on doit par conséquent, tout en jugeant chaque roman à part, tenir compte de la place harmonique qu'il occupe dans cet ensemble.—ÉMILE ZOLA. Paris, 2 avril 1878

汉语中没有时态，一般通过一些表示现在、将来、过去或正在进行的一些单词来提示时间，继而表示前后句或者上下篇之间的时间顺序，而法语中则通过不同的时态来体现这种前后联系。

他们下了地铁，几个同学正在站台那里等他们。

Ils descendirent du métro, des camarades les attendait au quai.

这个职位已经被编辑秘书占据了，这位先生，曾经品行端正、守时、又小心谨慎的记者此时就像一个职员。

Cette fonction avait été remplie jusque-là par le secrétaire de la rédaction, ce monsieur, un vieux journaliste correcte, ponctuel et méticuleux comme un employé.

上述是起基本的篇章衔接作用的一些词，可以看出汉语和法语翻译方面的基本相似，但是法语使用了时态，表明了前后句之间的时间关系。

7.3 篇章研究中的回指链条

在篇章研究这一章节，还有一个概念就是回指。这里我们着重叙述代词的完全重复回指和零回指。从上述一些例句中可以看出，对于相同一句话来说，汉语的回指和法语的回指有相似的地方，但更多的是不同。

下面就以法语和汉语代词为例，研究在前置的地点状语下，代词回指的几种现象。

泛指代词和指示代词的回指现象在汉语和法语中是一样的。汉语中的泛指代词有"一些/有些/某些（人或物），一部分（人或物），另一部分（人或物）"，对应的法语是"les uns, les autres, d'une part, d'autre part..."。汉语指示代词"这个（人或物），那个（人或物），这些（人或物），那些（人或物）"，对应的法语是 ça, ce, ceci, cela。以下几个中性指示代词的用法比较简单，ça 就是口语中的"这"，ce 在法语中一般用作指示形容词，和 est 连用的时候构成 c'est，此时 ce 为指示代词，用法比较局限。ceci 指的是下文即将提到的东西，cela 是上文提到的东西。还有第三人称"他/她，他们/她们"，对应的法语是"il/elle, ils/elles"。在篇章衔接中，这些代词都通过回指体现了篇章之间的衔接。如

存在句	泛指代词或指示代词	后句	篇章方法
Dans la salle de lecture, s'assient des étudiants	les uns	font la note.	代词回指
Par la fenêtre, j'ai vu de loin des enfants jouer au champs	cela	me fait penser à mes . copains d'enfance.	代词回指
村子里开始陆续来了几个村官		让大家感到很新奇	零回指

通过上述几个句子可以看出，汉语和法语中虽然都有指示代词"这"—cela，但是由于汉语中的陈述句可以没有主语，因此是否需要重提"这"，取决于表达或说话者的需要，为了表达简练，汉语往往用零回指或者通过逗号以及其他标点符号来实现语篇的衔接。

第三人称代词回指

存在句	第三人称 主语代词	后句	篇章方法
Derrière le canapé,se trouve une petite fille	Elle	Joue au cache-cache.	代词回指
Devant la place de la gare,il y a beaucoup de bus	Ils	Passent toutes les dix minutes.	代词回指

直接宾语人称代词和间接宾语人称代词中的第三人称 le, la, les, lui, leur 以及副代词 y，在法语和汉语的篇章衔接中也有相同的功效。

存在句	后句	篇章方法
Sur la rivière ,nager des canards	Je les vois tous les jours	代词回指
Derrière de chez moi,sont plantés des fruitiers	Y abondent les pommes et des poires.	代词回指
A côté de chez ma grand-mere maternelle, habite une pauvre vielle dame	Je la donne souvent un peu d'argent ou de la nourriture quand j'y vais	代词回指

除了上述之外，法语中还有五个关系代词 qui, que, où, dont, lequel。汉语和法语不一样，汉语中没有关系代词这一说法，但是汉语经常通过类似的手段或者相同的功能来实现篇章之间的衔接。

存在句	关系代词	后句	篇章方法
Dans des oeuvres de Du Belley,se présente un sentiment triste	Par lequel	On peut chercher le trace de vie et de pensée de l'auteur.	关系代词
A l'ombre d'un grand arbre se reposent des paysans de ce village	dont	Les maisons sont pas loin.	关系代词
Sur le pont d'Avignon se tiennent des amoureux	qui	Se parlent et chantent.	关系代词
文化广场来了几个懂艺术的领导	（　）	在那里指挥着大家跳广场舞。	零回指
市中心建了一家国际连锁超市	（　）	商品很齐全	零回指

上述两个汉语的句子如果用法语来表达的话，第一个句子必须加上关系代词 qui，而第二个句子则要么用关系代词 où，要么用副词 là（那儿的），才能实现法语的篇章衔接，否则就是一个成分残缺不全的句子。

7.4 法语新闻语分析

从语言学角度分析，法语的几大文学体裁——诗歌、散文、小说、戏剧、散文、它们的语言各有特征。

诗歌作为一种最古老的文学形式，以其音乐性，跳跃性和节奏性而著称。诗歌的作者对于用词也是斟句酌字，做到恰如其分地表达情景。小说正好与之相反，小说具有完整的情节和结构，可以进行充分的人物和环境描写。同样，戏剧有强烈的戏剧冲突，也可以有双重表现方式，即剧本和舞台。散文相比较前三者就显得形式稍微随意，但是这种随意却不是不假思索漫无思绪地随心漫谈，而是有其主体思想的。所谓"形散神不散"也正是散文之"散"的精髓。

如果说散文，小说，戏剧，诗歌都是非常正式的文学体裁的话，它们承载的主要任务则是对传统语言文化的传承。而新闻用语由于受其新闻报道客观性的限制，它的语言新颖、准确、简练，综合了上述几种文学体裁的优点。此外新闻语言由于报道内容的客观性和现实性，往往不带感情色彩，语言非常中性。不像其他文学作品，可以加入作者的主观想象或者随意抒发情感，对事实进行评价褒贬。本小节主要分析的就是法语新闻报刊类语言的特点。

比如下面一篇指明报刊上的法语新闻：

1 La beauté d'une policière agite la toile

Le selfie d'une policière québecoise émeut la toile

Postée sur Facebook, la photo d'une belle policière québécoise a suscité un vif enthousiasme de la part de très nombreux internautes et provoqué une enquête interne au sein de son service.

A Chateauguay, dans la grande banlieue de Montréal, au Québec, la police est en émoi. Il faut dire que l'une de ses membres s'est fait remarquer ces derniers jours sur internet suscitant une enquête interne de la part de sa hiérarchie.

« Likes » par centaines et demande en mariage

A première vue, pourtant, rien de répréhensible dans la photo de l'une de ses agents photographiés dans sa voiture de police avec tout l'attirail lié à sa fonction : gilet pare-balles, écusson de la ville et lunettes de soleil. Le cliché serait sans doute passé inaperçu s'il n'avait atterri sur une page Facebook américaine consacrée aux actions de la police et de l'armée.

Rapidement, la beauté de la fonctionnaire de police est

saluée à travers les « likes » qui s'accumulent sous son portrait et les commentaires pleuvent. « Avec une policière comme ça, tout le monde veut se faire arrêter », réagit notamment un internaute. Une personne l'a même demandée en mariage, a repéré « Le Journal de Montréal », qui rapporte l'histoire.

Les selfies interdits en service

« On a décidé d'ouvrir une enquête afin de déterminer s'il y a eu manquement aux directives déontologiques et disciplinaires de la ville », a indiqué l'inspecteur Yanick Dufour, de la police de Châteauguay, cité par le quotidien. Le journal précise en effet que les agents ne peuvent prendre des photos d'eux en service et les publier ensuite sur les réseaux sociaux.

L'enquête devra notamment déterminer si la jeune femme, qui n'a aucune notification dans son dossier disciplinaire,

a posté elle-même la photo ou si cette publication est l'œuvre d'une tierce personne. En attendant, la policière n'a pas été suspendue de ses fonctions par son employeur, qui n'a d'ailleurs pas exigé le retrait du cliché.

分析：上述新闻报道的大概意思是"加拿大魁北克的一名女警察将自己穿制服的个人自拍晒到了 Facebook 社交网络上，引起了一片点赞，其中有的网友直接向她求婚。基于此事，单位对她进行调查。文章也就此展开讨论：在时下发达的网络环境下，本来将个人照片上传到网上，属于一种很正常的行为，但是这位女警察的行为是否是发生在执行公务的过程中，这是上级调查的重点。"

文中"selfie"一词在法语字典里面是不存在的，意思为"自拍"。它是应时下需求而产生的新词汇。

另外，标题中的"网络"一词没有使用 réseau，而是 toile。toile 本身的意思是"布"，必须借助上下文来联想。

此外文章在表达"点赞"的意思时，还引用了英语词汇"likes"。这是网络社会中几乎每个网民都熟悉的一个词汇，法语没有创造新词汇，而是直接引用。

2 Tout au long de sa campagne, Donald Trump a fait de ses affaires l'un de ses principaux atouts pour conquérir le pouvoir. Mais maintenant qu'il est élu président des Etats-Unis, son entreprise, la Trump Organization, risque de se transformer en un véritable casse-tête à l'origine de conflits d'intérêts sans fin.

Que se soit aux Etats-Unis ou à l'étranger, l'empire immobilier qu'il a construit est constitué d'un enchevêtrement de relations d'affaires qui peuvent interférer à tout moment dans les décisions du dirigeant de la première puissance mondiale.

« Cela présente des problèmes d'une dimension que nous n'avons jamais vue auparavant », reconnaissait John McCain, le sénateur de l'Arizona et ancien candidat républicain à la présidence en 2008, à la veille de l'élection. Pourtant, sur le plan légal, rien n'interdit à un président américain d'entretenir des relations d'affaires avec des entreprises privées. La loi de 1978 sur l'éthique du gouvernement, qui avait été adoptée après l'affaire du Watergate, est très contraignante envers les membres du Congrès, mais paradoxalement elle le reste beaucoup moins envers le président des Etats-Unis. Celui-ci est seulement tenu de refuser tout émolument d'une puissance étrangère.

La Trump Organization est débitrice de grandes banques étrangères et liée à des consortiums proches de gouvernements étrangers.

Pour lever les doutes, les dirigeants politiques ont la possibilité de recourir à un « blind trust » le temps de leur mandat. Il s'agit d'une structure financière qui est confiée...

这是一则时下非常新颖的政治新闻。新闻的主要意思是：

"在整个竞选过程，唐纳德·特朗普做出了主要资产的他的业务之一，以获得权力。但是，现在他已经当选为美国总统，他的政治集团，特朗普组织，可能会变成一个引起没完没了的利益冲突的大难题。

无论是在美国还是在国外，他建立的美利坚帝国都是一个可以在全世界范围内随时干涉各国领导人决定的一成不变的关系网络。"

"这呈现给我们从未见过的问题"，约翰·麦凯恩，亚利桑那州参议员，美国2008年总统候选人这样说道。但是根据美国法律，我们无权禁止任何一位美国总统与私人集团保持业务关系。1978年水门事件之后通过的法律对政府和国会议员有所限制，然而对美国总统却没有大加干涉。

特朗普组织亏欠链接到外国政府的亲属大型外资银行和财团

为了打消疑虑，政治领导人必须使用'盲信'其任务的时间的能力。这是一个与财务结构有关的问题……"

需要掌握的基本常识是：

John McCain：约翰·席德尼·麦凯恩三世，美国政治家、共和党重量级人物，现为亚利桑那州资深联邦参议员，属于党内的"温和派"，曾于2008年参选过美国总统。

Arizona：美国亚利桑那州

Watergate：水门事件

此外，"campagne"一词原本是战斗的意思，用在此处比喻政治角逐之激烈就好比一场战斗。非常符合文章的背景。

这些专有名词或者新词汇在新闻稿中会经常出现，让人感觉很有跳跃性。这是新闻语言的一大特色，要求有一定的知识面。

3 Climat : le nord perd sa glace

Un climato-sceptique vient de ravir la présidence des Etats-Unis d'Amérique en la personne de Donald Trump. Il a annoncé son intention de déchirer l'Accord de Paris, ou simplement d'utiliser le fait qu'il n'est pas contraignant sur l'essentiel, les volumes d'émissions de gaz à effet de serre, ce qui affaiblit considérablement le discours de ceux qui y voient une « prophétie auto-réalisatrice ».

Profitons de l'occasion pour faire une petite piqûre de rappel sur l'un des aspects les plus spectaculaire du réchauffement climatique en cours, provoqué par nos émissions massives de gaz à effet de serre. La transformation géographique majeure de l'Arctique. Une piqûre faite de peu de mots et surtout d'images.

Voici tout d'abord une vidéo réalisée par une équipe de la Nasa, à partir de données satellitaires. Elle montre l'évolution de la banquise arctique lors de son minimum annuel, en septembre. On y voit, au delà des variations inter-annuelles, la tendance marquée à sa diminution. Et à la quasi disparition des glaces les plus anciennes, les plus épaisses.

Ensuite, voici un graphique tout simple, montrant l'évolution de l'extension de la banquise avec sa moyenne au mois d'octobre, observée à un rythme quotidien depuis 1979 :

Au delà du record de diminution d'octobre 2016, il faut noter ceci : pour ce mois de l'année, la banquise passe d'environ 10 millions de km² à 6,5 millions de km² de 1979 à 2016.

这是一则有关全球气候变暖的话题。内容中使用了大量客观数据说明了北极冰川的消失速度。"Climat : le nord perd sa glace"，标题言简意赅：气候：北方失去了它的冰，直接深入文章主题。

文章大意是：

气候怀疑论者在刚刚抢了美利坚合众国的总统唐纳德·特朗普的头条。他宣布，他打算撕开巴黎协定，或者干脆向世人展示可以揭示其本质的事实：温室气体排放。这大大削弱了那些倾向"自我实现的预言"一派的话语力度。

让我们好好抓住这一机会，警醒人们温室气体的大量排放会造成最壮观的全球变暖现象！其中北极地区受温室效应所产生的地理变化最为明显。看图片就显而易见。

这是一个由美国航空航天局提供的来自卫星数据的视频。呈现了北极冰川在九月，也就是年度最低值的演变。它显示，在年际变化中，大浮冰呈不断下降的趋势，以及最古老，最厚的冰层的消失。

下面一个简单的图表显示了浮冰在十月份的平均值，自 1979 年以来每天的变化都在继续延伸：

除了 2016 年 10 月创纪录的下降外，还必须注意的一点是：浮冰面积从 1979 年的 1000 万平方千米下降至 2016 年的约 650 万平方千米。

4 Se loger en cité U est de plus en plus difficile

L'objectif gouvernemental de construire 42 455 logements pour étudiants d'ici à la fin du quinquennat patine.

Lorsqu'on est étudiant, mieux vaut être inscrit en Normandie, dans le Poitou ou à Montpellier plutôt qu'à Paris, Lille ou Lyon pour espérer trouver un logement universitaire à un tarif abordable. A quelques jours de l'échéance—le 31 mai—pour en faire la demande, il y aura beaucoup de candidats et peu d'élus.

A lire également : Bourses et logements étudiants, comment faire sa demande ?

Répondre au déficit de logements sociaux étudiants en France, donner un coup de fouet à la construction et mettre fin à une décennie de rapports alarmants sur la question, était pourtant un engagement de début de mandat de François Hollande.

L'objectif gouvernemental, intégré à la loi du 18 janvier 2013, était de construire 42 445 logements（plan dit des 40 000）sur quatre ans, la moitié devant être gérée par les centres régionaux des œuvres universitaires et scolaires（Crous）, l'autre par les bailleurs sociaux. Une promesse qui devait étendre de près de 25 % un parc immobilier qui comprend, en 2015, 162 547 places, dont 84 435 dans les cités universitaires.

Le record de la décennie

Certes, 2013 a été celle d'un sursaut pour le logement social étudiant. Le Crous de Versailles, qui compte aujourd'hui plus de 12 000 places, a reçu à lui seul 560 places, la plus grosse livraison faite à cette académie depuis dix ans. Ce bol d'air est également vrai dans les académies de Grenoble（400 places en plus）,Bordeaux（514）et Paris（571）. Sur l'ensemble du territoire français, les logements sociaux étudiants ont été dotés de 4 010 places supplémentaires qui viennent compléter le parc immobilier des Crous. Le record de la décennie. Un record, en effet, mais encore bien loin de l'objectif des 5 000 places par an pour les Crous. Un chiffre fixé pour atteindre l'objectif gouvernemental de 10 000 logements par an, les bailleurs sociaux devant prendre en charge la construction de l'autre moitié.

Cette embellie n'a pas duré. 2014 a été une année noire. En effet, seulement 2 241 places ont été livrées. Une situation d'autant plus inquiétante que les étudiants continuent à être de plus en plus nombreux : à la rentrée 2013, ils étaient plus de 2,4 millions et, à la rentrée 2014, le ministère estime qu'ils étaient 38 000 de plus.

Et ce décalage entre le nombre d'étudiants et l'offre de logement social ne cesse de croître. « Les besoins croissent plus vite que la réalisation de nouvelles constructions », témoigne Alice Clément, élue nationale de la Fédération des associations générales étudiantes（FAGE）.

« 25 % des objectifs réalisés »

Mais si on en croit l'exécutif, l'inertie n'est plus d'actualité. Najat Vallaud-Belkacem2, ministre de l'éducation nationale, de l'enseignement supérieur et de la recherche, et Sylvia Pinel, ministre du logement, de l'égalité des territoires et de la ruralité, se sont « félicitées », jeudi 9 avril, dans un communiqué, de « l'avancée très positive » du « plan 40 000 ».

2　来自法语报纸《Le Point》上的新闻。

Selon les deux ministres, depuis 2013, « plus de 25 % des objectifs ont été réalisés, avec la construction de 11 912 logements étudiants. » Problème : les Crous admettent déjà cumuler, sur 2013 et 2014, plusieurs milliers de places de retard par rapport à leurs objectifs initiaux. Enfin les projections pour 2015 ne prévoient aucun rattrapage. L'objectif des 40 000 logements étudiants est-il encore atteignable ?

Les bailleurs sociaux sont-ils, eux, en avance sur leur objectif de livraison pour compenser le retard pris par les Crous. Les deux ministères, le logement comme l'éducation nationale, reconnaissent être dans l'« incapacité » d'évaluer le nombre de logements construits hors des Crous. Alors comment les deux ministres sont-elles parvenues à ce chiffre de 11 912 places créées ?

« Pour réaliser les 20 000 premières places en logement social étudiant d'ici à fin 2015, le gouvernement s'est approprié les plans de construction du plan Anciaux [du nom du député UMP, auteur de deux rapports sur le logement social étudiant] du précédent quinquennat », analyse un dirigeant syndical étudiant. « Les 20 000 premières places seront livrées, mais nous n'avons aucune visibilité sur le plan de financement qui permettra d'aboutir, en 2017, à 40 000 nouvelles places », confirme Salah Kirane, membre du Bureau National de l'Unef. Même constat pour Alice Clément, élue nationale de la FAGE, qui reste « peu optimiste »quant à la mise en œuvre des promesses du gouvernement. « Il faudrait un vrai coup de collier », estime-t-elle.

Des prévisions en-deçà des objectifs

Ce qui n'empêche pas les deux ministères d'afficher leur satisfaction: fin 2015, «50 % des objectifs auront été atteints», soit une production de « 20 722 nouveaux logements étudiants » après trois années.

Des résultats « très encourageants » selon Najat Vallaud-Belkacem et Sylvia Pinel. Même si en 2012, c'est 8 000 places nouvelles par an que le plan gouvernemental avait fixé pour parvenir à 40 000 à la fin du quinquennat de François Hollande et que, par conséquent, les prévisions des deux ministres sont déjà en deçà des objectifs annoncés au début du mandat présidentiel.

Dans son rapport annuel sur le réseau des œuvres universitaires et scolaires publié en février 2015, la Cour des comptes soulignait qu'aujourd'hui « seuls 11 % des étudiants logent en résidence universitaire ». Pas étonnant alors que les autres soient obligés de se loger dans le parc privé et de payer des loyers exorbitants.

Lire aussi: Un an après son lancement, la caution locative étudiante peine à trouver son public.

En Ile-de-France, six étudiants sur dix habitent chez leurs parents

La plupart des étudiants franciliens résident à Paris et dans le sud-ouest de la région et vivent pour la majorité d'entre eux chez leurs parents, notamment en raison du coût du logement.

« Six étudiants franciliens sur dix habitent toujours chez leurs parents, un taux nettement supérieur à celui observé dans les autres régions en raison d'une densité et d'une proximité plus forte de l'offre d'enseignement supérieur, et aussi du coût élevé des logements dans la région », révèle une étude de l'Institut d'aménagement et d'urbanisme （IAU） d'Ile-de-France （en PDF）, sur les conditions de vie et d'étude des étudiants franciliens.

Lire aussi : Bourses et logements étudiants : comment faire sa demande

La région Ile-de-France accueille 645 000 étudiants de moins de 30 ans, indique l'IAU. C'est à Paris que les étudiants vivent le plus en autonomie : seulement 35 % résident chez leurs parents et 10 % chez un proche. Quelques communes de petite et grande couronne présentent également des taux relativement élevés d'étudiants logés de façon autonome : Montrouge （Hauts-de-Seine）, Saint-Ouen （Seine-Saint-Denis）, Neuville-sur-Oise （Val-d'Oise）, Lieusaint et Champs-sur-Marne （Seine-et-Marne） notamment. A l'inverse, les étudiants résidant en Seine-Saint-Denis et dans les départements de la grande couronne sont très majoritairement logés au domicile de leurs parents.

Polarisation à Paris

L'Ile-de-France se caractérise également par une part importante d'étudiants originaires des autres régions françaises ou de l'étranger （de l'ordre de 40 %）, ceux-ci vivant dans leur majorité de façon autonome.

S'ils se concentrent de préférence au centre de l'agglomération, c'est parce que les étudiants trouvent « un parc de petits logements locatifs adaptés à leurs besoins, sur le marché privé surtout, ou dans des résidences étudiantes qui offrent au total un peu plus de 75 000 places dans la région ».

Lire aussi : Logement étudiant, quelles sont les villes les moins chères

La concentration des lieux d'étude en Ile-de-France se révèle encore plus marquée que celle des lieux de résidence : trois arrondissements parisiens （5e, 6e et 13e） rassemblent à eux seuls près du tiers des étudiants inscrits en 2013. « Cette forte concentration des lieux d'étude trouve son origine dans l'histoire dudéveloppement universitaire. Elle est confortée par la qualité de la desserte en transports collectifs, dont les étudiants sont très dépendants. Ainsi, plus des trois quarts bénéficient de l'abonnement annuel imagine R étudiant, cofinancé par la région », explique l'étude de l'IAU.

Même temps de transport que les actifs

Les étudiants franciliens sont bien plus mobiles que ceux des autres régions françaises—avec des temps de trajet qui dépassent une demi-heure pour six étudiants sur dix, souvent comparables à celle des actifs.

Entre domicile et établissement d'enseignement, d'autres lieux jalonnent la vie étudiante dans la région : le lieu de travail pour les 60 % d'étudiants qui déclarent une activité professionnelle, le domicile des parents pour ceux vivant de façon autonome, les lieux des loisirs et de sortie.

En conclusion, l'IAU estime que « l'éclatement des lieux fréquentés par les étudiants dans la région rend complexe l'identification des espaces porteurs d'une vie de campus » en Ile-de-France.

语言分析：

这是一篇有关法国学生住房的一则社会新闻。"在大学宿舍住宿越来越难"。cité U 是 cité universitaire 的简写，意为大学城。

"政府的目标，即从现在起到五年内建成 42455 所学生住房"，这一句 "L'objectif gouvernemental de construire 42 455 logements pour étudiants d'ici à la fin du quinquennat patine." 看似较长，实际上是采用了一个名词短语结构，这种名词化的句子，大大简化了句子结构的复杂性。

"作为一名学生，最好选择去诺曼底，普瓦图或者蒙彼利埃，而不是全部涌向巴黎。里尔和里昂也能找到合理价格的大学宿舍。因为毕竟大学宿舍的申请者太多，最终只有少数人才有权享有这种资格。"这里面需要了解一些文化知识，比如里尔，里昂等城市也有好大学，然而住房价格相对较低。这也是为何文中建议 " Lorsqu'on est étudiant, mieux vaut être inscrit en Normandie, dans le Poitou ou à Montpellier plutôt qu'à Paris, Lille ou Lyon pour espérer trouver un logement universitaire à un tarif abordable"。

"法国总统奥朗德在刚一上任就给出这样一个承诺：满足法国社会学生住房的不足，推动建设，并在十年内结束这一问题。"

"政府已纳入 2013 年 1 月 18 日的法律条文中的目标是在四年内建立 42445 座住房（计划要求建 40,000 座）。这些住房将归大学或区域事物管理中心或者其他社会租赁人士管理。扩大近 25% 的不动产投资，在 2015 年，建立 162547 个广场或公园，其中 84435 个承诺在大学城。"

"当然，2013 年在学生住房方面取得很大进展。凡尔赛地区的公共事务管理中心目前拥有超过 1 万 2 千个名额，已经收到 560 个，是这个学院十年来最大的一次交付。这种情况在格勒诺布尔的院校（400 个），波尔多（514 个）和巴黎（571 个）都有发生。从整个法国范围内来看，学生公寓设有 4010 处，以补充住房量的不足。要实现政府的住房计划，必须每年实现 10000 个建房目标。社会人士将会负担一半的建设费用。然而这种改进并不是持续性的。2014 年是糟糕的一年。事实上，只有 2241 个住房被交付。有一种情况更加令人不安，那就是学生人数从 2013 年以来不断增多，有超过 240 万。并且法国教育部预估在 2014 年开学的时候会再多出 38000 人。"

在说住房建设的目标时，文中没有用 "réalisation（实现）"，而是用 "livraison（交付）"

一词，显得非常专业，正式。

"学生数量的增长和社会住房供应之间的差距正在扩大。住房需求的增长速度比新房的建设速度更快"。当选为学生协会全国总联合会会长的爱丽丝克莱门特这样说道。

法国教育部长，高等教育和研究部的左派女部长娜雅·瓦罗·贝尔卡桑以及住房部部长西尔维亚·皮内尔也说推行非常积极的"40000 计划"。

"根据自 2013 年起两位部长的目标，要实现 25% 的目标，拥有 11912 套的学生住房建设。但是，2015 年没有赶上预期，还存在一些其他问题。住房部长呼吁继续加把劲。"

2013 年住房建设形势大好，文中没有接着说这种现象没有持续多久，而是使用"Cette embellie n'a pas duré. 2014 a été une année noire"。"embellir"一词是"美化"的意思，衬托了繁荣之后的问题，因此说 2014 年是"année noire（黑色的一年）"，非常形象化的比喻，接着就列举了一些不太乐观的数据。

在写到"为满足住房需求不足时"文中用了 Répondre au déficit de logements，"déficit"本身的意思是财政赤字，此处指住房不足。

Il faudrait un vrai coup de collier 是一句俗语，意为"加油，加把劲"。

Crous：大学公共事务管理中心 Centre régional des œuvres universitaires et scolaires 的缩写。

4 Peng Liyuan. "La Carla Bruni chinoise"

L'épouse de Xi Jinping, le nouveau maître de la Chine, est une artiste très populaire dans son pays.

En Chine, demandez au premier pékin venu qui est le futur président, et vous obtiendrez cette réponse : «C'est le mari de Peng Liyuan.» Ce n'est pas le moindre des paradoxes de Xi Jinping, le nouvel homme fort chinois et prochain maître du monde — selon l'OCDE, la Chine deviendra la première puissance planétaire dès 2016 —, que d'avoir accédé tardivement à la notoriété, alors même que sa chanteuse de femme caracole dans les sondages de popularité depuis son plus jeune âge.

On a surnommé Peng Liyuan «la Carla Bruni chinoise». Ce n'est faire justice ni à l'une ni à l'autre. Car, si l'épouse du prochain président chinois constitue indiscutablement un atout charme, son registre diffère sensiblement de l'interprète susurrante de «Quelqu'un m'a dit». Si comparaison hexagonale il devait y avoir, on inclinerait plutôt pour Mireille Mathieu et ses Chœurs de l'Armée rouge. La soprano chinoise, engagée à 18 ans dans les rangs de l'armée comme simple soldat, s'est rapidement imposée en chanteuse vedette de l'Armée populaire de libération. Elle a aujourd'hui le grade de générale de division. Pour 1,3 milliard de Chinois, Peng Liyuan est avant tout cette belle jeune femme en uniforme d'apparat qui, durant vingt-huit ans, apparaissait rituellement sur le petit écran lors du gala du nouvel an, le programme le plus suivi de la télévision d'Etat. Elle y interprétait ses principaux succès : «Gens de notre peuple», «Soldat et mère», «Eloge du drapeau», autant de chants patriotiques qui, dans un pays continent aux multiples ethnies, contribuent à identifier un peuple et forger son identité. Ceux qui l'ont rencontrée soulignent pourtant son naturel, son charme et sa décontraction, à mille lieues de la rigueur militaire. «Elle a effectué une cinquantaine de tournées à travers le monde», note un homme d'affaires français qui l'a côtoyée à Shanghai en 2007, quand son mari y fut nommé secrétaire du parti. «Elle en tire une aisance certaine avec les étrangers et s'exprime correctement en anglais. C'est elle qui a d'ailleurs insisté pour que leur fille, Xi Mingze, aille étudier aux Etats-Unis, à l'université Harvard où elle est inscrite sous un faux nom.»

A l'Ouest, Peng Liyuan aurait tous les arguments pour incarner une première dame de légende. Belle, admirée du public, elle a l'intelligence d'une Michelle Obama et le glamour d'une Jackie Kennedy. Mais nous sommes en Chine, pays où le nom des femmes des principaux dirigeants politiques est bloqué par les moteurs de recherche sur Internet et censuré sur les microblogs. Au mieux, on les apprécie discrètes jusqu'à l'insignifiance, à la façon de Wang Yeping, l'épouse de l'ex-président Jiang Zemin, dont peu de Chinois connaissaient le nom et, a fortiori, le visage. Au pire, on les imagine en Lady Macbeth, à la manière de Jiang Qing, la femme de Mao, ex-danseuse devenue impératrice rouge, dont les crimes durant la révolution culturelle et le mystérieux suicide font encore frémir les petits écoliers chinois. Le fantasme, répandu dans l'empire du Milieu, de la femme que le pouvoir rend hystérique a été ravivé cette année par le procès de Gu Kailai, épouse du dirigeant déchu Bo Xilai, condamnée pour le meurtre d'un homme d'affaires britannique. Consciente du risque de la pleine lumière, Peng Liyuan a mis sa carrière en sourdine dès 2007, lorsque son mari a été sorti d'un quasi-anonymat pour être adoubé dauphin. Toujours plébiscitée comme la chanteuse la plus populaire de Chine, elle semble pourtant décidée à devenir la première épouse d'un dirigeant chinois jouant activement le rôle de «première dame». Après le terrible tremblement de terre du Sichuan, en 2008, elle s'est rendue dans la zone sinistrée pour y donner des concerts de charité, sa fille Xi Mingze s'enrôlant de son côté dans les équipes de secours — une autre première. En 2011, Peng Liyuan est devenue ambassadrice de bonne volonté de l'Organisation mondiale de la santé pour la lutte contre la tuberculose et le sida. Et en mai dernier, on l'a vue distribuer en compagnie de Bill Gates des tee-shirts contre le tabagisme lors d'un gala à Pékin. Prudente, elle prend soin de troquer désormais ses fameuses robes en soie et ses permanentes sophistiquées contre l'uniforme militaire et une coiffure plus austère.

Elle a grandement accru la popularité de son mari et adouci son image.

Le premier mérite de Peng Liyuan est de nous renseigner sur son mari. Dans un pays cadenassé, où la moindre biographie est classée secret d'Etat, Xi Jinping suscite bien des interrogations. «Qui est-il vraiment ? A vrai dire, nous n'en avons pas la moindre idée», admet un diplomate européen en poste à Pékin. Dans les chancelleries, on le dit précautionneux et réaliste, pragmatique et ambitieux, très efficace. Comme tous ses prédécesseurs, il s'interdit toute position tranchée, gage de longévité dans une Chine toujours traumatisée par les dérives de l'ère Mao. Mieux vaut apparaître en apparatchik terne qu'imposer une personnalité qui pourrait heurter l'une ou l'autre des factions en lutte perpétuelle pour le pouvoir. Mais derrière l'homme politique insipide, mal fagoté avec ses ourlets de pantalon trop courts qui dévoilent des chaussettes en acrylique, se cache un aristocrate.

Le futur président est en effet un «prince rouge», un rejeton de la caste au pouvoir, dont il a l'assurance. Quand il naît, en 1953, son père, Xi Zhongxun, un compagnon de route de Mao, est vice-Premier ministre. Enfance dorée sous l'or des palais du Zhongnanhai, le complexe de l'élite dirigeante à Pékin, jusqu'à ce que survienne la disgrâce. Désavoué par Mao, son père est condamné à seize ans de travaux forcés. Le jeune Xi Jinping, régulièrement soumis à des séances d'autocritique durant lesquelles il doit dénoncer les «activités contre-révolutionnaires» de son géniteur, est finalement envoyé se rééduquer dans les terres jaunes du Shaanxi, l'une des provinces les plus pauvres de Chine. Partageant la misère des paysans, l'adolescent va tenter de se racheter un avenir à force de travail. Après neuf tentatives infructueuses, il est finalement admis dans les rangs du parti. Il intègre alors la prestigieuse université Qinghua, à Pékin, où il étudie la chimie. Il va désormais conquérir un à un tous les échelons du pouvoir, avec une prédilection pour la province, loin de Pékin et de ses règlements de compte politiques. Cette lente rédemption, c'est la marque du futur président chinois.

«Lorsque je suis arrivé sur les terres jaunes, à 15 ans, j'étais angoissé et perdu, a-t-il un jour raconté. Lorsque je les ai quittées, à 22 ans, le but de ma vie était clair et j'étais en confiance.» Son autre particularité, c'est une modestie jamais contredite. Là où ses amis issus comme lui de l'aristocratie rouge célèbrent chaque nuit la fin de leur exil rural, Xi Jinping bosse et étudie le marxisme. Les filles l'intéressent peu et inversement, tant il est dépourvu de fantaisie et de charisme. Marié avec la fille de l'ambassadeur en Grande-Bretagne, une union arrangée selon les règles en vigueur dans les familles de hauts dirigeants du parti, il divorce au bout de trois ans. C'est peu après qu'il rencontre la chanteuse la plus célèbre de Chine.

Il a 33 ans, elle en a 24. Dans une de ses rares interviews, accordée en 2007 à un quotidien local dont on ne trouve plus trace aujourd'hui, Peng Liyuan a raconté leur premier rendez-vous. «Je l'ai trouvé mal habillé et il paraissait plus vieux que son âge. Il ignorait ma notoriété et ne savait même pas que j'étais l'interprète d'une de ses chansons préférées.» Mais celui qui n'est alors que le vice-maire du port de Xiamen possède une autre partition pour séduire la jeune vedette. «Il m'a conquise par sa connaissance théorique de la musique. J'étais remuée : n'était-il pas celui que j'attendais ? Il est dépourvu de sophistication, mais il est d'une intelligence hors du commun. » Le couple se marie un an plus tard. Dans la même interview, Mme Peng raconte que le futur président lui a, par la suite, confié avoir décidé « quarante minutes après le début de leur rencontre » qu'elle serait sa femme. Ce qui est sûr, c'est que le choix de Xi Jinping n'a pas été sans conséquences sur sa carrière.

De l'avis de tous les politologues, la chanteuse a grandement contribué à accroître la popularité et à adoucir l'image du politique. Son rang de générale et sa renommée au sein de l'armée ont également aidé son mari à courtiser les militaires, sans lesquels il n'est pas de carrière au plus haut niveau. Ces soutiens ne seront pas inutiles dans un pays au bord de l'explosion, miné par les scandales de corruption et les inégalités croissantes. Les émeutes quotidiennes dans les provinces, les révélations sur les fortunes colossales accumulées par la caste dirigeante—pas moins de 2 milliards d'euros pour la famille du Premier ministre Wen Jiabao—, l'impopularité croissante du parti suscitent un vent de panique parmi les élites. Xi Jinping, qui a su se construire une image de « Monsieur Propre », précurseur de la lutte anticorruption, a les moyens de réformer un système gangrené par les groupes d'intérêt, sans menacer le fragile équilibre des clans et des coteries. Il y a fort à parier qu'il tentera de le faire en jouant sur la fibre patriotique. Il est vrai qu'avec la générale Peng à ses côtés, il connaît la chanson.

"彭丽媛是法国的卡拉布吕尼"，这里就要对两位第一夫人的身份做了解。

这则新闻的大意是："卡拉布吕尼是法国前总统尼古拉·萨科齐的夫人，一位歌手。而彭丽媛作为我们国家主席的夫人更是为人熟知。她是一位民族歌唱家，一位真正的艺术家。不仅如此，她还是一位慈善家，经常举行一些义演并参与慈善活动。在汶川大地震时期，她亲自奔赴灾区，她的女儿也亲临其地，加入了地震救援队。她不仅人漂亮，外形气质好，歌唱功底一流，并且她的形象非常积极，正面，为中国增添了一道亮丽的风景。她还会说英语，在外交中举止大方得体，以独特的个人魅力柔化了政治，为中国赢得了良好的国际声誉。"

文章的语言比较严肃，正规。

Glamour 一词来自网络短语，意思是魅力，魔力。

还有一些 durant vingt-huit ans 中 "durant（在……期间）" 也是一个书面用语的表达。

5 Quand（et comment）avouer à votre enfant que le père Noël n'existe pas ?

La période des fêtes peut se retrouver gâchée par la question qui angoisse tous les parents. Franceinfo a glané quelques conseils auprès d'une psychologue.

Comme chaque année, la même ritournelle. Noël approche, et vous vous êtes enfin décidé à aller faire les courses, en quête du jouet idéal. Mais cette année, vous êtes inquiet. Vous le sentez bien : vos enfants commencent à douter, ils vous pressent de questions ou pire, ne s'en posent aucune. Le moment que vous redoutiez tant est arrivé : il va falloir leur avouer que le père Noël n'existe pas.

En rose et bleu : en 2016, les catalogues de jouets de Noël sont toujours aussi sexistes

Comment leur annoncer cette terrible nouvelle ? Franceinfo a demandé conseil à Béatrice Copper-Royer, psychologue spécialisée dans la clinique de l'enfant et de l'adolescent.

Franceinfo : quand et comment avouer aux enfants que le père Noël n'existe pas ?

Béatrice Copper-Royer : il faut avant tout savoir où ils en sont dans leur imaginaire. Faire attention à ne pas l'annoncer ni trop tôt, ni trop tard. Mais cela dépend beaucoup de la personnalité de l'enfant. L'idéal est de saisir la balle au bond, dès qu'il montre des signes de doute. Il est alors temps de lui dire qu'effectivement, le père Noël n'existe pas. Et lui expliquer que c'est une très jolie histoire que l'on raconte aux jeunes enfants pour les faire rêver, mais que maintenant qu'il est grand, il n'a plus besoin de ce genre de conte.

Risque-t-on de gâcher son Noël en lui disant la vérité ?

Si l'enfant a acquis un niveau suffisant de doute, pas forcément. A Noël, il y a les cadeaux, l'excitation des parents, des enfants, et la joie de décorer le sapin et la maison. Tout ne tourne pas autour de l'existence du père Noël. Et tant pis si l'enfant est un peu déçu. Souvent, ce sont surtout les parents qui pensent leur faire plaisir en les maintenant dans un monde de rêverie.

Jusqu'à quel âge doit-on laisser les enfants croire au père Noël ?

Jusqu'à huit ans, grand maximum. L'âge moyen est autour de six ou sept ans. Les enfants commencent dès le CP-CE1 à être rationnels et à raisonner. Ils sortent de la petite enfance, où l'imaginaire est tout-puissant et où les choses les plus extraordinaires sont possibles : pour eux, les fées, les dragons et le père Noël sont bien réels. Mais après cet âge, ils commencent à distinguer l'imaginaire de la réalité.

Si l'on juge que l'enfant est trop jeune, faut-il tout faire pour l'inciter à continuer d'y croire ?

Si votre enfant a 5 ans et que son grand frère lui a dit que le père Noël n'existait pas, c'est assez difficile à rattraper. En revanche, vous pouvez lui dire que c'est une jolie histoire que l'on raconte aux enfants, une histoire que l'on aime beaucoup soi-même, et qu'il a le droit d'y croire encore.

Ne vaut-il pas mieux anticiper et lui dire la vérité avant que ce soient ses camarades de classe qui lui apprennent ?

En réalité, copains ou pas, l'enfant s'accrochera à cette croyance tant que ses parents ne lui auront pas dit ce qu'il en est vraiment. Même si ses camarades lui racontent que le père Noël n'existe pas, il faudra la confirmation des parents pour que l'enfant en soit certain. C'est à eux d'accompagner la compréhension en expliquant les choses.

Faut-il par la suite continuer d'entretenir les rites, comme les cadeaux sous le sapin ?

Bien sûr ! Les enfants adorent. Chaque famille a des rites différents et il ne faut surtout pas cesser d'entretenir la féerie de Noël. Il faut continuer comme avant. Rien ne change, les adultes aussi adorent Noël.

语言分析：

"何时，并且如何告诉你的孩子圣诞老人不存在？"

"avouer"和"dire"意思虽然都是告诉、告知。但是此处是经过一番心里斟酌之后的决定，"dire"显得很平淡，avouer 有吐露实情的含义。

saisir la balle au bond: 接住一只跳起的球；〈转义〉抓住机会

CP-CE1: 小学一年级或者二年级。

à l'inverse：相反。

féerie 梦境，美景，此处与"rêverie"有异曲同工的妙用。指的是孩子心中的那份和美梦一样的憧憬。

"C'est à eux d'accompagner la compréhension en expliquant les choses"，这里有一个副动词"en expliquant"，表示方式。意思是"父母通过解释现象来让孩子明白一些道理"。

6 Comment choisir une console de jeu pour son enfant à Noël?

Les consoles de jeux figurent en bonne place sur de nombreuses lettres au père Noël. Outre l'investissement financier qu'elles représentent, elles posent également des questions niveau de l'éducation et de la santé. Voici dix questions pour vous aider à faire votre choix.

A quel âge quelle console?

"Avant six ans, l'enfant n'a pas les capacités suffisantes pour comprendre le fonctionnement d'une console de jeu", pose d'emblée le Dr François-Marie Caron, pédiatre et membre de l'AFPA (Association Française de Pédiatrie Ambulatoire), reprenant la règle des "3-6-9-12" du psychiatre Serge Tisseron qui établit des repères d'utilisation des écrans pour ces quatre grandes étapes de l'enfance.

En voici les grandes lignes: avant trois ans, pas d'écran. De 3 à 6 ans, on limite leur utilisation et on joue en famille. De 6 à 9 ans, on fixe des règles et on accompagne son enfant dans la découverte d'Internet. De 9 à 12 ans, on lui apprend à protéger ses échanges. Après 12 ans, l'enfant commence à s'affranchir des repères familiaux, mais on continue de l'accompagner, notamment en fixant des horaires.

Quels tarifs pour quelle console?

La gamme de prix des consoles de salon débute à 250 euros pour la Xbox One, 229 euros pour la WiiU, et grimpe jusqu'à 400 euros pour les nouveautés PS4 Pro, Xbox One S. Du côté des consoles portables, on trouve le pack Nintendo2DS avec un jeu à 70 euros. Compter en moyenne 160 euros pour la console Nintendo News 3DS. Les accessoires font grimper la note, jusqu'à 400 euros pour le casque de réalité virtuelle Sony Playstation VR. Sans oublier les jeux, dont les prix varient de 20 à 70 euros. En cas de budget plus serré, on peut opter pour une console d'occasion ou reconditionné.

Console portable ou de salon?

La console portable, comme la Nintendo DS, a une dimension nomade. De quoi permettre à l'enfant de jouer partout et tout le temps. La console de salon a davantage un usage familial, d'autant qu'elle doit—en principe—rester dans l'espace commun.

"La console est un support, c'est ensuite le jeu qui va déterminer son usage", estime Philippe Renaudin, directeur marketing et communication de Micromania. Le catalogue est plus vaste sur les consoles de salon. Celles-ci offrent en outre des performances techniques plus développées, notamment en terme de graphisme mais aussi de game play, cette dimension immersive du jeu que les fabricants n'ont de cesse de développer et qui permet de jouer en famille, comme avec la Wii, par exemple.

Peut-on mettre un contrôle parental sur les consoles?

La plupart des consoles prévoient un contrôle parental dans leurs paramètres d'utilisation, protégé par un code secret. Sur la Nintendo3DS par exemple on peut limiter l'accès à Internet, l'accès au jeu par âge en fonction de la classification PEGI, l'achat en ligne, l'affichage 3D, l'accès à Miiverse（l'espace communication en ligne）, au jeu en réseau. Le site PédaGoJeux propose des tutoriels pour paramétrer le contrôle parental sur les différentes consoles.

Sur la Xbox360, il est possible de définir la durée d'utilisation de la console pour chaque membre de la famille. Toutefois, ces systèmes ne remplaceront jamais la vigilance parentale et le dialogue.

Comment choisir les jeux?

On n'hésite pas à se référer à la classification PEGI. Ce système, utilisé et reconnu dans toute l'Europe et auquel adhère la plupart des constructeurs de jeux vidéo, examine et classe les contenus en fonction de leur violence, du langage utilisé, des scène de nudité, entre autres critères. La classification PEGI apparaît sur l'emballage sous la forme d'un pictogramme carré de couleur verte, orange ou rouge, avec un chiffre correspondant à l'âge auquel convient le jeu: à partir de 3, 7, 12, 16 et 18 ans.

Combien de temps par jour?

"Le temps passé devant une console de jeu est du temps qui n'est pas passé à lire, dessiner, jouer avec ses copains, faire du sport", rappelle François-Marie Caron. Mieux vaut donc apprendre à limiter le temps de jeu. "C'est à chaque parent d'établir un contrat posant combien de temps et quand l'enfant peut jouer, et de faire respecter ce contrat", estime le pédiatre.

Après 6 ans, 30 minutes de console par jour paraissent par exemple raisonnables. On peut aussi n'autoriser la console que le mercredi et les week-end, à raison d'une heure par jour par exemple. Au fil des années, on peut augmenter petit à petit ce temps, en veillant à ce qu'il n'empiète jamais sur le temps de sommeil de l'enfant.

Y a-t-il des jeux éducatifs sur console?

"A la différence de l'ordinateur ou de la tablette, les consoles se positionnent sur le créneau du jeu et non du ludo—éducatif", explique Philippe Renaudin. "Mais s'il est bien fait et adapté aux capacités de l'enfant, la dimension d'apprentissage est présente." Jouer aux jeux vidéo permet de développer certaines facultés essentielles", rappelle d'ailleurs François-Marie Caron.

Patricia Greenfield, chercheuse à l'Université UCLA et auteur d'une étude sur le sujet distingue ainsi trois types de compétences développées dans le jeu vidéo: la spatialisation en trois dimensions, l'intelligence déductive et le multi tasking, c'est à dire le fait d'être capable d'établir un lien à partir d'éléments disparates.

Les consoles 3D sont-elles dangereuses pour la vue?

Avec sa console 3D, Nintendo a donné une nouvelle dimension au jeu vidéo. On peut y visualiser le jeu en 3 dimensions, sans lunettes. Dans son avis, l'Anses, l'Agence nationale de sécurité sanitaire de l'alimentation, de l'environnement et du travail, recommande de ne pas utiliser la 3D avant 6 ans et d'en faire un usage modéré jusqu'à 13 ans. "Cet avis n'est basé sur aucune étude, et est considéré par beaucoup comme un principe de précaution exagéré", souligne cependant François-MarieCaron.

Jouer en ligne est-ce une bonne idée ou pas?

C'est généralement entre 9 et 12 ans que l'enfant découvre les jeux en réseau. Avec certains bénéfices: "Le travail en équipe, l'entraide, la coopération, la curiosité vis-à-vis des autres", selon François-MarieCaron.

"Avec les jeux de rôle multijoueurs, l'enfant est projeté via son avatar dans un univers imaginaire fantastique, riche et plein d'aventures. L'inconvénient de ces jeux, c'est qu'ils ne s'arrêtent jamais. De quoi passer beaucoup trop de temps devant un écran, met en garde le pédiatre. Le dialogue autour du jeu est essentiel pour mettre en mots et donner du sens à ce que l'enfant vit dans le jeu, et ainsi le remettre dans la réalité."

网络环境不是大人的专利，它已经渗入生活的方方面面，甚至儿童的世界里也离不开这些现代化的产品。本文是一则有关如何给孩子选择电子玩具的说明文，文章给出了十条建议，条理清楚又不失简洁。 Nintendo DS, PS4 Pro, Xbox ，Wii，pictogramme classification PEGI. 还有 PédaGoJeux ludo-éducatif 等网络用语和玩具类词汇是本文的一个核心。

7. Quelle différence entre la gourmandise et la dépendance à la nourriture ?

Si certains sont gourmands mais peuvent très bien se passer de leur péché mignon（小毛病，嗜好）, pour d'autres, le désir est plus fort que la raison...

Manger quelques carrés de chocolat pour se faire plaisir n'est pas une addiction. En revanche, éprouver un besoin irrépressible d'avaler une tablette de chocolat alors que l'on n'a pas faim pourrait confiner à l'addiction. Gérald Kierzek, le médecin d'Europe 1, explique les symptômes et le fonctionnement de la dépendance à la nourriture.

À partir de quel moment peut-on parler d'addiction à la nourriture ?

Ce n'est pas tant une histoire de quantité que de besoin compulsif de consommer, de se laisser aller à une consommation incontrôlée. Et comme dans toutes les addictions, il y a des symptômes de sevrage. C'est-à-dire que quand vous n'avez pas accès à cette nourriture, vous allez être angoissés, être irritable. Il y a un vrai symptôme de manque. Les spécialistes affirment que cette sensation de plaisir qui dépasse la volonté emprunte les mêmes circuits que ceux qui font appel à l'addiction. Le cerveau va sécréter de la la dopamine（le neurotransmetteur sécrété lorsqu'on éprouve du plaisir）. Certains puristes ne parlent pas d'addiction mais de 'pulsions alimentaires', c'est-à-dire de désirs extrêmement intenses.

Existe-t-il des aliments plus addictifs que d'autres ?

Oui et notamment les aliments sucrés. La sensation de faim est liée à l'insuline. Donc quand on mange quelque chose de sucré, on a un pic d'insuline qui va faire chuter la glycémie et redonner faim ensuite. C'est pour ça que dans les régimes amincissant, on conseille d'éviter les sucres rapides pour ne pas avoir cette sensation de faim.

Mais la pizza, pourtant salée, fait partie des quatre aliments les plus addictifs parce qu'elle contient différents composants qui donnent à la fois une sensation de satiété, du sel et l'appétence.

Y a-t-il un risque pour la santé ?

Oui, quand ça devient un vrai trouble, notamment un trouble du comportement alimentaire. Si ça devient une véritable frénésie ou une boulimie avec des conséquences sur la santé notamment l'obésité et son cortège de complications.

Mais il faut surtout bien distinguer la gourmandise de l'addiction. Quand vous aimez le chocolat et que vous en mangez une tablette et que vous l'oubliez dès que vous êtes satisfait, ce n'est que de la gourmandise. En revanche être dépendant, c'est quand votre besoin va dépasser votre volonté.

Finalement ce n'est pas votre estomac qui désire du chocolat mais votre cerveau.

Existe-t-il des astuces pour sortir de cette situation ?Il faut commencer par diagnostiquer l'addiction, mettre des mots et la déculpabiliser. Quand vous êtes dans ce besoin compulsif, il faut consulter. C'est aussi une bonne chose de tenir un journal alimentaire pour essayer d'analyser sa consommation. Mais surtout il faut apprendre manger en conscience.

语言分析：

本文是一则有关饮食的科普文章。文章从非常科学的角度阐述了 la gourmandise（贪吃）和 la dépendance à la nourriture（饮食依赖症）之间的区别。并且引入了很多科学和医学词汇，如：

insuline：胰岛素

glycémie：血糖

此外，本文在坚持科学风格的同时也不乏幽默，将来自大脑传递而非饥饿感的需要所导致的食物依赖症比喻为"des symptômes de sevrage"，也就是断奶期症状。

la dépendance à la nourriture 和 addiction 其实是表达同一个意思，意为"食物依赖症"。法国人写文章喜欢用词多变，不喜欢机械的重复，因此换用不同的词语。这在新闻中体现尤为明显。

从以上几则新闻可以看出新闻语言和一般语言的明显不同：非常地真实、具体，鲜少加入修饰成分并不绝对排斥形象和艺术的语言，但必须以能够准确、具体地反映客观事物为前提，要将人物、事件的来龙去脉清晰地表述出来，而非抽象描述。从语言的角度来说，总以平实朴素为宜，加之新闻要求完全真实，报纸篇幅有限等原因，新闻稿应该避免多余、冗长的语句以及与事实关系不大的内容，并应讲究表达上的简练和质朴，因此，新闻报道更多地运用白描手法。在事实的报道中，不能夸大其词，也不能以偏概全或者歪曲事实。

8. Des magasins Lotte fermés pour violation de la réglementation incendie

Le groupe sud-coréen Lotte a annoncé lundi, que dix de ses points de vente en Chine seraient fermés à la suite d'inspections de prévention des incendies par les autorités locales.

Ces fermetures incluent deux points de vente aux alentours de la ville de Dandong dans la province septentrionale du Liaoning à proximité de la frontière nord-coréenne, a indiqué le porte-parole de Lotte Mart. Au mois de janvier 2015, l'entreprise possédait 115 magasins en Chine.

Deux points de vente dans la province de l'Anhui — l'un dans le xian de Fengtai et l'autre dans la ville de Suzhou — ont également été fermés du fait de risques potentiels d'incendie.

« Notre supermarché est fermé depuis lundi pour améliorer les installations de sécurité incendie », indique un écriteau sur la porte du supermarché Lotte Mart de Fengtai.

« Ça me fait de la peine que notre supermarché doive fermer temporairement [...], mais je pense qu'il rouvrira une fois que les installations de sécurité incendie auront été mis aux normes », explique un employé de ce supermarché souhaitant rester anonyme.

D'après le compte Sina Weibo du département de lutte contre les incendies de Suzhou, 30 établissements ont été fermés au cours d'inspections s'étant déroulées entre le 6 février et le 6 mars.

Une notification de ce département indique que le Lotte Mart de Suzhou sera fermé pour 30 jours à compter du 6 mars, du fait de défaillances dans les systèmes d'alarme incendie, les installations fixes d'extinction automatique à eau（sprinklers）et les issues de secours.

Selon une agente du département de lutte contre les incendies de l'Anhui, ces établissements ont été fermés à cause des risques potentiels d'incendies : « De nombreuses personnes sont décédées récemment dans des incendies, dont 18 personnes dans un centre de massage de pieds de la province du Zhejiang ».

« Je ne pense pas que cela soit lié à des sentiments contre les Sud-Coréens ou contre l'installation [en Corée du Sud] des missiles [antibalistiques américains] THAAD, ajoute-t-elle. Nous avons des documents pour prouver que certaines structures dans les deux supermarchés Lotte Mart ne répondaient pas aux exigences du département local de sécurité incendie. »

Le département de lutte contre les incendies de Dandong, qui aurait fait fermer deux magasins Lotte Mart à Dandong, n'a pas souhaité commenter sur cette affaire.

« Nous allons continuer à enquêter sur ces fermetures et faire rapidement une déclaration publique », indiquait lundi un responsable des relations publiques du groupe Lotte en Chine nommé Jin.

语言分析： 这是一则有关韩国乐天超市的新闻报道，属于时下非常热门的一个话题。

乐天超市因违反相关消防管理规定而被勒令关闭。

首先需要认识的两个比较新颖的单词：

Sina Weibo：新浪微博

THAAD：萨德系统

points de vente（营销点）和 magasin（商店）在此都是门店的意思，由此体现了法语书面语的灵活多变，不擅重复的特点。

« Je ne pense pas que cela soit lié à des sentiments contre les Sud-Coréens ou contre l'installation [en Corée du Sud] des missiles [antibalistiques américains] THAAD» —— "我认为这和反韩情绪或者反对安装韩美萨德（THAAD）系统无关"，这句话中 Je ne pense pas 在翻译的时候要注意否定转移。

在表述方面，没有直接用"cela soit contre"（反对），而是使用"cela soit lié à des sentiments contre"这一结构，这样的写作手法非常隐晦。其中"sentiments"一词弱化了这一状况发生背后的政治原因。比较符合新闻语言的客观性特点。

最后一句，« Nous allons continuer à enquêter sur ces fermetures et faire rapidement une déclaration publique »，—— "我们后续将继续调查这些停业的门店并迅速做出公开声明"。这是媒介语言的惯用说法，后续追踪报道是其独有的特色之一。

从上面几篇新闻报刊的语言分析可以看出：新闻语言表述精湛准确、客观，没有太多累赘。从篇幅上来说都相对比较短小精炼。

从内容上来看，取材大多是最具时效性的时政要闻。因此真实性很高，时代感浓厚。这些都是其他类语言所不能比拟的。

第八章

语言学与法语教学

8.1 法语教学的背景及现状

法语教学分为语言学和文学。语言学的教学依赖于规范、行之有效的教学方法，文学则是一种对语言的宏观驾驭。前者是根基，后者可谓是上层建筑。语言学的教学方法有很多，有交际教学法、情境法、认知法、听说法、TBL 教学法等。合适的教学方法对于法语语言学习很有必要。笔者在此要探讨的是 TBL 教学法，它的任务设置比较符合以法语为代表的小语种教学。在此先以法语听说教学为例。

在人类所有语言活动中，"听"所占的比重为 45%，"说"所占比重为 30%，"读"所占比重为 16%，"写"所占比重为 9%。用人单位最重视的也是学生的听说能力。作为联合国六大工作语言的法语，其听说更应该作为重中之重。但是听说恰恰是法语学习中最薄弱的环节。法语专业四级考试直接呈现了这一不足。如何提高法语听说能力成为法语学习者需要迫切解决的一个问题，同样也成为法语教学者需要研究的一项课题。目前国内法语课堂上大部分都采用的是重语法轻听说的传统教学法，现状令人担忧。很多从事法语教学的前辈和同行们都在探索一种能有效提高法语听说的教学方法，也都取得了一定成果，但由于听说是一个长期积累的过程，要想一蹴而就看到效果并非易事。

听说在任何外语学习中的作用都是举足轻重的，我们很熟悉的英语四六级考试，听说占有举足轻重的比例，其他公共外语考试也都没有忽略听说的地位，可以说听说对于外语学习是至关重要的。法语听说也同样很重要，它被运用于法语学习和生活的各个方面。因为语言说白了就是讲话，讲话就必须牵扯到听和说的问题，听说对于语言来说是一个硬性要求。语言也许可以少了书面表达，但是却绝对不能没有听说。但是恰恰相反的是，目前中国法语教学同大多数外语教学一样，现状并不乐观，存在重语法，轻听说的问题，使得所学语言不能游刃有余地运用到日常生活中来。听说课缺乏系统的策略和有效的组织，课前没有充分的导入，实际训练和交流都很少，导致语言听说技能和口语输出方面的水平也受到制约，学校所学知识不能有效服务于现实，与社会需求有差距，整个外语教学尤其是听说教学方面与考试要求差距较大，也与社会需求脱轨。

针对听说教学存在的这种不足现象，本人迫切地想寻找出一种能有效改善当前教学状况的行之有效的教学方法。本人从事一线法语教学十一年，主讲基础法语中级法语法语听说、法语语法等专业核心课程，九年亲自辅导学生进行法语专业四级考试 TFS4，通过对历年本校学生考试结果进行分析，并对比全国其他法语院校各单项平均分，得出在法语专业考试中最令学生头痛的一个致命弱点就是听说。像其他部分比如语法词汇阅读，所得分值几乎没有太大差异，唯独听说，是考试整个板块中失分最严重也是最能拉开学生间成绩差距的一个拦路虎。由于法语存在连音联诵现象，名词、代词、形容词的阴阳性以及代词等一些排列顺序和汉语大不相同，再加上法语本身语速比较偏快，所以不管是平时的听说课考试还是权威的专业四八级考试，听说都是法语学习的一大弱点。而作为弱点部分的听说恰恰却是考试和交际必不可少的内容，因此应该作为重点而攻克。

况且，传统的外语教学模式也是时候该突破了。众所周知，时代变迁很快，对复合型人才的需求也很大。而传统教学模式培养出的学生大都是高分低能，太过专注于书本，不能活学活用。这在就业时表现最为明显。很多用人单位需要的是能够用外语进行实际交际的人才，而不单单是看考笔试成绩的高低。比如从事口头翻译，法语导游等工作，我们学生在法语的实际应用方面的欠缺就暴露无遗。

笔者调查本校和外校几位同行法语老师如何上听说课，他们大多还是以某个国内教材为上课的主要依据，碰到语法、词汇、句型、句法等不懂的新知识点，还是像精读课一样讲解，唯独比精读课多了几篇视听的内容。一般先解决生词和困难句型，再听内容复述，效率不高。而语言学习的目的就是为了有效输出。因此探究一条适应于听说课的教学方法是法语语言学习的核心目标。

通过借鉴国内外同行领域专家学者的宝贵经验以及笔者不断的教学实践，发现 TBL 教学法任务具体，目标明确，注重语言的实际运用，非常适合于实践性比较强的法语听说课堂。任务型教学法的教学过程是将课堂理论学习转化成有目的的完成任务的具体形式，让学生利用以往所学的知识完成课堂任务，完成任务的过程即为课堂学习过程。此教学法对学生课前任务的要求比平时高出许多，将很多原本上讲解的基础知识以任务的方式分配给学生提前做，我们可以制定很多硬性标准来督促他们去完成，给课堂腾出充足的训练时间，这也解决了老师们的一大顾虑，也是 TBL 教学法的优势之一。

TBL 教学法应用的范围很广，所以先前的有关研究也很多，但是将 TBL 教学法应用于小语种领域的却很少，因此笔者将 TBL 教学法引入法语听说教学。以下部分就 TBL 教学法的定义、起源、国内外研究综述，TBL 教学法和传统 PPP 教学法的异同方面进行阐述。

8.2 法语教学的目的及意义

如何探索出一套行之有效的教学方法以真正提高学生的法语听说能力？这是一个刻不

容缓的问题，也是本研究的目的所在。前面提过语言学家 Stephen Krash（克拉申）的理论为法语研究提供了可靠系统的理论支撑，然而这种理论太过注重语言的输入过程。在实际中，语言的输入和输出同样重要，甚至语言的正确、有效输出才是语言学习的最终目的。

自从我校出台新的培养方案之后，基础法语课每周缩短了两节。本来课时就紧张的情况下，再减少两节，将来还要进行专业考试。面对这种形势，急需要探索出一个适应新的培养方案并能保证课程质量不受影响的新型教学法。

其实新的培养方案减掉了两节基础课，却又增加了两节实践性语言课，笔者认为这种安排很好，考虑到了语言教学之间的平衡，使理论学习和实际应用不至于出现太大偏差。但是如何实现这种平衡，需要寻找一种合适的教学方法。而 TBL 教学方式正好弥补了这种不足。

TBL 教学法是交际教学法的一个延伸，它是将课堂教学转化为具体任务，"以任务为中心，以学生为主体"，在执行任务的过程中实现课堂教学。它吸收了交际教学法中"以学生为中心"的精髓，它们的共同点都是注重培养学生的实际应用能力。但是比起后者来，TBL 教学法因其承载着独立的任务而显得更加具体、明确。同时 TBL 教学法也吸收了听说法中重视口语训练的特点，还汲取了视听法中借助教学辅助手段来丰富课堂内容的教学方式。总之它是在多种教学模式的基础上吸取优点，并进行整合、发展从而形成自己特色的一种新型的教学法。本文就试图研究 TBL 教学法，将 TBL 教学法带入法语听说课堂，将每项具体任务在课堂上分配给学生，让学生成为课堂的主体，充分调动和发挥学生的主观能动性来进行课堂教学，让学生真正地掌握一门实用的法语。

理论意义：TBL 教学法在国内尚处于探索阶段，前人的研究并不多，而将 TBL 教学法应用于法语听说方面的更少，本研究恰好拓宽了 TBL 教学法放眼于小语种领域的视野，为这方面的后续研究提供了一定参考；也有助于其他科目建立相关的教学模式。

现实意义：本研究的现实意义在于揭示了听说教学和听说考试成绩直接的密切关系；引导学生进行自主学习；培养学生的语言实际应用能力，开发学生的合作创新精神。而且这种教学方式更加有计划有目的，课堂容量更大，教学方式更独特新颖，打破了现行教学的墨守成规，这无疑是对传统教学的挑战和改进，因此将它应用于法语听说课堂是很有实际意义的。

8.3 TBL 教学法的先行性研究

8.3.1 TBL 教学法的定义

TBL 教学法的起源比较早，到了 20 世纪七八十年代逐渐形成，它始于国外，为国外教育广泛采纳，它是众多语言学专家在大量的实践和研究的基础上提出的具有实际意义的新型教学法。21世纪后逐渐引入我国并应用于外语教学，深受教育部的重视和推崇。它的理论依据是建构主义理论，在交际教学法和二语习得理论的基础上发展完善起来。代表人物有 Ellis（1986）、Nunan（1989）、Jane Willis（1996）、Skehan（1998），TBL 教学法是以完成任务为教学目的，以完成任务的过程为课堂教学过程，是一种提倡在"做中学"的教学方法。

8.3.2 任务型教学法的要素及本质

Rod Ellis（1986）提出任务型教学法有六大要素，即目标、内容、程序、输入材料、教师和学习者的角色，情景、目标就是告诉我们执行这项任务的目的是什么，具体到课堂上就是要达到什么教学目的。内容就是任务中包含了什么，该做什么。程序即完成这项任务的步骤和时间上应该遵循的先后顺序，其实就是告诉我们怎么做。输入材料就是履行任务的时候借助一些具体的材料性东西，比如这堂课讲与旅游有关的知识，附上地图或者以图片以及视频的形式穿插当地风俗、美食的相关知识，可以使得任务的操作更加实际化。在TBL 教学法中，这种输入材料的方式是值得大力提倡的。接下来的师生角色要素更是必不可少。既然是教学法，势必会牵扯到教与学的关系，即师生关系。与传统教学法不同的是，教师的角色不再是主宰课堂，而是主要起引领和监督作用，课堂的主体变为学生。教师可以参与到学生中去，但是要给学生充分发挥主动性的空间，不能太过于主动干预。最后一点情景是指 TBL 教学法所依赖的实际环境或者背景条件，主要指大的硬件背景。最基本的一个要求是课堂环境应该尽量贴近课堂内容，为任务的执行提供尽可能真实的条件，具体到外语课堂就可以使学生更好地体会到语言和语境之间的密切关系。从外语角度来讲，TBL教学法的本质就是调动学生的积极性，通过语言实践的方式来完成各项任务以实现课堂教学，它是集计划、思考、观察、讨论、互动为一体的生动而又有意义的教学方法。其实上述的六大要素也反映了任务型教学法的本质。

8.3.3 TBL 教学法在国外的研究现状

任务型教学法的先驱是印度学者 Prabhu（1979），他进行了交际型教学实验，这种实验强调的是在"做中学"，通过分配并完成具体任务的形式进行学习和实验，由此形成了任务型教学法的雏形。

英国语言学家 Jane Willis（1996）提出了任务型教学法的三个阶段，将它分为任务前的准备环节，任务中的执行环节和完成任务后的测评体系。任务的执行过程即课堂的学习过程，这部分是整个教学法的主体，也是与传统教学法最大的不同点。

它是非常实用的一种教学法，主张在实际操作中学习，目的实用而明确，课堂形式丰富，内容灵活而实在。任务前阶段教师必须介绍任务并将其布置下去，明确课前任务的要求和时间，告诉学生要提前搜集和准备预习的东西。任务中阶段是整个 TBL 教学法的主体部分，是实施任务的阶段。学生以个人或者小组形式，讨论回答老师的问题，结合课前准备的东西完成课堂任务并以小组讨论、参与、体验或者互动的形式向班上师生公开汇报任务，在实际操作中学习。老师则全程以指导监督和提示或者答疑为主，积极开发学生的主观思维。任务后阶段主要是按照某个评价体系或标准，教师和学生一起对任务的完成情况做验收和总结评价，该加强的部分继续加强，不足的环节继续完善补充，一步步提高。任务后的评价体系包括对个人能力的评价和对任务完成结果的评价。它是整个任务环节的最终落脚点和归宿，做任何事都应该善始善终，打个比方，完成任务就像销售商品，销售完毕的这个评价阶段就像售后，不是做完了就不管了，要有一个完整的监督评价体系，这点不可忽视，做好了这个可以达到良性循环，实现更好地完成下一个课堂任务的目的。

David Nuan[3]（2004）在总结完善前人对于任务型语言教学的观点之后发表了《任务型语言教学》这本书，详细介绍了任务型语言教学的定义、形态、具体操作步骤，他也提出了任务型教学法的构成要素，但是是五个，即教学目标、活动内容或形式、输入、教师和学习者的角色以及环境五部分组成。虽然没有把任务的操作程序纳入几大要素里面，但是在文中却提及教师应该如何操纵任务型教学，学生应该如何去执行和响应任务。他的研究特点是主要偏重于理论。

Mario（2007）主要通过实证性研究的方式，列举大量真实的数据来告诉我们如何把任务型教学法应用于外语教学的各个科目，比如口语、听说、写作、翻译、词汇等，来全面检测学生的语言运用能力。可见任务型教学法最终目的还是将理论学习落到实处，应用于实际交际。

法国著名教育专家 R.Galisson 多次指出："我们的外语教学不能太注重功能语言或者教学大纲，如果以这个为主要教学手段，课堂上的操练顶多是机械模仿，而不能适应真实环境，法语教师从事法语教学的目的不是想培养只专注于书本或者理论的区别于一般人的学者，而是使学习者能够真正听懂并融入到这门语言所属的社会活动中去，能与母语社会的人进行充分交流。"可见听说对于语言教学的重要性。

TBL 教学法在国内的研究现状

笔者研究了知网上从 2005 年到 2015 年近 10 年的核心期刊上的论文，发现有关任务型教学法的相关论文挺多的，但将 TBL 教学法应用在法语听说方面的研究非常少。所以这方面的研究空间很大。

夏纪梅老师在 1998 年最初将任务型教学法引入到英语课堂，把英语课堂和实际联系起来，引导学生如何把英语知识运用于社会，提升工作能力。

3　Nunan 是澳大利亚著名的教学法专家，他最早是在 1989 年将任务教学法定义为：任务教学法是指课堂活动，要求学生理解，操作，运用课堂语言，或者运用所学语言与人交往，交流。他将任务教学法分为四个部分，即目标，资源，程序和评估。由此正式提出了任务教学的观点。

方文礼在《外语任务型教学法纵谈》一书中，主要讲述了在任务型课堂中，教师和学生分别应该怎样运用任务进行学习，任务前的准备工作对于教学任务的顺利开展所起的促进作用。还从知识和理论方面介绍了三种任务型教学法，其中交际型 TBL 教学法最值得本人借鉴，因为上文谈到了，外语教学的目的主要在于实际。不足之处是没有考虑到任务型教学在具体执行过程中因为外部环境所受的制约。

郑红苹以国外任务型教学法为基础，阅读并钻研了大量国外有关任务型教学法的文献，吸收了其中的精华，把它应用于国内教学并应用于外语教学实践，提出如何在英语课堂上有步骤地实施任务型教学法。探索出了适合我国本土外语教学环境的任务教学模式。

朱玉山将任务型教学法应用于英语视听说教学。强调了合作对于任务型教学的不可忽视的作用，要求学生改变传统的学习观念和态度，积极配合老师所布置的任务，养成主动的学习习惯，并尽可能借助多媒体教学手段丰富课堂教学。

李绍芳也成功地将任务型教学法应用于大学英语口语课堂。其实这是非常合理的一种推广，因为口语本身就是语言实践的过程，体现了"做中学"。这也使得本人大受鼓舞，更加大胆地去尝试在听说课堂上也采用任务型教学法，因为口语和听说可以说是无法分割的。

李亚文以英语教学为例，对比了任务型教学法和传统教学法的不同，主要体现在教学内容的不同，师生角色的不同和教学目标的不同。这是非常清晰的一个研究。因为任务型教学法是从国外引进的，在国内还是没有发展成熟，属于一种比较新型的教学模式，因此国内学者对它的认识仍然是比较模糊的，很多人将这种教学法直接与交际教学法混淆。因此李亚文的探索可以说清楚明了地让大家认识了这种教学法和传统教学法的不同之处。

将 TBL 教学法应用于英语教学比较多的则是口语和写作课堂，比如何玲在《任务型教学法在高校英语口语教学中的运用》一文中就阐述了任务型教学法的特点，即目标明确，程序可控，内容具体，分组合作。他列举了我国高校英语口语教学的现状和不足。提出了如何利用任务型教学法解决这一不足的问题。

总之，大家都在实施 TBL 教学法中严格遵循其三个阶段，如下图所示。

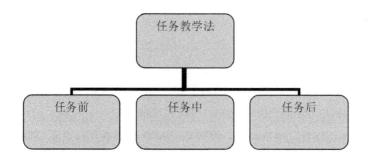

英国语言学家 Willis Jane（1996）的研究 *A framework for task-based learning* 对笔者启发很大，他将 TBL 教学法定义为：任务前的准备环节，任务中的执行环节和完成任务后的测评体系。任务的执行过程即课堂的学习过程。它指出 TBL 教学法的课堂主体是学生，老师只是起引导作用，这种教学模式注重的就是学生语言实际应用能力的培养，这是与传统教学法最大的区别。这种新型的教学法备受教育界的关注，很多语言教学相继模仿，例如在我国的英语教学中，这种教学法取得了一定成绩，尤其在英语写作和阅读课堂上的应用。但是截至目前，小语种领域对这种教学法的研究却不多，目前小语种课堂仍然停留在相对保守、教条的传统教学法方面。就法语这方面来说，TBL 教学法的研究空间很大。听说课本身就课时受限，所以急需要找到一种既能有效服务于听说课堂，又能在有限的课堂时间内掌握好听说的两全的对策来解决听说课面临的这一现实问题，TBL 教学法的任务前和任务后环节都是对有限课堂的无形拓宽，而听说课面临的一大问题就是课时不足，因此这也是 TBL 教学法非常适合听说课堂的一点。这也是我研究的目的所在。

8.3.4 法语听说教学的国内外研究现状

Guy Capelle 和 Robert Menand（1993）的《Taxi》是比较早的法语原版听说教材，有光盘和配套习题。以分章节试听的形式进行听说教学。后来很多教材以此为模板。

Michel Verdelhrn 和 Philippe Dominique（2001）编写的 *Nouveau Sans Frontieres* 也是很好的法语原版听说材料，但是造价比较高，在国内很难买到原版的。

Guy Capelle 和 Noelle Didon（2006）合作编写的 *Reflets* 教材，在国内外都反应良好，广受推崇，也是本研究所使用的教材。

Gilles Breton,Martine Cerdan, Yves Dayez, Dorothee Dupleix, Patrick Riba, Dominique Chevallier, Sylvie Lepage（2010）一起合作编写了 *Delf*，由于 *Delf* 全系列分为 *Delf* A、*Delf* A2、*Delf* B1、*Delf* B2,因此作者工作量和合作人数会比较多。但是它主要是以在国外的留学生为主要对象的。

Catherine Dollez 和 Marie-Francoise Ne（2010）主编的交际法语视听说教程 *Forum cahier d'activite*，从时间上来说出现相对较晚，是继 *Reflets* 之后内容比较新颖的听说教材，都是以法国人的真实生活为素材的。

马晓宏（1993）的《法语》是所有法语专业的师生最为熟悉的一本教材，他的《法语修订版 1、2》（2012）也正式将听说引入法语专业读写课堂。这点正好和李志清的《新大学法语》相互补，如果说前者主要占据二外领域的话，那么后者则是专业领域的领头羊。

吴贤良（1998）的《公共法语》更为英语专业学生所熟知，他以深入浅出的方式向以法语作为第二外语的英语专业学生讲述了比较复杂的法语语法。课文编排更是幽默生动。但不足之处是它的旧版没有听说内容，到后来的《新公共法语》（2007）才加上去配套听说光盘的。

李克勇（2005）主张将 TV5 等各类法国节目引入法语听说课堂中，让学生身临其境地感受法语，使听说课堂生动起来。我在本书中也提到，法语听说应该提倡以法国原版新闻电台等为主，其中 TV5 就是。

朱燕的（2005）《法语听说教学研究》一文就课堂上影响法语听说的因素做了详细分析，将主要原因归咎为两方面：一是老师的课堂讲学模式，二是教材的选用和使用状况。作者对影响听说的这两方面因素的分析可谓做到了非常细致入微，但不足的是对于影响因素的分析不够全面，没有将学生纳入考察范围。

周力（2008）以法语听说教材 *Nouveau Sans Frontieres* 为例，论述了交际教学法在法语听说课堂中的应用，目的在于将课堂教学转变为实际交际，让学生在课堂练习和情景交际中运用法语。

庄金秋（2008）在《浅析影响法语听说理解的因素及消除对策》中，以法语所赖以生存的文化背景为理论基础。一方面从学生之间存在多方面差异等多角度分析了影响学生听说水平的不同因素，另一方面从老师着手，提出老师应当多关注学生的心理健康教育，有的放矢地针对不同学生制定出不同类的学习方案，以帮助他们提高法语听说能力。

罗皑雅（2009）的《学习策略在法语听说中的培养》，围绕着"如何听"展开研究，由此引出要学会如何听法语，就要懂得一定的学习策略。学习策略是以认知心理学为理论基础的，但是对于法语听说学习策略的研究很少，英语的东西又没办法套用在法语上去，所以此项研究可以说是一项创新之举。该论文也出现了一些不足。比如法语听说应该遵循怎样的学习策略？答案较模糊。

李志清（2011）的《新大学法语》这本教材被很多高校采纳，它以适合二外学生的浅显的方式进行语法以及课文的讲述，配合生动有趣的插图，让法语学习变得趣味横生。更重要的它教材后面配有课文听说，是首批将听说引入精读课教材的典范，这是一个重大的创举，让我们更加认识到听说的重要性，传统的教学不再单一。但不足之处是主要应用于第二语言教学。

从这些法语专家教材的改版趋势来看，法语听说教学越来越受重视。但是从国内整个教学领域来看，有关法语听说教学方面的先行性研究还是非常少的，特别是大的创新性研究或者是教学改革少之又少，主要停留在对前人研究的建议和完善方面。因此这方面的研究空间很大。

8.4 TBL 教学法和传统 PPP 教学法的不同

传统教学法也称传统 PPP 教学法。即 presentation, practice, production。presentation 主要指老师介绍上课内容，将之呈现并传输给学生。practice 指的是学生按照老师所讲的东西进行练习。production 主要指语言的产出或者输出部分，学生在经过老师讲解之后进行相关练习，并将所学语言用文字或者口头的形式表达出来，这一部分在传统教学法中往往表现得很弱。因为前两个环节大多是照本宣科式的讲解和课后练习，缺乏真正的融会贯通。

传统听说教学注重听的结果，一般都是老师让学生听一段对话者一篇录音，然后回答简单的问题或者做正确与否的判断，或者从一些选择题中选择与所听内容相符合的选项，最后老师予以更正，再给出正确答案。这种教学法学生比较被动，而教学模式也更倾向于应试教育下的单纯做题。而将任务型教学法应用于法语听说课堂之后，听的过程就占主导地位。当然，本人在这篇论文中也采用了做试卷进行测试的方法来进行实证性研究，但是测试只是完成课堂教学任务的辅助手段，学生听说水平的实际培养和语用能力的锻炼才是此教学法的目的。学生测试成绩是否提高是检验此教学法是否有效的最直观标准，但是这种测试是积极主动的，也是更轻松的。完成任务的方式可以是单独的，也可以是小组合作或角色扮演的形式。但是尽可能以讨论或者对话的形式出现，鼓励每个学生以语言交际的形式多听多说，完成法语听说课的成功"输入"和"输出"。学生是执行任务的主体，教师只起到从中引导和对完成结果进行评判总结的作用。完成任务的时候，学生在遵守基本要求的情况下，形式不拘泥于传统听课的被动方式，他们可以尽情发挥自己的思维和创造力来培养解决问题的能力，使得学生在课堂上得到极大的满足感，也使得学习过程更加丰富多彩。现在国内很多大学设置了创新学分，即学生在完成学校规定的理论学分外，必须再通过演讲比赛，发明设计等实践活动额外完成两个创新学分，这是对学生素质要求的体现，可见大学学习逐步同现实社会接轨，实践能力得到越来越多的重视和认可。回想起外教上课，的确与中国老师的课堂模式不同，不管什么课，记得他们很喜欢让学生来自己思考，在相互讨论中寻求问题的答案现在我们就将 TBL 教学法和传统的 3P 教学法进行比较。

类型 特点	PPP 教学法	TBL 教学法
课堂角色	教师为主	学生为主
课堂重点	语法、单词	语用和交际
教学技能	应试能力	听说读写四项技能
课堂活动	较少	贯穿始终
语言运用	单一	自由灵活
课堂设计	按大纲	按任务
老师纠错方式	立即纠正	课堂任务完成后纠正
评估标准	语言形式是否正确	任务或者教学内容完成情况
信息传递方式	老师向学生单向传递	师生之间或者学生之间双向传递
学生学习方式	被动接受	主动学习

从上述图示可以看出 TBL 教学法对于培养学生的积极性和合作精神非常有用。它通

过有目的的制定一项项具体任务，向学生树立学习风向标。课堂上的任务分工明确，讨论有的放矢，使得学生所学的原本笼统的知识变得条理清晰。在鼓励合作中完成任务，在快乐中学习并运用。法语听说课的教学大纲和最终目标就是要求学生能够运用所学知识进行实际交流。如果沿用现行的传统教学模式的话是很难达到这一要求的，任务型教学法响应了教学大纲的要求，正好弥补了目前教学法的不足，传承了素质教育的新型教学理念。是TBL教学法决定了上课必须要有准备阶段，这使得学习的目的很明确。任务中环节也就是上课的过程，由于上课打破了以往的老师讲解为主学生记忆为辅的传统，师生角色的调换使得课堂的互动性更强，学生再也不是在课堂上被老师牵着走的知识的被动接受者，而是课堂的主宰者，因此上课比以往更有激情。由于是公开发表言论，学生之间会自发性地相互监督，形成一种竞争机制；为了让自己在竞争中获胜，他们会更主动地寻找信息，获取知识，在参与课堂的过程中会反复思考，仔细斟酌每一个问题，力求发言时做到最完美正确。小组之间的交流探讨也可以使他们潜意识里认识到团结合作的重要性，并产生勇于承担责任的意识。这种经过亲自思考、体验的课堂教学本身就会为他们带来喜悦和成就感。况且任务后对结果的测评是非常有目的性的，不像以往教学一样太过专注于具体结果或者每个题的答案是否正确，而是启发学生找出原因，养成良好的分析解决问题的习惯。任何语言的学习都非常讲究语境，语境学习中真实性的学习必不可少，法语语言的学习亦是如此。TBL教学模式是将所有学习内容转化成真实任务的方式，将教学目标明确化，对语言真实性的学习很有效。可应用到阅读、语法、写作、听力、口语等语言教学的各个领域。

8.5 TBL 教学法的课堂设置

上文已经提过，听说一直是法语教学的重点难点，也是法语学习的一个薄弱环节，体现在法语专业四级考试上最为明显，是考试七大版块中失分最严重的一部分。因此寻找出一种切实可行的教学方法提高法语听说迫在眉睫。

除针对本论文所进行的正式测试外，其中每次上课的时候我还有意识地以专业四级模拟题的听说部分为辅助练习，结合教材设置课堂任务，然后主要由学生来完成，对每堂课所学知识加以巩固。任务型教学构成要素里面的主要部分即任务中部分是必须在课堂上以学生参与、老师监督的形式完成的，而任务前部分必须是在任务开始前完成的，也就是要在上课前充分准备好，否则课中任务无法完成。由于任务型教学法是以学生为课堂主体，经常会有小组合作和个人发言，所以学生自然很重视自己的表现，会在上课前更加积极主动去准备。并且现在很多高校在期末考试分数设置上都有平时分，平时分就是除了卷面成绩外学生的平时表现，可以占到百分之二三十的比重，运用这种教学法的时候我们可以完全向学生公开，把他们课前、课中、课后的表现纳入平时分的考察范围。由于TBL教学法的这三个环节是环环相扣并且要接受课堂的实践检验的，所以这个平时分更科学、透明。

我校开设有网络教学平台，这是一种与时俱进的很值得推广普及的教学手段，充分利用多媒体优势完善了课堂的时空不足，很受广大师生欢迎。我在运用 TBL 教学法的时候就借助了这种优越的教学平台，和学生进行课堂外的及时沟通，学生课前准备得怎么样，有什么困难，都可以反馈到平台上，我的要求也可以补充到这里来，不管是问题还是资源都可以师生共享，这也是老师对于学生的一种课前课后监督手段。就 TBL 教学法而言，这种对于课外任务的监督是必不可少的。因此可以说这是一种很高效的教学法，增加了课堂的深度和宽度，有效弥补了课时不足的缺陷。

法语专业四级考试中听写是第一部分，占 10 分，要求是听一篇 150 字左右的短文并默写出来，共听四遍。第一遍主要是抓住文章的大意和基本题材，避免出现大方向的错误，因此这一遍只听不写。第二遍和第三遍是集中注意力边听边写。第四遍主要是补充完善之前没有听清的内容，并且对不确定的细节部分进行核实修改。播放整个听说录音的时候不能出现人为重放、倒带等情况。任何性质的错误扣 0.5 分，相同的错误只扣分一次，扣完为止。第二部分是听力选择，这一部分是以情景对话的形式出现，总共二十道题目，每道题听两遍，录音播放一段对话，下面有三个选项，要求学生根据对话所提出的问题选择正确选项，共20 个题目，共 10 分。第三部分为词汇，主要是分析同义词、反义词、辨析完形填空，共 15 分。第四部分是语法选择，40 道单项选择题，共 20 分。第五部分是动词时态填空，20 个空，20 分。第六部分是四篇阅读理解，也是 20 分。第七部分也是考试的最后一部分为看图写作，共 15 分。从整个分数设置可以看出第一和第二部分都是听力，共 20 分，在七大模块中占分数比重是非常高的。前辈们已经就语言分配做了详细研究，在语言交际中，"听"，占了将近一半的比重，听是整个语言传输的中介和桥梁。"听"在语言学习中是如此之重要，然而国内听说教学所占比重并不多，更偏重的视觉教学而非听觉。从法语专业四级题目设置可以看到，听说所占20%，和语法、阅读所占比重是一样的，而课堂学时数却远远不够。具体数据说明：法语专业基础阶段一年级和二年级的听说课是每周 4 个学时，而语法阅读本身就是精读课上的重中之重，每周 8 个学时，这还不够，还专门开设了每周两个课时的语法课和阅读课，这样加起来总共就有 12 个课时。听说和语法阅读的分量是同等重要的，甚至在很大程度上来讲要重于它们，然而听说学时的安排只是它们的 1/3！这样的课时安排无形中起了一种导向作用，让学生无法把听说和语法看得同等重要，从心理上轻视听说。而目前听说也正是法语学习中最大的一个障碍，严重影响了法语专业四级的考试成绩。笔者将本校法语专业 8 届学生的专业四级考试成绩进行平均，然后将各题得分百分比用图示如下：

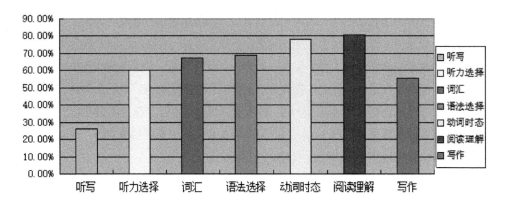

从上图可以直观看出，听写部分是整个考试得分比重最低的部分，总是低于及格分。全国范围内的情况也是听写部分得分最低，一直是考试几个版块中的最弱项。而听力又是整个考试的第一部分，听力发挥得好坏会直接影响到学生后面部分答题的情绪。总之，听力是最影响考试成绩，也是严重关系到考级通过率的一大因素。

《高等学校法语专业基础阶段教学大纲》的要求对于学生来说是有难度的。所以仅仅局限于课堂听说是远远不够的。TBL教学法要求除了课堂教学的任务中环节外，还要有任务前的准备环节和任务后的巩固环节。这就拓展了听说课堂的时空条件，有利于弥补教学时间的不足，同时也填补了教学空间的局限。本人上课也严格按照TBL教学法的三步走。

一、任务前环节

1.让学生了解即将学习的文章的背景知识，要求他们借助网络或者书籍查找法国人过生日的形式和习俗，并将搜集到的东西进行筛选分类，最终以图片、文字、视频、多媒体课件等不同形式展现。这样做的目的是让学生多了解一些法语文化背景。另外听说课一般都安排在语音教室，既然TBL教学法将课堂主体移到学生身上，学生也应该充分利用多媒体或者网络授课的优越条件。

2.要求学生预习相关语法知识：动词变位，名词冠词的复数，否定的表达。预习并掌握听说教材《Reflets》后面的vocabulaire和mots et expressions部分的有关词汇以及教师给出的词汇，将课后词汇布置在课前完成可以为上课腾出时间。而教师给出的词汇往往都是教师自行设计的与专业四级听说内容相关的东西。学生可以借助查字典等方式提前记忆这些单词，达到在上课前就能牢记并默写这些单词的水平，直到熟悉它们的用法，可以运用它们进行简单造句。这些是对法语听写技能的一个加强，因为听写考察的知识点太精细了，平时的预习和训练都必须面面俱到。

由此可以看出TBL教学法对学生的课前要求都是很高的，其实这也是必需的，因为作为大二学生，如果还把许多记忆单词的时间浪费在原本就有限的宝贵课堂上实在是不应该的。学生在预习的时候对于不会的短语和疑难语句加以标注以待课堂解决。

3. 要求学生根据所预习的词汇来预测相关听说内容，养成运用已知信息进行推测的习惯。这种方法在听说理解考试中所起的作用很大，可以提前了解重点，做到心中有数。例如专业四级听说理解部分，可以通过快速浏览题目了解文章类型，通过题目中的关键词汇猜测文章内容。

因为每次听说考试正式开始之前都有几分钟看题目的时间，要养成在听说之前快速浏览题目并进行预测的好习惯，这样听的过程中可以带着问题去听，不会太盲目。选择答案的时候也可以做到心中有数，听到某个问题的时候可以快速切换到所对应的题目和选项中去，而不是按顺序一道题一道题地去听，那样很呆板，也很难将听说材料和后面的问题对号入座，会造成时间上的浪费，效率也很低。比如，听说材料刚开始讲的信息有可能出现在最后一道题目提问的内容里面，假如按顺序做题的时候，很有可能就把先前听到的东西遗忘掉，而听说理解一般都只播放两遍，等看到题目的时候再回过头去听的话根本不可能。这些细节都是做听说理解非常关键的技巧点，需要提醒学生提前掌握。这样做也是对做听说选择题的一个习惯培养。

二、任务中环节

1. 按照惯例，每周上课的时候首先做 15 分钟的听写，字数在 200 字左右。专业四级是150 字。课堂听说内容选取 2007 年到 2014 年的专业四级真题的 6 篇听说内容，其中 2007年和 2009 年的题目难度最接近，单独抽出来作为本研究的前后两次测试卷。还有武汉大学王静老师所编写的《法语专业四级统测指导与模拟训练》上的听说共 10 篇，这些模拟题是高度效仿专业四级题型，难度较真题偏难。将学生平时每次训练的听写试卷回收打分，只计算总分，根据总分来判断平时的练习是否有成效，哪些需要加强和改进。由于平时上课有生病或者有事请假的学生，再加上法定节假日所造成的上课中断，每次参加听写的学生人数都不是很统一，听写的次数也没有按照每周一次的原计划实施。有的时候听说理解占用的时间过长导致内容延续到下一次上课，最后实际上进行的听写次数总共是 11 次。鉴于这一点，本人在正式做研究的时候规避了这一点，提前两周通知学生测试日期，要求每个学生必须参加不能缺席。以确保下发的每一份问卷和测试卷都有效。

2：听写完毕后，以幻灯片形式分组展示课前所准备的内容，即法国人如何过生日，不同关系的人之间会送什么礼物，说什么话。每组派一个代表上台演示，尽量使用所预习的新词汇进行口头表达。这也是一种无形的对学生课前任务的监测手段。展示完毕后进行课堂讨论。

讨论 1：Discussion collective: Comment vas-tu faire pour fêter l'anniversaire de tes parents, tes amis, tes copains etc?

讨论 2：Qu'est-ce qu'on va faire pour feter l'anniversaire en France?

3. 观看第四课的 DVD-*Joyeux anniversaire*!，根据课后要求，观察剧中人物行为并回答

老师设计的问题 .

问题 1：Imaginez et faites des hypotheses, qu'est-ce qui se passe dans les images?

问题 2：C'est l'anniversaire de qui?

问题 3：Est-ce qu'on offre des fleurs à un homme en Chine?

问题 4：Attention les laisons, ecoutez et dites c'est le nom singulier ou pluriel?

问题 5：Ecoutez la civilisasion, saisir l'essentiel "quand, ou, quoi, qui, comment, pourquoi" et faites des exercices .

问题 6：Ecoutez le nombre et faites la dictée.

问题 7：Qui dit quoi?

以上每一个问题的设置都是与考试有关的，主要训练学生对听说中必要因素和背景知识的把握。比如教材 *Reflets* 的 civilisation 部分，马槽、塑像、小泥人、圣诞树、圣诞老人和围着壁炉的全家盛宴一出现我们就可以猜出是在讲圣诞节，也由此可以看出法国圣诞节的文化习俗除了众所周知的有圣诞树和圣诞老人以外，还有摆放小泥人、小塑像来装饰马槽，因为马槽是耶稣诞生的地方。看图部分要求学生在看到图片的时候能用法语词汇恰当地表达意思，可以训练学生的反应能力。对于专业四级考试而言，不管是听说的听写部分还是理解部分都是随听随写或者听的过程中找到答案，是有很强的时效性的，因此这种课堂上对反应能力的训练在听说考试中非常重要。专业四级考试选择部分是情景推测，因此我在课堂上布置的任务是让学生根据每个听说题目中出现的关键词猜测所提出的问题或者根据所提出的问题预测出尽可能地所有回答，然后大家说出各自的推测，并和其他组相对照，把重复的推测列为重点。例如每年的专业四级考试题听说理解部分最常出现的问题就是 :De quoi parle-t-il? Que concerne ce dialogue ou ce message? Qu'est-ce qui se passe entre A et B ? Que veut la personne qui parle? Pourquoi fait-il cela? Quel est l'objet ou quelle est l'intention de cet article? Cmment s'est passe ce dialogue? Quand s'est-t-il passe ？ Où s'est-t-il passe ？ 每道听说选择题都应该这样做，以便在听的过程中养成自发性留意这些细节的习惯，熟悉这些可能遇到的情况后有利于做选择的时候迅速从 ABC 三个被选项中找出答案。比如课后第二题……又比如 2009 年专业四级考试听说理解部分第十二题：Où se passe-t-il, ce dialogue? 被选项中 A：Près d'un hopital. B: Devant la mairie. C:A un lieu ou deux rue se rencontrent. 我们可以通过 rouler trop vite 等词推测出这可能是发生在十字路口。通过 renverser un passant 可以猜出这段听说的大致内容。通过 enregistrer 等词推断出可能发生在机场或者火车站，并且内容可能与机场送别或接机等有关。同时也解决了 Comment est ce message? Ou de quoi s'agit-il, ce message?

这里要说的是课堂观看视频的方式跟平时是不同的。老师第一遍要先关闭声音播放视频，或者隐藏视频让学生单纯地听听说，总之声音和视频不要同步。这种关闭声音看视频的方式是引导学生去联想，让他们学会把自己观察的东西用连贯的思维串起来进行看图会话或者看图写作，这对学生的想象力是很好的开发，同时对于口语表达是很好的提高，对写作是一个无形的帮助，因为专业四级考试最后一道作文题就是看图写作，很多同学就是由于对图片意思理解偏差或者对几幅图画意思揣测不透彻，逻辑或者语句组织不连贯、跑题、偏题，从而导致作文低分。运用 TBL 教学法，在平时课堂上就分配任务，经常训练他们看图说话，这样坚持下来不论对于口语还是写作都能达到一箭双雕的效果。

课堂播放听说还有一种方式就是隐藏视频单纯听听说，这种方式无疑是对听说更加直接的训练，容易训练学生的专注力，也可以启发他们根据自己所听的听说内容设想画面，表演对话。他们可以根据课前掌握的单词和听说中人物说话的语气、氛围、背景声音等猜测人物关系或者故事发生的场景，可能同样一句话用不同的语气说出来表达的意思会截然不同，例如 Tu fais très bien ,continue! 有可能是正面鼓励，也有可能是反语，最终表达什么意思完全要靠说话的语气或者对方的反应来判断。总之要善于发觉，习惯于带着问题有目的地去听听说。这就是情景和语气对于听说理解的重要性。绝大部分听说考试，包括专业四级，采用的都是这种方式。例如：–qui est la femme qui parle? – ABCD 这样播放一遍以后，以小组为单位，每组派出一个代表回答老师提出的问题并且说出对所看到或者听到的不完整内容的推测。然后老师播放完整的视频兼听说内容，学生边看边听，努力听懂每个句子。接下来个人举手抢答或者每个小组派出一个代表，根据刚才所听到和看到的完整内容，主要用自己的话复述听说材料的大意，必要时也可以引用听说原话。复述的内容主要包括事件发生的时间、地点、人物、原因、背景等要素，一般听说内容脱离不了这些因素。老师从中纠正学生的不足，实现对听说的更深层和正确的理解。每个听说材料反复听，熟悉并学习法国人地道法语的表达方式，达到吃透和背诵并最终能以模拟现实的场景进行交际或表演的目的。

以上这样做的目的是为了让学生根据已经看到的东西推测听说大意，或者根据已经听到的东西去想象画面，从而最大限度地调动学生的思维，让其紧跟着课堂内容走，保证有效的50分钟。这样长期下来有利于听听说时的思想高度集中，这对于听说选择题大有裨益。

教师在播放听说的时候，还应该要求学生在听的时候边听边做笔记，因为在有限的时间内听听说，有些东西即使听懂了，思维追随后面听说内容的时候很容易忘记前面的，导致前面本来听懂的东西到了后面却忘掉，特别是对于一些时间和数字的记忆。用法语读出阿拉伯数字或汉语数字很简单，但是把听到的法语数字写成阿拉伯或者汉语数字却有一定难度，这是大家公认的，也是影响法语听说速度的一点。除此而外，对于听说的听写部分，一定要形成自己的一套记忆方法，采用缩略语、图画、自己能看懂的简易符号或代号来记忆以确保听说的完整性。课堂上每组把课前猜测的重点进行公开发言，通过交流讨论发现自身与其他同学的不同之处。最后各个小组之间相互讨论，对比总结心得。讨论的时候可以各抒己见，尽可能使内容丰富，但是一个基本要求就是整个课堂发言或者讨论都必须用法语，不会的可以采取尽可能相近或者间接的方式表达。这对词汇量和口语表达又提出更高的要求。为什么要进行讨论呢？就是不仅要理解每段听说所表达的文字意思，还要揣测背后所暗涵的题外意思，这些题外意思往往与文化背景等有关。这是对学生听说能力所提出的更高要求。外语交流本身就属于一种跨文化交际，不了解相关法国文化怎么能行呢？仅仅能听懂却不会表达又有什么用呢？这同时也实现了语言的有效输出。

采访不同组的同学，例如小组讨论问题：Tu offres des fleurs à un homme? 回答问题，完成教材课后练习和专业四级模拟听说教师应该按照教材要求并以专业四级听说为暗线，设置尽可能多的问题让学生去参与和解决，以帮助他们更好地理解教材和熟悉专业四级听说题型。最后大家进行集体点评，点评中老师起辅助作用，分享学习心得，交流听说技巧。

注意在整个课堂任务的执行环节中，老师应尽量将知识的权威角色交给学生，让学生成为课堂的主宰者和传播者。当然教师也可以参与到学生的活动中去，但是更多的是引导、启发和观察。学生发言或讨论的时候，老师不应该从中打断，学生有不对的地方，在发言完毕之后老师再给予适当引导和更正。在此期间老师应该多观察学生对各个知识点的掌握程度和在课堂每个环节的表现，薄弱的知识点应当予以重复，加强。互动不积极或任务执行不到位的环节应该在下一次上课时进行适当布置或调整。在听懂或大致掌握之后，接下来就可以做听说练习了。想必在完成了一系列有的放矢的课堂任务之后，做起题来就比灌输式的方式得心应手多了。

三：任务后环节：

1：Jeu de role, jouer le dialugue

教师对已经完成的课堂任务做评判，评判内容包括：语音语调的准确度。众所周知，发音对于学习语言的重要性，只有准确发音才能准确把握听说，准确判断。特别是对法国人生活习惯或法国文化背景类相关知识的了解程度，语言结构运用的流畅度和准确度。

2：记录每堂听说课的典型错误，复习学过的重点词汇和新的表达法，要求学生写周记，周记内容锁定为上一次所听听说，尽量是上一次所听听说的原文默写，实在不能默写的话也可以用自己的话将上一节课的听说用文字的东西阐述出来。模仿和默写对于学习语言都至关重要，这样坚持下来久而久之既巩固了所学听说，同时对于语言的四项基本技能和知识的长久记忆都有好处，形成永久记忆的知识用的时候就可以信手拈来。法国人说 Ils vont sortir de votre bouche automatiquement，跟我们一样都提倡自然而然地脱口而出。而且养成经常默写背诵的习惯可以培养语感。

TBL 教学法对于任务三个环节的硬性要求似乎让不了解的人感觉有点强迫性，但是请大家认识清楚，我们是本着真正提高学生的语用能力为目的，和学生进行民主协商之后实行的，并且面对的群体是有强烈自主意识的大学生而非幼儿或小学生，不用担心因为接受不了而对他们造成心理伤害。并且选取的听说内容有针对性又不失趣味性，学生的上课热情会更高。本人就这方面也做了相关问卷调查。

　　情景判断方面如 Michelle et Danielle sont arrivées ensemble dans la classe. Michelle, à l'école, a des amis, don't une est Sophie, elles étudient et jouent ensemble, elles sont heureuses... 通过这段上的写文可以看出很多知识点，Michelle et Danielle 也可以拼写成 Michel et Daniel，单纯从发音无法判断是哪一个，要看后面的 elles sont heureuses，这个告诉我们两个都应该写作阴性的。Michelle, à l'ecole, a des amis, 这句的 à l'école 也是要通过背景判断的，因为前面有个 sont arrivees ensemble dans la classe，可以推断出是 à l'école，而不是 a les cols. 这些都是听写中需要联系上下文背景知识进行推断的。这方面的提高与我们的教材密切相关，因为教材里有很多这样的类似于情景判断的练习，还在每一课结尾附加一篇有法国文化的阅读，这些都可以增加学生对课堂知识外的东西的了解。

　　性数配合即法语的冠词形容词根据它所修饰的名词的阴阳性和单复数所进行的相应变化，是法语初学者比较容易忽视的一个内容，也是法语的一个特色。法语由于本身存在的阴阳性，动词变位等，使之听和说的时候比一般外语更具有难度。我们没有生活在母语国家，本身环境就不足，所以平时上课中就这一点特别加强训练，告诫学生只要听说中出现名词，形容词，冠词，过去分词都要条件反射式地检查其阴阳性。如：Sophie est allée à Paris. 听到这句话的时候，听写中的 aller 应该是这样的 allée，因为 Michelle 是阴性的，过去分词要进行配合。而很多同学会写成 alle 没有配合的形式，甚至还有人写成 aller。还有 Ils sont tout à fait rouges 中的 s 也是经常被学生漏掉的一个知识点。这些都是听不到的，需要根据主语去确认他需不需要配合。以上数据用事实证明了这样的训练的确是很有效的。

8.6 法语语言学教学建议

　　第一：本人一直提倡在听说等实践性较强的法语课堂上采用法国原版教材，以保证所听材料的内容的真实和发音的纯正，保证让学生能在课堂上听到"le français authentique"。"真正的法语"就是来源于法国人真实生活的法语。

　　收听一些来源于真实生活的素材，比如观看电视新闻，现场采访，实事直播，原版法国电影或者 TV5，RFI，LE MONDE 等，多接触一些有生命力和真实感的法语，这些活生生的语言才是很好的听说材料，并且可以让我们即使待在国内足不出户也可以及时了解法国的最新实事状况。这些听说材料非常新颖，真实，而且发音标准流利，虽然语速也相对较快，但是一般都配有视频或者插图，这正好是对语速的一个完美补充，不会出现因为语速快而很难听懂的情况。况且语速快也并非一件坏事，经常耳濡目染地熏陶，对于听说将是一个非常好的训练机会，长此以往地坚持，一定有意想不到的收获。刚才说的这些都是非常有价值的东西，应当作为听说课的首选素材。它内容丰富多变，原汁原味，与时俱进，与我们听说课本上编排的文章录音和对话大不相同。国内听说教材的编排太多刻意编造，有失语言的真实。但是由于上述听说材料需要一定的设备才能接收到，目前我们的教学环境无法达到这一点，只能多多鼓励学生在有条件的时候单独去做。而我们在教学上只能尽量朝这方面努力。因此我在听说课堂上所选用教材为《Reflets》即《走遍法国》，此教材原版是由法国 Guy.CAPELLE 先生编排的，Guy.CAPELLE 先生还编写过《Taxi》《Espace》等视听教材，在国内外法语界反响都非常好，现在很多高校和著名的法语出国培训机构都在使用他编排的这些教材，可以说 Guy.CAPELLE 先生在法语听说方面研究颇深。《Reflets》教材后经过中国人引进并稍微做了适当的改编，使之更适合于中国学生。这本教材以听说为主，穿插着阅读，内容新颖，图文并茂，并配备 mp3 和 dvd 的视听教材，难度中等偏上，内容精彩丰富，涉及日常生活的各个领域，比如交通，购物，用餐，医疗，银行，保险等，是一本非常好的视听教材。《Reflets》每册有 12 课，每课的设置如下：Imaginez、Faites des hypotheses、Regardez les images、Texte、Organisez votre comprehension、 Observez l'action、Les repliques、Les comportements、Decouvrez la grammaire、Sons et Lettres、 Communiquez、Civilisation. 目的在于从想象力，观察力，口头表达能力，发音，语法等各个方面训练学生，最后的文化点滴部分通过逐渐渗透的方式让学生了解更多的法国文化。据说通过多种感官可以获取更多的信息，视觉就是人类捕捉信息的最重要的来源。所以图文并茂的听比起单纯的催眠曲式的听，可以让学生的大脑一直处于比较兴奋状态，使听说课收获最大的成效。而且图片和视频在传播法国文化方面比起老师的讲解更具有直观的记忆效果。

第二：由于 TBL 教学法本身的任务安排，课堂上强化了听说方面的实际演练，笔试方面一般交给学生课前去完成，课堂教学中对这点就相对弱化。学生虽然对于新兴教学法的态度比较积极，但是要想长期保持课前的主动性也并非易事。这方面的不足主要体现在听写的动词变位和单词拼写部分。然而就专业四级考试来说，它的听写部分不管是从知识点的考察还是评分体系上来说都是比较严苛的。大到句法结构小到标点符号和特殊符号如 é，è，都是听写中考察的要素。而且任何一种错误的扣分都是一样的，加上语速较快，听写无疑是对学生的最大挑战。再加上实行小学期后课时的局限，要在有限的时间内完成教学大纲规定的相应任务本来时间就不足，而 TBL 教学法的上课强度又很大，导致一些原本计划中的任务无法实施。这时就需要对课堂做合理设置，需要对课前任务进一步加强。

第三：听说中有很多背景知识的考察，这些在平时课堂教学中的听录音进行情景推测方面已经得到充分训练，几乎每堂课都有这方面的内容，经过反复培养，学生会形成习惯。再加上这部分是以选择的形式出现的，也在一定程度上降低了考试难度。因此 TBL 教学法对于听说选择部分是比较有优势的。但是初次尝试 TBL 教学法的老师在教学过程中往往严格按照 TBL 教学法的流程执行，而没有做变通，在任务执行方面相对比较局限，这样会显得过于死板，势必导致某些知识点的遗漏。这时不能太追求形式，应该适当结合传统教学法。

比如课堂上遇到一些新的文化知识或者薄弱的语法句法结构，老师要穿插传统教学法讲解，否则会概念模糊。还有笔头听写部分，是非常考研基本功的，也需要运用传统教学法予以补充。

第四：在实施 TBL 教学法时，由于每个学生性格不同，即使是相同的老师，相同的教学内容，学生的学习效果也会不同，因此分组时应注意搭配，并有意识地让学生分角色模拟现实场景。不同角色的扮演可以使学生的情感和主观能动性得到最大限度发挥。

第五：TBL 教学法要求课前任务的布置要充足，解决基本单词障碍。如何进行任务前的准备？如何在有限的课堂时间内合理安排任务同时能保证课堂秩序的有条不紊？这对于老师自身素质的要求也是一个挑战。课前任务应该合理现实，有趣味性、可操作性和难易度，循序渐进。比如教师在布置任务的时候应该多站在学生的立场思考，难度是否超越了他们的学习范围，环境是否允许等。还有知识面和性别差异。比如足球类话题，可能女生就没有太多兴趣。全部听懂的内容说明已经掌握了，比较偏简单。大部分内容听不懂的听说不符合学生水平，也不适合去尝试。听说材料应该选取一半内容能听懂的或者最多能听懂百分之七十的。

第六：任务中环节时由于讨论比较自由，但是也不能一味把主动权交给学生，老师要控制好时间和课堂秩序，以保障上课正常有序进行。

第七：思维方面：即使在法语课堂上使用 TBL 教学法，学生在训练听说的时候还是习惯于先在脑子中翻译成中文意思，再反馈出来进行听写或判断，这种无法摆脱中文的思维方式是法语学习的一大障碍，也可以说是学好任何一门外语的禁忌，尤其是对待外语听说方面，会使听说的速度降低，效率大打折扣。时间长了学生会对自己的听说能力产生怀疑，自信心降低。养成在课堂上盲目跟随老师的习惯，自身的学习兴趣提不高，马克思精通六门外语，他都说过，要用外语的思维方式学习外语。

第八：资源方面：法语听说课的教材稀少而不统一。法语教材越来越多，但是听说教材仍然很少，国外教材主要是《Reflets》《Taxi》《Delf》，国内主要就是《循序渐进法语》《大学法语听说教程》，其余教材大都很零散。而听说和精读课最大的不同点就是上课方式和课堂内容比较灵活，假如老师随便规定一本教材的话，听课内容会很单一，听的过程中容易思维麻木或者打瞌睡，而且书后面都会有答案，再加上听说课相比较精读课，受重视程度远远不够，采用传统的问答式来训练听说势必有很多人会偷懒。因此当一个老师要上听说课的时候就会花出大量的时间去准备，在网上，图书馆，已有的资料中搜集大量听说材料以备上课之用。但是课程的安排并不固定，一旦这个老师长时间不上听说课了，已有的材料要费很大周折去找，甚至有可能会丢失，等其他老师用的时候又要花费大量时间去备课，资源不能得到合理共享，造成人力和物力的浪费。

论中国法语教学的专业性和普及型——评《中国法语专业教学研究》

随着法语文学在中国的广泛传播和外交政策的深入实施,法语在中国的普及越来越强,民众对小语种专业的追求热度不断飙升,法语作为其中的一项无疑成为大家最好的选择之一。由此法语的教学和学习成为各大高校越来越重视的课题之一,与其相关的教材书目也如雨后春笋般不断出版,等级也是参差不齐。这使广大学习者倍感疑惑,如何选择一本优秀的辅助教材成为一个难题。

由上海外语教育出版社出版,曹德明、王惠德主编的《中国法语专业教学研究》对中国法语教学中的各大问题和方法做出了详尽的解释与说明。该书不同于其他书籍,并不是由作者单独编撰的一家之言,而是对全国约 300 所高校的教师和学者的论文和期刊进行专业的筛选,最后选择其中最具代表性的 60 余篇编辑成册,供广大读者进行更专业和优质的阅读和研究,书籍在编辑的过程中体现了以下的几个特色。

集大家之言,更有选择性。60 篇专业的期刊论文均来自不同的高校,整体都是针对中国的法语教学研究,但角度和侧重点又各有不同,因此在选择的时候没有太过拘泥。如第一篇敖敏的论文《教材评估表:外语教学研究的重要工具》是针对法语教学中的法语教材的教材评估,其中列举了当下市场中存在的几种类型的教材评估,并指出总体的普遍性和差异性,继而提出自己的观点。作者提出,相比英语,法语的学习在中国的市场中还是较小众的,因此法语的教材也存在很多弊病,教材内容的滞后,更新的速度始终落后于课堂的学习。这使教材评估表显得尤为重要,一份好的教材评估表决定了一本好教材的选择。而傅荣的《法语报刊课教材的改革——以新编 < 法语报刊导读教材 > 为例》则是从法语报刊课的角度去谈法语课程的教材改革,法语报刊课是绝大多数高校中开设的必修课,报刊课因为其信息广、内容新、语言鲜活等特点有助于开拓学子的学业,因此作者收录该篇论文是有很大的学术价值的。

范围颇广,却也有普遍性。各大高校的论文虽然是有点散乱,但都是有共通性和普遍性的,其中的角度虽不同,但主要的主题基本上是确定的。其中对法语教学中的"以学生为主体""注重教学过程中结合多媒体设施""注重法语专业和法语文学的结合""重视语音基础教学""注重使用原版法语教材"等话题多次提及。如贾秀英、孟晓琦的《重视语音教学，夯实语音基础》、金俊华的《建构主义教育理论与法语基础教学》、白琨、孔震的《对法语专业基础教学的一点思考》都是针对法语学习中的基础语音教学，再如罗顺江的《影响翻译的因素》、马佳盈，许亚明的《法语专业新生语言教学特点及其针对性策略》中提出了重视教学中多媒体的应用，其他一些观点在不同的文章中出现的频率也是颇高的，因此读者可根据此现象做出自己的判断与定论。

阐述对比中文，说理性更强。该书中收录的文章在讲解法语教学中的教学理念、方法和翻译时出现的问题，以及相对的技巧和策略时，并未采取单纯地说理，而是同中文相比较，对中文和法语做出异同的比较。这对于广大的中国学子来说是一种行之有效的捷径，枯燥的语言学习如果有技巧和捷径可以采取，那将会是事半功倍。如马彦华的《法汉翻译中的逻辑思维》。由于汉语和法语属于不同的语言体系，因此在逻辑问题上存在很大差异，中西文化和思想也存在很多分歧，因此翻译中以中国的惯性逻辑思维去解读法国作品和法国文化是南辕北辙的行为。具体分析两国人的逻辑，掌握该问题，分析出原因，再做出相应的解决方法才是根源所在，这也正是马彦华写该论文的理念之一。程家荣的《浅析法语双关语的翻译》中也结合对比汉语进行了讲解。双关语作为一种语言的修辞方式在汉语中是最为常见的，因此作者在讲解法语中的双关语时结合对比汉语，也加强了学生对该修辞法在法语中的理解和运用。

除了以上的特点之外，文中收录的其余几篇论文也颇有趣味性和可读性，如金俊华的《沉默的螺旋》、邵明、綦甲福的《法兰西能否例外：从巴黎骚乱透视全球化背景下民族性的命运》都是关于法国的一些文章，少了些法语专业的解读，但对于全书结构的调整和布局有一定的帮助。但有一点值得注意的是王文新、谢静、赵阳、朱燕的法语原版论文并没有相应的中文译文，这对于初学者来说有一定难度，因此附上翻译会更好。

对于法语专业的学生和研究人士来说该书是一本不错的书籍，各家的言论汇集，更有普及价值，但对于专业之外的学者而言阅读还是存在一定的难度，因此，该书在各大高校机构，法语专业的课堂中值得大力推广。

第九章

从语言学到文学

9.1 概述

文学是语言研究的高级阶段。要完成语言规范的书面运用和完整输出，文学的研究不可避免。文学和语言学一样，都属于文化的一部分。然而二者研究的侧重点不同。语言学更偏重于对语言内部结构的细致研究，而文学则是在正确掌握这种内部结构的基础之上将语言高度深化的产物，是对语言的宏观把握。语言和文字是文学中的载体，除此而外文学更注重于作者情感和审美的表达，从这个意义上讲，文学是一种艺术。

这种专属于文学的语言不论从语法还是语用方面都更为考究。比如法语中使用的某些时态，像简单过去时，先过去时，虚拟式等，都是文学语言中的时态，而在实际的生活语言中运用甚少。

文学的主要体裁有诗歌、寓言、戏剧、散文、小说。法国文学也不例外。这些不同体裁的文学所使用的语言也是不尽相同的。

比如诗歌追求语言的精炼以及押韵，同时具有音乐性。法国中世纪最早的英雄史诗《罗兰之歌》在朗诵的时候就能体会到韵脚的存在。寓言重在表现手法，常用的是比喻或讽刺，所以会有很多诙谐幽默用语。戏剧的表现要依托于舞台效果和演员的肢体动作，现场对白等，因此戏剧语言最具感染力，最应该追求真实朴素，容易被读者或观众理解。散文的语言相对于其他几种文学体裁就显得相对随意。小说情节可以来源于现实，也可以虚构，小说里一般会涉及较复杂的故事情节和较多人物关系，因此语言表述应该连贯清楚，前后逻辑一致。

9.2 法国文学流派

法国作为文学和艺术之国，它的文学在世界文学史上都有举足轻重的地位。历届诺贝尔文学奖得主就有 20 多位。纵观法国文学史，从中世纪的英雄史诗，到 16 世纪文艺复兴时期的文学，从 17 世纪宗教改革时期的古典主义文学到 18 世纪启蒙运动时期的文学，从 19 世纪的浪漫主义，现实主义和自然主义文学，最后再到 20 世纪的超现实主义和存在主义文学。法国文学前赴后继，每一阶段都有其丰富的代表作和鲜明的时代烙印。

法国文学流派一览表

Courants littéraires	
XVIe siècle	L'Humanisme
	La Pléiade
XVIIe siècle	Le Baroque
	Le Classicisme
XVIIIe siècle	Le Siècles des Lumières
	Le Pré–Romantisme
XIXe siècle	Le Romantisme
	Le Parnasse
	Le Symbolisme
	Le Réalisme
	Le Naturalisme
XXe siècle	Le Surréalisme
	L'Existentialisme
	Le Nouveau Roman

第十章

中世纪文学

10.1 法国中世纪文学特点

中世纪在法语中的定义大约为公元 5 世纪到 15 世纪。中世纪在法语中也被称为"黑暗的中世纪",因为当时战乱频繁,文明程度较低,文学方面更是处于萌芽状态,此时的文学还没有形成书面的形式,主要以北方的行吟诗人或者宫廷诗人的口头吟唱为主。

第一部正规的法国文学作品以长篇叙事诗《罗兰之歌》开始的,《罗兰之歌》也叫武功歌或者英雄史诗。这种英雄史诗题材的文学不仅在法国,当时在整个欧洲都颇为有名。因为从社会结构来看,当时的欧洲尚处于奴隶制的生产关系中,国家这个概念几乎是形同虚设的,各个国家内部都是四分五裂,主要以部落和种族为主。部落和部落之间经常为争夺地盘和各种利益进行频繁的征战,战胜者即为王。在那种背景下,英勇善战的帝王被顶礼膜拜,在普通老百姓心中是神一样地存在着。上至宫廷下至民间,人们的许多精神和社会活动都是围绕着这种主题展开的,由此在文学领域催生了英雄史诗。

10.2 中世纪法国作家及其代表作点评

在整个欧洲流传最广最著名当属法国的这首《罗兰之歌》。《罗兰之歌》讲述的是 8 世纪查理大帝统治时期征战异族的故事,歌颂了查理大帝以及他的骑士罗兰伯爵的英勇事迹。然而直到 12 世纪才发现了它的手抄本,而且至今作者不详。就如上面所说,中世纪的很多作品都以口头的形式传颂,因此甚少记录作者。然而这并不影响《罗兰之歌》的地位,它超越了法国国界,在当时整个欧洲都非常有名,尤其是俄国的剧院在之后很长一段时间都在上演着罗兰的英雄事迹。

下面欣赏下《罗兰之歌》

Le premier texte écrit de la France date au IV siècle avec la mise au jour de les Serments de Strasbourg qui a été écrit en 842 en langue ramane. La littérature française du Moyen Âge ou de la littérature médiévale couvre généralement six siècles, du neuvième au quatorzième siècle, le quinzième siècle est considéré comme une transition vers la période de Renaissance.

La littérature de cette époque se marque surtout les chansons de geste. La geste vient du mot latin gesta, qui signifie "exploit héroïque" définit une « action d'éclat accomplie » de caractère guerrier ou fantastique . Une chanson de geste est un récit versifié （un long poème） en décasyllabes ou, plus tardivement, en alexandrins, assonancés regroupés en laisses （strophes présentant la même assonance, de taille variable）, relatant des exploits guerriers appartenant au passé. Elle est souvent chantée ou répandue avec accompagnement musical par les poètes ce qu'on appelle trouvères ou bien jongleurs （ainsi appelé au Nord） qui parle d'oïl et un troubadour （au Sud） prend d'oc. Une littérature plus particulière mais conforme à son époque, la chanson de geste exalte souvent les héros ou les exploits des empereur .

Oeuvres et auteur

La chanson de Roland, fait partie de la chanson de geste est une grande épopée qui exalte l'armée de Charlemagne et les exploits des chevaliers, est la plus ancienne et la plus connue dans l'histoire de littérature française au Moyen‑Âge. Ce type de récit apparaît à l'aube de la littérature française,dont l'auteur est souvent anonym. Elle a été écrit au onzième siècle et comprend quatre parties, dont le sujet est la mort de Roland. Ce poème est très long, compte des milliers de vers et chante en public.

法国中世纪文学的第二类是骑士文学。它围绕的是封建骑士阶层向贵妇人献殷勤或求爱的主题。然而这种爱情让现代人看来是非常欠缺理智的，比如主要代表作《特里斯当和亚瑟》中讲述的是特里斯当和亚瑟因为误喝了亚瑟母亲准备给亚瑟和其未婚夫的爱情药酒而相爱的。他们虽然爱得海枯石烂难以割舍以身殉情，但是这种爱情并不是自发产生的，而是因为药酒的原因使得他们无法摆脱爱情的魔咒。男女主人公的精神虽然可歌可泣，但是情节非常偶然，带有一种宿命。这也是作者顺应了时代需求，为迎合骑士阶层的心理而写的。毕竟战争的荣耀和对贵妇人的追求是骑士毕生的两个最高心愿。

Après la chanson de geste vient la littérature courtoise，ou on l'appelle aussi la littérature de chevalerie. La littérature courtoise, apparue au XIIe siècle dont l'origine dans l'antiquité, intègre des influences orientales dues au retour des Croisés, et s'inspire de légendes celtiques, qui a pour thème principal le culte de l'amour unique des chevaliers envers les dames élégantes, qui commense parfaitement et se termine souvent malheureusement. Ce type d'amour est plus proche de l'histoire vraie. Ainsi, la légende de Tristan et Iseult raconte l'histoire d'un amour absolu et impossible qui se termine par la mort tragique des amants par example la Mort de Tristan et Iseut. Ces poèmes étaient chantés à la cour des princes par les trouvères et les troubadours. A travers ces littérature on voit la critique envers l'ancien régime.

上有英雄史诗，中间有骑士文学，中世纪的第三类文学作品就是资产阶级市民文学。

资产阶级在当时属于受压迫的下面阶层，因此这类文学经常借用物化的讽喻来表达阶级的不满情绪。比如在《玫瑰传奇》中，作者将心爱的女人比作玫瑰花。在《列那狐的故事》中，作者更是借助很多栩栩如生的动物，比如狐狸，狼，熊等等来进行讽刺。这些不同的动物代表了不同阶层的人。这些动物之间的故事寓意深刻，已被奉为经典。

La littérature bourgeoise et satirique

Roman de la rose，le poème d'amour écrit au début du XIIIe siècle, est l'un des derniers écrits portant sur le thème de l'amour courtois. La première partie qui a été écrit en 1230 par Guillaume de Lorris, compte 4058 vers. La deuxième partie a été crée par Jean de Meung en 1275 après la mort de Lorris, compte 17724 vers.

Vers la même époque mit le jour le Roman de Renard （fin XIIe s.），qui est un ensemble de poèmes qui relatent les aventures d'animaux doués de raison. Le renard, l'ours, le loup, le coq, le chat, etc ont chacun un trait de caractère humain : le renard est petit, mais intelligent malhonnête, naïf, rusé... Les auteurs anonymes raillent dans ces poèmes les valeurs féodales et la morale courtoise.

Ce roman exprime la faiblesse humaine, de l'incertitude et de la pauvreté à l'opposé de la puissance et des valeurs courtoises.

La littérature bourgeoise et satirique s'oppose à l'esprit féodal, chevaleresque ou courtois par son esprit de satire, de raillerie et de gaité populaire.

中世纪文学多以行吟诗人的口头传诵为主，因此很多作品作者不详。遗留下来的比较有名的中世纪诗人是弗朗索瓦·维庸。维庸出生在一个贫寒家庭，从小就成为孤儿。因此养成了散漫，叛逆的性格。因为参与斗殴而入狱，之后又有几次入狱，并差点被绞刑处死。他是法国人心目中的"坏小子"。然而他饱读诗书，满腹经纶。创作有《大遗言集》《小遗言集》和《绞刑架之歌》。他的诗歌充满悔恨和自嘲的意味，给人一种苦中作乐之感。但是他的勇气使得他成为中世纪不可多得的天才作家。

Le poète le plus connu au Moyen-Àge fut François Villon （1431 - 1463 ?）. Né dans une famille modeste, Villon perda de bonne heure son père, orphelin mais le brillant étudiant, il fut adopté par un adepte Jérôme，fit ses études à l'université et obtenut enfin la garde de licence en lettres. Il vécut dans une société où on voyait partout des bagarres, dans une desquelles Villon fut entraîné et condamné pour meurtre. Pour cela, il fut emprisonné. Après être libéré, il vola encore et fut exilé. Avant de quitter Paris, il écrit le petit testament où il laissa tout a son baifaiteur, son amant et un soldat . Ce poème présente une position de l'impuissance et prit un ton ironique. Ses œuvres expriment une révolte contre les injustices sociales . Il eut été en prison pour cinq ou six fois dans sa vie et échappa belle à la mort grâce à de hauts dignitaires qui l'appréciaient pour ses oeuvres. Pendant 1457 et 1461, il fut reçu en exil par un poète, duc d'Orléan. En 1461, il eut été mis encore en prison et François onze l'eut sauvé. Sartant de prison, il écrivit le grand testament, ce qui raconta son regret pour le temps perdu et son oisiveté, la jeunesse enfuie des dames de merveille beauté. Les hommes, qui que ce soit et quelque riche qu'ils soient, ils ne purent pas se débarrasser de la mort, on y rien put. Son poète fut naturel et vrai.

Il fut comdamné a la pendu, il sentit approchement de la mort et écrivit la ballade de pendu. En 1463, il fut libéré , mais il disparut depuis sans laisser une trace.

Marie de France （XIIe-XIIIe s.）, première femme poète, elle est connue pour les lais, comme le lai d'Yonec, le lai du Chèvrefeuille, le lai de Lanval, le lai d'Eliduc, le lai du Bisclavaret.

第十一章

16 世纪法国文学

11.1 16 世纪法国文学流派

欧洲的 16 世纪被打上了深深的文艺复兴的烙印，法国亦是如此。那时正值中世纪末期，征战不断，很多文人和知识分子为躲避战乱纷纷逃向地理条件便利，商业文化又比较发达的意大利城市佛罗伦萨，他们逃亡的同时带去了很多艺术珍品和文化典籍。意大利作为古罗马文明的直接传承者，汇聚了大量的优秀典籍以及大批新兴的资产阶级知识分子，出现了但丁，彼得拉克，达·芬奇等等优秀的诗人和画家。在这个经济发达又人才济济的城市，他们倡导通过借助和研究古希腊和古罗马的经典著作来创作新的文化和艺术，以弘扬人文精神。再加上中国造纸术和印刷术的出现，使得书籍和文化的传播大大便捷，而意大利这座港口城市又是东西方文明的枢纽地带，更利于新文化的介入和新思潮的传播。这就是 16 世纪起源于意大利佛罗伦萨的文艺复兴，综合上述几点原因，它的发生几乎成为历史必然。它对整个欧洲都产生巨大震撼。

文艺复兴运动对文化和艺术的影响是方方面面的，包括建筑，绘画，文学，艺术等。文学方面涌现出了许多文艺复兴时期的新作品，建筑方面除了之前的古希腊三角门楣式和古罗马圆顶式建筑外，也出现了独具一格的文艺复兴时期的建筑。文艺复兴的实质原因是社会经济的发展和资本主义萌芽的出现。其实文艺复兴并非要复兴古希腊和古罗马的旧文化，而是以古代经典为桥梁，从中吸取营养，寻找灵感，最终通过亲自实践和探索，创做出以人为本的新的文艺作品。旨在摆脱长期的基督教和神权束缚，打破以神为中心的思想格局，重建以人为中心的思想核心，鼓励实现人身自由和个性解放。达·芬奇，米开朗琪罗都是文艺复兴时期的画家。

文艺复兴从意大利的佛罗伦萨开始，之后蔓延至欧洲各国。英国的莎士比亚，西班牙的塞万提斯，德国的马丁·路德。法国同样也经历了这场文艺大洗礼。法国的拉伯雷，蒙田，杜贝莱，龙萨，笛卡尔等都是文艺复兴时期的杰出作家和思想家。其中意大利，英国，法国的成果尤为突出。法国在 15 世纪末就已经产生了资本主义生产关系的萌芽。虽然文艺复兴起源于意大利，在建筑、绘画、雕刻方面意大利占绝对统治地位，但是在文学方面法国更胜一筹。法国最早的一批文艺复兴主义者对古希腊和古罗马文化典籍进行了全面研究和整理，进而以自己的民族文化为土壤进行新的编纂和创作，形成了自己的本国特色。尤其对古代文化保留了客观的接受态度，敢于怀疑和挑战，在文学写作手法上擅用讽刺，形成人文主义文化和基督教文化相抗衡的局面。

此时期的文学著作也都是在文艺复兴基础上诞生的，题材早已不是中世纪时期的英雄史诗或者骑士文学等，而是打着复兴古希腊古罗马的招牌去发掘属于本土的具有新思想的作家以及文学作品。文艺复兴流派的作家构成了法国文学此时期的一股进步潮流。

此外，七星诗社是法国文艺复兴时期代表着贵族群体的一个文学社团，旨在通过学习中古典籍来改革法语，捍卫和发扬法国本民族语言。《保卫和发扬法兰西语言》《诗艺概论》和《法兰西亚德》都是七星诗社的优秀作品。

11.2 法国文艺复兴时期的作家及其代表作点评

在上述几位作家中，以拉伯雷尤为杰出。拉伯雷出身于律师家庭，虽然接受的是传统经院教育，但是他对古板的拉丁语和经院的教条教育很反感，认为这种教育整天只知道教人背书而不求甚解，是对人思想的禁锢，于是他后来摒弃这种教育，离家出走，开始学医，最终又改为写作。他的五卷长篇小说《巨人传》中深刻透露出这一点，主人公之一卡冈都亚本来是个聪明伶俐的孩子，因为接受基督教迂腐的神学和经院教育，变得又傻又笨。之后他遇到了一位博学多才的老师，教会他很多新的知识，并灌输新的思想，他又变得聪明睿智。他创作的两个主人公卡冈都亚和庞大固埃是一对父子，两个人都是巨人，因此著作取名为《巨人传》。冈都亚和他的儿子庞大固埃从出生开始就体型庞大，能吃能喝，力大无比，天生乐观。他每天要喝 17000 多头母牛的奶，拉出许多臭烘烘的粪便，他的衣服要用 12000 多尺布才能做成。这些诙谐幽默的夸张描写让人不禁捧腹大笑。而作品从冈都亚以出生时的"喝呀，喝呀"到作品末尾神瓶的暗语"喝"，前后照应，"喝"字成为其中的一个关键字眼，让这个巨人的行为看起来滑稽可笑，但实际上作者映射的是新兴资产阶级力量庞大，求知若渴的心理。他的这部著作让长期置身于基督教神学和封建旧式教育的知识分子们如沐春风，为当时法国的愚昧时代打开了一扇窗户，作品风格大胆，语言轻松幽默，嬉笑怒骂被刻画得入木三分，同时里面蕴含的知识和内容丰富，被称为百科全书式的作品。拉伯雷本人也学识渊博，上知天文，下知地理，又通晓希腊语，拉丁语，希伯来语，并且懂得法律、哲学、医学、数学、音乐、生物、建筑、教育等，文理全面发展，可谓那个时代的全才，更是一位人文主义者。

La seizième siècle fut un siècle où se passe la Renaissance. On sentit en France à cette époque-là l'embryon de la relation productive du capitalisme. En même temps, des hommes littéraires commencèrent à se représenter, dont les plus connus comptèrent Rabelais et Montaigne.

Rabelais

François Rabelais naquît en 1493 à Chinon , une petite ville dans la vallée de la Loire. Déscendant d'une famille pasanne, Rabelais a été moine, médecin, avocat avant de devenir auteur. Son père qui a été paysant fit ensuite fortune et devint avocat plus prestigieux et distingué dans la région , puis il posséda un manoir dans un village hord de la ville. L'environnement plein de liberté et nature où il passa son enfance lui fit former un bon caractère, libre, dégagé, enjoué , optimistre.

Profitant de la condition familiale favorable, il apprit dès son petit le latin, la langue populaire à cette époque—là. L'éducation scolastique qu'il reçut chez les curés le dégoûta. Les maîtres de l'église leurs donnent sans expliquer des cours monotones et dogmatiques , il ne leur resta qu'à réciter sempiternellement les dogmes. Ce qui lui laissa un souvenir douloureux. Il alla d'un abbye en autre pour chercher un endroit où il exista une façon d'administration plus libéral, tout ce qu'il connut le poussa davantage vers la route contre la religion. Il accompagna souvent comme secrétaire le désservant , l'Université de Poitier fut un lieu important où il entra en contact avec le droit et maitrisa beaucoup de connaissances de droit, par où il connut qu'il n'y eut pas la justice chez les peuples pauvres , le droit ne fut que l'instrument des gouverneurs.Cela se montre après dans son oeuvre. Il se démit de ses fonctions et quitta l'église.

Il parcourut la demi–France en accompagnt comme secrétaire le désservant , dont Paris, Toulouse, Bordeaux, Tours, le voyage d'agrément élargit sa vue et Rabelais sent la douleur des gens du dessous, cela lui offit l'inspiration et les matériels de l'écriture. En 1530, il finit le droit et gagna Montpellier pour la médecine, où il devint bachelier. En étudiant l'anatomie, il reconnaît le matérialisme et produit l'opinion de science . Il montra la conscience stricte pour la science et ridiculisa la sorcellerie.

Sortant de Montpellier, il s'installa à Lyon pour faire de la médecine. Il travailla ensuite comme secrétaire personnel de Du Bellay. Pendant ce temps, il s'engage à son écrit Pantagruel et l'eut publié à Lyon en 1532 sous le nom Alcofribas Nasier à l'abri de la force religieuse . L'année suivante, Gargantua. Comme Gargantua fut le père de Pantagruel, celui–là fut placé comme première partie. La troisième partie se mit au jour en 1546. Sous l'autorisation du roi, il imprima la quatrième en 1548 avec son vrai nom . Il accompagna plusieurs fois Du Bellay en Italie, lieu d'origine de Renaissance et approfondit l'art et l'architecture , dont lui arriva l'esprit humaniste.

La cinquième partie de son oeuvre 《Gargantua et Pantagruel》 vit le jour en 1562 après sa mort （1553） dont l'auteur restait encore discutable.

Le grand sujet de l'oeuvre 《Gargantua et Pantagruel》 est de "boire" .Pantagruel fut un géant, qui eut un grand appétit et but trop, il fut en même temps riche de connaissances. Le mot boire fut un symbole.Boire de nouveaux connaissances fut un point très important.Pantagruel accepta une nouvelle éducation et obtint un nouvel esprit .Il fut éduqué dans le passé par un enseignement et devint de plus en plus bête. Rabelais fait la comparaison avec ces deux points.

如果说拉伯雷的作品夸张幽默，代表了法国当时的大众阶层的话。那么七星诗社则带有明显的贵族形式。七星诗社是七位具有人文主义思想的青年作家所组成的文学团体，旨在保护和巩固法语的地位。七星诗社主张通过吸收和借鉴古希腊语和拉丁语来创造新的法语词汇，鼓励用法语进行文学创作。他们为推进法语的发展做出了不少贡献。它的创始人杜贝莱和龙萨都出身于贵族阶层，而且经历非常相似，都双耳失聪。1549 年杜贝莱和龙萨共同书写了《保护和发扬法兰西宣言》，但最终署名只有杜贝莱一人。

约阿希姆·杜·贝莱出生在里拉附近的安茹，他的家庭在当地极负盛名。在普瓦捷，他学习法律（1545），也正是在那里，他开始对诗歌产生兴趣。此外，他又在同时期结识当时较有名的诗人，如让德拉贝洛，雅克·佩尔蒂埃杜芒，这些人都是他未来七星诗社的成员，尤其是他在 1547 与皮埃尔·德龙萨相遇了，龙萨之后成为七星诗社名气最大的成员，也成为杜贝莱最好的朋友兼对手。

然后杜贝莱和龙萨一起去了巴黎，并进入了柯克莱大学的人文学院，在那里他再次相遇让－安托万·德巴伊夫(七星诗社年纪最小的成员,被誉为神童)。柯克莱大学位于拉丁区，由著名学者吉恩多拉任教（他在龙萨的邀请下，聚集成员，组成七星诗社），他的学识渊博，有很多崇拜者，他的知名度让研究古希腊和古罗马典籍的作家会聚一起。杜贝莱也很快进驻了这个带有贵族气息的文化圈子，其主要职责是研究古代文献和意大利诗人的著作。这个文化社团最初起名为 « la Brigade »，后来又改名为《la Pléiade》，即七星诗社，以北斗七星的名字命名。七星诗社在 1548 年出版《诗歌艺术》之后的第一时间，既可以采用古代的文学形式，也可以采用法语，显影了那个时代真正新颖，智慧的文学理念。文艺复兴时期的第一批诗歌就诞生于此。

为了解决文学创作上的一些分歧，杜贝莱以七星诗社的名义撰写了《保卫和弘扬法兰西》一文。这个作品通常被认为是七星诗社的宣言，在此宣言中，杜贝莱对拉丁语持拥护态度的诗人进行反驳，以诗歌来捍卫法语的地位。他建议从其他语言，地区或外国借词（特别是希腊语和拉丁语），他还建议将现有的术语进行缩写或者重新激活来创造复合词，但创造新词的前提是要合乎法语的规则和思维。杜贝莱倡导大家在文学形式上尽量摒弃古罗马等中世纪的诗歌形式，但是却主张在古代风格如挽歌，十四行诗，史诗或抒情颂歌的基础上进行模仿，对于喜剧和悲剧也可以加以模仿。

正如杜贝莱和他的同僚们所说的那样，诗歌的艺术的模仿在于对古代的模仿，同时要遵循法语的规则和韵律;诗歌的目标不应该是纯粹的自娱自乐，而是要歌颂伟人的永恒价值，这些诗歌让伟人们树立了不朽的形象，赢得了崇高的赞誉。

《橄榄》和彼特拉克

杜贝莱的观点在他的诗歌里都得以体现。在《保卫和弘扬法兰西》之后，他又在 1549 发表了《橄榄》，这是一首献给他爱慕的女性玛格丽特的一首诗，是用法语写成的十四行诗，诗人将橄榄比喻为心上人。杜贝莱的第一本诗集里面共收录了五十首十四行诗，后来又在 1550 年扩展到 75 首，并将其增加到《橄榄》的收藏里面。十四行诗进入法国和杜贝莱的成功在很大程度上要归功于对彼特拉克十四行诗的模仿。这也正是杜贝莱本人和七星诗社所提倡的精神。

《遗恨集》和《罗马怀古集》

从 1555 年至 1557 年，杜贝莱以秘书的身份跟随他的叔叔红衣主教让·杜贝莱前往罗马履行公事。这个贺拉斯和彼特拉克的故居深深地吸引了他，之后就是今日罗马的萧条和以往的繁荣带给他的惆怅。杜贝莱从小身体就不好，在罗马的时候他已经双耳失聪，身体更加虚弱，看到罗马的一片废墟和颓废景象，他很自然地想起了自己的家乡法国，由此陷入沉思和悲痛，这种睹物思情的伤感情绪激发他将罗马的古物进行收藏，之后他在 1558 年返回法国时出版，《罗马怀古集》由此得名。这个诗集里面汇编了 32 首十四行诗，随后又增加了 15 首十四行诗。诗歌语气严肃庄重，歌颂了古罗马的昔日辉煌，并对比了今日的衰败。诗人在他的诗作里面对罗马教皇的利欲熏心和骄奢的生活进行了鞭笞。

同年，他又在巴黎出版了著名的《遗恨集》，作为对罗马古物的缅怀诗歌。这里面收录了 191 首十四行诗，集抒情和讽刺于一体，是整个诗集创作的灵魂，作者对现状的不满情绪也表现得淋漓尽致。

皮埃尔·德龙萨

皮埃尔·德龙萨出生在一个乡绅家庭，是家里的小儿子，他父亲在弗朗西斯一世的军队任职。年轻的德龙萨和很多出生在地区绅士家庭的人士一样，向往着政府和军队的生涯。

他在纳瓦拉大学谋得一个简要的职位，但是因业务不熟而被责令辞职。1533 年，他 12 岁的时候在法国王宫当了几位王子的侍从，开始接受军事教育。之后又被安置在王室，并陪伴王室贵族在阿尔萨斯履行外交使命。然后一次偶然的长期的发烧致使他半聋，他的军事职责也由此被禁止。教士们在 1543 年对他进行剃度以便其能享受僧侣的待遇（当时法国的社会等级就是以贵族和僧侣为首的，他们享有极高的优待）。之后他慢慢开始了文学研究，这也成为他之后生活来源的保障。

1544 年，他进入了巴黎教会所办的柯莱克大学的人文学院。之后又邀请博学多才的多拉老师成立七星诗社，和他的朋友让 – 安托万·德巴伊夫一起研究和编辑巨大的古代典籍。

七星诗社成员们雄心勃勃，一腔热情。他和同学阿希姆·杜·贝莱共同撰写了诗歌《保卫和宣扬法兰西》，以此来弘扬法国文学。龙萨是一位多产的诗人，他还写了《颂歌集》来讴歌伟人的永恒和正义，以及《龙萨的情歌》，写给他心爱的人。他经常用诗歌与新教徒进行论战，如 1563 年写的《对谩骂和诬蔑的答复》。龙萨作品丰富，才华横溢，下笔有神，被称为"诗圣"。

蒙田，是法国文艺复兴后期最著名的人文主义者。他出身于贵族，从小就生活在祖上的蒙田城堡。随其父亲从政，他政治上也平步青云，曾任最高法院顾问，又两度出任波尔多市市长。家庭也很美满。后来对于长期的仕途生活感觉厌倦，隐居乡间城堡，投身于写作。

他的《随笔集》记录了自己的生活，以作者本身为出发点，但是却是蜻蜓点水式的描述，没有做深入分析。从《随笔集》里也可以看出对封建神学的不满，但是作者并没有抨击代表这种思想的封建阶层，可能与作者本人的经历有关。作者本身就出身于贵族，不论是仕途还是婚姻都一帆风顺，因此没有明显的社会抵触情绪。笔者在此更多地理解为思想方面的客观和理智。这与中世纪出身卑微，怀才不遇的"坏小子"维庸形成明显对比。

米歇尔·德·蒙田（1533 – 1593 年）

出生于蒙田城堡，多尔多涅省，蒙田继承了这个名字。在他父亲的有益影响下，他度过了一个快乐的童年时光。他学会了希腊语和拉丁语。根据传统的教学方法：学生在课堂上只能跟随他的老师学习古老的语言（"没有艺术，没有书，没有语法或训斥，没有教鞭，没有眼泪，我学到了古老的拉丁语，这一切就如我的老师一样"。选自《随笔集》1，26）。直到 1539 –1546 年在波尔多的一所大学寄宿期间，蒙田遇到了最好的老师，在那里学到了精辟的知识，并接受了以人为本的教育理念的熏陶。

政治生活

在图卢兹学习过法律之后，蒙田在 1554 年被任命为佩里格法院顾问，之后又在 1557 年被任命为波尔多议会顾问。正是在那里，他认识了一名非常有名的法官，并与他结成了特殊的友谊，这位法官对他之后的生活和工作产生重大影响。基于对政治的兴趣，蒙田两次前往法院，并参与了他那个时代的宗教冲突的调停。之后又在 1562 年参加了鲁昂的围困，在那里他目睹了皇家军队接管城市的新教徒运动。他的法官朋友在 1563 去世，对于蒙田来说似乎失去了自己的"半壁江山"，于是他决定开始用文学的形式表达哀思之情，最初打算以"墓"来作为命名。

退出政坛进行创作

两年后，在 1565 年，他娶了弗朗索瓦·德拉为妻。他的父亲于 1568 年去世，蒙田继承了家族遗产。他对长期的政治生活已经不感兴趣，离开政坛回到蒙田城堡的塔楼，他城堡里面被他称之为"图书馆"（也就是它的文库）的地方保留着他和法官挚友的见证以及记载着他的文学作品。 1570 年他正式放弃他的司法职位，专心回到乡间城堡致力于思考和研究古籍，特别是那些塞内卡和普鲁塔克的研究。正是在此期间，他开始写被认为是他一生中最重要的创作：杂文。1574 年，他又被迫履行波尔多的议会使命并作为未来的亨利四世和王权之间的调解人。1577 年他被任命为纳瓦拉国王的宫内贴身侍从，同时他并没有放弃自己的文学事业，仍然一心沉迷于写作，并在 1580 年发表《随笔集》的第一版。除了法国外，他游历德国和意大利。他从这些旅游经历中汲取营养和灵感并记录下来，其中很多来自旅途中的见解为他的文章《随笔集》提供了灵感的来源，特别是对欧洲不同民族风俗的分析和人民生活的了解。在一次旅行期间他得知自己当选为波尔多市市长。之后他应亨利三世的要求返回法国，在 1581 年至 1585 年执行波尔多市长的职责。蒙田当时在法国政治上享有极大的知名度，但是在一次瘟疫蔓延的时候，他放弃了自己的荣誉，离开了该地区。1588 年他到巴黎出版了《随笔集》的第二版，同时又带着六百余本对现有内容的补充材料和《随笔集》第三本的素材。正是在巴黎，他遇到了玛丽·古尔，后者非常仰慕他的才华并成为他的养女。在 1595 年蒙田去世后三年，他的养女玛丽·古尔在他原有版本的基础上，通过自己的手写以及批注校对，出版了《随笔集》的第三本，被称为"波尔多的副本。"

第十二章

17 世纪法国文学

12.1 概述

17 世纪是法国古典主义文学占主流的时代。然而 17 世纪的作家们大都还属于无意识创作，他们自身并没有意识到这种文学特色的存在，直到 18 世纪才被正式定义并在宗教院校广泛使用。古典主义主要以戏剧著称。代表人物是高乃依、拉辛、拉封丹和莫里哀。法国古典主义文学推崇的是对古代希腊罗马文学的临摹，并冠以典雅规范的语言，将文学的语言得体，形式整齐奉为典范。古典主义取材于古代著作，追求理性和自然，反对主观情感的抒发。

12.2 17 世纪法国文学流派

巴洛克艺术和古典主义

古典主义实际上是将古希腊和拉丁美洲的美学杰作作为参考的一种美学流派。古典主义这个术语既是一个美学上的定义，也是一个历史上的定义。因为在法国"古典主义时期"对应的就是伏尔泰所谓的"路易十四世纪"的文学和艺术创作的时期。它本质上主要是指 1660–1680 年这段时间，但现实中的古典时期一直延续到下个世纪。古典主义在法国是一个独特的案例：古典就是经典的意思。这一时期之所以被称为经典，因为它是对古代圣贤文化的完美的模仿，而且还因为它已经成为民族文化的基准期。

凡尔赛宫也就是在大约 1660 年建造的，本着"人类荣誉"的原则，凡尔赛宫不管是外部还是内部都堪称优美的典范，它将华丽和精美作为理想生活的准则，成为那个时代独特的标志。

除了这些历史和美学定义外，"经典"的含义已经扩展到文学层面，也就是我们现在要讲的古典主义文学。古典主义文学涉及的主要是一些学院派作家，他们的文章大多是从学校学习的纯粹的典范式文化的基础上模仿而来的。从一个更广阔的意义上说，就是每一个以古代经典为参照的文化作品。除了法国以外，德国，意大利，英国，也都有他们的古典主义文学。

海因里希在发表于 1898 年的一本有关十六，十七世纪意大利古典艺术的书中公开反对古典主义和巴洛克艺术：一边是直线，追求庄严和平衡。另一边是曲线，追求动感和辉煌。一方面是拉斐尔和普桑（古典主义），另一方面是米开朗基罗和贝尔尼尼（巴洛克式）。

巴洛克式的概念是后来法国文学史上引入的。它主要是为了重新发现和命名法国文艺复兴和古典主义时期的那一段时间。巴洛克艺术侧重稍纵即逝，变幻莫测，复杂夸张，气势宏大，富丽堂皇的感觉。

当时这样的伟大的作家高乃依、拉辛、莫里哀、拉封丹，他们从希腊人、欧里庇德斯、阿里斯托芬、泰奥弗拉斯、伊索和拉丁人、普劳图斯、特伦斯、维吉尔、贺拉斯和塞内卡中吸取灵感。拉布吕耶尔在他作品的第一页就表达出这种担心："至于道德，最好的被删除了，我们只能在古代和现代之间收集素材。"但是，这种模仿古典美学的基本准则不应与抄袭混淆。因为古典主义文学家在他们的作品里面保留了他们那个时代时间这个特点，这使得他们能够区别任何其他古典文化，如"普劳图斯""伊索"或"欧里庇德斯"的作品。基于这个意义，拉封丹在他的《致于埃的书信》中说：

> 我的模仿不是被奴役
> 我侧重的是技巧和思维
> 试图将古代的气息染上我自己的特色。

对古代的崇拜有教育和愉悦两种愿望。为了实现这个理想，我们必须满足理论家定义的条件。艺术是可以被了解和掌握的，一个作品的完成是一项漫长的工作。这是古典主义要创造美必须付出的代价。拉封丹在《普赛克》的"前言"中说："我的主要目标永远是娱乐。"作者采用不同的文学体裁的规则做到了这一点。他学会用这种方法去控制写作中的约束，并通过它们，清楚地表达了自己的思想。受亚里士多德诗学的启发，布瓦洛在《诗歌艺术》（1674）中认识到这种创作方法的完美，它可以使得作者将自己的真实思想和想要的精确表达联合起来。这种内容和形式的完美统一是和美学相区别的。

在这个信条里面加入自然的东西和完美的古典主义，这是对文学表达起支配作用的因素。自然的优势无法与理想、清晰表达分离，这种理想的作品要求有足够清晰的思路以及足够精确的语言，以完成这种从内而外的思想交流。基于这一点，布瓦洛说："我们所构思的东西也要能明确地表述出来"，这才是理想的文学。这与人类理想的测量是平衡的，一致的。拉封丹在寓言，题为《不能太过分》中说明了这种蒙田在十六世纪的信条，这已经成为蒙田当时的生活方式。莫里哀在《孤独者》中说："完美的道理是拒绝极端的。"古典主义谴责任何形式的过分和夸张。因此，在被贴上严格的宫廷和等级制度标签的法国17 世纪，思想与表达要和谐，能够融为一体。和谐是古典理想背后的关键词：统治的辉煌和艺术之间辉煌要和谐，清晰的语言和清楚的思想表达要和谐。

法国古典主义文学的灯塔

法国古典主义在戏剧方面的表现最为辉煌。出现了很多古典主义天才。莫里哀将喜剧变成了一个通过人来分析社会的工具。高乃依的《熙德》（1636 年），是一种以戏剧规则为出发点的，剧作家以这个规则为出发点来完善戏剧体裁。古典悲剧也是主要以古希腊，拉丁作品为灵感的。古典主义戏剧遵循"三一律"原则，规定故事必须发生在同一个地方，同一个地点，同一个情节，避免多余的成分。在"三一律"的要求下，戏剧作品必须要有严格的形式，通常是五幕剧，用亚历山大诗体写成。对于这种规律的尊重成为戏剧写作的必要规则。除此而外没有什么其他规律在舞台上被尊重。

因此在十七世纪我们可以看到已经消失的古代文学体裁，比如寓言，讽刺，信件，格言等的复苏。拉封丹的《寓言》（1668 年至 1678 年）获得成功。布瓦洛模拟《贺拉斯》写讽刺信（1666 年至 1668 年），也取得了巨大的成功。塞维涅夫人（1626 年至 1696 年）在她的《信件》中提出了对皇宫和道德反思。拉罗什富科（1664 年）和拉布吕耶尔（1688 年）的格言给社会批判提供新的动力，又使这种批判转化为讽刺。以上两位作家的作品都为法国十八世纪的宗教改革铺平了道路。

相反地，古典主义似乎在抒情诗方面的造诣不是那么深。拉辛和高乃依曾经也写过诗，以表达自己的深情，然而后来他们都在戏剧方面取得成就。

十七世纪的法国仍在经历多种语言混合的局面，方言或地区语言，还有其他局部的社会用语。然而在当时，法语相比十六世纪，已经不再被视为一种拉丁语之外的"粗俗语言"。为了改善这种状况，提倡正确，规范地使用语言。正如作家 Vaugelas 在其 1647 年的作品中写道："说最健康的，最符合宫廷用语和当时的文学家用语。"在他之后，又相继出现了很多作家，他们都致力于法语的规范研究。如《法语的意见》（1672 年）。在十七世纪末，出现了两本大部头的法语字典，如（Richelet, 1680 年 ; Furetière, 1690 年），这比 1694 年的《法兰西学院字典》还要早。

十七世纪后期，军事失败和王宫局势的衰退使路易十四的统治失去辉煌。政治和社会问题在当时已经超过了古典主义时代的理想而成为首要问题。拉布吕耶尔批判绝对的君主专制制度。宗教问题也被提上日程。许多迹象表明了世纪末新思潮的到来。

1680 年的《古今之争》表明了古典主义学派和现代艺术的支持者之间的决裂。古典主义主张模仿古希腊和拉丁语的文学作品，而现代主义的拥护者则认为这种模仿是"毫无品位和意义"，犹如鸡肋。然而古典主义却一直延续到了十八世纪，例如伏尔泰就是拉辛狂热的崇拜者。但是，《扎伊尔》（1732 年）的作者就有效弥补了古典主义戏剧舞台的不足，他设置了外景，开创了浪漫主义戏剧的先河。从拉马丁到波德莱尔，中间还有维尼和雨果，十九世纪的诗人都遵循了古典主义韵律的规则。直到兰波的出现，他的诗歌才体现了真正诗歌艺术的革命，这种变革是超现实主义诗人所宣称的。这种理想的古典主义直到二十世纪都有一批忠实的拥护者。如安德烈·纪德，莫里亚克，贝纳诺斯等等，传承了三个世纪。他们的小说都是在继承三个世纪前的拉斐特夫人的小说《克利夫斯公主》（1678 年）的基础上发展而来的。

12.3 17 世纪法国作家及其代表作点评

皮埃尔·高乃依（1606 年至 1684 年）

皮埃尔·高乃依于 1606 年 6 月 6 日出生于鲁昂的一个行政官员家庭。他在城市的耶稣教会学校上学，并学习法律，开始了他的律师生涯。但是很快他就放弃了这一工作，开始致力于戏剧。

《梅利塔》（1629 年）是他的第一个戏剧创作。他把这部剧作品委托给一位演员，在巴黎创办了沼泽剧院，并取得很大成功。这些成就让他从事戏剧生涯直到 1674 年。

他早期的一些剧本主要是喜剧，题材比较匮乏，反应也是很一般，他为此做了很多努力以求恢复这些喜剧作品的地位。他在 1629 年到 1636 年的这几年之间写了 6 部喜剧 1636 年《寡妇》、1632《画廊宫》、1633 年《下一个》、1634 年《皇家广场》、1636 年《喜剧错觉》。在这一时期他又写了悲喜剧《克利唐德》（1631 年）和他的第一个悲剧《美狄亚》（1635 年）。后来，他又回到了喜剧，比较有代表性的就是 1643 创作的《骗子》。

《熙德》

《熙德》的胜利（1637 年）是皮埃尔·高乃依的职业生涯的一个里程碑，这部巨作所带来的广泛的成功使这位奉献于戏剧事业的作家不得不面对来自多方面的有关"熙德的争吵。"但是我们应该客观地认识到，这场争吵风波更大程度上是出自利益之争以及对作家成就的愤恨和嫉妒。这部剧作品激化了很多矛盾，在古典主义文学领域产生激烈的辩论。

事实上，他的敌人们指责高乃依的是他的剧作品没有尊重古典主义喜剧文学理想的创作形式，比如古典文学所要求的三一律，进一步展开！！以及批判他的作品在体裁和风格上都与当时的文学要求不符。

成功和争议

高乃依在 17 世纪 40 年代的大悲剧，贺拉斯（1640 年）、《西拿 》（1641 年）、《波利耶克特》（1642 年）和《罗多庚》（1644 年）中，开始一反以往作风，表现出对自己没有严格遵循古典主义三一律的担忧。在那些年里，他经历了最引以为自豪的辉煌职业生涯并在 1648 年成功竞选法兰西学院院士。高乃依的才能和成就得到了大家的普遍认可，他开始领取退休金，也被任命为诺曼底地区检察官。

与此相反，高乃依在 17 世纪 50 年代被那让他尼科梅德斯（1651 年）耻辱，并蒙上阴影。在这次羞辱事件结束后，高乃依被剥夺了职位，同时被取缔了退休金。然后，他在 1656 年退出戏剧舞台开始写诗。之后又在 1659 年他带着剧本俄狄浦斯一起回到剧院。 1660 年，他出版了有关戏剧艺术的讲话，同时开始他的作品的出版，每卷后面都配着"审查"字样。

由于富凯和路易十四的保护，高乃依继续投身戏剧创作，但是那时候拉辛更受市民的青睐。在 1670 年，高乃依和拉辛两位作者在放映相同主题的戏剧的时候发生了直接冲突，成为敌对对手。拉辛以他的贝伦妮丝取胜。而高乃依的提图斯和贝伦妮丝只取得了一点点成果，从此以后高乃依的时代已经结束了。高乃依最后的两个新创作，《Pulchérie》（无译名）（1672 年）和《苏雷纳》（1674 年），最终都以失败而告终，这直接导致他剧作家生涯的结束，从此与戏剧告别。高乃依最后于 1684 在巴黎逝世。

莫里哀：（1622–1673 年）

法国第一位喜剧大师

莫里哀的真名是让·巴蒂斯特波克兰，于 1622 年 1 月 15 日生于巴黎一个富裕的资产阶级家庭。他的父亲负责国王的室内装潢，也就是王宫里的官方供应商。他的童年经历了连续丧亲之痛，最痛苦的是他的母亲在 1632 年的去世。他作为耶稣会学员在克莱蒙大学学习，经常与贵族和大资产阶级的儿子们打交道。然后他在 1640 开始学习法律，梦想着成为一名律师，然而当时律师的头衔是允许司法和行政方面的买卖的。

莫里哀不放过任何一个在社会上晋升的机会。他在 1643 年不顾父亲的意见反对，投身演艺事业，成为一名喜剧演员。同年，他结识他的情妇马德琳，在马德琳家庭和其他一些演员的支持下，创立了一个剧团，取名为光耀剧院。

次年，他负责管理这个剧院，并化名为莫里哀，为何取此名，至今原因不详。

光耀剧团刚开始经历了一个表面的繁荣：位于塞纳河左岸，在一位人士的游戏掌控中于 1644 年 1 月 1 日开业，这次开业得益于沼泽剧院的一次变故后喜剧演员的流失，沼泽剧院与酒店勃艮剧院是两个相互竞争的力量。在莫里哀的管理下，在不到 8 个月的时间里他的剧院人满为患，但是在 1644 年十月沼泽剧院重新开业后，他的剧院情况迅速恶化，很快就面临金融危机，莫里哀也于 1645 年八月因债务问题被囚禁入狱。

莫里哀一被释放出来，就加入了杜弗兰省的一个剧团，这次他吸取过去的教训，行事很谨慎。从此他开始了漫长的外省生活，在此期间，新公司规模慢慢扩大（莫里哀在 1650

年成为剧院首领）并经常进行跨越国度的旅行，他开始享有公爵埃佩尔农还有另外一个伯爵的支持。如果我们就这一时期进行计算，撇开之前的两个闹剧《嫉妒》（1646 年）和《飞博士》（1647 年），莫里哀的第一步真正的喜剧是创作于里昂的《冒失鬼》或是CONTRETEMPS。同年，莫里哀赢得孔蒂亲王的保护，但由于剧作《浪荡子》转化为宗教性质的苦刑题材，他在四年后又失去了亲王的支持。在 1657 年另一位支持他的伯爵去世后，莫里哀的演员们决定返回巴黎。

在国王兄弟的帮助下，莫里哀和他的演出团队曾获得在国王路易十四和他的法庭上演出的机会，并得到了与意大利著名喜剧演员同台演出的好时机。在上演了几个悲剧以及两个喜剧（《冒失鬼》和 1656 年创作的《爱情怨恨》）之后，莫里哀在 1659 年以《可笑的女才子》赢得了真正的胜利。

1660 年，在被迫离开剧院舞台之后，演员们决定进驻皇宫。莫里哀在《虚乌龟》（1660年）以后开始担心这种高贵的风格不能获得成功，于是他在 1661 年写下《唐·加西亚纳瓦拉》或《嫉妒的王子》，但是这些"英雄剧"都没有成功。自此之后他主要从事喜剧创作，从那时起直到他去世，他平均每年撰写两部喜剧并将他们搬上舞台。尤其是芭蕾舞剧的创作，使他成为一名时尚的作家。

成功与争议

《太太学堂》

受邀到皇宫里演出作品，莫里哀从这一刻开始招致嫉妒，与此同时他在 1662 年创作了最成功的喜剧之一《妇女学校》。这部作品的主题引发了一个很重要的问题（婚姻制度和女性的教育问题），与他以往的闹剧和意大利的喜剧主题形成鲜明对比。随着莫里哀文学的创新和发展，他激怒了一些竞争对手，因为他文学创作的前沿性震惊了整个社会，遭到了那些传统道德的支持者的批判。他的作品继续经历着更大的成功，然而这并没有平息舆论的争辩。

有关《妇女学校》的争论在 1663 年以其诽谤，讽刺和恶毒的语言占据整个文学新闻的头条，（尤其是指责剧作家保持与阿芒的乱伦关系，阿芒是 1662 年与莫里哀结婚的马德琳的女儿，大众一直认为她就是莫里哀自己的女儿），这在莫里哀最强劲的对手那里得到证明。后者在 1663 年通过两部非常具有价值的文学评论来反驳，一部是对《学校妻子》的批评，另一部是对《即兴凡尔赛宫》的嘲笑，在这两部剧作里，他和他的喜剧演员们嘲讽了一个诽谤他们的人，一群假正经的小侯爵，他是勃艮第市政厅的喜剧演员。但是那些诽谤者们并没有停止他们对莫里哀的恶意攻击，但莫里哀享受国王的保护，并定期从他那里收到命令来参加王宫的庆祝活动，特别是被称为"魔岛的乐趣"的大型庆祝，莫里哀还为此写了一个勇敢的喜剧《伊利斯的公主》，其中音乐部分的作曲人是让 – 巴蒂斯特·吕利。

《伪君子》和《唐璜》

1664 年，《伪君子》或《骗子》，刻画了一个阳奉阴违的假君子人物形象，并将之搬上舞台，后来在巴黎大主教的要求下被迫停止。次年，《唐璜》，又称《达丢夫》（指的是大逆不道和口是心非之徒）又以相同的主题在复活节假期后赢得了 5 个礼拜的成功。但是最终又被禁止。

有关《达丢夫》的斗争持续了将近五年。这部作品在改写之后又在 1667 年八月被重新禁止。然而这部作品经常在大孔德—莫里哀的支持者家中上演，他是国王的弟弟，得到了他的信任，剧作家莫里哀经常和王宫里面一些有影响力的成员来往。1664 年，路易十四本人亲自批准莫里哀领取养老金并作为他孩子的教父；次年，国王决定正式将莫里哀纳入他的保护之下，他和他的演员们被授予一个非常荣誉的称号"国王的队伍"。1669 年，禁令最终被取消，《伪君子》的许多扮演者得到了有史以来皇宫剧院演员们的最高收入。

拉辛（1639 年 –1699 年）

让·拉辛于 1639 年 12 月 22 日出生于拉斐尔代 – 米龙的一个财务官员家里。在三岁时父母双亡，他由他的祖母抚养长大。到 1649 年拉辛十岁的时候，他的祖母把他放在皇家港口的一个修道院里生活了几年，这是一个与世隔绝的冉森教派的修道院。这所封闭的教会学校以其"质量"和教学方式的"现代化"而闻名。但是事实上，当其他机构，包括耶稣会学校都在教授自己的学生学习拉丁语的时候，他们仍然在教授希腊语。甚至其他学校都在学习外语以及全文阅读的时候，拉辛所在的这个教会学校还只是在用希腊语教授一些文章的片段或者节选。拉辛的老师全部都教希腊语，所以他很早就会希腊语。拉辛保持了这种古典教育所培养的孤独的习惯，并且对希腊悲剧有特别良好的认知，如（埃斯库罗斯，索福克勒斯以及欧里庇德斯），这些都成为他后面灵感和戏剧创作的来源。在皇家港修道院被查封之后，他于 1658 年前赴巴黎。

文学处女作

年轻的拉辛开始了他的古典文学创作，以非宗教的题材为灵感（颂塞纳河，1660 年作），之后一位牧师注意到了他的文学处女作，这位牧师是路易十四在政治方面的伟大导师，这使得拉辛取得了一定的成功。然后在他舅舅的保护下，他舅舅是于泽斯主教的副主教，拉辛也正在寻求教会的支持，然而却没能实现。之后，他回到巴黎投身于文学。他在 1663 年写了一部歌颂国王的著作来迎合帝王，结果真的赢得了君主的青睐。后来他跟随莫里哀的演出团队到了皇宫。次年，又一个悲剧《亚历山大大帝》给他带来了成功。然而，由于不满莫里哀团队对他这个剧本的演出，拉辛退出了莫里哀的剧团，转而把剧本托付给莫里哀的敌对团队，勃艮第剧团，这个剧团答应上演他的所有悲剧作品。这两部剧本很快上演并得到迅速发展，拉辛以剧作为主的职业生涯也得以奠定。

与冉森教的斗争

1666 年，皮埃尔·尼科尔，他是拉辛在皇家港口冉森派教会学校的老师之一，在一个叫作异端邪说的小册子里强烈谴责这位剧作家以及他的作品。拉辛认为自己被谩骂，他也进入与他以前老师的激烈论战中去，并对他们所攻击的予以否认。从拉辛的剧作品里面所提炼出的世界观并没有少带冉派教育的烙印，他一般表现的是人对世界的比较悲观的看法，以及屈服于神的恩典并成为超越他命运的囚徒。

伟大的悲剧

在 1667 年的《安德洛玛》中，拉辛赢得了众人举目的成功，这种成功等同于 30 年前高乃依的《熙德》。在《安德洛玛》成功之前，拉辛写了许多被视为他代表作的悲剧作品。这些代表作使他成为一个声誉巨大的悲剧作家，这些成就无法阻止他在 1673 年自然而然地入选进法兰西文学院。他和高乃依，莫里哀被并称为法国 17 世纪的古典主义戏剧大师。

但在 1677 秋天，拉辛的事业遭遇巨大的转折：他的最新剧本《淮德拉》，尽管成就卓著，然而却被他的敌人强烈攻击，他们谴责他的性丑闻，拉辛不得不就此搁笔。同时，在曼特农夫人——国王的妻子的影响下，皇宫开始变得严谨，戏剧艺术没有像以前那样受到皇宫的青睐，在传统上看来，这些艺术被视为是邪恶的。拉辛因此决定远离戏剧舞台。他又很快赢回了荣誉，与此同时他的朋友布瓦洛，被国王任命为皇宫的历史学编纂家，这是一项既光荣又待遇丰厚的工作。同年，拉辛结婚了，并与詹森教和解，开始过上虔诚的隐居的生活，他开始为新的工作奉献自己的才华。

拉辛于 1689 年带着《斯帖》回到剧院，并于 1691 年带着《Athalie》重新回到剧院。这两部剧作品是以圣经为灵感的教化育人的著作，是应曼特农夫人的要求为她的圣西尔宗教机构的学生而写的。他大概在 1697 年或 1698 年再次书写港口皇家的历史摘要。拉辛在 1677 之后所表现的虔诚以及采取一些有利于皇家港口寺院的行为使他获得一个外号"皇家港律师的遗腹子。"此外，他对冉森教派的忠诚思想使他失去某一部分人的喜爱。尽管如此，路易十四对于突然发生在 1699 年 4 月 21 日的诗人的逝世感到无比痛心，将他葬在位于香榭丽舍大街的港皇家墓地。

拉辛剧本部分鉴赏：

Acte premier 18

Scène I

Jocaste, Olympe

Jocaste Ils sont sortis, Olympe ? Ah ! Mortelles douleurs ! Qu'un moment de repos me va coûter de pleurs ! Mes yeux depuis six mois étaient ouverts aux larmes. Et le sommeil les ferme en de telles alarmes ? Puisse plutôt la mort les fermer pour jamais. Et m'empêcher de voir le plus noir des forfaits ! Mais en sont ils aux mains ?

Olympe Du haut de la muraille Je les ai vus déjà tous rangés en bataille ; J'ai vu déjà le fer briller de toutes parts ; et pour vous avertir j'ai quitté les remparts. J'ai vu, le fer en main, etéocle lui même ; il marche des premiers, et d'une ardeur extrême il montre aux plus hardis à braver le danger.

Jocaste N'en doutons plus, Olympe, ils se vont égorger. Que l'on coure avertir et hâter la princesse ; Je l'attends. Juste ciel, soutenez ma faiblesse ! Il faut courir, Olympe, après ces inhumains; il les faut séparer, ou mourir par leurs mains. Nous voici donc, hélas ! À ce jour détestable dont la seule frayeur me rendait misérable ! Ni prière ni pleurs ne m'ont de rien servi, et le courroux du sort voulait être assouvi. O toi, soleil, toi qui rends le jour au monde. Que ne l'as tu laissé dans une nuit profonde ! À de si noirs forfaits prêtes tu tes rayons ? Et peux tu sans horreur voir ce que nous voyons ? Mais ces monstres, hélas ! Ne t'épouvantent guères : La race de Laïus les a rendus vulgaires; tu peux voir sans frayeur les crimes de mes fils, Après ceux que le père et la mère ont commis. Tu ne t'étonnes pas si mes fils sont perfides, s'ils sont tous deux méchants, et s'ils sont parricides ; tu sais qu'ils sont sortis d'un sang incestueux, Et tu t'étonnerais s'ils étaient vertueux.

Scène II

Jocaste, Antigone, Olympe

Jocaste Ma fille, avez vous su l'excès de nos misères ?

Antigone Oui, Madame : On m'a dit la fureur de mes frères.

Jocaste Allons, chère Antigone, et courons de ce pas arrêter, s'il se peut, leurs parricides bras. Allons leur faire voir ce qu'ils ont de plus tendre ; voyons si contre nous ils pourront se défendre, ou s'ils oseront bien, dans leur noire fureur. Répandre notre sang pour attaquer le leur.

Antigone Madame, c'en est fait, voici le roi lui même.

Scène III

Jocaste, Etéocle, Antigone, Olympe

Jocaste Olympe, soutiens moi, ma douleur est extrême.

Etéocle Madame, qu'avez vous ? Et quel trouble...

Jocaste Ah, mon fils ! Quelles traces de sang vois je sur vos habits ? Est ce du sang d'un frère ? Ou n'est ce point du vôtre ?

Etéocle Non, Madame, ce n'est ni de l'un ni de l'autre. Dans son camp jusqu'ici Polynice arrêté. Pour combattre à mes yeux ne s'est point présenté. D'Argiens seulement une troupe hardie. M'a voulu de nos murs disputer la sortie : J'ai fait mordre la poudre à ces audacieux. Et leur sang est celui qui paraît à vos yeux.

Jocaste Mais que prétendiez vous ? Et quelle ardeur soudaine vous a fait tout à coup descendre dans la plaine ?

Etéocle Madame, il était temps que j'en usasse ainsi. Et je perdais ma gloire à demeurer ici. Le peuple, à qui la faim se faisait déjà craindre, de mon peu de vigueur commençait à se plaindre, me reprochant déjà qu'il m'avait couronné, et que j'occupais mal le rang qu'il m'a donné. Il le faut satisfaire ; et quoi qu'il en arrive, Thèbes dès aujourd'hui ne sera plus captive : Je veux, en n'y laissant aucun de mes soldats, qu'elle soit seulement juge de nos combats. J'ai des forces assez pour tenir la campagne, et si quelque bonheur nos armes accompagne. L'insolent Polynice et ses fiers alliés Laisseront Thèbes libre, ou mourront à mes pieds.

Jocaste Vous pourriez d'un tel sang, ô ciel ! Souiller vos armes ? La couronne pour vous at elle tant de charmes ? Si par un parricide il la fallait gagner,

Scène III

Ah! Mon fils, à ce prix voudriez vous régner ? Mais il ne tient qu'à vous, si l'honneur vous anime. De nous donner la paix sans le secours d'un crime, et de votre courroux triomphant aujourd'hui. Contenter votre frère, et régner avec lui.

Etéocle Appelez vous régner partager ma couronne. Et céder lâchement ce que mon droit me donne?

Jocaste Vous le savez, mon fils, la justice et le sang lui donnent, comme à vous, sa part à ce haut rang. Oedipe, en achevant sa triste destinée, Ordonna que chacun régnerait son année; et n'ayant qu'un état à mettre sous vos lois. Voulut que tour à tour vous fussiez tous deux rois. A ces conditions vous daignâtes souscrire. Le sort vous appela le premier à l'empire. Vous montâtes au trône ; il n'en fut point jaloux ; et vous ne voulez pas qu'il y monte après vous !

Etéocle Non, Madame, à l'empire il ne doit plus prétendre. Thèbes à cet arrêt n'a point voulu se rendre ; et lorsque sur le trône il s'est voulu placer. C'est elle, et non pas moi, qui l'en a su chasser. Thèbes doit elle moins redouter sa puissance, après avoir six mois senti sa violence? Voudrait elle obéir à ce prince inhumain, qui vient d'armer contre elle et le fer et la faim? Prendrait elle pour roi l'esclave de Mycène, qui pour tous les Thébains n'a plus que de la haine, qui s'est au roi d'Argos indignement soumis'e que l'hymen attache à nos fiers ennemis ? Lorsque le roi d'Argos l'a choisi pour son gendre, i espérait par lui de voir Thèbes en cendre. L'amour eut peu de part à cet hymen honteux, et la seule fureur en alluma les feux. Thèbes m'a couronné pour éviter ses chaînes, elle s'attend par moi de voir finir ses peines. Il la faut accuser si je manque de foi ; et je suis son captif, je ne suis pas son roi.

Jocaste Dites, dites plutôt, coeur ingrat et farouche. Qu'auprès du diadème il n'est rien qui vous touche. Mais je me trompe encor : ce rang ne vous plaît pas, et le crime tout seul a pour vous des appas. Eh bien ! Puisqu'à ce point vous en êtes avide, je vous offre à commettre un double parricide.

拉辛剧本分析：

拉辛是法国封建时期的古典主义悲剧大师。他的作品很多具有政治倾向，从语言上来讲，继承了古典主义庄重典雅的文风。

从以上拉辛戏剧的节选片段可以看出戏剧在文学结构上和诗歌，小说都是不同的。拉辛在对人物的描述上同时又细腻动人。古典主义最初是一种美学风格，同样，拉辛的剧本成功之一也体现在它的美学风格上。拉辛和高乃依一样，他们都崇尚一种亚里士多德意义上的崇高风格，我们称之为悲剧作品之魂。这两位古典主义戏剧大师相互斗争，较量了一生，然而他们的剧本却有很高的相似度。不管从题材上还是内容方面，两位大师都秉承了庄重，崇高的语言色彩。都主张悲剧要写"著名的、非同寻常的、严峻的情节"，要写有关君王、统帅、圣人、英雄的故事，情节要激动人心，它牵涉到"重大的国家利益，较之爱情更为崇高壮伟的激情"。拉辛和高乃依在生活中是对立的，然而在艺术上却是统一的。他们都忠于戏剧的这种崇高之美。拉辛的悲剧则大多数以爱情为主题。这一悲剧主题上的区别与他们生活的环境有关。拉辛的悲剧则反映的是 1660 年后的法国，那时太平日久，宫廷贵族过着剥削生活，讲的是沙龙应酬，情场角逐，所以拉辛的作品正反映和揭露了这些现象。拉辛把悲剧建筑在个人感情与理智的冲突上，因此重在揭示内心的斗争和对心理状况的描写。这在拉辛的《安德洛玛刻》《费得尔》《埃丝苔尔》等悲剧中均有体现。拉辛相对简单的情节比较容易合乎"三一律"，所以拉辛的《安德洛玛刻》完全附和地点、时间、情节各一致的"三一律"规则。

拉封丹（1621-1695 年）

《列那狐的故事》和《拉封丹寓言》的不同：前者是中世纪的叙事诗，大约 10 万字，反映了城市市民阶层和封建贵族之间的矛盾斗争。

宫廷诗人

拉封丹出生在香槟省的蒂耶里城堡，他的父亲在那里掌管水利和林业部门。拉封丹就在这个香槟省的乡村和田野里度过了他的整个童年。他的作品里面都带有这种乡间生活的标志。在当了一段时间律师之后，拉封丹就经常出入于巴黎的文学沙龙，并打算从事文学事业。由于一直比较保守，热衷于过去，在古今冲突的时候，他抨击佩罗额度观点，坚决站在古代保守思想这边。在此期间他出版了一本喜剧《太监（1654）》，这是模仿特伦斯的著作，然后就是赞美英雄的诗歌《阿多尼斯（1658）》，这部诗作是受奥维启发。这个诗为他赢得了很多人的敬仰以及监督富凯的保护，富凯是他疯狂的拥护者，直到1661年的时候富凯陷入金融丑闻中被人揭发，因而失宠，并被国王逮捕和监禁。拉封丹当时正在写另外一部著作却因此失去了保护，他非常感念富凯的知遇之恩，一直对富凯的案件持有异议，路易十四对他很不满，并以他忠于总监富凯为名而剥夺了其优厚权利（《挽歌》1661；《颂国王 M. 富凯》，1663）。他认为自己应该谨慎，于是离开了巴黎，前往利穆赞。

文学的成熟

重新回到巴黎的时候，他在1664年至1674年期间出版了他的故事书，继而在1668年出版了寓言诗，树立了他的文学声誉。为了生活，他在1664年至1672年让自己处在奥尔良公爵夫人的保护下，然后奥尔良公爵夫人去世之后他又从1673年到1693年生活在她的朋友德拉萨布利埃夫人的保护下。他于1683年在德拉萨布利埃夫人那里生活期间被选入法兰西文学院，从此他开始了精彩的社交生活，结识了一大批那个时代非常有名的作家如：拉斐特夫人，夫人塞维涅，布瓦洛，莫里哀，拉辛，拉罗什富科等。

然而，在他一生的最后两年中，他放弃上流社会的世俗生活和院士头衔，否认自己的故事诗，欣然淫乱，由于这个原因他被谴责和调查。他晚年致力于冥想，并于1695年在这种精神状态中去世。

从高乃依和拉封丹看法国古典文学：

首先，法国古典主义文学由于受到王权的直接干预，在政治思想上主张国家统一，反对封建割据，歌颂英明的国王，把文学和现实政治结合得非常紧密。法国古典主义作品大多描写主人公的感情与家族责任或国家义务的冲突，表现感情服从责任，个人服从义务的主题。不少作品直接歌颂国王贤明，或者由国王充当矛盾的裁决者和调停人。对于不利于社会稳定的非法活动加以犀利抨击，表现出拥护中央王权的强烈政治倾向性。

其次，古典主义文学宣扬理性，要求克制个人情欲。布瓦洛指出："首先必须爱理性：愿你的文章永远只凭理性才获得价值和光芒。"要以理性去处理个人与国家利益、家庭义务和荣誉观念的矛盾，因而爱情或情欲只能放在第二位。有的作家将吝啬、伪善、淫邪等等看作是不符合理性的情欲横流，力求加以讽刺。

第三，尖锐地抨击贵族的奢侈淫逸、腐化堕落，同时也批判资产阶级的愚顽、附庸风雅和想成为贵族的心理。古典主义作家敢于揭露社会上的恶习和弊端，对披着宗教外衣进行罪恶活动的不法分子和团体给予毫不留情的打击。尤其是喜剧，主张在笑中移风易俗。

第四，古典主义悲剧多以帝王将相、宫廷秘事为题材，继承了古希腊悲剧的传统。这是宫廷和贵族上层生活的折射。其中，高乃依的悲剧排除了古代悲剧的灵魂——命运观念。他笔下的英雄是自己命运的缔造者，不再屈服于超人的力量。这种人物虽然不由自主地投入意料不到的事件中，但他能从自身吸取必要的力量，战胜巨大的困难。古典主义喜剧、寓言和散文则接触到第三等级，具有较广的文学视野和较多的民主精神。较之悲剧，喜剧、寓言和散文反映的生活面要广阔得多，思维也较为活跃。喜剧描写到资产阶级、平民、学者、医生、戏子、仆人、厨师等等；寓言除了以动物写人外，也接触到同样多的人物；散文除了记录重大的历史事件以外，还有人物特写，哲理沉思，善于思索人生的重大问题。古典主义文学的艺术特征是：主要从古希腊古罗马文学中汲取艺术形式和题材。这一点似乎同文艺复兴时期的作家一样，实际上存在不同之处。就法国而言，人文主义者所做的工作是将淹没一千多年的古籍发掘出来；人文主义作家仅在诗歌和散文方面从古代作家那里学到东西，至于戏剧形式则可以说还没有得到充分利用，寓言就更不用说了。古典主义的悲剧和喜剧与古希腊古罗马的悲剧和喜剧已有很大的不同，它们已具备现代戏剧的基本形式，有一定的幕数，适宜于在一定的时间内演出。戏剧冲突十分尖锐，心理刻画非常细腻，达到了悲剧和喜剧的新高峰。从世界范围来看，也处于一个发展的重要阶段。

要保持情节、时间、地点统一的这个主张在 16 世纪已有人提出。古典主义的理论家发展得更为明确：须围绕单一的剧情进行，排除一切次要的插曲；在一天中进行；在一个地点进行，称为"三一律"。"三一律"的提出者断言，亚里士多德的《诗艺》中谈到这些规则，其实，《诗艺》中根本没有提地点一致。然而，古典主义者"正是依照他们自己艺术的需要来理解古希腊人的，因而在达西埃和其他人向他们正确解释了亚里士多德以后，他们还长时期地坚持这种所谓"古典戏剧"。"三一律"虽有使剧情集中，冲突尖锐的作用，但更多的是束缚。此外，古典主义对文学体裁做出高低之分，推崇悲剧，贬低喜剧、寓言和民间文学，反映了一种贵族观念。语言准确、精练、华丽、典雅，表现出了较多的宫廷趣味。高乃依和拉辛的悲剧最有代表性，它们都具有庄重、典雅的风格，高乃依的悲剧多一点雄健，拉辛的悲剧多一点柔情，但同样都有雅致的特点。诗体同典雅有密切关系，因为诗歌语言精练，而且出于押韵的需要，表达较之散文要委婉曲折；诗体悲剧比起散文悲剧，情调自然高雅一些。古典主义诗剧往往是完美的艺术品，它们不仅达到两千行左右这一精练的标准，而且诗句优美。《熙德》获得了"像《熙德》一样美"的赞誉，这句颂词不仅指剧本的内容而言，而且还指它的语言美达到了令人叹为观止的地步。高乃依的语言具有雄辩遒劲的阳刚之美，代表了古典主义的崇高风格，他的诗句达到了前人所没有达到的遒劲有力的气势。拉辛的语言则具有细腻动人之美，代表了古典主义的优雅风韵。他开创了一种独到的描写心理的诗歌语言。古典主义文学对民族语言的规范化起到良好的作用。第五、人物塑造类型化。布瓦洛要求"凡是英雄都应该保持其本性"。古典主义作家只追求"普遍人性"，性格单一。他们把人的本质看作是每个人生来就有的抽象的属性，而不是一切社会关系的总和，将人物的性格塑造成凝固不变的嗜癖，忽略环境对人物产生的影响。

局限性：古典主义文学发展到后期，暴露出明显的局限性，引发了一场"古今之争"，这是对古典主义的清规戒律发起的一次挑战。沙尔·贝洛（1628—1703 年）等人认为今人应该胜过古人，他们从文学需要发展的观点出发，要求变革和摆脱桎梏。布瓦洛充当了维护古典主义原则的角色。这场争论到 19 世纪才得出结论。

第十三章

18 世纪法国文学

13.1 18 世纪的启蒙哲学

18 世纪法国进入启蒙运动时期。启蒙运动和之前 16 世纪的文艺复兴，17 世纪的宗教改革被并称为欧洲三大文艺思潮。启蒙的意思就是思想上的光明和曙光。此时出现了一批启蒙哲学家和史学家，代表人物有孟德斯鸠、伏尔泰、狄德罗和卢梭。孟德斯鸠的思想影响深远，至今人们都在吸取其思想精髓并给予高度评价。

路易十四的统治标志着法国君主制的高峰期，18 世纪则是它的衰亡期。这种衰亡体现在奥尔良公爵的摄政，开始无视这种道德和权威。路易十五不再值得被称为"仁爱的"君主。法国不得不让出印度和加拿大给英国。再加上长期积聚的财政困难，这种内忧外患的局面加速了法国的政治反抗运动。路易十六试图局部改革，然而遭到了来自急于维护自己特权的贵族的反对。政治动荡迫使国王重整国家。第三等级于 1789 年 7 月 14 日发动了攻占巴士底狱的革命运动，即历史上有名的法国大革命。

根据当时社会和文化的规定，皇宫不再是国家思想和权力的中心。此时出现了很多反对皇权的思想运动。沙龙、咖啡馆和俱乐部成为新一代知识分子的聚会场所。

沙龙里面保持着辉煌的谈话气氛，吸引那些上层人士、哲学家和思想家频繁光顾。那里经常会出现不同思想的竞争，从而推动新思潮的诞生。法国的沙龙文化在当时的整个欧洲都很有名。这些沙龙的举办者多是一些贵妇人。著名的《百科全书》派的撰写者们就诞生于此。另外还可以在咖啡馆中交流思想，最有名的是普罗可布咖啡馆。其次一些具有进步意识的政治问题也可以在俱乐部交流。

18 世纪是启蒙时代，同时是哲学思想和理性思维占统治的时代。在所有领域，无论是君主专制、宗教教条还是社会道德方面都是如此。科学、文学、哲学、启蒙思想家将自由"闪光"和"自由"作为他们的思想原则和行动的口号。

先驱

批判性思想潮流和探究的精神可以追溯到文艺复兴时期，拉伯雷，尤其是蒙田时期。

17 世纪末的《古今之争》挑战了既定的价值观。在 18 世纪初，培尔和丰特奈尔在哲学运动到来的时期扮演了关键性角色。

皮埃尔·培尔（1647 至 1706 年）是笛卡尔的弟子，一位哲学家兼作家。他将批判性思维运用于所有领域，这种思维是《方法论》的核心思想。以此来检验科学、道德和宗教方面的思想正误。作为《思维共和国》的拥护者，他就错误提出挑战。至于丰特奈尔（1657年至 1757 年），是以科普作品而闻名的法国哲学家，他在著作中明确阐述了他那个时代的学者所取得的进步。事实上，自 18 世纪初开始，科学就已经代替了形而上学，并对思想运动产生了相当大的影响。哲学家要求实验科学要经过事实的检验，并借用他们的方法和推理。丰特奈尔积极致力于科学的推广和传播。

哲学精神的表现

哲学思想是一种新的人文主义，它对人类的哲理完全信任，对社会进步持有乐观的信念，可以负责解决所有问题。传统的哲学理念主要侧重于理论和抽象的研究，而 18 世纪的哲学则主要关注的是政治、社会和宗教问题。将真理视为唯一导向，哲学家认为，观察权可以延伸到各个领域，以建立一个开明的世界。因此，在科学领域，实验方法就成为一切正确思维的标准。在政治上，人们赞成民主政治制度，而对君主专制提出了质疑。贵族和神职特权人员被反对，自由和平等的原则被大力推崇，宗教和社会问题被提上一个新高度。特别是在宗教方面，多数哲学家相信造物主和宇宙之神的存在，但是拒绝不能够被推理证明的宗教教条，并谴责一切形式的偏执。

哲学家们持有一种挑战和批判的观念，以实现人类的正义请求。每个人都有超越国家和种族的表面差异被认可的权利。孟德斯鸠在《论法的精神》的第十五章，对奴隶制度提起了诉讼。伏尔泰也是如此，在《老实人》中阐述了有关奴隶的不幸处境。信仰和言论自由必须得到承认并写入宪法。哲学家阐述，所有对真理的挑战即是对文明的否定，尤其是战争和人为的灾难。

从 1734 年起，孟德斯鸠认为他已经积累了足够的经验和文献以实现其政治思想家的雄心抱负：他将一生贡献给了他的作品。他在《论法的精神》（1748 年）这部著作里，提出建立一种新模式的政治制度，这种政治制度是建立在平衡、中庸和三权分立基础上的精神。作者虽然保持了学者一贯的客观，但是他丝毫不掩饰自己的喜好，相反，他反复表达他对专制政体的鄙视，并强烈批判了滥用职权现象。至于伏尔泰，他几乎对每一种文学体裁都能成功驾驭，他的这些不朽的作品中都刻上了自己思想的烙印。在他的《故事》《论宽容》，特别是《哲学辞典》中，他揭示了阻碍社会进步和人类幸福的主要矛盾以及弊病。对于他来说，哲学家最危险，最讨厌的对手就是狂热，也称为"盲目崇拜"。

另外还有一些哲学家对他们那个时代产生了深远影响。卢梭的《社会契约论》中主权在民的思想，是现代哲学的基石，它为新的社会条约的检验提供了参照，探讨了建立在新的社会条件基础上的哲学，即对自由、平等和正义的尊重。哲学思想的完整呈现体现在《百科全书》里面，《百科全书》（一本科学、艺术和经验的哲理词典）最充分地表达了对自然权利的尊重，是一部旨在传播启蒙思想的综合著作。它的指导者是狄德罗，他致力于《百科全书》二十多年，是他整个工作的最大一部分。协助狄德罗撰写《百科全书》是一整个团队，其中包括数学家达朗贝尔、孟德斯鸠、伏尔泰和卢梭。狄德罗为这项伟大的计划做了原始设计，先拟出科学和技术知识的草图，然后将这本书变为哲学斗争的武器。这部十七卷的百科全书产生的影响是相当大的，最后一卷出版于 1772 年，以人类未来的正义信仰和行为而结束。它高深的理念已经影响到不同的文学流派。他甚至促进新的文学体裁比如话语、词典、哲学故事的诞生。 1780 年的博马舍喜剧就是这次抗议运动的一部分。在《塞维利亚的理发师》（1775 年）和《费加罗的婚礼》（1784 年）中，以运动和对话携手共进方式，大胆地讽刺了世俗礼仪。

当然，18 世纪以 1750 年浪漫主义前期的感性出现为标记，但 1789 年大革命时代主要是批判的理性主义占上风的。哲学家们对这场政治动荡早有准备，我们也明白了为什么革命者们要把伏尔泰和卢梭的骨灰移至先贤祠这座神圣的，为国家伟大贤哲们准备的庙宇。这些启蒙哲学家们为社会的发展做出了不可估量的贡献。

13.2 18 世纪法国作家及其代表作点评

狄德罗（1713 年至 1784 年）

狄德罗，法国哲学家和作家，百科全书的作者和启蒙运动的主要代表人物之一。

狄德罗是多才多艺的作家。他的作品一向风格大胆，涉及到几乎所有类型和不同领域：科学、哲学和美学。他的著作《百科全书》是当时那个年代最受人仰慕的一本书，他现在都被认为是启蒙运动的最具创新性的作家之一。他在作品里面通过无神论的唯物主义表达自己的精神，他揭露和谴责一些社会偏见并建立对理性的信任。狄德罗的肖像收藏于巴黎卢浮宫。

狄德罗于 1713 年出生在朗格勒一个小资产阶级家庭中，他从小就被委任给了一位神父。朗格勒是一个强大的主教管辖区，那里的宗教气氛非常浓厚。狄德罗的家庭在教会里面担当着几项职责，他受宗教环境的影响很大。年轻的丹尼斯·狄德罗当时有一个宗教议事司叔叔、一个牧师弟弟和一个教徒姐姐。他自己也在耶稣会的学校学习，并在十三岁行剃度礼。然而他对教会并没有多大感情。

1728 年，他离开朗格勒，去巴黎继续他的学业。对于他离开朗格勒的原因研究者们到现在都不清楚（是与耶稣会的老师们不和？或者是与家人不和？）。对于他接下来几年的生活大家知道的也并不多，笔者也没有找到权威文献，直到 1740 年。我们只知道他热衷于潜心研究学问，并获得来自巴黎大学艺术专业的硕士学位。据悉，他开始真正过起了艺术家的放荡不羁的生活，他的父亲不希望再和他保持关系。后人把这看作是为了生存的权宜之计。他做过文员和家庭教师。然后还作为教士到各个地方讲道……在多年辗转于不同阶层的流浪生活中，他还发现了自己的一个爱好——戏剧："我们握手，我们感动，我们的灵魂从身体本身脱壳而出 [……]。这种感觉就像乌云被驱散，离开好久还依然在耳畔回荡，"他后来在 1758 年写给女演员 Riccoboni 夫人的文艺演出中写道。狄德罗的生活在当时那个年代来说非常的多姿多彩，抑或者我行我素，自由散漫。然而他的这种自由和独立使他经常食不果腹！

1741 年狄德罗邂逅安妮并坠入爱河。并在 1742 年 12 月将她带回朗格勒，以征求他父亲的同意与安妮结婚。但这次家庭团聚的结果并不像他预期的那样理想。他的父亲坚决拒绝他的婚事，认为在旧制度强大的父权社会下，他的这种爱情是不能容忍的。他将儿子锁起来，关在寺庙。狄德罗想尽办法试图逃脱，最终回到巴黎，然后在 1743 年 11 月 6 日在那里和安妮秘密结婚。

哲学著作的开端

狄德罗已婚男人的新角色使得他不得不为了谋取生活而变得作息有规律。他的英语水平让他可以充当现场翻译。也基于此原因，他开始翻译《Cyclopaedia de Chambers》，这是他创作《百科全书》的素材来源。在 1742 年狄德罗认识了卢梭。本着对音乐和象棋的共同爱好，这两位作家建立了深厚的友谊，这种友谊一直持续到 1758 年。狄德罗同时和哲学家孔狄亚克频繁来往。在 1745 年他真正开始了他的哲学写作，他的著作很明显地带有唯物主义理论倾向。

首先，他以相当自由的方式翻译沙夫茨伯的英语随笔，并且在他的著作中流露出了和封建迷信做斗争的思想。此外，他在翻译《随笔》的时候反省到了自己。他和这位英国哲学家的想法一致，认为道德是不能建立在宗教之上的，而应该是自然萌发的。这种新的道德观与他本人的性情和满腔热血热情相符，特别适合他当时的情感。

在这个精神的指导下，他于 1746 年写成了他的《哲学思想》，对四个不同的观点提出警示，即基督教，自然神论者，无神论者和怀疑论者。这本书在 6 月出版，然而又在 7 月被议会部门禁止。这本书在当时被认为是"有伤风化并违反宗教和良好道德"。然而这种审判并不妨碍狄德罗继续攻读哲学并更深一层地思考唯物主义。《盲人致那些睁眼瞎的一封信（1749）》作者狄德罗立即入狱。多亏了一位和他合作《百科全书》最重要部分的书商的介入他才得以摆脱这种境况。这位书商因担心狄德罗的事业才不惜花重金替他解决困境。

狄德罗在的影响，因为在 1747 一个令人振奋和排气任务利用。钱伯斯的百科全书的简单的翻译变成了一个巨大的业务，要进行系统分类和正确知识的传播。狄德罗将花费近二十年的时间来完成这个令人震惊的工作：他负责指导、协调、写作、更正、招聘，还要面对一切困难（审查，旧制度的阻止，禁止，缺乏资金，倒戈……）。

集中创作时期

从 1750 至 1772 年间的这段时间是所有的计划按部就班并如期进行得非常旺盛的时期。除了要完成大百科全书的工作，狄德罗同时在从事有关个人的写作期间过着非常主动的，惬意的生活。他的哲学思想伴随着他 1753 出版的书《自然的解释》而得以展现。这本书仍然折射出了一种唯物主义的世界观，并对自由主义和绝对主义提出质疑。狄德罗在 1756 年写给剧作家 Landois 的信中继续深入分析了这一观点。他又在 1769 年《达朗贝尔之梦》中进一步阐述他的观点。该作品将狄德罗的几个朋友搬上文学舞台，比如：数学家达朗贝尔，百科全书的合作者 Bordeu 博士和德小姐 Lespinasse，这位小姐经常在巴黎举行文学沙龙。他们的对话主题围绕着世界的起源问题。他的书中在古代唯物主义理论的基础之上增加了一些新的科学知识。这些知识都是狄德罗通过他的研究或者在他以前的阅读中获取的。

在 1755 至 1760 年间狄德罗又回归到他热爱的剧场。他自认为是资产阶级戏剧理论家。两部剧作品非常值得一提。一是《亲生儿子（1757）》和《家庭的人（1758）》，实现了他理论观点的阐述。同时《亲生儿子（1757）》和他的《戏剧诗歌》通过戏剧的形式完成了他哲学观点的传播。他的哲学研究以及他的一些对行为的观察，铸就了他的浪漫风格。他的《修女（1760）》《拉摩的侄儿（1762 年）》《雅克宿命论者（1765）》通过对自由主义许多问题的质疑，证明了正确的道德观，这种观点的研究早已置入作者的内心深处。最后，他为了他的朋友格林的《文学通信》而开设了很多文学沙龙，在这些沙龙中他表达了自己的美学观点。他的一生几乎都致力于为他赢得了无数荣誉的《百科全书》中，他也因此要面临很多困难：他要面对一些批评，尤其是 Palissot1760 年在他的喜剧《哲学》中对百科全书的嘲讽。1758 年至 1760 年对狄德罗来说是特别痛苦的几年。那时候，他与卢梭闹翻了，达朗贝尔也放弃了百科全书的合作。但幸运的是狄德罗由他在 1755 认识的，并一直热爱和不断支持他的情妇苏菲的默默地帮助，在她的帮助下狄德罗还是写出了很多丰富的和令人兴奋的作品。

1772 年《布干维尔岛旅游的补充》的出版是一件非常重要的事。狄德罗在其中加入并拓展了他的社会道德观。在《野蛮人的神话》中，他分析了自己的自然观点。也正是在这个时候，他计划对俄罗斯的叶卡捷琳娜二世的邀请做出回应。 1762 年狄德罗卖掉了他的图书馆，他由此发现了俄国女皇独裁并开明的形象。 1773 年，他接受了女皇的邀请。对他的婚姻感到失望和悲痛欲绝，他进行了一次漫长的前往圣彼得堡的旅程。旅途艰辛，狄德罗是生病了，他发现了一个令人失望的结论：到底俄国女皇是否对他这位哲学家的政治和社会改革的建议有兴趣？他知道这是不是——可能永远不会是——对于那么明智的一个女皇来说。

狄德罗又回到法国重新恢复他的写作。出版于 1881 年的作品《纪要》以及《备用的思想绘画》，标志着他的绘画和美学思想的巅峰。在 1778 年至 1782 年出版的随笔《克劳狄斯》和《Nero》，可能是由于俄罗斯经验的启发，突出了他向斯多葛学派演变的哲学思想。《爱尔维修的驳斥（1774）》是狄德罗哲学思想的最终回归，他又丰富了唯物主义理论，然后重新设计他的一些作品。他的生活因为许多哲人的逝去而黯然失色：1778 年是伏尔泰，之后卢梭也在同一年，然后 1784 年是苏菲 Volland 。他自己也于 1784 年 7 月 31 日逝世，享年七十岁。几个月后，它的藏书以及手稿被送到圣彼得堡。

拉克洛（1741 年至 1783 年）

从失意的军官到作家

皮埃尔·肖代洛·拉克洛生于法国北部城市亚眠，是国王身边一位高级官员的儿子，这项工作使他加官晋爵。肖代洛·德拉克洛（它的全称是皮埃尔·弗朗索瓦安布鲁瓦兹德拉克洛）拉克洛没有像他期望的那样，在军队里拥有辉煌的职业生涯：他的名字不够显赫，不足以让他进入部队的高层。他又进入炮兵部队，希望通过科学知识来证明自己的能力，然而他的希望还是破灭了。相反，他没有参加过光荣的战斗，而是在图勒、格勒诺布尔和瓦朗斯过着悲伤的驻军生活。之后他又加入了共济会，这点可能反映了他当时深刻的不满情绪。

他在部队里无法施展抱负，于是开始撰写和发表书信小说。发表于 1782 年的《危险关系》是一部由 170 多封信件组成的书信体小说，其中复杂的人物关系经过作者以书信的方式处理之后显得清晰明了。小说虽然讲述的是一个个阴谋的圈套和爱情游戏，但是主要围绕梅尔特伊侯爵夫人和瓦尔蒙子爵的爱情计划展开，逻辑缜密，环环相扣，让人不得不佩服作者的匠心独造。因为这部作品的内容涉及许多上流社会的情爱关系，被称为艳情小说，导致了一系列丑闻因此被作为有伤社会道德而被禁止。之后他和军事指挥官争吵并决裂，因此在 1786 结婚之后不久便放弃所有军事抱负，在 1788 请求无限期休假。

孟德斯鸠（1689 年至 1755 年）

孟德斯鸠全名夏尔·德·塞孔达，孟德斯鸠男爵，他出生在波尔多一个著名的议会大家族中。孟德斯鸠首先在拉布雷德城堡中成长，接下来他在波尔多进行法律学习和研究，随后又去了巴黎。

在首都巴黎，他常和学者以及文艺界的知名人士打交道，但由于非常怀念故土和家乡，他又回到了波尔多。在 1714 在，他在波尔多担任了国会顾问一职。并在 1716 年他的父亲去世之后，他继承了属于他的拉布雷德城堡和葡萄庄园的一部分。同年，他任职波尔多法院大法官的叔叔又将遗产赠予了他。按照常理来推断，从此以后孟德斯鸠的命运似乎要沿着下面的轨迹发展了：他继续着他光辉荣耀的生活，坚守着自己的遗产和庄园，从事着法官的工作。

然而，在一边过着富裕生活的同时，孟德斯鸠于 1717 年迷上了科学。他像波尔多科学院的那些成员一样，写了一些关于物理学、医学、政治还有哲学的论文，比如《罗马人的宗教政策，1716》。这些早期作品在许多方面，阐述了波斯人的信札。《波斯人信札》这本书是孟德斯鸠的代表作之一，于 1721 年在阿姆斯特丹匿名发表。匿名的原因可能是为了避免这本在许多方面很大胆的小说可能会严重地危及当时作为法官的孟德斯鸠的声誉。然而，这种匿名很快被识破，并且一直推迟到 1727 年，这本小说才使孟德斯鸠被推选为法兰西文学院院士。同时，《波斯人信札》为孟德斯鸠成功打开了巴黎文学沙龙的大门，像侯爵夫人兰伯特文学沙龙以及阁楼俱乐部。

旅行和发现

由于深深依恋他的故土，孟德斯鸠待在巴黎的沙龙的同时花了大量时间在旅游上。沙龙的启发无疑是小说的写作精神来源。他的小说体现了一种非常高雅的文学风格，并在心理方面的描写极其细腻，道德叙述方面也呈现出极大的技巧。从 1728 年至 1731 年，孟德斯鸠表现出永不满足的求知欲，他前往匈牙利、意大利、荷兰、英格兰，在那里待了近两年。所有这些旅行使得他可以近距离地对欧洲不同国家的地理、经济、道德、政治、人文习俗观察入微。回到家里，孟德斯鸠投身于历史研究，发表于 1734 年的《沉思集》对罗马人的伟大和衰落的原因进行了深入的剖析。这篇文章原本打算汇编进孟德斯鸠正在起草的一个更为广泛的政治哲学的一部分。又一个十四年，他编纂书本上的材料和证词，他撰写、扩充、修改他整个一生中最为神圣的一部作品——《论法的精神（1748 年）》。

之后这本书在日内瓦匿名发表并立刻产生了巨大影响。但耶稣会士和詹森教徒猛烈批评和攻击他对自然宗教的赞誉。孟德斯鸠用《论法的精神的辩护（1750 年）》回击了他们。但巴黎神学院谴责该书，最后这本书在 1748 年出版后就被神父放进了禁书目录里面。孟德斯鸠在 1754 年又出版了《品味随笔》的文章，并撰写了《狄德罗和达朗贝尔的百科全书的（遗腹 1757）》。最后孟德斯鸠几乎双目失明，并于 1755 年 2 月 10 日逝世。

请看当今《世界报》上一篇描写孟德斯鸠的文章。

Montesquieu

Redécouvrir le libéralisme "made in France" !

On l'a oublié : Montesquieu, Constant, Tocqueville ou Bastiat sont les inventeurs méconnus d'une doctrine qui privilégie les libertés individuelles.

PAR CATHERINE GOLLIAU

le 28/11/2016 à 10:15 Le Point.fr

Faut-il avoir peur du libéralisme? Dans l'Hexagone plus qu'ailleurs, « libéral » est une insulte quand « communiste » n'est que ringard. Pourquoi ? Parce que dans ce pays de culture profondément étatiste, le libéralisme rime avec dérégulation, privatisation, délocalisation des emplois, licenciements, chômage et inégalités sociales.

Sur les réseaux sociaux, certains n'hésitent d'ailleurs pas à le comparer au fascisme, au risque de pratiquer l'oxymore ! En effet, s'il est bien une pensée qui ne peut être assimilée au totalitarisme de droite comme de gauche, c'est justement le libéralisme, même s'il est pratiqué avec excès : être libéral, c'est en effet vouloir défendre envers et contre tout la liberté de l'individu contre tous les pouvoirs, au risque de l'égoïsme le plus débridé.

Le libéralisme ne se réduit pas à l'économie

Le libéralisme partage peut-être plus avec l'anarchisme qu'avec le fascisme. Et, même si on l'associe généralement au capitalisme, il ne peut non plus être confondu avec lui. D'abord parce que la loi du profit s'adapte mal avec certains principes économiques libéraux comme la transparence du marché... Ensuite parce que le libéralisme ne se limite pas à l'économie.

Déclaration des droits de l'homme et du citoyen de 1789 .

On lui doit certes l'Organisation mondiale du commerce （OMC）, mais aussi le principe de la séparation des pouvoirs, la Déclaration des droits de l'homme et du citoyen de 1789, l'abolition de l'esclavage, la liberté d'opinion et d'association, la presse libre et les syndicats （dont Jules Guesde, le socialiste, ne voulait pas）. Le libéralisme peut être un humanisme, tout dépend comment l'on s'en sert. C'est une pensée globale, qui touche autant au politique qu'à l'économique et au sociétal.

Et autre idée reçue, ce n'est pas une invention purement anglo-saxonne, même si elle trouve ses origines en Angleterre avec Locke et les débuts de la monarchie constitutionnelle, même si on attribue le plus souvent sa paternité à Adam Smith, l'inventeur de « la main invisible » du marché, et à John Stuart Mill, le penseur utilitariste qui défendit le premier les droits de la femme.

Pour se libérer de tout despotisme

Non, le libéralisme est largement d'origine française, il est même « made in France » puisqu'après Montesquieu, au départ d'une réflexion fondamentale sur le rôle de la loi comme garante des libertés individuelles, c'est principalement dans l'Hexagone, et au XIXe siècle, qu'il va trouver ses plus grands théoriciens : Benjamin Constant, François Guizot et Alexis de Tocqueville, pour la pensée politique, Jean-Baptiste Say et Frédéric Bastiat pour l'économie. Mieux, chacun d'entre eux développe « sa » conception du libéralisme, preuve s'il en est que cette doctrine n'est pas monolithique.

Alors pourquoi le déteste-t-on autant, direz-vous ? Bonne question. Peut-être parce que dans un pays à forte culture chrétienne, on l'a assimilé à une valorisation de l'individualisme le plus égoïste. Peut-être parce les puissants ont détourné ses principes à leur seul avantage.

Mais n'est-il pas temps de les redécouvrir, ces principes ? Libérer l'homme du despotisme quel qu'il soit—l'Église, l'État, les pouvoirs économiques aveugles—, tel est le moteur de la pensée libérale. Ensuite, il faut savoir conduire la machine pour qu'elle ne se retourne pas contre les hommes eux-mêmes, aux dépens des plus fragiles. Que l'on soit pour ou contre, il est indispensable d'en connaître les ressorts, ne serait-ce que pour comprendre les débats qui agitent aujourd'hui la France, de la réforme de l'État au problème de l'immigration, en passant par la remise en cause du Code du travail. Sans a priori.

让－雅克·卢梭

让·雅克·卢梭（1712 年至 1778 年）出生于日内瓦，他的祖上是新教徒，从当时被称为加尔文主义共和多的法国逃往瑞士，卢梭出生后几天就失去了母亲。他的父亲是一个钟表制造商，他十二岁左右被父亲送去学习雕刻，但是他不满意他老师的虐待，在几年后逃离，并于 1728 步行去了萨瓦。

卢梭是被华伦夫人收留，华伦夫人是一位虔诚的年轻女子，之后成为卢梭的保护人，也是她让卢梭改信天主教。在经过又一次的流亡生活之后，卢梭又重新回到华伦夫人的身边，华伦夫人当时已成为他的情妇，他在华伦夫人那里享受幸福和滋润的生活所带来的安宁。卢梭在华伦夫人那里得到了母爱般的温暖，并明白了爱情。直到 1737 年，一个新的对手的到来，他不得不面对华伦夫人的背叛。

在 1742 年，让·雅克·卢梭远赴巴黎谋生，他当时的差事是一个音乐教师兼抄写员和私人秘书。他负责了狄德罗《百科全书》的音乐部分的撰写工作，最重要的是政治经济学部分的编写，然而遗憾的是卢梭从小的家庭原因养成的孤僻性格使他不久便和狄德罗决裂。他的新音乐符号系统不被法兰西文学院所接受，他又开始创作一部歌剧《英勇的缪斯（1744）》，仍然没有赢得预期的成功。1745 年，他遇到了一个年轻的洗衣工，泰雷兹莱维塞尔，那是一直陪伴他直到去世的人。他和泰雷兹莱维塞尔生了五个孩子，并把五个孩子全部都放在弃儿院。

卢梭的文学使命是 1749 年才到来的。当时他去拜访囚禁在文森斯的狄德罗，偶然的机会他读到有关第戎学院论文比赛的征稿启事："……是否科学和艺术的恢复对于破坏或净化道德做出了贡献。"无数想法涌向他的脑海。他于是拿起笔，写下了他的《艺术和科学的话语》，他文章的观点是指出了"文明的进步"扭曲了人性。一年后，他得知他已经赢得了该奖项。这部作品于 1750 年发表之后立即获得各种不同的反馈，并在六个月内，卢梭成为所有知识界恶化上流社会的中心人物。

伟大的作品和论战

在另外一个新的戏剧《德文杜村（1752 年）》取得成功之后，卢梭又开始了他更伟大的一系列作品的撰写，如：《论人类不平等的起源和基础（1755）》《给达朗贝尔的信（1758）》《朱莉》或者《新爱洛绮斯（1761）》《社会契约论（1762）》和《爱弥儿（1762 年）》。

1762 年，卢梭的最后一部作品受到巴黎议会的谴责和查封。卢梭为了逃避抓捕，过了八年的流浪生活。他从一个避难所逃往另一个避难所，特别是在英格兰他邂逅了大哲学家大卫·休谟，然后又创作了各类作品，包括《山里信件的书写（1764）》，在这部作品里面他反驳了他的控告者们。卢梭面对一群诽谤者的迫害和本身的孤独，让他一直在内心深处潜伏的糟糕的情绪被激发出来并加重，他觉得自己是一个阴谋的受害者，尤其是在合作《百科全书》这件事上。

1770 年，他回到巴黎定居，并打算在他的有生之年不再发表作品。《忏悔录》（1756 年至 1770 年，谬版 1782 年至 1789 年），《让·雅克·对话》或《卢梭法官》（1772 年至 1776 年，1789 年追授）和《孤独漫步者的遐思》（1776 年至 1778 年，追授 1782）这些作品都是他去世之后才发表的。他的骨灰最终于 1794 年转移到先贤祠。

思想及其影响

卢梭因为他思想的革新而无疑成为法国启蒙运动时期的哲学家和思想家，他和孟德斯鸠、伏尔泰并称为启蒙运动时期的三大巨星。但是他的思想却是反对社会进步的。这是一个悖论，在他所有的著作，不管是道德、政治、教育还是宗教方面都有体现。但是他在论著中不断坚持的原则则是以自然为基础的，这是一个不变的主旋律。这似乎在现在看来非常符合生态的理念。

卢梭在政治革命方面的学说对社会影响非常明显，但还在整个 19 世纪的人文学科方面产生影响。卢梭的遗产不仅仅是哲学，而且他还引领了一种在他那个年代的新的，趋于感性的东西。他的关于宇宙的梦想，对大自然的沉思以及侵入骨髓里的寂寞，在事实上则预示着下一个世纪的文学的开端，因此卢梭通常被认为是 19 世纪浪漫主义文学的先驱。

卢梭《书信集》节选

Madame,

L'on dit bien vrai que brebis galeuse, le loup la mange. J'étais à Genève, gai comme un pinson, pensant terminer quelque chose avec mon père, et, d'ici, avoir maintes occasions de vous assurer de mes profonds respects ; mais, Madame, l'imagination court bien vite, tandis que la réalité ne la suit pas toujours. Mon père n'est point venu, et m'a écrit, comme dit le Révérend Père une lettre de vrai Gascon, et qui pis est, c'est que c'est bien moi qu'il gasconne : vous en verrez l'original dans peu : ainsi rien de fait ni à faire pour le présent, suivant toutes les apparences. L'autre cas est que je n'ai pu avoir l'honneur de vous écrire aussi tôt que je l'aurais voulu, manque d'occasions, qui sont bien claires dans ce pays-ci, et seulement une fois la semaine.

Si je voulais, Madame, vous marquer en détails toutes les honnêtetés que j'ai reçues du Révérend Père et que j'en reçois actuellement tous les jours, j'aurais pour longtemps à dire; ce qui rangé sur le papier par une main aussi mauvaise que la mienne, ennuie quelquefois le bénévole lecteur. Mais, Madame, j'espère me bien dédommager de ce silence gênant la première fois que j'aurai l'honneur de vous faire la révérence.

Tout cela est parfaitement bien jusqu'ici ; mais sa Révérence, ne vous en déplaise, me retient ici un peu plus longtemps qu'il ne faudrait, par une espèce de force, un peu de sa part, un peu de la mienne : de sa part par les manières obligeantes et les caresses avec lesquelles il a la bonté de m'arrêter; et de la mienne, parce que j'ai de la peine à me détacher d'une personne qui me témoigne tant de bonté. Enfin, Madame, je suis ici le mieux du monde ; et le Révérend Père m'a dit qu'il ne prétend que je m'en aille que quand il lui plaira et que je serai bien et dûment lactifié.

Je fais, Madame, bien des vœux pour la conservation de votre santé. Dieu veuille vous la rendre aussi bonne que je le souhaite et que je l'en prie. J'ai l'honneur d'être avec un profond respect, Madame, votre très humble et très obéissant serviteur.

Jean-Jacques Rousseau, Lettres （1728-1778）

伏尔泰（1694-1788）

伏尔泰是上流社会的剧作家，他出生于巴黎的一个信仰詹森教派的、富裕的资产阶级商人家庭，他的父亲起初是一位法律公证人，后来主要负责审计院的一些司务。伏尔泰，真名弗朗索瓦·玛丽·阿鲁埃，曾经在耶稣教会学校和路易大学院接受教育主要作品有：《哲学辞典》（Dictionnaire philosophique）

《哲学通信》或者《关于英国的通信》（Letters Concerning the English Nation）或者（Lettres philosophiques）

《论宽容》（Traité sur la tolérance）

伏尔泰也有小说作品，比如：

《憨第德》（Candide ou l'optimisme）

戏剧作品：

《俄狄浦斯王》（*Oedipe*）

《亨利亚德》（*La Henriade*）

《中国孤儿》（*L'Ophelin de la Chine*）

耶稣会成员对伏尔泰的精神的影响主要是对修辞学的掌握，以及关于讨论、戏剧和历史爱好。

同时，他是由他的教父阿贝德堡引入到上流社会的，他还把伏尔泰引荐给了非常著名的交际人物尼农 DE L'Enclos。所以，从二十岁的时候起，伏尔泰开始经常流连于巴黎各个文学沙龙，并得以接触当时上流社会的文学。

他的精神的独立性和傲慢因素可以归因于某种无意识的创作。然而他却因为胆敢编写针对摄政王的书籍而被囚禁巴士底狱 11 个月。从巴士底狱出来之后，年轻的阿鲁埃采用化名伏尔泰继续发行他的作品。有了这一新的身份，他开始展示出他的第一个悲剧《俄狄浦斯（1718）》，并取得了成功。与此同时他又在 1720 和 1725 年之间写了其他几个戏剧作品。又在相同的时间，他投身于一个史诗《联盟》的创作，这是他发表于 1723 年的作品，该部作品是对《亨利亚德》（*La Henriade*）的模仿。伏尔泰作为青年作家赋予他同时代的人物形象是非常传统的，因为悲剧和史诗是古典美学的两大题材。然而，这并不是后人将伏尔泰奉为最伟大的法国作家之一的原因。

在英国：哲学作品

因为与骑士德罗汉发生口角，伏尔泰再次被投入巴士底狱，他被迫流亡外地。他因此在英国待了两年半。英国的议会和君主制比较自由，伏尔泰将之奉为典范，这也对他的政治观点产生极大影响。伏尔泰发现了这种政权的宽容，他受到启发，打算为继续捍卫自己的生命而奋战。在 1733 年的《哲学通信》中，伏尔泰用英文写作，从政治和道德出发，赞美了英国资产阶级革命的成就和英国政体，同时抨击法国的君主专制政体的弊端以及在法国社会普遍存在的腐败，他指出这种政体缺乏容忍精神。巴黎法院因此下令强制逮捕他。他最终逃到他的情妇夏特来侯爵夫人的庄园隐居。

回到法国，伏尔泰出版了几部剧作品，如《布鲁特斯（1730 年）》和《扎伊尔（1732 年）》。第二个是一个悲剧剧本，伏尔泰在三个星期内完成，但是却取得了巨大的成功。 1734 年，他翻译并重新模仿了《英文书信》，并将它们进行了扩充。它们被放在《哲学通信》的标题下再次出版。

因为他崇尚政治和宗教自由，因为他将繁荣和发展视为科学的进步，因为它阐述了洛克的唯物主义学说，这一切都证明了他人性的乐观和信心（通过《约帕斯卡的思想》的阅读），这本书成为启蒙运动的真正宣言。这本书里面的思想被认为是危险的，因此被禁止。伏尔泰决定违抗禁令并躲避逮捕的威胁，因此他被迫去了洛林，又去了锡莱，之后又投靠她的朋友杜夏特勒夫人。《哲学通信》所显示出的这种好斗精神是建立在伏尔泰作品的最多样化的思想理念和最普遍的判断之上。它很少去强加一些想法。

退居锡莱（Cirey）：哲学随笔

退居锡莱之后，伏尔泰潜心研究和写作。他创作了几部戏剧作品，《恺撒（1735 年）》《Alzire 或美国人（1736 年）》《穆罕默德（1741 年）》或《昂宿五的死亡（1743 年）》以及一个小的诗，体现了享乐主义，滑稽以及走向辉煌尘世的幸福如《社交名媛（1736 年）》。他也热衷于多样化的知识领域：科学、历史、哲学，写下了《牛顿哲学（1738 年）》，这部作品极大地促进了新的思想和元素的传播。《路易十四时代（1751 年）》，开始起草的那几年因某种担心，仍然是基于一种比较原始的方法，内容主要是阐述一些客观事实。总体而言，这本书仍然是路易十四统治下的对君主和文明的歌颂。

随着《对海关的征文和精神国（1756 年）》，伏尔泰对历史复兴的研究起着至关重要的作用。在这两部作品的论述中，他致力于真理的探索，这也是他的兴趣所在。严格审查导致其结果的一些原因，并尽力找出可靠的信息来源，在此期间他还会面临一些矛盾的论证。

此外，伏尔泰是第一个和孟德斯鸠一起研究人类或民族历史的人，他研究的并不只是专门的君主制度或军事方面。而在锡莱的时候，伏尔泰还与普鲁士的腓特烈二世保持联系，腓特烈二世被称为"哲人王"，他非常希望能把伏尔泰吸引到波茨坦去。但是当时法国宫廷在伏尔泰所倾心的蒙特斯龙夫人的"统治"之下，呈现出比较自由的气氛。于是伏尔泰同意回到凡尔赛宫，1745 年，他在那里被任命为国王的历史学家。

返回到凡尔赛和《哲学词典》的诞生

次年，伏尔泰当选为法兰西学院院士。他开始了他的朝廷生涯，这里面有过失、失败和失望：他的傲慢使他失去朝廷的器重，不得不隐藏在司法部公爵夫人处两个月。正是在这个时候，他写出了悲剧《塞米勒米斯（1748 年）》。但是，作为哲学家的伏尔泰担心被太多的观众听到，他开始探索着以一种故事的形式来叙述他的观点。1748 年的《查第格》或曰《命运》，引发了有关幸福和命运的问题。另外《Micromegas（目前没有汉译本）（1752 年）》，是有关知识相对论的。这两部书都是他的哲学作品。有了这些精彩的著作，二十世纪的公众才得以更好地了解并欣赏伏尔泰。然而伏尔泰本身只将它们视为自己作品中的一小部分。

在 1749 年，伏尔泰经历了一个非常痛苦的磨难：杜夏特勒夫人与青年诗人圣·兰伯特交往，并死于难产。伏尔泰决定接受腓特烈二世的邀请，前往普鲁士。

在普鲁士和瑞士：承诺和论战

伏尔泰在圣苏西城堡待了五年。首先体会到的是非常田园诗般的生活。但是一个政治人物和一个文人之间的这种公事多少让人感觉有些意外，按照推测，这种关系本来可以给他带来巨大的成就，然而却突然出现了变故。最终，两人变得不和睦，伏尔泰不得不离开德国。然而法国也拒绝庇护他。于是他搬到日内瓦附近的费内。同样，伏尔泰不能在那里享受长期的和平。原因是日内瓦当局不欣赏百科全书中他所撰写的有关"日内瓦"的那一部分，因为其中包含对共和国和加尔文宗教的严厉批评。首先是这一点上，然后是因《普罗维登斯》，伏尔泰和另一位哲学家让·雅克·卢梭相识，然而他们之间保持着一个相当不和谐的关系（包括卢梭的忏悔的书写都是与伏尔泰脱离不了关系的）。

因此，18世纪50年代是伏尔泰论战、争论、质疑，同时又是承诺最多的一年。然而在阅读了德国哲学家莱布尼茨的论文《自然神学随笔》之后，他决定以乐观的态度来处理这个问题。根据莱布尼茨的观点，神学的最完美的假设是世界上的一切都是趋于更好的。然而1755年里斯本地震导致25000人死亡的悲惨消息深深地触动了伏尔泰，他在1756年的诗作里面开始攻击里斯本地震中乐观主义的拥护者。伏尔泰下面的行为也沿着相同的轨迹：在《海关和国灵（1756年）》，然后是叙事作品《老实人》或《乐观（1759）》，体现了他对于困扰人类的犯罪，战争和压迫所表现的愤怒和不容忍的态度。

伏尔泰回到了幽静的故居费内，他在那里继续他的自传性作品《哲学辞典（1764）》。之所以选择词典的形式是为了体现他启蒙运动的抱负和拥抱整个人类知识的宏图壮志。他反驳哲学辞典的起源《旧约》和《新约》的理性主义计划，迅速丰富了他文章所捍卫的进步、正义和宽容的思想。

伏尔泰不论在他的文章中还是他的行为中都是正义的捍卫者。他也参与所有的反对不公正和偏见的暴力活动。在1756年，他参与英国海军上将的诉讼，这位海军上将因在作战中失败而要被处决。从1762年至1764年，他捍卫卡拉斯，一个在没有证据的情况下被判处杀害儿子罪行的胡格诺派。《关于让卡拉斯去世之际宽容的论文（1763）》表现出伏尔泰对法庭上源于谣言和仇恨所进行的对被告人起诉书的这一不公正行为的抗议。伏尔泰的这篇文章对于卡拉斯案件的再审和平反产生决定性的影响。

哲学家的伏尔泰因此产生巨大的国际声誉。一些作家、哲学家、科学家前往费内拜访他，或者与他维持重要的书信往来。然而，他在1778年回到巴黎，那是他去世的那一年，然而凡尔赛政府不允许接受他的遗体。

他几乎被偷偷摸摸埋葬，教会也拒绝参与他的葬礼。十三年后，他的遗体才被转移到先贤祠。

他的作品的多样性——戏剧、诗歌、故事、哲学著作，以及他在时间和影响程度上（影响力超过五十年）使他成为整个 18 世纪的象征。在伏尔泰各种各样的著作中，我们永远都能发现最真实的东西。他的作品完全是一种哲学思想的表现，也是一个人对于命运、社会以及与自己思想博斗的表现。对于伏尔泰来说，一个人的思想和行为不应该存在根本区别。写作的确是拥护他毕生事业的武器。在他身上，快乐的源泉永远是作者传播自己的思想并战胜自我。

第十四章

19 世纪法国文学

14.1 概述

19 世纪的法国社会空前动荡，阶级矛盾和阶级斗争非常复杂。法国大革命推翻了以贵族和僧侣为主体的封建制度，随之而来的在意识形态方面也出现了革新。尤其是原先享受优越生活的教会人士和保皇党们失去了依靠，迫切需要抒发精神方面的痛苦。这种在动荡社会下表现出的焦虑和个人情感的释放催生了浪漫主义，浪漫主义最初就是从这一部分封建上层等级中的人之中开始的，代表人物有夏多布里昂、拉马丁、维尼、迈斯特尔与波纳尔，也称为贵族浪漫主义。夏多布里昂对雨果的创作有很大影响，比如雨果的早期作品都是和夏多布里昂一样站在封建保皇的立场上的。浪漫主义注重主观感受和人物心理描写，号召抒发个人情感并宣扬个性至上，期望以此改造和革新社会。因此有一部分人甚至将只要与古典主义临摹相悖的个人创作都归为浪漫主义。另一方面，17、18 世纪以来，整个文学和教育界都在古典主义主导下模仿古希腊和古罗马著作，素材早已发掘殆尽，文学界对这种压抑主观情感的机械模仿早已厌倦，急需一种崭新的思潮来洗刷这种局面，这是浪漫主义产生的外部因素。此时法国政权交替极为频繁，一时之间出现了 7 个政权轮流更替的局面，封建势力和新兴资产阶级反复较量，先后有第一共和国（督政府），第一帝国，封建复辟，七月王朝，第二共和国，第二帝国，第三共和国。社会的不稳，政局的动荡，反映在意识形态和文学领域都是多变的。此时期的文学领域先后出现了几种文学思潮并列的局面。与浪漫主义并存的还有现实主义。同处于 19 世纪，面对同样的社会动荡，不同的表现截然不同。一部分人是上面提到的浪漫主义流派，他们面对风雨飘摇的社会，首先想到的是抒发自己的苦闷情绪。而另一部分人则提倡将眼前所闻所见的现代社会客观地反映或描写出来，甚至扭曲的、阴暗的现象也要如实不讳地写出来。他们反对文学中加入个人主观看法。从时间上来看，浪漫主义出现在 19 世纪上半期，而现实主义则出现在 19 世纪下半期。浪漫主义出现的大致时间是在法国封建王朝复辟和七月王朝时期，现实主义则出现在第二帝国时期，而象征主义大致出现在第三共和国时期。

19 世纪的法国文学主流主要是浪漫主义和现实主义，现实主义也称批判现实主义，此外还出现了自然主义和象征主义。浪漫主义和现实主义主要以小说为主。象征主义则是 19 世纪后期和 20 世纪初诞生于法国的文学运动，多以诗歌表现出来。法国此时也涌现出了大批文学作家。比如以雨果、大仲马、缪塞等为代表的著名的浪漫主义作家。以左拉、福楼拜、司汤达尔、巴尔扎克和莫泊桑为代表的现实主义作家。左拉同巴尔扎克一样是一个争议较多的作家。比如巴尔扎克的早期作品多以浪漫主义为主，而中后期则注重写实，被归为现实主义流派。左拉同样也是，一部分研究者们将其归为现实主义作家，而另一部分人则认为他是自然主义作家。因为就文学本身来说也是比较偏主观的。研究界认为浪漫主义和现实主义诞生于同一个时代，界限比较模糊。因此我们只适宜于对它们主体部分进行归类，而不应该强行分割。而自然主义和现实主义更相似，都着眼于对现实社会的描写，提倡以现实社会为素材，客观地反映所见所闻，有些学者直接将二者归为一类。笔者认为可以将自然主义视为现实主义的一个延伸和补充。自然主义除了左拉外还有龚古尔兄弟。最后就是以波德莱尔、魏尔伦、兰波、马拉梅为主的象征主义诗人。波德莱尔被誉为法国象征主义的先驱，他提出象征是"感觉的表现"。但是象征主义的追随者多是一些苦闷彷徨，对现实社会不满的年轻人。他们经常聚集在咖啡馆内写一些宣言，他们的文学功底大都比较浅薄，刻意追求标新立异和自由怪诞的表现手法来刺激感官，以迎合读者的好奇心，并自命名为"颓废派""长发派""筋疲力尽派"。象征主义流派其实就是荒诞派的一种。这种做法有点类似于时下为吸引眼球而出现的一些网络恶搞。由于这种象征主义没有完整深刻的文学主题和没有形成具有凝聚力的流派而导致昙花一现。但是象征主义中自由、荒诞的主题对于 20 世纪初的超现实主义文学产生一定影响。

14.2 19 世纪法国文学流派

19 世纪的法国文坛出现了几种文学流派共存的盛况。其中最主要的就是浪漫主义和现实主义流派。在后期还出现了自然主义、巴纳斯派以及象征主义流派。

浪漫主义

18 世纪后期的一些作家，威廉·布莱克，让·雅克·卢梭被认为是浪漫主义先驱，也就是"浪漫主义前期"的作家，"浪漫主义前期"——"préromantiques" 是使用 20 世纪初评论家们引入的术语。当时已经有，事实上，在卢梭的那部有关"塞南古"的作品中，浪漫主义最重要方面的一些表达：自然的感觉是建立在外部景观和内心风景（灵魂的感触）一致相似，并令人心旷神怡甚至内心狂喜的基础之上的。同样，浪漫主义在勒内的作品或者夏多布里昂的《墓畔回忆录》里面都有所体现。它们都构成"生存病"或者"世纪病"的一副清晰画面，之后又演变成为维尼和缪塞浪漫主义诗歌的专属主题"世纪病"。

尽管形容词"浪漫主义的"曾经是为了和古典主义时期的一个形容词"传奇的，幻想的"相竞争而来的，但是后来渐渐地它在与"古典的"这个形容词相对抗的过程中产生了现代意义。（就像歌德、施莱格尔、司汤达尔等说的那样）。在法国，最初是卢梭在《孤独漫步者的遐想》中首次提到"浪漫主义"这一概念，用它来描述一个原生态的、风景如画的美景。其实德国最早使用这一概念，是用来描述中世纪的骑士诗，先是形容词"romantique（浪漫主义的）"后来才是名词"romanesque（浪漫主义）"的使用。

特点

虽然欧洲各国对浪漫主义特征的定义大致相同，然而由于其历史发展过程中特定的政治和社会条件，浪漫主义在不同国家还是有自己的特异性。例如在英国，浪漫主义主要表现在18世纪末华兹华斯和柯勒律治的抒情歌谣方面，最早是通过（1789年）布莱克的《无罪歌》来引出这一概念的，没有形成任何浪漫主义流派。还需要注意的是英国浪漫主义时期的一些当代作家，包括简·奥斯丁等，事实上不应该被视为浪漫主义者。然而在法国，浪漫主义产生了正式的流派并推出了轰动的浪漫主义宣言，那就是由维克多·雨果所著的《克伦威尔》（1827年）的前言。在他之前是司汤达尔，拉辛和莎士比亚（1823年至1825年）的研究，其中莎士比亚是为了反对"古典主义"而特别推崇"浪漫主义"这一概念，目的是为了打击特别以拉辛为首的"古典主义"学派。

的确，从某种意义上说，所有这些国家的浪漫主义都是一种破坏性的运动，它与启蒙运动时期的理性主义相抗衡，否定古典主义的审美标准。此外，纵观整个欧洲的浪漫主义，一般大致分为这几类：对理性主义的批判，对中世纪哥特式复兴的关心，对诗意的风景的爱好，对内心世界的唤醒，对梦想和创意性想象力的崇尚，尤其是对个人内在感情的关心，被视为浪漫主义的起源。

而一般浪漫主义都比较侧重关心存在于不同国家的有关浪漫主义的共同的主题，而回避一些国家差异，以便更好地读懂和了解文学作品。例如，我们可以从拉马丁的《沉思集》（1820年）和诺瓦利斯的《夜的赞美诗》（1800年）对内心世界差异性的描写中找出相同主题，这两部作品彼此原本上是有很大不同的。事实上，这两部作品无论是在它们发生的文化背景方面，写作的形式和规划方面，还是诗作的意图方面，都是没有可比性的。因此，考虑到其国情的不同，最好在讲到它们浪漫主义这一点时避免任何草率的概括。

法国浪漫主义

浪漫主义前期（1780至1820年）

卢梭的《朱莉》、或者叫《新爱洛绮斯》（1761年）和《孤独漫步者的遐思》（1782年，

1778 年遗作）、斯达尔夫人《德尔菲娜》（1802 年）、《科琳娜》或《意大利》（1807 年）、夏多布里昂《阿塔拉》（1801 年）和《勒内》（1802-1805 年），《塞南古和奥伯曼》（1804 年），这些著作通常被称为法国浪漫主义前期的作品。其实如果我们要定义法国浪漫主义流派的话，浪漫主义先驱的标签更适合他们。忧郁的抒情性，流露在大自然和内心之间的个人情感，激动和失望交杂的情绪，对生活的厌恶（如德夏多布里昂在《勒内》中描绘的那样，它定义了浪漫主义的灵魂），以上这些因素也同样出现在卢梭、拉马丁和缪塞的作品中。

宣言和论战

可能是法国古典主义的力量太强大——例如拉辛的悲剧取得了无可争辩的巨大成功，与很多文学、社会和政治保守主义者相关的文学机构的地位摇撼不动，这使得法国的浪漫主义相对于德国和英国的浪漫主义来说姗姗来迟。这种背景下，年轻的法国浪漫主义作家的确有很多工作要迎头赶上：他们捍卫自己的论战和对不同观点的挑衅尤其在宣言和他们作品的前言表达中表现出来。事实上，古典主义和浪漫主义的斗争，一方面对平衡与和谐的关心和另一方面对抒情的尽情表露之间的对立，经常被浪漫主义强调，也同样被他们的敌对者强调。从这些方面来讲，浪漫主义相对于规范的古典主义在很多情况下是有差别的。此外，浪漫主义的形式上的大胆在这种差异中显得不那么重要。再者，在主体表达方面，浪漫主义也经常会借用古希腊和古罗马的自然神话。从泛神论的观点来讲，古希腊古罗马神话为自然界提供了参考。特别是在表达人类灵魂和被改造的大自然之间的一致隐秘情感方面：大自然的著名主题为人类灵魂提供参考（或是人类灵魂的一面镜子）。波德莱尔之前的诗歌，不包括他自己的诗歌，对于浪漫主义者来说，都是揭示宇宙关系的一个特定的工具。

诗歌和世纪病

从传统意义上讲，法国的浪漫主义抒情诗从一诞生开始，就将情感视为关键词。它强调个人内心的表达，将诗人精神方面的感觉和主观情绪放在第一位。这类诗歌和追求形式方面的统一相去甚远，经常采用和诗歌本身题目不一致的原则和主题。"主题的表达通常比较隐晦，要读者通过诗歌中所体现的复杂的内心感触去挖掘或者根据作者在诗歌中所隐藏的主观意愿去发现。"（拉马丁）。

1836 年，拉马丁的作品《乔斯林》（继 1838 年《堕落的天使》之后），被认为是"心灵的史诗"。缪塞的作品《一个世纪儿的忏悔》（1836 年）和《夜》（1835 年至 1837 年），都表达了面对无望的黑暗社会所表现出的灵魂的煎熬和对生活的厌恶及其无奈。至于维尼，他在 Stello（1832 年）和额《查特》（1835 年）也同样表达了社会生存的艰难，抒发了自己的苦闷情绪，就是他所谓的"幻灭的史诗"。知识青年在当时就犹如盲目的无头苍蝇一样，试图通过个人努力寻找自己在社会上的出路。

这种由多愁善感的浪漫主义诗人所写的伤感的抒情诗被后来的一些人，特别是象征主义诗人所谴责。然而我们不要忘记，诗歌也是具有革命意义的，尤其是雨果的《处罚》（1853年）和拉马丁的《诗意冥想》（1839年）。事实上，浪漫主义诗歌所包含的这种伤感抑或痛苦的情绪被解释为一种病态的自我陶醉或者是对个人地位所表现出的担忧以及自我封闭的方式。

法国浪漫主义独特的性质不仅表现在理论层面，还表现在美学方面：从司汤达尔的《拉辛和莎士比亚》（1823年至1825年）里面可以看出，司汤达尔开始质疑莎士比亚戏剧里面所包含的古典主义美学的标准，并批判莎士比亚对古典主义美学的过度运用。（在这种情况下，出现了新古典主义悲剧）。

法国的浪漫主义文学家（雨果、缪塞、维尼、戈蒂埃、内瓦尔、圣伯夫），形成了一个名为"Cénacle"的浪漫主义文学社团（继文学沙龙之后），他们在参加维克多·雨果的戏剧《欧那尼》（1830年）也被称为《欧那尼之战》的演出时发生了一件令人难忘的丑闻。雨果的戏剧开创了戏剧的革命，对被称为大时代时期的18世纪古典主义戏剧提出了质疑和挑战，公开反对古典主义戏剧的"三一律"。根据"三一律"规则，戏剧情节必须是一个整体（相同的情节），故事的发生只能在同一个地方（相同的地方），戏剧持续的时间不超过24小时（相同的时间）。然而维克多·雨果有名的戏剧作品《克伦威尔》（1827）、《玛丽蓉德洛尔墨》（1829）、《欧那尼》（1830）、《吕克莱丝波日雅》（1833）和《吕布拉斯》（1838），还有缪塞的《威尼斯之夜》（1830）、《玛丽安的喜怒无常》（1833）、《罗伦扎西欧》（1834年）、《爱情是不能开玩笑的》（1834年），都打破了古典主义的所有要求。浪漫主义戏剧扩大了演出场所，将人物多样化，并结合了诗歌和散文，格调既可以高雅也可以通俗，形式多变，庄严与怪诞，美丽和丑陋并存。《克伦威尔》是一个包含雨果式的诗歌叙述方式的作品，一个真正的捍卫和发扬浪漫主义戏剧的杰作。可称为法国浪漫主义文学的宣言。

法国的浪漫主义文学在表现形式上特别多样并且极具感染力。在绘画、音乐、历史、政治、文学批评、戏剧、诗歌、小说、散文、回忆等各个方面都有所体现。许多不是浪漫主义流派的法国作家和艺术家都深受浪漫主义的影响，以至于与法国浪漫主义历史和文化相关的因素都与他们产生了关联。维克多·雨果的作品在1830至1840年间经历了最繁荣的时期，此后他的剧本《老顽固》（1843）的失败标志着法国浪漫主义时期的结束。并非所有以这样或那样的标题涉及到浪漫主义的作家的作品（如内瓦尔、戈蒂埃、波德莱尔）都与1830年的浪漫主义运动有关。然而浪漫主义以其强大和深远的影响力，直到1850年左右才正式消亡。但是它仍然以不同的方式影响着现代作家。

现实主义

现实主义广义地说可以被定义为对事实的严格观察，它是由"现实"这个词演变而来的。小说的真实性随着时间的推移可以在很多作品中找到痕迹，如拉伯雷、布瓦洛、狄德罗、司汤达尔或巴尔扎克。但是由于时代变化，不同的作品中的现实主义意义会不尽相同。

在 19 世纪，这个术语最早是贬义的，来源于对居斯塔夫·库尔贝的油画的批判。从文学领域来讲，它最早是由尚弗勒里在 1855 年引入的一个概念，然后在他 1857 年的《现实主义宣言》中正式提到，然而文学不是现实主义唯一最真实的反映形式。

现实主义美学

现实主义文学的关键词首先是文学，其次它还有其美学意义，它是现实生活唯一的一面镜子。现实主义通过写作风格，通过对事实的安排，对主人公的选择，来产生一种"真实效果"。

作家可以声称自己进行了忠实的写作，但他无法通过他呈现给读者的作品来否认自己的写作方法。可以创造这种现实效果的写作方法是多方面的：左拉的抒情，莫泊桑的精炼文字，福楼拜的描述技巧等。

现实主义作家要做大量写作前的准备工作，例如左拉会做笔记或进行实际考察，收集文献。龚古尔兄弟会阅读大量报纸。莫泊桑往往是授与他写作内容有关的各种社会新闻的启发。这些作家正在试图抓住心理现实以及社会，历史现实，然后将这些事实搬上自己的小说，由小说中的人物体现出来。因此他们的小说会涉及明确的，某一历史时期的事实。

现实主义注重选择和整理事实，而不是去改写或者丰富这一现实内容。如果混淆了文学和现实，就无法达到这一效果。

在 19 世纪 50 年代，一些青年作家都尝试让自己被巴黎文学界所认识。他们都是一些既没有资源也没有依靠的外省青年，他们都渴望拥有一个可以识别身份的名字。他们崇尚浪漫主义，但是同时对巴尔扎克式的社会画卷（《人间喜剧》）着迷。他们围绕在画家库尔贝，尤其是尚弗勒里（《狗 - 卵石》1847 年，受到波德莱尔的好评），以及迪朗蒂（《1856年至 1857 年的现实主义报纸》）。

福楼拜，龚古尔兄弟，左拉都坚持同一个信念：文学不应该局限在被曾经的礼仪限制的范围，它必须向世人展示社会上的一切：资产阶级和工人、外省、妓女、对婚姻失望的女性……都应该是文学研究的对象之一。福楼拜的小说《包法利夫人》，在 1857 出版，出版的同年就因为他作品的"粗俗的现实主义"而受到谴责。

法国的现实主义在 19 世纪 50 年代引起文学界的共鸣，后来波及其他国家。左拉的自然主义同时又是一种现实主义，他为文学树立了一种科学典范。

意大利也出现了现实主义作家。俄罗斯作家虽然从来没有形成现实主义流派，但是他们表现出对国家和社会形势的深切关心（如托尔斯泰，高尔基等人）。

如果过去的一个世纪是代表主张感想的浪漫主义占主导地位的话，那么现实主义则对二十世纪的小说产生重大影响，并为文学的解构和重组提供有利参考。（《怀疑的时代》，娜塔丽·萨洛特，1956 年）。

自然主义

说到"自然主义"不得不谈到左拉。左拉在他 1867 年的《悲哀的桃乐丝》的序言中就已经对"自然主义作家"进行过讨论。同一时期，他又以巴尔扎克的《人间喜剧》为模型，创造出了系列小说巨著《卢贡－马卡尔家族》：这部伟大的著作共分为二十卷，在 1871 年和 1893 年间出版，它的内容就如副标题所呈现的那样《第二帝国下的一个家族的自然和社会史》。

在继五本讲述资产阶级人物不断进行阶级晋升的小说之后，左拉又于 1877 年凭借《小酒店》取得巨大成功，《小酒店》讲述的是"一个位于郊区的工人阶级家庭的悲哀和衰落"（前言）。这部小说采集了大量真实的纪录和文献，它的真实感可以和现实主义相抗衡，同时也和 1865 年出版的著名的《热尔玛妮·拉瑟特》的龚古尔兄弟的《艺术家》相匹敌。

《小酒店》的大获成功给左拉带来了金钱和名誉双方面的荣耀。他在巴黎附近的梅塘买了一栋别墅，并于每周四在这座乡间别墅会见一群包括莫泊桑在内的作家，组成了"梅塘集团"（前面已经提过）。1880 年，《梅塘之夜》的出版代表了"梅塘集团"统一观点的形成。同时期左拉本人的（《实验小说》，1880 年）也诞生。该运动受到法国保守派的暴力袭击，浪漫主义作家巴尔贝多列维利说"左拉，沉迷在阴沟里自甘堕落。"该集团的文章陷入丑闻风暴，随着一些成员的"背叛"，又有另一批新的追随者到来。

自然主义也影响了戏剧：我们见证了自然主义小说改编成超现实戏剧的事实，左拉出版了他的《从自然主义到戏剧》（1881 年），也有其他一些由自然主义作品改编成的戏剧。左拉被誉为自然主义的领袖。

然而，自然主义小说家保罗·布尔歇的小说《弟子的成功》（1889 年），以及记者儒勒·热图（1891 年）的一项调查，标志着自然主义运动结束。左拉自己随后也走向新的方向。然而自然主义却持续地向国际扩散，首先在比利时，其次又发展到许多国家如日本等。

自然主义的历史在法国最早出现在第三共和国时期，从 19 世纪 70 年代一直到 90 年代都深入人心。这一时期的历史特点是温和的共和党人士通过放弃恢复君主制的条件与教会和解，和解的条件还有"反对科学的神秘主义的回归"以及共和国学者马塞兰对一切象征着实证主义的贬低。左拉则站在德雷福斯政治事件的中心，他于 1898 年 1 月 13 日发表文章《我诉讼》，给卷入此事的知识分子一个露面的机会，以此来支持德雷福斯。

自然主义作家的信条和作品

巴尔扎克曾经将城市比作一个弱肉强食的丛林，他将现实主义置于自然科学之下。但他的小说仍是灵魂之作。左拉通过系统的参照自然科学的理念将他的文学集团合法化：自然的选择，为生活而战—（达尔文《物种起源》，1859年），遗传规律—（卢卡斯，《自然遗传的哲学和生理条约》，1850年），实验和医疗方法—（克劳德·伯纳德，《实验医学的研究概论》，1865年）。

从写作的角度看，自然主义是对现实主义的继承，是对福楼拜的主观现实主义的继承，尤其是注重对文献的关注。龚古尔在《艺术家》中称自己既是生理学家又是诗人。前面也提到，左拉为取得素材进行了大量的实地调查（这些调查的书被出版）。他的这种方法为他赢得永远的小说"观察员"的称号，使得他的影响远远超过了自然主义的范围。

罗兰·巴特将自然主义风格和正式的文学语言（如简单过去时，自由间接引语，书面节奏语）融为一体，并夹杂着现实主义的文学迹象（通俗语言，直接用语，方言等），构成一些"跳跃性"的写作：在海滩的客观描述时加入一些主观看法。

例如（« Ils s'arrêtèrent en face de la plage, à regarder. Des voiles, blanches comme des ailes d'oiseau », etc.）.

（"他们停在前面的海滩观看。帆，洁白如鸟翼"等）。

莫泊桑的自然主义由于受到其教父福楼拜的遗传而显得比较独特。比如：一些不同观点的巧妙运用，弱化叙述者的形象（不直接说"je（我）"，而是通过各种渠道来表示，比如：自由间接引语，讽刺，以及模棱两可的"on（大家）"）。

自然主义者的想象

自然主义作家比较倾向于叔本华式的"开朗的悲观情绪"，尤其是他一心生活，与道德无关的观点，只会在审美的时候暂作停留（左拉，《生活的乐趣》；莫泊桑，《在死者身旁》）。这种生存法则是基于一种"本能""气质"抑或是"欲望"。也就是说，自然置身于自然主义的想象之中。写到此处，左拉的《第二帝国下的一个家族的自然和社会史》和《科学主义参考》似乎在这里找到了不那么合理的解释。

当自然主义小说中的人物被这种双重的自然性所切断，他们的生命将受到抑制（讽刺小说的标题是需要展开来解读的，比如《一生》，莫泊桑；《美丽的一天》，赛阿尔；《生活的乐趣》，左拉）。而当他们被赋予这种自然的东西时，这些人物马上就变得"贪婪"，贪恋金钱、权力、堕落、不道德（比如左拉《第二帝国》中的商人；莫泊桑《漂亮朋友》中的主人公）。有时这种贪婪会吞噬他们的天性，导致人物走向颓废：酒精中毒（左拉的《小酒店》），卖淫（斯曼的《玛莎》，爱德蒙·德·龚古尔的《艾莉莎的女儿》，左拉的《娜娜》）。信仰有时会变成毁灭自身的推手，这在龚古尔的小说中有所体现。这一切都使我们回到自然的主要观点上来：兽类隐藏在社会人的面具下（左拉，《人兽》，莫泊桑，《图瓦纳》）。

在自然主义的观点看来，人创造的东西也是具有两面性的。它有时会变成人体的一部分，有时会变成破损的器官或动物器官：这在《人兽》《小酒店》和《萌芽》中都能找到。

自然"善恶"是永远存在的，既迷人又吓人，这是一种深深的矛盾，因为它既具有破坏性又有健康的孕育能力。市民去乡村旅游的好处就是能让他们在当时找到最好或最坏的东西，这是自然的本性。（莫泊桑，《乡间一日》）。正是这种最好或最坏的东西才让农民在此扎根（左拉，《土地》）。

自然的这种双重性质与当时的作家与社会之间矛盾的双重性质相吻合。在左拉所书写的一系列发生惨剧的作品背后，他却仍然能发现自然和生命的伟大力量，能发现未来的光明和曙光。这是自然主义极具矛盾又合乎情理的特点。

巴那斯派

巴那斯是"parnasse"一词的音译，它是指法国的一个文学流派，主要是指诗歌流派。它是在浪漫主义之后，19世纪60年代出现的一个流派。强调"为艺术而艺术"，提倡一种纯粹的艺术至上的理念。巴那斯派主张诗歌创作应该从纯粹的自然景观和客观事物出发，要求创作过程必须客观、纯正和唯美，非常注重诗歌的形式，刻意追求艺术美。基于这一点，巴那斯派也被称为"新古典主义"学派。避免掺杂个人感情和政治，社会等因素，是一种反浪漫主义的诗歌流派。与当时的自然主义所崇尚的理念相吻合，也可以说是自然主义在诗歌领域的一个反映。巴那斯派被视为法国象征主义文学的先驱。理论上虽然如此，但是实际上法国巴那斯派诗人在创作中的表达并没有尽善尽美，符合规范，他们的诗歌仍然融入了个人的感情色彩。因为就艺术本身来说也是具有灵性的，艺术作品唯有反映人类的情感才能够深刻。

象征主义

象征主义是19世纪末的一种文学运动。他强调语言的潜在价值，这种语言的潜在性被视为通往"另一个世界的象征"。

1886年，让·莫雷亚斯刊登在费加罗报上的一篇文章《象征主义宣言》，通常被认为是象征主义的诞生。虽然这篇文章的理论范围是相当有限的，但是该文章的优势是将不同观点的作家联合起来。然而，即使在吉恩之后，象征主义的定义仍然比较模糊，虽然该流派主要对应的是几位具有共同观点的诗人，他们一致声称通过象征的媒介与另一个世界接触。然而不管怎么说，这个共同的观点赋予了这一神圣文学最成功的表达。法国象征主义诗歌的先驱是热拉尔·德·内瓦尔（"我相信，人类的想象力创造了真实的东西"），波德莱尔的《书信》的理论也是如此。19 世纪后期的作家感到深深的不安也是源于象征主义运动。

象征主义反对巴那斯派的诗歌，反对左拉的自然主义和福楼拜的现实主义，同时也反对雨果的浪漫主义。象征主义宣告另一个隐藏在感官世界之外的世界的存在，这个感官世界是引领我们发现另一个世界的通道。事实上，法国的象征主义是受德国的浪漫主义和英国的前拉斐尔派的启发而来的，它在法国表现为"颓废的"和"抽象的"，内瓦尔是它最大的继承者。一些作家如斯曼、波德莱尔、魏尔伦、兰波、马拉梅、维利尔斯·利斯勒阿当、查尔斯·克罗（后两者分别受黑格尔和叔本华作品的影响），或者，朱拉佛格，他们通过自由的语言，并凭借对节奏和声音的感觉，从内容和形式两方面都对诗歌和叙事体裁的文学进行了复兴。

从 1880 年开始，马拉美的文学沙龙在每星期二都致力于为这种思想氛围提供场地，文学家们开始了对象征主义美学的新追求。虽然让·莫雷亚斯和查尔斯·莫拉斯的文学运动正逐步远离这种类似于希腊新古典主义的象征主义运动，马拉美仍然努力在一篇文章（《流浪》，1897 年），并在雷恩·基尔的《文字的性质》（1886 年）的前言中定义新的理想主义美学。雷米德，古斯塔夫·卡恩（"自由诗"的发明者），亨利·德·雷尼尔，比利时的梅特林克和维尔哈伦，年轻的安德烈·纪德（《安德烈·瓦尔泽》，1891 年）都热衷于象征主义。虽然诗歌和小说是象征主义表达他们思想的首要方式，然而象征主义也被搬上了戏剧舞台。如莫里斯·梅特林克的（《入侵者》，1890 年、《佩利亚斯与梅丽桑德》，1892 年）、保罗·克洛岱尔的（《金头》，1890 年）、维利尔斯·利斯勒阿当的（《阿克塞尔》，1894），以及圣波尔鲁的（《带镰刀的女士》，1899 年）。

象征主义起源于法国（至少作为一项运动），但是却超越了国界，特别是在俄罗斯发展得根深蒂固（巴尔蒙，勃洛克），还有英国（奥斯卡·王尔德），比利时（罗登巴赫），甚至发展到了拉丁美洲。因此，在文学史上第一次，美学运动融入了现代化的色彩，它甚至都延伸到了日本。其中 1905 年法国象征主义作家的选集的出版导致了一些日本诗人开始尝试考虑新的诗歌创作的韵律规则。此外，象征主义的贡献在于它同时留下了超现实主义的理论印记。法国作家兰波虽然是象征主义诗人，但是同时被誉为超现实主义鼻祖。即使在今天，各国作家的一些作品中都能感受到象征主义的气息。

14.3 19 世纪法国作家及其代表作点评

巴尔扎克（1799 至 1850 年）

巴尔扎克，法国小说家，伟大的史诗巨著《人间喜剧》的作者。

据传说，巴尔扎克当年于 1850 年去世的时候的最后一句话是呼唤皮安训（Bianchon）的援助，皮安训是他《人间喜剧》中虚构的医生：

《人间喜剧》包括 91 部已经完成的小说，还有 46 部正在规划中的部分。《人间喜剧》塑造了两千多个人物形象，像高老头，拉斯蒂涅（Rastignac），纽沁根伯爵和魏特琳一样……几乎创造了法国的文学神话。主要作品：《最后一个舒昂党人》《高布赛克》《家族复仇》《苏镇舞会》《夏倍上校》《朱安党人》《图尔的本堂神甫》《十三人的故事》《欧也妮·葛朗台》《高老头》《长寿药水》《驴皮记》《绝对的探求》《古玩陈列室》《赛查·皮罗托盛衰记》《扭沁根银行》《公务员》《搅水女人》《幻灭》《烟花女荣枯记》《贝姨》《邦斯舅舅》《农民》《老姑娘》《比哀兰特》《阿尔西的议员》《夏娃的女儿》《幽谷百合》《改邪归正的梅莫特》《三十岁的女人》《萨拉金》《红房子旅馆》《沙漠里的爱情》《无神论者望弥撒》《冈巴拉》。

工业文学

巴尔扎克出生于一个资产阶级家庭，他的父亲是图尔市第 22 军的食品总监，巴尔扎克于 1799 年 5 月 20 出生于图尔市。在巴尔扎克之后，他父母还生了两个女孩和一个男孩。洛尔在 1800 年诞生，与巴尔扎克一生都保持着特殊关系。妹妹劳伦斯生于 1802 年，还有一个弟弟亨利在 1807 年出生。在 1807 年 6 月 22 日奥诺雷·巴尔扎克八岁的时候，他作为寄宿生在旺多姆学院学习。寄宿学校的生活给她留下了创伤性的体验，以至于他在后来回想起来的时候都说这是"可怕的童年"。然而这段经历却滋生了他写《路易斯·兰伯特》（1832）这本小说的信心。1814 年 11 月 1 日，巴尔扎克全家离开了图尔，并在巴黎马莱区落户。他的母亲的愿望是让巴尔扎克做一个公证人，因此巴尔扎克然后作为小业务员在律师让 – Guyonnet 玛维尔身边工作。（这些经历激发了他在人间喜剧里面 Derville 的研究，特别是对于人物"查伯特上校"的研究）。

1818 年，巴尔扎克放弃律师的工作，并毅然告诉他的父母他想成为一名作家。征得其同意后，他在 Lesdiguières 的街上，在那里他们给了他一年时间用来进行他新职业的体验。巴尔扎克最初的悲剧作品《克伦威尔》的尝试，在他的家庭和朋友圈子很少赢得鼓励。因此，年轻的巴尔扎克又决定开始尝试生产工业文学，那种用来生存的文学，他在 Poitevin 地区车间创作他的通俗小说。1822 年一月，他以安·拉德克利夫的方式开始出售一种哥特式小说，题为《Birague 的女继承人》，小说有三个签名，其中包括巴尔扎克的笔名。巴尔扎克甚至用他的笔名单独或与他人一起写了其他几部小说，总是以化名的形式出现。包括 1822 年的《百年》或者《两个 Beringheld》，《阿登的牧师》（1822）或《最后仙女》（1823）。巴尔扎克在 1823 年与一个年轻的记者贺拉斯 Raisson 相遇，于是巴尔扎克在他身上看见更为成功的职业生涯的开始。几年后，他的书终于取得成功。《婚姻生理学》（1826），这又是巴尔扎克匿名发表的书。这本书严厉批评了婚姻的现实，这种现实在"浪漫的宇宙"中并不是历来就有发生的。

　　同年，也是在 1826 年间，巴尔扎克成为编辑和打印商。在两年内，他从事的这些活动使他负债十万法郎，这些债务让他在后面的生活乃至余生中都一直陷入财政危机。正是从这个时候，根据需要，他的新闻活动变得比较可观：比如他在杂志以及为他的朋友的报纸写的，如《剪影》或《漫画》，还有他 1836 年在巴黎所执导的《纪事》，都获得了较大成果。从 1836 年《老妹》的出版，巴尔扎克的小说首次在还没有出版成册之前以连载的形式刊载。

　　从此，巴尔扎克过着以文学为生的生活，他写作达到了疯狂的速度（他说写《高老头》的时候，他甚至连续四十天一晚上没有睡过两小时）。当然，他对于撰写的强烈愿望驱使他笔耕不辍，也可能同时因为他的巨额债务迫使他不得不投入这种高强度的工作。像文学苦刑犯一样的经济状况以及对社会的某种远见卓识，使得他选择在作品中描述了复辟王朝时代的金钱在社会中的力量。事实上，他的作品是对封建王朝拥护者的一种劝诫，呈现的是封建贵族的衰落和资本主义社会下资产阶级开始登上政治舞台。

巴尔扎克名字的开始

　　1800 年的《最后的筹安》或《布列塔尼》是第一部巴尔扎克以自己的名字命名的小说。虽然从商业角度来讲，这部作品又是一次失败，但重要的是，非常棘手的以签名来维护著作权这件事被社会所接纳。

　　1829 年 10 月，巴尔扎克写了《打网球的猫之家》。在这个新的小说中，巴尔扎克第一次惊现了天才的写作能力并展示了其作品的丰富多产：他的作品超越了通俗小说，奇幻小说，历史小说的模式，创造一个新的流派——当代风俗小说。 1830 年三月初，他沿着同样的思路写了《怪客》《高布赛克》《双面家庭》和《苏镇舞会》。这些都在巴尔扎克名为《私生活舞台》的系列作品中得以出版。在 1832 年 5 月《私生活舞台》的第二卷出版。这部系列小说主要以两部小说《查伯特上校》和《旅游的牧师》为主，围绕着它们，巴尔扎克写了他的第一批有关私生活的伟大戏剧，导致这些悲剧的原因是利益和性格的矛盾，这些矛盾斗争构成了作品的情节。1833 年 9 月 3 日《乡村医生》出版，其目的是巴尔扎克站在西侬选民的立场上传播正统的思想。此外，巴尔扎克在那个时候（1832 年，1833 年和 1837 年）发表了《幽默故事集》，这是他的第一个故事集，模仿 16 世纪的语言风格，描写了耐人寻味的色情故事。1832 年，巴尔扎克向一位神秘的记者告知了《欧也妮·葛朗台》，他当时刚刚收到那位神秘记者的令人钦佩的消息，署名为"外国人"。这是伯爵夫人夏娃汉斯卡，她出生在一个显赫并富有的波兰家庭。在与伯爵夫人的长期练习之后，巴尔扎克1833 年在纳沙泰尔会见了她，并于 1834 年一月成了他在日内瓦的情人。这种关系一直维持到 1850 年，他们最终结婚。这是迄今为止巴尔扎克的生活中令人最为感伤的，并最重要的情感往事。此外，他们的相互通信还为《人间喜剧》的创作和发展提供了宝贵的、有价值的信息。

人物的回归：《人间喜剧》的真正诞生

1833 年的一天，巴尔扎克大喜过望，冲进他的妹妹劳拉叙尔维尔的房间并喊道："向我致敬，因为我正在成为一个天才。" 他就在刚刚看到了他的伟大著作的第一稿，其主要内容是人物在一部小说到另一部小说的回归。他在 1835 年的《高老头》中也马上采用这个准则，用一个年轻新贵尤金·德 Rastignac 作为主角。从一部小说到另外一部小说所显现出的这些人物，开始形成一个庞大的阴谋网、利益网、激情网和冒险网，在这个如此巨大的网络下，小说家巴尔扎克将他所处的整个社会都包纳进去。费利克斯·达文，他是十九世纪巴尔扎克 1834 年已经发表的小说《礼仪学》序言的作者。他是这样解释巴尔扎克和他的小说的："最近又有了大的进步。通过再现《高老头》中出现的已有的人物形象，公众理解了作者巴尔扎克的最大胆的一个意图，即给予整个虚构世界的人物可能持续的生命和活力的意图，虽然大多数人物模型在现在即将死亡或者被人遗忘。纵观《人间喜剧》，在 2504 人或虚构的人物或人物群体中，86 个人物出现了五次，十八个人物被搬上荧幕多达十五次以上。按重复出现频率排行最高的是《人间喜剧》中的医生贺拉斯 Bianchon 和男爵 Nucingen。因此，从 1833 年开始，是真正的巴尔扎克的巨作诞生的日期。随着时间的推移，这部巨作又增加了其他一些杰作：《绝对的研究》（1834 年）、《铃兰》（1836）、《丢掉幻想》（1837 年）、《塞萨尔 Birotteau》（1837 年）、《伊娃的女儿》（1838 年至 1839 年）和《古物陈列室》（1839 年），其中《古物陈列室》（1839 年）讲述了旧贵族和资产阶级的竞争。1836 年的《幽谷百合》讲述了菲利克斯得旺德内斯的情感教育。这个年轻人，在他青年时代爱上了 Mortsauf 夫人，但 Mortsauf 夫人由于对她丈夫的忠诚和原则的驱使，将菲利克斯得旺德内斯赶走：她又在弥留之际后悔没有真正地共享这份激情。这本小说中美德战胜了现实，必然成为《人间喜剧》最有诗意的部分之一。以三个部分发表于 1837 至 1843 年的《丢掉幻想》，讲述了一个年轻的外省诗人吕西安·德吕邦普雷在巴黎晋升又遭遇失败的故事。通过主人公失败的命运，巴尔扎克揭示了一批作者在面对出版业现实问题的无奈。

人间喜剧的前言

1841 年 10 月 2 日，巴尔扎克和他的出版商 Furne、Dubochet、Hetzel 和 Paulin 签订了出版他作品的合同。这些合同不仅包含了已经发表的作品，还有那些即将发表的。对于已经出版的作品，他们向巴尔扎克以 50 生丁一卷的价格计算，对于那些在书店未出版的，则以 3000 法郎一章的价格计算。选自《人间喜剧》，这一章于 1842 年 7 月第一次印刷。这成为巴尔扎克全集第一版的首要部分。在巴尔扎克写的著名的前言中，他仿佛又回到了他的作品中，并解释其雄心勃勃的新构思。在同一时间，他指出他的系列传奇作品的重要意义，并概述了他几乎倾注全部心血的作品所奉行的准则和道德：在这幅规模空前内容丰富的巨作中，他自称就像布冯所描述的动物物种一样，他要描绘出一幅社会画卷。他致力于以各种各样的方式来塑造法国社会历史的角色，"以公民身份进行竞争"为宗旨。但是，这种审美宣言也是一种政治信念："我书写了两个辉煌而永恒的真理：宗教和君主制，这是当代社会两个必然的要求，所有明智的作家都必须把它们融入我们的国家。" 很明显，巴尔扎克的作品达到的现实大大超过后面一个目的，否则如果没有这个目的，他的作品就会因为道德和思想过时而陷入平庸或被遗忘。

作品的主题以及重组

以繁重的工作为代价，巴尔扎克的作品一直在不断丰富：三卷《人间喜剧》在 1842 年出版，另外三卷则在 1843 年出版。为了体会作者超负荷的工作，我们必须想象，74 部小说中的每一部的书写，每一部里面每一个故事的构思，每一个新闻报道中的每一则的书写。其中每一个都要平均写七至十次。对于巴尔扎克来说，这个草案确实只是一个测试，只要不能使印刷商和出版商满意，巴尔扎克就一直在修改补充，以保证它趋于完美。这一时期，他新的杰作《搅水女人》（1841 年至 1842 年）诞生，之后是《一个朦胧的恋情》（1841）和《比阿特丽斯》（1839），《比阿特丽斯》（1839）讲述的是受乔治·桑启发的一位女作家卡米尔莫平。这里仍然不得不提的是他鲜为人知的作品，如《霍诺》（1843）或《部的缪斯》（1843 年），讲述一个令人回味的乔治·桑和朱 Sandeau 之间的激情故事。1845年，巴尔扎克试图给《人间喜剧》安排一个更强有力的结构：他觉得这部作品应该包括一百三十七个小说，并将他们组织为三部分，即"礼节研究""哲学研究"和"分析研究"。"礼节研究"是人类生活的一面镜子。将世界上的虚伪、缺陷、异议、性冲突都反映出来，它被分为六部分，即"私人生活场景""外省生活场景""巴黎生活场景""政治生活场景""军事生活场景""乡村生活场景"。在被称为"哲学研究"的这一部分，巴尔扎克阐述了他的理论：他希望"不论哪一种社会方式都应该在那里得到发现"。他号召唤起在他身上产生巨大魅力的精神，魔幻和科学幻想。至于"分析研究"则是整部作品的精髓部分，它们是一个开端，因为它们仅仅是两本以婚姻为主题的著作：《婚姻哲理》和《婚姻生活的小烦恼》（1845– 1846 年）。1843 年，Hanski 伯爵，夏娃汉斯卡的丈夫去世后，巴尔扎克数次前往圣彼得堡与他心爱的人待在一起。他又相继写了《莫德斯特·米尼翁》（1844）《庞斯表哥》（1847），《贝特表妹》（1846），1847 年的最后一部作品《交际花盛衰记》。1850 年三月由于长期积劳成疾心力交瘁，最终导致心脏病发作，同时患有支气管炎的他，在乌克兰与夏娃汉斯卡结婚后不久后便于 1850 年 8 月 18 日去世。维克多·雨果在《CHOSES VUES》中是这样描述他的："他的脸色发紫，几乎是黑色的，向右倾斜，胡子拉碴，白发被剪短了，眼睛睁开一动不动。我看到他的轮廓，和皇帝是那么的相似。"

巴尔扎克作品的广博：使一个时代复苏

1844 年 2 月 6 日巴尔扎克在写给夏娃汉斯卡的信中这样说："总之，这就是我所从事的活动。四个人都本应该拥有不同凡响的生活：拿破仑、居维叶、奥康和我，我想成为第四个。第一个经历了整个欧洲的生活！第二个和地球结婚！第三个化身为人！而我呢，我应该把整个社会装在我的大脑里。"整个法国大革命时期，拿破仑帝国时期，封建王朝复辟时期和七月王朝时期的整个社会都在《人间喜剧》中得以体现，主要是通过社会各阶层如农民阶级、小老百姓、巴黎、外省、监狱的军事、商业、金融等各方面在圣日耳曼新区的纵横变化来实现的。正因如此，如果我们忽略了巴尔扎克的世界，却要想了解同时代的路易·菲利普的社会和政治生活，这似乎是不可能的。巴尔扎克在他的小说中塑造了现代生活中的三个典型人物：青年男性（菲利克斯旺德内斯、拉斐尔德瓦伦丁、吕西安·德吕邦普雷，Marsay），女性人物（德尔菲娜德 Nucingen, Foedora，阿纳斯塔西娅 Restaud，卡米尔莫平），还有一个野蛮英雄（魏特琳）。这些人物的塑造或多或少带着作者的一些特质：巴尔扎克自己曾代表他作品中的两个年轻男性，一个是菲利克斯旺德内斯，还有一个新贵族魏特琳，他们都是与社会对抗的苦役犯。在他看来，每一个人都拥有社会试图激发他能源的资本。而法国大革命和法兰西帝国让这一切变化成为可能：盛与衰都是一样的。在这个社交游戏中，和与激情游戏以及思想游戏一样，小说家在某种情况下就像是动物学家：他划分人的等级就像划分动物等级一样，都强调演变的过程。

巴尔扎克指出，在法国大革命和法兰西帝国之后的法国新社会里，金钱主导一切。在那个时代，读者经常受到银行家、破产的企业家和热衷于债权的人的误导。金钱衍生出所有罪行：最具象征意义的是，在《高老头》中，两个女儿遗弃了她们的父亲。人们必须小心翼翼面对社会、政治和经济等现实。巴尔扎克是从来没有做时代的奴隶，他能够通过思想和风格的恩典超越现实元素。用他一位朋友的话来说："他至少是他周围世界的观察家以及预言家。"

波德莱尔（1821 年至 1867 年）

查尔斯·波德莱尔和诗歌的现代性

波德莱尔出生在巴黎，他是 10 世纪法国的现代化诗人，又是法国象征派文学的先驱。他的父亲弗朗索瓦波德莱尔，是一位画家，他在查尔斯是只有六岁的时候就去世了。他的母亲，卡罗琳 Archenbaut-Dufays，于 1828 年和一位将军 Aupick 再婚，波德莱尔无法和继父和睦相处，他对那种生活感到很绝望，性格也开始叛逆。小波德莱尔当时先是被放在里昂的寄宿学校，然后他又就读于巴黎 Louis-le-Grand 中学，他在那里经常因为违纪而出名，因此在 1839 年 4 月被开除。虽然如此，他还是在一拿到中学毕业会考证书之后就决定从事写作，从那时候开始，波德莱尔在拉丁区过起了无忧无虑放荡不羁的波希米亚式生活。至少到了 1841 年，当时他的继父担心他的这一切胡作非为的行为，不得不想办法阻止。他几乎是被用一种强制的办法送往南海的远洋轮船上，这是一次开往印度的漫长之旅。他还是中途从这场已经缩短了的长途旅行中停了下来，他停在波旁岛屿（现留尼汪岛）—他带来了他最主要的第一批诗歌的收藏集—《恶之花》，尤其是十四行诗《给克里奥尔夫人》。他的作品中充满异国情调的味道和简明的主题，以及对于典型的女性的某种吸引力。

因此，在回到法国的时候，波德莱尔在 1842 年爱上珍妮杜瓦尔，珍妮杜瓦尔是一位黑白混血的女人，波德莱尔和她过着不稳定的生活直到最后，并且将他在作品中将珍妮杜瓦尔视为"黑色维纳斯"，她是充满异国情调的感性女人的化身。然而这种关系并没有阻止诗人波德莱尔于 1847 年和 1852 年追求他殷勤追求的一些女性玛丽和萨巴蒂埃女士。当他心爱的女人萨巴蒂埃女士去世时，他还为她写了匿名诗，称自己的爱情已经空灵。

年轻的诗人波德莱尔住在圣路易岛的时候，开始得益于继承父系的遗产，但是这笔遗产必须要在 1842 年他成年之后才能领取。之后他生活挥霍，整日像花花公子，花费大量金钱，在他不雅的古怪服装上或者购买价格昂贵的艺术作品。作为游手好闲的唯美主义者，波德莱尔又继续写诗，将之作为一种业余爱好。并且开始和泰奥菲尔·戈蒂耶打交道。在和泰奥菲尔·戈蒂耶一起，他经不住诱惑，开始吸食大麻和鸦片。他这种生活方式使得他的继承权削弱，他的继父和母亲为了避免他挥霍财产，将他置于司法的监督之下。

波德莱尔很痛苦从此不能自由支配自己的财产，于是他决定以写作来谋生。

正是为了钱，他才踏上艺术批评的道路（1845 年沙龙，1846 年沙龙和 1859 年沙龙），他在各种杂志上发表诗歌，像文学随笔和美学文章以及新闻报道 Fanfarlo（1847 年）。1848 年，被作者的同情心所感动，他开始翻译美国作家埃德加·爱伦·坡的作品，并且从中找到了与自己灵魂的相吻合的最完美之处。就这样他相继出版了《特别的故事》（1854 年）、《非凡的故事》（1856 年）、《新非凡故事》（1857 年）、《阿瑟·戈登·皮姆》（1858 年），并于 1865 年完成了《怪诞和严肃故事》的翻译。

1857 年 6 月，波德莱尔让他的出版商朋友布莱出版他的《恶之花》合集，《恶之花》里面汇集了在杂志上已经发表的评论和 52 首未发表的诗。但是到了 8 月，他因为《恶之花》"违背风俗和公众道德"被起诉（同年，福楼拜的《包法利夫人》也遭遇了同样的命运）。波德莱尔被处以巨额罚款，因此感到很郁闷。除此而外他还必须减去他的收藏集里面的六首诗。

波德莱尔在《恶之花》丑闻之后，一直负债累累。他继续在杂志上出版他的文学评论同时进行翻译。并且将编译后的内容补充进他的散文诗进行发表，这些散文诗的最终形式

在他死后在名为《小散文诗》（1869 年出版的遗作。目前的标题是《巴黎的忧郁》，这是
波德莱尔生前选择的标题）的标题之下出版。《小散文诗》和《恶之花》很相似，它们又
重新恢复了主题，但这次是以一个充满诗意的散文的形式呈现的，比较感性，尤其是富有
音乐性（《恶之花》里面有些诗歌也有相同的重复，甚至标题与之呼应）。散文诗是当时
一个新的文学体裁，波德莱尔将阿洛伊修斯·伯特兰（Aloysius Bertrand）当作楷模，阿洛
伊修斯伯·特兰因《斯帕之夜（ *Gaspard de la nuit* ）》（1842 年的遗作）而成为散文诗的先驱。
阿洛伊修斯·伯特兰是 19 世纪的意大利旅法诗人，他最喜欢 Maurice Ravel 所做的钢琴组曲
Gaspard de la nuit，于是受到他的启发而写成同名诗集。他将散文诗（prose poem）引入法国，
后来法国的象征主义诗人就受他启发。而就阿洛伊修斯·伯特兰来说，象征主义更具有荒
诞主义成分，强调构成上的非理性的怪诞成分，因而带有强化直觉效果的意味。这对后来
20 世纪法国荒诞派文人有着相当大的影响。

1866 年春天，在比利时，当时波德莱尔是去比利时进行一系列讲座，然而那次讲座令
人失望，因为波德莱尔当时在比利时逗留期间已经病得很厉害，在慕尔的时候病情又加重了。
最后导致了无法挽回的后果：瘫痪，失语。这位伟大诗人最终在七月被带回了巴黎，一年
后便去世。

时尚与艺术的现代性

波德莱尔的艺术批评论文于 1868 年被收集，并收集在《美学趣闻》里面出版。这个系
列主要包括：《1845 年沙龙》《1846 年沙龙》《1859 年沙龙》《1855 年世界博览会》，
还包括有关康斯坦丁的一个重要的文本，这个文本题为《现代生活的画家》，以及来源于
生活的各种各样的思想纪要和德拉克洛瓦的作品。在这一点上应该增加各种随笔，特别是
专门用于雕刻的（包括戈雅），还有用于漫画的（特别是杜米埃，在波德莱尔看来这种"怪
异"也是最有趣的表现形式之一），更普遍地适用于艺术漫画。

在这一点上，作为诗人的波德莱尔的作品和作为艺术评论家的波德莱尔的作品之间存
在着很大的连贯性，他的诗作和他的艺术评论一样使得作者成为现代化的领军人物，例如
审批莫奈写真的大胆，或歌唱动感巴黎城市的美景。不管是他的诗作还是他的艺术评论都
建立在一种颇具个性的审美之上，结合了荒诞和现代，是一种："超自然"。

在《现代生活的画家》里，他写的是康斯坦丁："有关他在历史中以及诗歌中攫取时
尚元素，同时在瞬间中发现永恒。……现代化的东西是短暂的，转瞬即逝的，偶然的，而
它的另外一半却是永恒和不变的。"

因此我们必通过现代性聆听艺术作品所符合的当时的时代：现代性是一张网，透过这
张网可以看到一个时代，它以昙花一现的特征得以显现。这是他对康斯坦丁作品的赞赏，
他为新闻界捕捉当代生活的场景以及剪影，《现代生活的英雄主义》就这样出名了。

现代美的这种双重性质，就如现代派所定义的，是（短暂性）和不变性（形式的完美）的结合。它制约着波德莱尔被稍纵即逝的东西所诱惑，同时又追求一种纯粹的形式完美的标准，然而这种形式的完美可能会令人怀疑，导致他在艺术表现上太过完美而显得有些冷酷，缺乏感情。

除了艺术批评之外，波德莱尔一直致力于他那个时代的文学生活。这些文学生活中最重要的是专注于爱伦坡，泰奥菲尔·戈蒂耶，福楼拜的《包法利夫人》，雨果的《悲惨世界》，这些作品在他死后被汇编成集，并于 1869 在《浪漫的艺术》中出版。

因为其行为的新颖性和美学的现代性，波德莱尔这个名字仍然是艺术和诗歌批判历史上的一个中心。

大仲马（1802 年至 1870 年）

大仲马于 1802 年 7 月 24 日出生于法国维莱科特雷附近的迪耶普，是法国的小说家和剧作家。他是法国和克里奥尔的黑白混血人。他的父亲大仲马是戴维共和国的时间最勇敢的将领之一。大仲马是报纸的专栏作者，并且在这方面取得巨大的成功。他同时和作家维克多·雨果一起，是浪漫主义戏剧的创始人。

大仲马还很小的时候就失去了父亲，他没有收到来自他那声名显赫又完美无瑕的父亲的任何继承物。

国家补助给为国家效力的殉职将军遗孀的抚恤金在当时仅够大仲马和他母亲的最基本的生活需求。当大仲马到了二十岁的时候，他口袋里揣着仅有的 53 法郎去了巴黎。

对于大部分将军来说，他们都有委托照顾战友儿子的推荐信。大仲马也有这种推荐信。然而他们中的大部分将军对于老朋友的儿子都很少起到这方面的照顾作用。大仲马也仅仅得到了一位名叫福依的将军的照顾，他是一位在任何情况下都不会轻易拒绝帮助别人的，有着高尚品德的将军。由于福依将军的保护，并且写得一手漂亮的字迹，大仲马得到了一份月薪 4200 法郎的工作。除此而外，他还兼职做奥尔良公爵的秘书，这使得他又有了一些额外的收入。这些钱对于只需要摇动笔杆子就能使黄金掉下来的穷小子来说，无疑是一笔不菲的收入。

然而三年之后，大仲马就感觉到了这种官僚生活的单调：被迫每天要工作 12 小时，这些烦琐的工作让他几乎每天都要做到晚上，属于他的生活似乎只有黑夜。在夜班工作之中，他又彻底重新开始拾起他在青年时期曾经疏忽已久的学业。

在此期间，大仲马发现了莎士比亚，席勒和沃尔特·斯科特的作品，并对此产生极大的热情。在 1824 年的时候，他有了一个私生子，大仲马的这位私生子就是未来的《茶花女》的作者。为了区别这两位同为作家的父子，我们一般将后者称为小仲马。

戏剧性的天职

以下是大仲马的一些话，告诉我们他如何履行他的戏剧使命：

"这种历时三年的内在的生活，这一切可能逃脱了你们的眼睛。说实话，只有我知道它没有带来任何结果，我也什么都没有写出来，甚至我也感觉到不会写出什么东西来。我怀着好奇心就这样进行了几年的写作，在产出的这些戏剧作品里面，有成功的，也有失败的。但是我对于这一类作品，既不能使它和戏剧结构相吻合，又无法使它完全成为对话体的形式，我只是觉得无法创造出一种比这个更贴近的文学形式。我也没有考虑是否存在任何其他的形式，我只知道在这种创作之间存在着作者和演员之间的互相钦佩，这种钦佩似乎就像是塔尔马要求为自己权利申诉的感觉。

而那时，英国戏剧演员抵达巴黎。我从来没有看过一部国外戏剧表演。只是听别人说当时上演的是《哈姆雷特》。我只知道 Ducis。我又去看了莎士比亚的一部戏剧。设想一下，一个人生来就是盲人，你赋予了他视觉，对于认知空白的他，于是就等于发现了整个世界。再设想亚当被创造出来之后苏醒了，发现他脚下的釉面大地，他头上天空中烈焰熊熊，他周围的金色果树，一个美丽而宽阔的银色河流，他身边有一位年轻女子，她赤身露体，纯洁美丽。看到这种景象，于是你脑子里像中了魔法似的，只有一个念头：拉开伊甸园之门。

哦！这就是我一直在寻找，也正是我缺失的东西，此刻它正向我走来。正是这些表演戏剧的人，他们忘记了自己是在一个剧场上。正是这种人工的戏剧表演，使得真实的生活艺术化，并以积极的形式呈现。正是这种真实的话语和打手势，这些演员，上帝制造的宠儿，用他们的美德，他们的激情，他们的弱点，演绎真实的喜怒哀乐，而不是生硬的，冷漠的，让人无法接近的完美英雄形象。哦，莎士比亚，谢谢你！肯布尔和史密森，谢谢你！感谢我的上帝！谢谢你们，诗意般的天使！"

（《我是如何成为一名剧作家的》，节选于 1833 年 12 月 20 日—《两个世界杂志》"序"完全剧场）

剧院的成功

几个月后，1829 年 2 月 1 日，在《亨利三世和他的王宫》的第一次演出之际，大仲马得到了观众的一致掌声，这是他第一次完成他的戏剧使命。此外，为人不知的是，在获得演出荣誉之前，年轻的作家大仲马尝试了戏剧创作生涯开始的时候所有剧作家都会经历的这些残酷的考验。

在写《亨利三世和他的王宫》之前，大仲马已经在法国剧院上演了话剧《呈现给枫丹白露》，但是那次演出以失败告终。他的作品被冷落在秘书处的一个布满灰尘的箱子里面有好久一段时间，最终还是没有机会看到它问世。当大仲马准备在《小城镇》的作者皮卡德身边做他最后的尝试的时候。皮卡德在阅读大仲马的手稿后，强烈建议他不要再撰写戏剧作品而是模仿皇宫秘书处的书信！皮卡德没有料想到大仲马的成就就像当时高乃衣没有料想到拉辛一样。

大家都记得《亨利三世和他的王宫》所取得的巨大成功，我们可以猜测到这个可怜的年轻人所有的内心喜悦。他昨天仅仅只是一个普通的业务员，而今天当我们再发现他的时候，他已经是他那个年代名列前茅的剧作家了。

大仲马又相继在国宾戏院和法国戏院上演他的《查理七世和他伟大的附庸（1831年）》，《克里斯蒂娜》（1830年）、《安东尼》（1831年）、《阿灵顿》（1831年）、《邓丽君》（1832年）、《安吉拉·理查德》（1833年）。所有这些剧作品都获得了几乎同样大的成功。大仲马作为一个有名的作家同时得到多瓦尔女士、弗雷德里克和博卡日的赏识。

其他剧作品的成功

大仲马并不局限于戏剧。有迹象表明，他的天赋只是得到了初步尝试，虽然这样仍然不妨碍他取得那么大的成功。他又上演了《法国人》《寡妇的丈夫》（1832年），这是一幕短小的剧作品，然而精神上引起了大众强烈的好奇心。再接下来是《基恩》（1836年），这是一出五幕话剧。大仲马不仅仅是在剧院才被认为是跻身于著名大作家的行列，剧院的演出只能算大仲马的作品之一。虽然1837年有一部在剧院上演的剧作品没有获得和以往一样的巨大成功，但是至少我们不能否认我们仍然收获了很多戏剧之外的东西。而且这部作品也几乎要纳入剧院里面歌剧剧本的名册了。

最后，大仲马仍然有新的路尝试。这位曾经以《亨利三世和他的王宫》取得巨大成功的作者这次直接跳过中世纪，而是追溯到远古时代，并开始将古罗马时期的背景搬上戏剧舞台，也将英雄皇帝卡利古拉作为剧作品的主人公。

小说家大仲马

作为小说家的大仲马出版的著作有:《巴伐利亚的伊萨博》《安东尼纪念品》《高卢和法国》和《旅游印象》。《旅游印象》这部小说取得了很大的成功。

此外，大仲马似乎非常热衷于旅行，我们可能还没有忘记，三年前他成立了一个股份制的公司，这个公司就是用来满足他长途旅行直达地中海的成本。除此而外，他的出版物在两三个月内养活了所有小型的报社。大仲马为人非常慷慨大方，他喜欢交朋友和到处游山玩水。虽然在文学创作上的成就给他带来了丰厚的收益，然而却不能够满足他交朋友和吃喝无度的花费。

我们不得不提的是《奈斯勒塔》的发行量全部要归属于大仲马本人，因为他的名字从未在海报上出现过，所以这里必须重提。大部分针对这一幕剧作的讨论都证明了大仲马曾经为这部作品的合作做出了贡献，他可以去要求分享它所带来的许多巨大的成功。

他作为一个小说家的职业生涯，以《保罗船长》（1838）为代表，显示着不平凡的作品产出能力。大仲马的确帮助很多作者（其中包括奥古斯特 MAQUET），大仲马没有不超过 80 部以下的作品，而且大部分都是以连载的形式出现，其中的主要作品包括法国历史小说，他著名的代表作《火枪手》，就是那部唤起路易十三时代的《三个火枪手》、1844 年、《二十年后》、1845 年、《布拉热洛纳子爵》、1848 年、《基督山伯爵》（1844 年至 1846 年）。《基督山伯爵》至今有无数的版本、翻译和戏剧改编，他写的宗教战争故事（《玛戈皇后》，1845 年，1846 年的《蒙梭罗夫人》，《四十五》，1848 年），还有一系列如 1846 年由约瑟夫上演的浪漫剧，《女王的项链》（1849 年），还有两卷合集所组成的小说《医生回忆录》和《昂热·皮都》（1851 年）和《伯爵夫人德沙尔尼》（1852 年），其故事情节始于路易十五统治时期，在法国大革命的时期才结束。

虽然经常因为写作风格上的疏忽和小说历史背景的不严谨而受批评，因为他的写作大多是在匆忙的状态下赶工完成的，所以难免有与历史不符的情况，然而大仲马仍然是他那个年代天赋超常的不可多得的小说家，他作品里面描写了一幅幅风景如画，宏观壮美的过去生活的画卷，创造了一个个引人入胜的英雄人物形象。特别是在《基督山伯爵》里面，作者用他的神笔为我们描述了基督山伯爵结婚时的琳琅满目的美食，提供了一场满足读者的视觉盛宴。

由于非常渴望与他小说中的一些宏大场景相符，为了更接近原著的真实，大仲马曾斥巨资去打造他 1847 年的《历史戏剧》。但是尽管公众有着极高的热情，大仲马最后还是由于预算的原因入不敷出，被迫在 1851 年停止演出。接下来大仲马在比利时流亡以逃避他的债权人，他当时写了《回忆录》（1852 年和 1854 年之间出版）。回到巴黎（1853 年），他创办了一个报社（原来名为"火枪手"，于 1857 年更名为"基督山"），其中他写出尤为出色的连载小说是《荷马的伊利亚特》。

他是意大利独立的支持者，随后他跟随加里波第于 1860 年远征西西里岛，然后他又陷入各种金融交易里面，最终都以失败而告终。最后他又回到巴黎，住在儿子那里，由他的儿子小仲马来照顾他度过了最后的岁月。他的骨灰于 2002 年被转移到先贤祠。

大仲马肖像

为了让更多的人认识大仲马，这里是由罗曼德先生为出现在 1834 年的杂志《两个世界》的一篇文章中的他画的画像：

"仲马先生是当前这个年代最奇怪的称谓之一。充满激情的气质，狡猾的本能，因为虚荣心而变得勇敢，充满真性情，对理性淡薄，有远见的性格，他几乎拥有安东尼的所有的爱和理查的所有的野心。他永远不会是那个为了进行报复的森蒂内利。他思考的时候是痴迷的，他写作的时候是带有宗教性的，他说话的时候是持怀疑态度的。有黑人的血统却在法国出生，他是光，即使在其最火热的热情中。他的血液犹如火山熔岩，他的思想犹如火花绽放：我认识的最抵触音乐的人也是最没有逻辑的人。作为诗人欠缺，但是作为一个艺术家却绰绰有余。友谊方面很自由，爱情方面却太独裁霸气；像一个女人一样虚荣，像一个男人一样坚强，像上帝一样自私。坦率中带有一丝谨慎，毫无保留地乐于助人，容易健忘，没心没肺，无忧无虑。身体和灵魂都在流浪。身体随着兴趣四海为家，富有爱国主义思想，富于幻想，反复任性。缺乏智慧，经验匮乏；思维活跃，言辞犀利，精神及时。晚上是唐璜，白天是阿尔希比亚的，真正超越一切并且超越自己的百变之身，他的缺点是他的优点一样让人觉得和蔼可亲，无论是美德还是身上的毛病都一样吸引人这就是我们喜欢的那样一个大仲马，至少我在此刻是这样认为的。由于要描述他，我不得不唤起自己对一个灵魂的再次追忆。我敢说，我在写到这里的时候，他的灵魂就站在我面前，我没有着魔，也没有受到任何磁场的影响。"

从书到电影

从1921年起，有超过四十多部影片受到大仲马作品的启发而改编为电影，其中还有十五部被改编为电视剧。

福楼拜（1821年至1880年）

居斯塔夫·福楼拜，法国作家，生于鲁昂，是一位外科医生的儿子。他从小生长在医生家庭，对人体解剖司空见惯，再加上外省的单调生活，让福楼拜感到非常无聊。他一直在寻求打破这种生活常规，直到他写了《包法利夫人》（1857年），《思想汇词典》（遗作，1911年）。他是一个读书迷，很早就试图通过写文学来减轻自己生活中的无聊。他从高中开始就写出了第一批文章，大多晦暗或者忧伤的格调占主导首位。《一个疯子的回忆录》，写于1838年，出版于1900年，是他第一次尝试自传体性质的文章。

他开始在巴黎学习古典法律，然而他对这种学习没有任何激情和动力，反而1844年他开始受神经疾病的痛苦折磨，他的学业也不得不因此而过早终止。这种他不得不忍受的疾病困扰着他，直到生命的尽头。这种精神疾病来自对外界和周围人的社交恐惧。同时这也给他创造了一定的机会，使他集中精力完全投身到文学中去。

早早地过上了领取年金的生活，他的生活也退居到鲁昂附近的一个小镇克鲁瓦塞，他家在那里买了一所小别墅。他利用自己的闲暇时间完成了第一个版本的《情感教育》。建立在只为文学而隐退的基础之上，这种传奇生活使得福楼拜成为一个文学隐士或者文学宠儿，他因为广博的文化底蕴和令人难以置信的创作能力以及严格的审美要求而闻名。的确，除了几次短暂的旅游，他从来没有离开过克鲁瓦塞小镇和他写作的那张桌子。首先是去东部会见他的朋友马克西姆杜营，然后又于 1858 年去了阿尔及利亚和突尼斯。他也曾经花了很长时间在巴黎逗留，在那里他为了去会见一些文学界人士。他虽然朋友很少，但是这种相对与世隔绝的生活并不妨碍他成为一个忠诚的朋友。他和他的朋友，亲信的一些精神方面的感人的，有纪念意义的通信就证明了这一点。尤其是他在 1846 年认识的并成为他未来情妇的路易丝 Colet，他们的关系一直维持到 1854 年，而且还有一些知名人士如乔治·桑，泰奥菲尔·戈蒂耶和莫泊桑，都是他的好朋友。他和这些朋友间的通信内容很丰富，为他的写作提供很多有用的信息，特别是为传记方面的写作指明了道路。

在福楼拜的文学职业生涯中，失败也比比皆是。比如《伤感教育》《圣安东尼的诱惑》《候选人》等，都没有获得观众的赏识。就其本身而言，《包法利夫人》的第一次出版所产生的丑闻和他的成功是矛盾的。1862 年出版的故事《萨朗波》也得到公众的一个良好的反馈，但还是收到了一系列评论家的诋毁，其中就以圣伯夫为首。

福楼拜的主要著作有：

《狂人之忆》1839 年

《斯玛尔古老的秘密》1839 年

《包法利夫人》1857 年

《萨朗波》1862 年

《情感教育》1869 年

《圣安东尼的诱惑》1874 年

《竞选人》1874 年

《三故事》1877 年

《纯朴的心》1877 年

《布瓦尔和佩库歇》1881 年

《庸见词典》1998 年

作品特点：浪漫主义和现实主义之间

人们常常将福楼拜视为现实主义文学流派的领袖。这的确是事实，他像巴尔扎克一样，致力于对社会和历史现实的研究。他认为写作就是"将现实的东西以它本来的面貌呈现出来"。因此他以令人印象深刻的博学的知识来丰富他的作品。以《萨朗波》为例，他在写作的时候为了收集重要的文档而进行了长期而广泛的研究。然而，他确实保护了一些年轻的作家——包括莫泊桑在内。福楼拜意识到了自己创作的复杂性，因此他经常会拒绝接受人们赋予他的沉甸甸的现实主义领导者的头衔。福楼拜在 1876 年 2 月 6 日写给乔治·桑的信中，他还说道："请注意，我讨厌所谓的'现实主义'的称号，虽然这是别人赐给我的。"

福楼拜的小说是按照两个对等的灵感脉络完成的。一个是围绕着既浪漫又抒情的线索发展，另外一个是朝着绝对现实的方向前进：福楼拜自己评论他这种矛盾的心理说："在我身上住着两种截然不同的东西，一个是文采飞扬的、抒情的、展翅高飞的雄鹰，所有的句子，文章都浓墨重彩，达到了思想的巅峰。而另一个却是在拼命地挖掘他能探索到的最真实的东西。"

沿着现实主义这条脉络关系，我们可以发现一些格调比较沉闷的甚至有点平庸的小说，如《包法利夫人》（1857年）、《情感教育》（1869年）或《布瓦尔和佩库歇》（遗作，1881年）、而《萨朗波》（1862年）、《圣安东尼的诱惑》（1874年）和《三个故事》（1877年），它唤起人类激情的力量，并强调了过去的过激行为，属于浪漫文学的发展线索。而在现实中这两种思想在福楼拜的每部作品中都交替出现。因此，我们不可能单纯地按照时间顺序说福楼拜何时从浪漫主义发展到现实主义：这两种思潮在他身上是并存的，直到他作品走向成熟。

和路易丝 Colet 的通信给福楼拜的写作艺术提供了大量有价值的线索。后者不相信会有文学天才，认为作家从事写作的是一种漫长而艰难的工作，有足够的韧性就足以。因此，他会切断与艺术家密不可分的传统灵感："让我们一起来拒绝这种被称为灵感的一种热度，它往往是一种比较紧张的情绪，而不是来自肌体的力量。"对于每一位专心的读者来说，福楼拜小说里的每一句话都是一种让人可以感觉得到的、有意识的、经过深思熟虑的精心创作，他的作品里面不存在任何侥幸的成分。他的许多手稿也证明了他创造的难度之大。他经常去体验他句子的节奏，并且会激动地尖叫。

福楼拜的小说也一定服从两种准则：科学的观察和观察者的镇静。这种镇静或者是无动于衷往往会加快讽刺的程度，不论是在传奇式的极端人物，像《包法利夫人》或《弗雷德里克·莫罗》，还是没有任何严谨精神的机会主义者，像《药剂师》。福楼拜是一个经常嘲笑人的作者，他嘲讽一切，他是"无中生有"的专栏作者：这就是为什么他说他的小说的价值主要在风格上，这种风格让他的作品显得伟大而有意义。而且这种风格使他看待事物持有一种绝对的方式。

福楼拜早期的作品往往宣传一种成熟的主题。《狂人之忆》（写于1838年），这是描写他自己对施莱辛格夫人激情的自传体回忆录，施莱辛格夫人是他于1836年在特鲁维尔遇见的已婚妇女。这部作品仍然是沿着浪漫的线索展开的，它也预示到了《情感教育》没有取得预期希望的问题。至于《斯玛尔古老的秘密》（写于1839年），是一种"神秘剧"，这预示着《圣安东尼的诱惑》的诞生（第一个版本是1849年，然后是1856年，再后是1874年），它是受在意大利发现的勃鲁盖尔的绘画的灵感启发的。在此要提的是《十一月》（写于1842年），自传体的小说集，以及一部于1874年创作的，在歌舞剧院剧场上演的戏剧《候选人》。

代表作：《包法利夫人》

据说，像福楼拜那样早熟的天才并不多，从坐在中学的长凳上开始，他就写完一本又一本的作业本。然而，在三十岁的时候，当他着手撰写《包法利夫人》时，他还是没有发表过任何东西。1849 年他让他的朋友杜营和 Bouilhet 阅读他的小说《圣安东尼的诱惑》，他的这两位朋友虽然没有很高的文学成就，但是却很有文学鉴赏力。他们对他这种比较抒情的东西比较持保留意见，建议他的写作要更贴近最普通的现实问题。然后，他受到一些社会新闻的启发，开始打造他的一些情节贴近现实主义的小说《包法利夫人》。对于作者来说，这部小说的创作尤其痛苦，就像他写给路易丝 Colet 的信中证明的那样，这种状况持续了近五年（从 1851 年至 1856 年）。正好这种缓慢的进程为福楼拜的小说创意提供了一个好机会。

福楼拜在 1857 年出版的小说之所以是在法国小说发展史上的一个里程碑，那是因为他没有遵循传统小说的叙事规则。福楼拜在这部小说中尤其展示了多变的视角，或者也称为"焦点"，以及一些写作技巧。用这种方法呈献给读者一种现实的眼光，而不是像巴尔扎克小说中的单一，循规蹈矩的叙事视角（在巴尔扎克小说中，作者是无所不知的事实的操纵者），而是多变的、感人的、复杂的和主观的。正是运用这种技巧才使得作者能够进行一种对于各种现象的普遍的嘲讽，尤其是这样的表现手法可以清晰地表现出艾玛的幻想以及她平庸的梦想。同时这种尖锐的讽刺技巧可以将外省小资产阶级的自满和平庸刻画得淋漓尽致。

这本小说被认为是得罪了教会，也被指控是不道德的，因为它将奸淫的丑闻摆上台面。艾玛的自杀，查尔斯和他的孩子们的不幸，似乎在道德维护者眼中他们并没有得到足够的惩罚：因为他们缺乏社会的制裁。因此 1857 年 1 月 29 日《包法利夫人》在巴黎杂志上面连载发表之后，福楼拜被传唤到第六刑事法庭就有关无神论和作品不道德的问题进行回答。原告是同年通过谴责波德莱尔的《恶之花》而出名的检察官皮纳得。最终，福楼拜被法官宣判无罪，因此他在《包法利夫人》案中获得的好处要比麻烦多，既然他因为此案而获得成功。

其他主要作品

1862 年，福楼拜出版了小说《萨朗波》，这部小说是以第一次迦太基战争结束为时间背景的。受到历史事件的启发（迦太基由于没有被缴税而向市中心奋起反抗的战争），这部宏伟的史学巨著讲述的是雇佣军的领袖 Matho 和迦太基总将军的女儿萨朗波兼女祭司之间的缠绵爱情故事。在撰写《包法利夫人》这部著作的时候，福楼拜同样也考虑到了这部作品的现实性问题，因此他为这部小说搜集了巨大的现实性文献资料。被古代神话和伟大的战士事件的美丽和残酷吸引住了，福楼拜想同时将鲜为人知的有关那个年代的全部幻想都变成事实。

《情感教育》（1869年）中的自传成分占了很大分量，这有点类似于以描写主人公成长为主的德国教育小说或者英国的生活小说，它构成了19世纪法国浪漫主义小说发展的另一个重要阶段。对于福楼拜来说，他的自传体小说的目的主要是一种审视年轻时代的自己的一种方式。在《狂人之忆》中他已经提到，他和施莱辛格·爱丽丝的相遇启发了他写《情感教育》，《情感教育》阐述的是年轻的弗雷德里克·莫罗爱上了比自己大的已婚女人玛丽的故事。

缺乏戏剧化和浪漫的视觉，《情感教育》是由一系列连贯起来的叙述而构成的。《情感教育》被所有的自然主义流派作家视为一种楷模。同时作为1848年的一幅历史画卷也是革命画卷，这部小说实际上叙述的是弗雷德里克·莫罗扮演的一个年轻人的失败故事。这个年轻人，怀揣爱情的梦想和社会的抱负，然而他在面对自己爱的女人却表现得无能为力，在进入社会面临一些政治事件的时候依旧表现得无力反抗。在作者的这个自传故事之外，我们事实上看到了以他为代表的整个年轻一代的不幸。

《布瓦尔和佩库歇》的故事几乎占据了从1874年一直到1880年福楼拜逝世的这一整个阶段。当然，这些年来，福楼拜也重新撰写了《安东尼的诱惑》以及他的《三个故事》，但依然是《布瓦尔和佩库歇》成为福楼拜的知识之旅的最高阶段。

这未完成的小说是法国浪漫主义危机的一种表现。事实上，只有第一章有一个真实的故事，它讲述了两个抄写员布瓦尔和佩库歇自学成才的事。这本书的其余部分主要是一系列庞大的科学性的各类专业术语，两位主人公布瓦尔和佩库歇先后都致力于这些科学术语的研究，然而却并没有掌握它们，在学问的研究上仍然一事无成，叙述中将这一部分让位给目录。福楼拜在这里将文学创作想紧贴整个现实而不得实现的这种困难呈现了出来。《布瓦尔和佩库歇》的失败就是如此，它犹如一幅讽刺性的漫画，象征了福楼拜和众多作家的悲剧。

维克多·雨果（1802至1885年）

童年和青年

诗人、小说家、剧作家、评论家、维克多·雨果无疑是在法国拥有无与伦比地位的作家。维克多·雨果于1802年2月26日出生在贝桑松。从历史上看，维克多·玛丽·雨果是大革命时代出生的孩子。他的父母于1796年结识并于次年结婚。他的父亲利奥波德·雨果来自南希一个手工艺家庭，而他的母亲，苏菲出生在南特的一个资产阶级家庭。因此雨果的父母来自两个完全不同的家庭背景中。他们有三个孩子：阿贝尔（1798）、尤金（1800）

和维克多（1802）。其实他父母亲的结合并不是那么的合适，甚至可以说是不幸的。雨果的童年有点居无定所。他经常在巴黎和他父亲的调职地之间进行居住，或者在他母亲的情人和他父亲的情妇家里随处安身。

他的父亲利奥波德·雨果曾在很年轻的时候入伍，并成为拿破仑军队的一员。他追随波拿巴军队打仗胜利，于是经历了军事等级方面的迅速晋升，这让他获得了在意大利阿韦利诺的州长又再度被任命为三省州长和西班牙西根萨的伯爵。所以他的这种军人家庭背景使得他早期的思想有很多保皇派的倾向。

十四岁时，还在上学的未来的诗人雨果在他的一本笔记本上这样写道："我想要么成为夏多布里昂或什么都不是。"十七岁时，他与他的兄弟亚伯一起创办了一本杂志"保守党文学"，几乎全部都是他写的。二十岁时，年轻的诗人雨果出版了他的《颂诗集》（1822），以合集的形式出版，虽然形式有点古典，然而气吞山河，这为他赢得了王室的养老金。几年后他又对《颂诗集》（1822）做了修改。1821年雨果母亲的逝世使他于次年和阿黛尔结婚，阿黛尔是他两小无猜的朋友。从这场婚姻中，他们有四个孩子：利奥波尔迪纳（1824）、查尔斯（1826）、弗朗索瓦·维克多（1828）和阿黛尔（1830）。

维克多·雨果的座右铭："自我雨果"，这也反映了他出了名的骄傲（根据几位评论家的评价，他狂妄自大）。他的这个座右铭促使科克托写出了《维克多·雨果是自认为他是维克多·雨果的一个疯子》

这种状态一直持续到30岁，维克多·雨果作为浪漫主义运动的领军人物，彻底改变了戏剧并发明了一种新的诗歌语言。并且到了50岁的时候，他依然有胆量毫不犹豫地放弃自己舒适的生活和既得的成就，并以抵抗拿破仑三世的独裁专政为名，开始了流放生涯。

浪漫主义的领导者

浪漫主义戏剧的创作者

1827年，雨果的第一个戏剧作品，也就是非常有名的悲剧《克伦威尔》写了前言，这个前言立刻成为浪漫主义戏剧的宣言。这个戏剧的前言内容分为三部分：第一，谴责了亚里士多德规则的时间和地点的一致性（这两个规则在古典主义戏剧里面也存在）。相反地，第二部分内容却建议保留亚里士多德规则里面唯一可以接受的一点，那就是有关情节的统一性。而第三部分肯定了在艺术方面要呈现各方面现实所要履行的权利和义务。雨果就是这样，通过重新定义新的戏剧流派，即浪漫主义戏剧的新体裁来反对古典戏剧美学的。

诞生于雨果理论的浪漫主义戏剧的特点是将丑陋和怪诞的表演搬上戏剧舞台，并且引入了非常受关注的地方戏剧的色彩，特别是不同体裁的融合体，都在他的戏剧中同时体现。因为就像他说的那样，不论是任何形式的戏剧，都会发现悲剧和喜剧的元素。

1830年2月25日，戏剧《欧纳尼》的上演给雨果在现实中展现自己理论的机会。《欧纳尼》是在当时传统戏剧的捍卫者和新学说的支持者之间的一个激烈论战的气氛中展开的。那是一个动荡不安的夜晚，法国文学史上将之命名为"欧纳尼之战"，它的上演引起了巨大反响，从此确立了浪漫主义在法国文坛上的地位，也正式赋予雨果法国浪漫主义文学领袖的头衔。雨果还是继续在剧院推广它的新理念，尤其是一些充满激情的戏剧，如在审查时被禁止的《国王的弄臣》（1832年），还有《吕克兰斯鲍夏》（1833年）和《吕布拉斯》（1838年），他最著名的戏剧之一。

抒情诗人

他作为著名抒情诗人的盛名是通过一些诗集的出版来获取的。实际上，雨果作为浪漫主义诗人的显著性的标志是从1829年《东方诗集》的出版开始的。《东方诗集》是受烈火中的希腊的图片和一些对西班牙城市的观察启发而来的。从《秋叶》（1831年）到《光影集》（1840年）雨果诗歌的主要主题是：自然、爱情、梦想的权利。在《心声集》（1837年）里面出现了一个人物叫奥林匹欧，他是诗人的复制品或者对话者，《奥林匹欧》也被称为《雨果的一生》。奥林匹欧这个人物因为一首不久后被收集在《光影集》里面的诗歌《奥林匹欧的忧伤》而变得永垂不朽。

作为小人物的小说家

雨果思想从天主教和保皇派向自由主义、社会主义和同情下层劳动人民的转变，在他所有的作品中都是显而易见的，但是这种转变表现最明显的则出现在他的小说中。1831年，维克多·雨果的第一部伟大历史小说《巴黎圣母院》诞生了，将一对苦难的年轻人卡西莫多和吉卜赛女郎埃斯梅拉达搬上舞台。此前，雨果曾经在早些时候开始写过一些散文诗，如《冰岛凶汉》（1823年）的《布格·雅加尔》（1826年），并在1829年，他发表了反对死刑的一个简短文章：《一个死刑犯的最后一天》。雨果的那些浪漫的文笔优美的小说一下子改变了方向：开始转向嘲讽的风格，他经常批判一些时尚的元素，对时尚持讽刺态度。他经常提出一些政治和社会问题或者有关工人生活苦难的问题，如《冰岛凶汉》（1823年），同时对人民获取言论自由的这种方式表示质疑。

随着时间的推移，雨果作品所获得的公众的成功变成现实，尽管有一些审核方面的麻烦，如（1829年对《马丽蓉·德·洛尔莫》的禁止）。1833年，雨果遇到朱丽叶杜洛埃，她跟随他流亡，并一直做他的情妇长达五十年。雨果于1841年正式当选为法兰西文学院院士，使他正式成为知名作家。然而此时雨果却遭遇双重的不幸命运，一是在1843年，他的戏剧《城堡里的爵爷们》以失败告终，这标志着浪漫主义戏剧开始衰退。另外一个特别悲惨的是他的女儿莱奥波特蒂娜和爱婿夏尔·瓦克里在村边的塞纳河荡舟，遇风翻船，丈夫跳水抢救年轻的妻子，不幸双双溺死。雨果在听到这一现实悲剧心像被撕碎一样，几乎失去了理智。与她的丈夫在塞纳河划船而惨死的。诗人为他的孩子所写的诗放在《沉思集》（1856年）的第四部分。

一些政治事件又给他带来一些苦难，1848年革命，雨果是一个共和党人，并且有自由主义和进步主义的倾向。他在这个时候创办了一个报社。"实事"报社刚成立的时候，他首先热情祝贺查尔斯·路易斯·拿破仑·波拿巴的登基。但1851年12月2日的政变，让雨果突然意识到波拿巴的野心，并且雨果很快被迫走上流亡的道路，"我仍然禁止，希望保持站立姿势。"首先被流放到泽西岛和根西岛，他继续着他19年的流亡生活，并且一心投身于文学，揭露拿破仑三世的罪行。

流亡中的诗歌

《惩罚集》是1853年雨果流亡的第一个冬天的成果，在这个诗集中，雨果主要致力于写有关大家都称之为"小拿破仑"的诗。这本书很快流传开，并被偷运到法国。《惩罚集》由6200首诗构成，分为七个部分。每一部分的标题都引用拿破仑三世为他的政变做辩护的一个用语。这个诗集以一首诗 Nox（"夜"）而展开，而另一首诗 Lux（"灯火，白天"）与之呼应：第一首诗讽喻了当下，即拿破仑三世统治时期的黑暗，第二首诗是对美好未来的希望和坚信。

《惩罚集》一被撰写出来并发表之后，维克多·雨果用他的诗发起了对所有知识领域的攻占：《沉思集》（1856年）里面的自然知识，宇宙知识和探索知识。《世纪传说》（1859年至1883年）的历史的探索和总结。《上帝》里面的神学知识（写于1855年，遗作，1891年）以及《撒旦的末日》（遗作，1886年）里面的神学知识。如果说《沉思集》依旧是围绕着诗人失去女儿的痛苦经历而展开的话（诗歌"过去"和"今天"唤起了诗人对女儿利奥波尔迪纳的怀念），那么《世纪传说》则是一个蕴含了史诗般的宏大计划的诗歌，其中包含了诗歌可以开启时代的光明以及诗人想拥抱整个历史的宏图大志。

流亡中的小说

在雨果孤独的流亡生涯中，除了诗歌，还诞生了许多伟大的小说。从1840年开始，雨果在想象和斟酌巴尔扎克伟大社会小说之后，于1862年出版了《悲惨世界》，批评家对这部小说持一种保留的态度，但公众的热情很高，甚至到了狂野的程度，无论在欧洲还是美国都是一样。雨果甚至还没有重新阅读这部小说就私下对他的出版商说："我有足够的信心，这本书将是我所有作品的顶峰之一，或者说就是我所有作品的巅峰之作。"《悲惨世界》将历史和进步中的人民大众搬上了舞台。尽管这是一部史诗般的鸿篇巨著，然而里面的主要人物，他们的经历，他们的痛苦等等都被刻画得个性鲜明。芳汀、冉阿让、珂赛特、马吕斯、伽弗洛什这些具有代表性的人物（虽然他们代表着各个阶层的典型形象），在小说中他们仍然是主要人物。

《海上劳工》（1866年）和《笑面人》（1869），但是依然和巴尔扎克以及福楼拜小说中的现实主义世界观是相对立的。《海上劳工》（1866年）讲的是人类征服大自然的故事。其中两个主角勒蒂埃利和吉利亚特，为自己的理想所驱动，英勇面对风暴并和海洋野生动物的暴力行为做斗争。至于《笑面人》（1869），它讲述的是因为其共和党观点在十五世纪后期的英国被流放的一个贵族的儿子身上的种种经历。《海上劳工》（1866年）、《笑面人》（1869），和在1872年流亡期间自愿返回时所写的一部关于革命的小说《九三年》，这几部小说都讲述了人类在面对社会不公正、不平等时企图改变又最终失败的故事。

1870年普法战争中第二帝国垮台，雨果返回法国。他的这次回归是胜利的，他在2月的制宪议会上以214169的票数当选为国会议员。他提出一系列宏大的政治策略：废除死刑、司法改革、保护妇女权益、推行免费义务教育，建立一个美国式的欧洲。但一个月后，他由于对政治环境的失望而辞职了。在他的《糟糕的一年》（1872年）中，他又重操他的诗歌《惩罚集》里面的语气，用以证明那些政治事件。

雨果因此成为法国人公认的国家信访的族长式人物。当他在1885年5月22日去世后，政府为他举行了国葬。数十万人举行游行，一路追随他曾经要求的"穷人的灵车"，从星形广场到先贤祠。"我给50000法郎给穷人。我想灵车能进入到他们的墓地。我拒绝任何一个教会的祷告。我为所有的灵魂祈祷。我相信上帝。"这就是他最后的遗愿。

维克多·雨果也许是所有的法国作家里面因为写作灵感持续最久，写作技巧最完美而著称的，最卓越的作家。他的写作涉及所有的主题，所有的风格以及所有的体裁，从场面宏大的历史巨著到文笔细腻的委婉诗歌。他产生的影响力至今仍是无法估量的。他的一些观察类文章如《见闻录》或者是文艺评论作品如《文哲混谈》（1834）或《莎士比亚集》（1864）都证明了雨果作品美学方面的连贯性和完整性。

雨果作品汇总：

小说：

Han d'Islande （1823）《冰岛凶汉》

Bug-Jargal （1826）《布格－雅加尔》

Le Dernier jour d'un condamné （1829）《一个死囚的末日》

Notre-Dame de Paris （1831）《巴黎圣母院》

Claude Gueux （1834）《克洛德·格》

Les Misérables （1862）《悲惨世界》

Les Travailleurs de la Mer （1866）《海上劳工》

L'Homme qui rit（1869）《笑面人》

Quatre-vingt-treize（1874）《九三年》

戏剧：

Cromwell（1827）《克伦威尔》

Hernani（1830）《欧那尼》

Marion Delorme（1831）《玛丽蓉·德·洛尔墨》

Le roi s'amuse（1832）《国王取乐》

Lucrèce Borgia（1833）《吕克莱丝·波日雅》

Marie Tudor（1833）《玛丽·都铎》

Angelo（1835）《安日洛》

Ruy Blas（1838）《吕伊·布拉斯》

Les Burgraves（1843）《城堡里的爵爷们》

Torquemada（1882）《笃尔克玛》

诗歌

Nouvelles Odes（1824）《颂诗集》

Odes et Ballades（1826）《颂歌与杂诗》

Les Orientales（1829）《东方集》

Les Feuilles d'automne（1831）《秋叶集》

Les Chants du crépuscule（1835）《暮歌集》

Les Voix intérieures（1837）《心声集》

Les Rayons et les ombres（1840）《光影集》

Les Châtiments（1853）《惩罚集》

Les Contemplations（1856）《静观集》

La Légende des siècles（1859）《历代传奇》

Les Chansons des rues et des bois（1865）《街道与园林之歌》

L'Année terrible（1872）《凶年集》

La Légende des Siècles 2e série（1877）《历代传奇》第二卷

L'Art d'être grand-père（1877）《做祖父的艺术》

Les Quatres vents de l'esprit（1881）《灵台集》

La Légende des siècles Tome III（1883）《历代传奇》第三卷

文学论文：

Littérature et philosophie mêlées （1834）《文学与哲学札记》

William Shakespeare （essay）（1864）《威廉·莎士比亚论》

政论：

Napoléon le Petit （1852）《小拿破仑》

Histoire d'un crime 1re partie （1877）《罪恶史》（第一部）

Histoire d'un crime 2e partie （1878）《罪恶史》（第二部）

Le Pape （1878）《教皇》

Religions et religion （1880）《宗教与信仰》

雨果诗作欣赏：

Demain, dès l'aube

–Victor Hugo

Demain, dès l'aube, à l'heure où blanchit la campagne,

Je partirai. Vois–tu, je sais que tu m'attends.

J'irai par la forêt, j'irai par la montagne.

Je ne puis demeurer loin de toi plus longtemps.

Je marcherai les yeux fixés sur mes pensées,

Sans rien voir au dehors, sans entendre aucun bruit,

Seul, inconnu, le dos courbé, les mains croisées,

Triste, et le jour pour moi sera comme la nuit.

Je ne regarderai ni l'or du soir qui tombe,

Ni les voiles au loin descendant vers Harfleur,

Et quand j'arriverai, je mettrai sur ta tombe,

Un bouquet de houx vert et de bruyère en fleur.

龚古尔兄弟

龚古尔兄弟是法国小说家和自然主义理论家。

出生于洛林的一个贵族家庭，龚古尔兄弟，爱德蒙（1822 至 1896 年）和儒勒（1830

年至 1870 年）过起了食利息的生活。作为艺术和历史的爱好者，他们相继出版了《大革命和督政府时期的社会史》（1854 年），和《玛丽·安托瓦内特的故事》（1858）以及《十八世纪女人的历史》（1862 年）。这些以叙事的形式出现的历史研究，将龚古尔兄弟逐渐引上小说的道路，尤其是现实主义小说之路，这是他们历史活动的自然延续。

的确，对于龚古尔兄弟来说，小说应该致力于现代风俗的研究："巴尔扎克小说和我们父辈读过的小说没有什么共同点。目前的小说是依据文献写成的，根据自然来进行叙述或者揭露事实，就像写历史是需要很多文献支撑一样。历史学家是过去的讲述者，小说家是现代故事的讲述者。他们是文献小说的创始人，强调写作之前一定要进行大量的文献调查，小说中的人物要真有其人。"

曾在十年间，从他们的笔下写出六部小说：《文学男人》（1860 年）、《夏尔德玛依》（1861）、《修女菲洛梅娜》（1861）、《勒内莫普兰》（1864）、《热尔玛尼拉瑟特》（1865）和《塞尔维夫人》（1869）。弟弟儒勒去世后，爱德蒙·德·龚古尔只能继续一个人写作：《少女艾丽莎》（1877 年）、《桑加诺兄弟》（1879）、《拉福斯丹》（1882）和《亲爱的》（1884 年）。

这些小说中的每一个要么围绕着周围一个熟悉的人物（《勒内莫普兰》（1864）写的是一个青梅竹马的好朋友，而《热尔玛尼拉瑟特》（1865）围绕的是一个老仆人，要么围绕着周围一个精心策划的环境《夏尔德玛依》（1861）的故事发生在文学界，《修女菲洛梅娜》（1861）则发生在医院，而《玛奈特萨洛蒙》中则描写了一个艺术家。

龚古尔兄弟最全面的成就无疑是《热尔玛尼拉瑟特》（1865），这被认为是第一个奉献给人民大众的法国小说。这位女仆人的命运确实是给龚古尔兄弟一个描写下层人民生活，工人阶层爱情以及谈论巴黎的机会。"左拉说《热尔玛尼拉瑟特》（1865）标志着一个年代。这本书第一次将人民大众带进小说。这是第一次在评论作家和观察作家的小说中将戴着安全帽的男人和穿着仆人靴子的女人作为主人公。"

龚古尔兄弟的小说和文本序言将他们置于当时审美中心，他们在那里发表自己的文学理论，即使他们拥有的读者不多。他们还规定了一套"艺术写作"的技术，这种风格提倡充分利用微妙的、稍纵即逝的感觉和采用不同寻常的字，新词以及故意使用那些不太符合常规的脱臼的语法。

龚古尔兄弟的杂志仍然是目前最广为传诵的作品。这个杂志刚开始创刊的时候很普通，后来在他的兄弟儒勒去世之后，爱德蒙于 1887 年至 1896 年继续出版一些最不容易被禁止的摘录文章。直到 1956 年，这本杂志才出了一个完整版，揭露了"绝对真理"。这本杂志以其恶意和尖酸而著称，它依然是 1851 年和 1896 年之间的文学风格的无可比拟的见证。

爱德蒙·德·龚古尔将他的全部财产，以他们的姓氏命名成立了龚古尔学院，自 1903年以来每年为符合要求的文学作品颁发奖项（龚古尔文学奖）。

龚古尔学院

龚古尔学院是一个在爱德蒙·德·龚古尔的倡议下，为纪念他的兄弟儒勒·龚古尔而成立的文学院。他们兄弟终身未婚，相依为命。龚古尔学院每年在法国授予一次文学奖，是迄今为止法国最重要的文学奖项之一。爱德蒙·德·龚古尔在他的遗嘱（1874 年）里面规定任命于斯曼为第一届龚古尔文学院主席。西奥多·庞维勒、巴贝德、菲利普、莱昂、阿尔封斯·都德、福楼拜、弗罗芒坦、保罗·德·圣维克托·路易和左拉这十名成员为最初的"龚古尔学院"的院士（但这份名单将随着时间的变化而变化）。这些院士成立评审委员会。

龚古尔文学奖

这是自 1903 年以来法国每年颁发的最负盛名的文学奖。

龚古尔文学院的院士于 1903 年聚集在一起，并在巴黎 Drouant 餐厅吃午饭的时候商议决定将此奖授予"年度最佳长篇小说，最佳短篇小说集，最佳想象力散文集"。他们负责每年选出一个获奖作品，奖项起初价值 5000 法郎，后来改为 50 法郎，但是如今冠军只是象征性地奖励 10 欧元，虽然从经济角度讲，这个奖项的价值不大，但是他为获奖者赢得了公众声誉和家喻户晓的知名度。

著名的龚古尔文学奖得主如，普鲁斯特《在花枝招展的少女身旁》（1919）、安德烈马尔罗《人的状况》（1933 年）、西蒙波伏娃的《名士风流》（1954）、玛格丽特·杜拉斯《情人》（1984 年）。自 1990 年以来龚古尔奖又增加了一个首届小说奖也叫新人奖。

莫泊桑（1850-1893）

莫泊桑出生在诺曼底米洛美尼尔城堡的一个没落贵族家庭，母亲对莫泊桑的早期开发使其对各种社会问题反应特别敏感。

他早年在诺曼底乡村长大，那些熟悉的农民、方言和典型的乡村场景为他小说和故事的创作提供了源源不断的灵感来源。十二岁的时候，他进入了一所宗教院校，然后在鲁昂完成了他的中学教育。 1870 年他被动员起来参加反对普鲁士的战争，普法战争最终以法国失败而告终，但是也为他日后写作创作了主题。于是他在巴黎当了一名公职人员，开始了平庸的职业生涯。同时，他在福楼拜的影响下开始写作。福楼拜是莫泊桑母亲儿时的朋友，同时也是莫泊桑的导师和精神之父。通过导师福楼拜的引荐，他遇到了同时期的一些作家，如左拉、斯曼、都德和龚古尔兄弟。

自然主义学校

在自然主义的领域，他和作家刘炜一起集体参加了左拉的作品《梅塘之夜》（1880 年）

的撰写，这部作品号称自然主义的宣言，也让自然主义流派显露于世。在同年，他发表了他的第一个短篇小说《羊脂球》，并赢得了巨大的成就，从此莫泊桑也被巴黎著名的文学圈所熟知。《羊脂球》讲述的是以普法战争为背景的故事。一个单纯的妓女羊脂球在那个虚伪淫乱的年代，为了大家的利益牺牲了自己。虽然出卖了肉体，但是女主角似乎比那些表面尊贵内心猥琐不堪的资产阶级更值得大家尊重。她为了其他人能够顺利被释放，甘愿牺牲自己去满足一个德国军官，她的灵魂是诚实的、高尚的。一个反复出现的主题已经存在于莫泊桑的小说中，那就是人类惯有的残酷的一面。

成功的小说家

从第一部小说《羊脂球》获得成功之后，莫泊桑就放弃了他在教育部门的秘书职位开始专门从事写作。在十几年中，他出版了大约十五部故事和短篇小说集，六部长篇小说和许多报刊评论。他的灵感和创作主题是丰富多变的：这创作的以其出生地为背景的质朴和粗犷的诺曼底乡村世界和那些反映小资产阶级，普通的办公室小职员以及残酷无情的巴黎高级资产阶级的题材是一样多的。

莫泊桑深受巴黎沙龙的欢迎，喜爱女性，是一位成功的小说家。莫泊桑最终在病痛的折磨下结束了他的生命。他年轻的时候患上梅毒，慢慢地陷入幻觉。这种状态持续折磨他直至精神错乱，最终在博士的诊所中去世。

莫泊桑的作品

和其他任何法国作家不同的是，莫泊桑是一个讲故事的人。他出版的三百个故事和短篇全部收集到了他的文集《戴丽叶春楼》（1881），《蠢妇的故事》（1883）和《昼夜传说》（1885）中。

在这些故事中，叙事的方式与说话人的说话氛围与所讲的故事本身同样重要。一个故事有时可以将一个时代搬上舞台。这在《戴丽叶春楼》（1881）中有所体现。莫泊桑每一个小说的叙述都是按照原始故事的人物角色轮番开始的，作品的安排上也是模拟朋友之间的晚会的场景。

受福楼拜的启发，莫泊桑像其他的当代作家一样，受叔本华思想的影响，描绘了一个令人深深绝望的世界。没有自我意识，自私，残忍占据统治地位，而人没有说话权，人在那个年代只不过是"比野兽稍微高级一点的动物而已。"从唯利是图的农民到冷漠、不人道的大资产阶级，残暴和愚蠢无处不在。

莫泊桑的小说具有现实主义写作和自然主义流派的一些典型特征。此外，他的故事还包括诺曼方言的一些借词（巴贝德小说中也存在同样的情况）。还有，人物的话语和思想的表述也经常是借助一种比较自由间接的风格，这使得读者很难区这是个人习语还是作者的叙述语言。

从现实主义到荒诞主义

作为福楼拜的学生，莫泊桑在他的故事中是一个非常敏锐的观察者。当他把熟悉的人物和世界搬上舞台的时候，他没有对等的人来把他们变成最引人注目的或是最有意义的典型形象。

然而，在远离现实主义之外，他也关注于私密的和隐藏的真相，关注各种性格特征，关注人物或故事，通过将他的注意力持续集中在一些看似平淡无奇的细节上。他的故事围绕着一些重点作品如（《绳子》《头发》《项链》《左手》，或《疯子》《奥尔拉》：现实主义则在表现方面加入了幻想和魔幻的主题。恐惧，双重和疯狂的主题，最终通过被打开的未知世界的设想在人和物的世界都有固定或者很明显的表现。此外，通过困扰作者的一些怀疑和恐惧的神秘符号，逐步展开相关恐惧的故事如《奥尔拉》和《头发》，它们都属于比较纯粹的幻想小说。除了短篇小说外，莫泊桑还写了长篇小说，其中包括《一生》（1883），描述了一个年轻女子的悲惨的婚姻生活和不幸的命运。《漂亮朋友》（1885 年），讲述的是一个玩世不恭的记者和一个帅气的男孩想尽一切办法晋身上流社会的故事，他们在一系列成功的女性的帮助下实现其社会的野心。包括《两兄弟》（1888）、《死恋》，也称《如死之坚强》（1889 年）和《我们的心脏》（1890）都是他的长篇小说。

缪塞（1810 年至 1857 年）

世纪儿

光辉的开始

缪塞于 1810 年 12 月 11 日出生在巴黎一个富裕的资产阶级家庭。富裕的生活培养了他单纯的性格，年轻的缪塞过着花花公子般随心所欲的散漫生活。他最初学习过法律和医学，然而都没能顺利完成。从 1828 年开始，他频繁出入雨果和诺迪埃的文学社团，在那里他遇到了很多文学界人士，特别是维尼、梅里美和圣伯夫。

成名早，辉煌，荣耀，拥有着这些光环，缪塞在十九岁时就出版了他的第一部诗歌集《西班牙和意大利（1829）》，并立即获得成功。尽管很早就取得成功，然而他的剧本也曾经经历了失败，包括《魔鬼收入》，这部作品甚至没有来得及展示给观众。还有《威尼斯之夜（1830）》，这是一个相对彻底的失败。1832 年缪塞父亲的去世使他彻底投身于文学并将它作为自己的职业。缪塞才华横溢，他对自己的才华很肯定。《威尼斯之夜》的失败使他深深地受到伤害，并对此耿耿于怀。从此他决定他写的戏剧不再演出给观众看，而是为了创作法国文学上的独一无二性或者专门为了阅读。他在 1832 年和 1834 年间出版的戏剧《年轻女孩的梦想》，还有收集在以《摇椅上的戏剧》为名的《酒杯》和《嘴唇》，反映了他选择写剧院的目的是为了让观众在家里阅读，而不是表演出来给观众看。还有《任性的玛利亚娜》（1833 年）、《方达西奥》（1834 年）、《勿以爱情为戏》（1834 年），都是以书籍的形式出现的。

激情和代表作

1833 年，缪塞遇到了一生中最爱的人，那就是年长他七岁的小说家乔治·桑。虽然爱得轰轰烈烈，激情似火，然而他们的关系最终还是在 1834 年中断了。那是他们在意大利旅游期间的一个医生，他曾经为缪塞做过治疗，然而却成全了乔治·桑新的恋情。乔治·桑对于缪塞的年轻幼稚越来越不满意，在 那一年，经过多次激烈的争吵之后，他们之间的这种激情消退，感情也随之结束了，留下缪塞孤独一人在意大利。这次对缪塞的感情打击很大，他饱尝失败的感伤所带来的痛苦，情绪很颓废，然而这为他的写作带来了质的飞越，而这正是他作品里面一直欠缺的。

在 1834 年年底，他丰富了他的杰作，一部历史剧《罗伦扎西欧》，次年又丰富了《烛台》的写作。缪塞是一个未被赏识的剧作家，然而相反的他却在 1833 年以他的浪漫诗歌《罗拉》取得很大成功，这部诗歌是在他和乔治·桑感情几乎中断的时候写的，巩固了他作为一个伟大的诗人的声誉。从 1835 年到 1837 的（《五月之夜》《十二月之夜》《八月之夜》《十月之夜》），收集在《四夜》诗歌集里面的这四首诗是一部很有寓意的作品，在那里诗人和他自己进行了对话，表达了从失恋到对新生活的渴望的复杂感情。他拒绝被新浪漫主义精神所教诲的作家的社会使命，将情绪描写纳入重点，试图描述伴随着爱的激情的多样性和复杂性的情感。

激情过后他写出了最具代表性的叙事小说，《一个世纪儿的忏悔》（1836），这是一部自传体小说，略带夸张和痛苦的成分在里面，分析了诗人的饱受折磨的灵魂。他这一部作品主要围绕着自己和乔治·桑分手后的痛苦恋情纠葛所展开，我们从中看到了 19 世纪 30 年代的一群青年知识分子在面临感情背叛时的失望，以及七月王朝和路易－菲利普的君主制统治下的年轻一代对于未来破灭的失望和申诉。这种彷徨，苦闷的精神面貌几乎成为整个时代的疾病。"世纪病"也由此诞生。

由于生病和精力消耗殆尽，缪塞继续他新的剧作家职业生涯时所写出的作品已经不如早期那般成功，例如《慎勿轻誓》（1836）、《当机立断》（1845）、《千虑一失》（1849年）。 1838 年，他被任命为图书馆保管员，虽然少了当初的辉煌，但这也使他的生活有了很大起色。1848 年他失去了这份工作，但是却并没有让他陷入痛苦，反而促使他写一些委托作品。 1852 年，他当选为法兰西文学院院士，然而也慢慢远离公众的视野，他的戏剧也很低调地展示出来，然而他实际上已经几乎不再写作了。他 1857 年 5 月 2 日在巴黎去世。

缪塞作品

缪塞的短暂生命和多愁善感的精神在他那一代年轻文人身上都有所体现。他的作品和本人在社会上的不被理解和无力呻吟成为整个时代的疾病。然而缪塞作为浪漫主义诗人所呈现的那一时代的伤感画面却是真真切切存在的。如果确实屈服于能够给他带来简单的快乐和瞬间幸福的软弱生活的话，如果他在作品中委曲求全牺牲自我而顺应潮流的话，缪塞依旧能够体会到纯粹的艺术所带给他的真实而深切的灵感。他也充分认识到自己的弱点，然而却很难成功地克服它们。缪塞的戏剧和诗歌是以痛苦作为灵感的源泉的，痛苦成就了他，在他看来深刻的痛苦比平静的幸福更能激励人。后人也是通过这一点来了解他和他的那些优秀作品的。在《任性的玛利亚娜》和《罗伦扎西欧》中，作者的主要目的就是在于讽刺，虽然也透露出对社会的无奈和失望，但是无奈和失望之后对丑恶、不公平现象的讽刺和抨击却是非常犀利的，言语咄咄逼人。这种写作体现了浪漫主义对人物内心的惊恐不安和生活痛苦的表达。因为缪塞作品中绝望痛苦的情感主要是来源于生活上的空虚感和面对虚伪社会的盲目无助，由此导致精神孤独。毕竟个别人的言语表达所带来的影响是有限的，即使讲出事实也无济于事，也很难找出自己在社会上的存在感和立足感。缪塞不仅仅是一个抒情诗人，也是一个头脑清醒的道德家，他搜索人类难以逾越的深刻的社会矛盾。他从自己的亲身经历出发，悲观地分析了人类在真诚、爱情、荣誉和社会保障方面所面临的困难。

代表作《罗伦扎西欧》

缪塞的五幕戏剧《罗伦扎西欧》在很长一段时间不为人所知，因为这部浪漫主义杰出戏剧直到 1896 年才得以展示在公众视野，无论是从结构的复杂严谨上还是从人物性格刻画的与众不同上，这部戏剧都堪称杰作。《罗伦扎西欧》是以佛罗伦萨梅第奇时代为背景的，这是正宗的佛罗伦萨编年史。剧情描绘的是佛罗伦萨公爵亚历山大罗·德·美第奇的年轻表弟罗伦扎西欧的英勇故事。亚历山大罗·德·美第奇是一个骄奢淫逸，软弱无能的昏君，他企图将自己的祖国拱手相让，罗伦扎西欧因此策划对这个毫无威望的亚历山大的秘密暗杀行动。为了实行计划，他放弃了他的尊严和名誉，默默地忍辱负重为这个暴君服务，减轻他的戒备心，以取得信任。作者通过《罗伦扎西欧》影射了 1830 年法国七月革命的失败和社会的虚伪无望。作者塑造了罗伦扎西欧，并将之英勇的行为上升到道德高度，以此象征法国英雄，这无疑成为法国最突出的戏剧人物之一。

缪塞《雏菊》欣赏：

Marguerite

雏菊

—Alfred de Musset

Je suis affectueux, quelquechose n'ai pas dit;

我爱着，什么也不说；

Je suis affectueux, seulement mon à la conscience de coeur;

我爱着，只我心里知觉；

Je prisemon secret,je prise également ma douleur;

我珍惜我的秘密，我也珍惜我的忧伤；

la par le passé pris unserment ,je suis affectueux, n'embrasse

我曾宣誓，我爱着，不怀抱任何希望，

pas n'importe quelespoir,

但并不是没有幸福 —

mais a le bonheur —

à condition que puisse vous voir, je me sens pour satisfaire.

只要能看到你，我就感到满足。

乔治·桑（1804 年至 1876 年）

乔治·桑是著名的法国浪漫主义小说家。她以激情小说和以贝里乡村甜蜜生活为主题的田园小说而著称。一直以来有关她的思想和私生活的评论很多。

乔治·桑原名奥罗尔杜平，是一位伯爵夫人。她出生于贵族家庭，是家里最小的孩子。他的父亲是拿破仑第一帝国时期的将军，因为英勇善战而拥有很高军衔，却年纪轻轻就在战斗中光荣牺牲。母亲地位低下，由于父亲的早逝，母亲从此沦落风尘。所以乔治·桑很小便成为孤儿，由祖母抚养。她不仅长相很漂亮，而且从小就在祖母的精心教导下显露出卓尔不群的才华。乔治·桑是在 1822 年嫁给卡西米尔子爵。他的财富是 500000 法郎。前几年的婚姻生活很快乐和平静。直到 1825 年都没有任何事情来干扰这幸福、宁静的婚姻生活。

直到蜜月三年的时候，这种平静的幸福的生活慢慢显得苍白单调。这种生活虽然没有什么不愉快，但是却不能长时间满足乔治·桑的内心渴望，平静的背后隐藏着随时可能一触而发的火焰。她开始对丈夫的碌碌无为和不思进取表示不满，开始厌恶他的庸俗，期盼着有一份精神和灵魂上的沟通。她渴望的是新鲜的空气，广阔的天空，伟大的自然，崎岖的山地，尤其是自由，那种渴望飞翔的自由！

乔治·桑不甘于平庸的生活，一直渴望着有一个辉煌的未来、艺术、诗歌、哲学、科学、文学、人类的智慧，所有这些广袤而丰富的领域都是为智慧的人类开放的。只有这些高贵的使命才足以慰藉人的灵魂和思想。而她的丈夫正好相反，他像所有的乡绅一样，品味庸俗，安于现状。他们一直静静地行走在人生黑暗的道路上，对自己的生活和前途没有任何打算和追求。乔治·桑和他生活在一起是痛苦的，她的心一直在压抑和承受，也在慢慢破碎。她对那个不爱她也不理解她的男人变得真的难以忍受，最终对这段婚姻发起了挑战，带着两个孩子决然离开他而去了巴黎。

《安蒂亚娜》中说：一个女人想要与她夫家的名字决裂的话，最好选择转换成一个年轻的朋友或者合作者的名字，以她自己的方式去接受它或者对它进行适当更改，为了保护它，可以选择使用它作为笔名，而不是直接隐藏它。现在，在这些大放异彩，并已经获得了成就的所有名称中，乔治·桑的名字肯定是最伟大，最辉煌的名字之一！

乔治·桑用他的笔名首先发表了《安蒂亚娜》，还有以她可爱的妹妹为题材的《瓦朗蒂娜》。其次还有伟大的作品《莱丽雅》。还有《雅克》，因为妻子背叛而自杀的故事。《塞拉利昂莱尼》，是一个短故事，讲述的是一个女人被英俊有才气的男子的魅力所吸引，但最终却不幸的生活。《私人秘书》《安德鲁》，都是一些比较清新，简单的作品，乔治·桑以温和婉约的甜美风格刻画了和自己一样精致的女性。其次是《西蒙》，然后是《莫普拉》，一个充满魅力和兴趣的故事。最后是《旅行者的信》。

乔治·桑还写了很多充满激情和思想的诗歌。特别是《侯爵夫人》《拉维尼亚》等。乔治·桑是《两个世界杂志》最活跃的贡献者之一，她的文章、小说、评论、诗歌和哲学都是那个时代最卓越的作家的作品。

乔治·桑曾经到意大利这个充满阳光和诗意的国家去旅行，她认为这个充满回忆的城市会燃烧起她的激情和想象力。在此期间，阿尔弗雷德·德·缪塞伴随着乔治·桑。缪塞身体比较屠弱，在意大利的时候生病了，在此期间乔治·桑和一位医生照顾着他。随着缪塞身体渐渐康复，乔治·桑和那位医生也擦出火花。然后她和缪塞经过反复争吵之后分手。随后她又和波兰音乐家兼钢琴家肖邦同居长达九年多。她和缪塞以及肖邦之间的感情一直是法国人的谈资。其次她还和福楼拜、巴尔扎克、雨果的关系很好。在雨果流亡期间，她写宣言支持他。

乔治·桑的小说分为早期激情小说，其次是空想小说和田园小说。她是法国最早的女权运动的代表人物。在19世纪20年代的法国，她最早对婚姻提出了质疑。认为男女应该平等，女性应该追求自己的幸福和自由，而不应该成为男人的附庸。男女可以生子，但是不一定要结婚。这种思想在当时很有进步意义。

在当时以男性为主的社会下，乔治·桑是文学沙龙里唯一的一位女文人。她与大作家巴尔扎克、雨果、缪塞、海涅、大仲马、司汤达等在一起高谈阔论，结识了很多文学、绘画和音乐界名流，他们一个个就像一颗璀璨的明星，笼罩着光环和荣誉。其中就有大音乐家李斯特、舒曼、门德尔松。肖邦也是那时初来乍到法国，李斯特发觉了他的音乐才华，之后将他引进文学沙龙，他在那里认识了乔治·桑，自此改变了他的一生。他们的结合，人称之为音乐和文学的联姻。乔治·桑不是标准的美女，身材略微矮胖，性格男性化。而肖邦正好相反，他身材消瘦，面色苍白，具有女性气质。二人性格正好互补。这种互补是好也是坏。因为他们在一起的那九年是肖邦音乐创作最辉煌最巅峰的时期，同时也是肖邦身体越来越差的时期。那时乔治·桑精力充沛，而肖邦身体上却越来越不堪爱情的重负，经常感觉到死亡的逼近，这种状况最终导致了他们分手。然而乔治·桑对缪塞和肖邦在艺术创作上的正面影响是值得肯定的。

司汤达（1783 年至 1842 年）

司汤达真实姓名是马里亨利贝尔。出生在格勒诺布尔。他的幼年非常不幸：一直最疼爱他的母亲，在他只有七岁时因为分娩而去世。然后他被托付给他的姑姑，他对他的导师，神父和父亲都很抵触。他父亲对他的道德管束非常的严格，严格到让人难以忍受，并且他父亲身上有所有的他所恐惧和厌恶的资产阶级的心胸狭隘和贪婪吝啬。在他家所有成员中，他最有感情并且唯一喜欢的便是他的祖父加格农，他是一位上了年纪的聪明的哲学家，他脑子里充满了进步的革命思想。

心怀人道主义思想，年轻的马里亨利贝尔进入格勒诺布尔的中心学习，然后他又于1799 年前往巴黎学习数学。他起初是想在巴黎综合工科学校学习，但之后又放弃了，于1800 年随从波拿巴的军队，在那里他成为驻意大利的军队的龙骑兵中尉。毫无疑问，他几乎对意大利产生了母亲般的爱恋，他热衷于这个国家和它的文化，对意大利的记忆时常萦绕在他的脑海。他开始于 1801 年在报纸中记录他的旅行印象（遗作，1888 年至 1935 年）。

1802 年回到巴黎之后他开始满腔热忱投入写作，撰写《莫里哀喜剧》。他有一段时间过着花花公子般的上流社会生活，经常造访文学沙龙和剧院。因为没有更好的发展，他又于 1806 年回到了军队履行总督的职能。之后随从拿破仑的军队到了德国的一个名叫司汤达的小镇（萨克森－安哈尔特州），他未来的笔名也来源于这个小镇。

他的工作非常有规律然而也很无聊：1809 年在斯特拉斯堡公爵的指挥下，负责维也纳和林茨的外交工作和战争事务，他于 1810 年获委任法国最高法院助理，然后是负责检查皇冠大厦和建筑的检察官。正是在这方面的事务中，他结识了梅里美，并且在巴黎的头几年过上了精致、荣耀的生活。

拿破仑倒台和封建王朝的复辟使他的部队生涯突然结束，并把他置于未来的不确定性和不安全中，但是同时也解放了他。在参加完和俄罗斯的战役之后，他又回到意大利，并决定让自己成为米兰和意大利公民。之后他搬到了米兰，在那里享受音乐的乐趣并沉浸在甜蜜喜悦的爱情之中。在和一个美丽的意大利姑娘安吉拉疯狂恋爱之后，他又爱上了另外一位女士梅拉妮，然而后者却并没有像他一样爱慕对方。正是在米兰，他发表了《海顿的一生》《莫扎特的一生》（1814 年）、《意大利绘画史》（1817），尤其是散文《罗马，那不勒斯和佛罗伦萨（1817）》，这部作品真正以司汤达的名字署名，标志着他文学生涯的真正开始。

迫使他离开意大利的是对爱情的怨恨，但更是出于政治原因（奥地利人骂他作为自由主义者对意大利的同情），他于是回到巴黎，在那里他受到上流社会的热情欢迎，尤其是浪漫主义人士的欢迎。频繁出入文学沙龙还是没能使他忘记他对梅拉妮的激情。这段失败的恋情激发他写出了《爱的分析》也就是《爱》（1822），其中包含了他的著名理论。他还推行一些理论家（卡巴尼斯、德特雷西、沃尔尼）的思想。之后又写了有关戏剧的随笔，都收录在《拉辛和莎士比亚》中（1823 和 1825 年间），其中司汤达称赞莎士比亚的戏剧是激情与力量并存，而拉辛的悲剧有一种冷酷和坚定的完美感觉。

司汤达是一个成名稍晚的作家，他 30 岁之后才开始发表作品，43 岁的时候，这位年轻的作家才发表他的第一部小说《阿尔芒斯》（1827），它是以作者早年生活和学习为启发的第一部小说，讲述的是聪明而沉默寡言的年轻人屋大维和他的表姐阿尔芒斯之间的爱情。一系列的误解以及种种原因导致这对恋人都不愿意承认自己对对方的感情，屋大维离开阿尔芒斯，为希腊的解放而牺牲，然而他却没有透露他那次行为的动机。通过激烈的情节，尤其是涉及的相关主题（特别是对男主人公的灵魂的分析），他的第一部小说宣布他杰作的即将到来。

1830 年，司汤达发表了他的杰作《红与黑》，当时几乎是不被人注意。同年，他被任命为法国驻里雅斯特的领事，其次是奇维塔韦基亚（拉齐奥）的领事。正是在这种情况下，他开始写一部新小说，《吕西安率万》（遗作，1855 年），描述一个完美的年轻人，他似乎是《红与黑》红的男主人公于连的复制品。作者可能是因为这个作品对路易·菲利普政权的批判太过直接，最终而没有完成。同时，司汤达写出了他最直接的个人著作：《自恋回忆录》（遗作 1893 年，也未完成）和他的自传《亨利勃吕拉传》（遗作，1890 年），他在其中借用化名。这些作品是一把解密他小说的有趣的钥匙。司汤达的日记或是个人自传文本表达了将追求个人幸福作为人生的目标的观念，他在作品中邀请人们在时光流逝之前享受当下，最后提出了一种意识形态，那就是以饱满的精神和充沛的精力去自觉地享受激情，总之，这是一种以作者名命名的"贝尔式的"生活方式，他自己将之命名为"利己主义"。这种思想几乎在他全部小说中都有体现，特别是他出版于 1893 年的《巴马修道院》，可以作为爱和幸福的颂歌。他所创造的形象，司汤达的主人公（朱利安·索雷尔、法布里斯德尔栋戈、吕西安、屋大维），他们能很好地融入世界，却又能如此完美地从共同的理想中分离开，它们时刻让我们想起作者所创造的"艺术是幸福的宣言"。

在1837年到1838年离开巴黎期间，司汤达仍然提供给《两个世界杂志》意大利编年史（遗作，1855年）的一部分稿件，然后他又去外省写游记，他被视为游记作家的创始人（旅游回忆录，1838年）。

之后他又开始了新的小说《阿米艾尔》（遗作，1899年，未完成），并出版了《意大利著名绘画理念》（1840年）。之后因为中风，他赶紧回到巴黎，然后又受到新一轮病魔的攻击，之后于1842年逝世。

他的代表作《红与黑》是1830年写的，这本小说的副标题是《1830年纪事》，是一个极具代表性的主题，体现了作者的哲学和艺术思想。《红与黑》是作者受他曾经阅读的一个血腥的法院的公告的启发。这部小说开创了意识流小说和心理小说的先河。讲述了主人公于连跻身上流社会又身败名裂的故事。于连是一个骄傲和矜持的年轻人，他拥有着非凡的智慧。他在市长家里当导师，还没来得及选择"红色"（革命军制服的颜色，象征着波拿巴一派的政治承诺），雄心勃勃一心想攀登上流社会的于连不得不选择了"黑色"（即教会一派袈裟的颜色）。年轻的于连出身低微，在市长家里的生活让他接近并和市长夫人有了奸情，但是他明白他对于这个比他身份高的女人的爱更多的是来源于一场阴谋和算计。在阴谋逐渐达成之后他又疏远市长夫人而开始了更高目标的追逐。他又勾搭上了大侯爵的女儿玛蒂尔，而侯爵的女儿可以使他充分实现自己的野心。小说的最后，由于市长夫人的写信揭发，于连的一系列阴谋败露，他被拉下上流社会，飞黄腾达的梦想毁于一旦，于是他试图杀死市长夫人，他最终被交给法院判处死刑。

《巴马修道院》

《巴马修道院》是以古时候的意大利为背景的，当时意大利存在新旧思想的冲突，这和当时法国拿破仑时代的保皇派和资产阶级的思想冲突有相似之处。它是司汤达继《红与黑》之后的另一部杰作。拿破仑、意大利、爱情、雄心、力量在这部长篇小说中都有体现。与《红与黑》灰暗、悲观的格调相比，《巴马修道院》则是一曲幸福的颂歌。作者在不到两个月的时间，以明快的节奏描写了一位追求幸福、慷慨大方、充满活力和爱心的少年英雄法布利斯的积极形象。他天生单纯热情，出身于宗教贵族却出淤泥而不染，是年轻一代的理想化身。他对拿破仑的崇拜达到疯狂迷恋的地步。政治失败后，爱情是唯一可以使他获得幸福的法宝。

法布利斯爱上克莱利亚，但是他的坚韧可能会白费，因为许多障碍横在他们之间。在经历激烈幸福的时刻后，这对恋人最终被命运分开，从而过早死亡的每一个：她背叛违心地结婚，而他则隐退到巴马修道院。这部小说不仅讲述了一个爱情故事，而且还刻画了十九世纪修道院的景象。同时还刻画了两个纯司汤达尔笔下微妙的人物形象。

保罗·魏尔伦（1844 年至 1896 年）

保尔·魏尔伦出生于梅斯，是富有的资产阶级家庭中的唯一的儿子，他的父亲是一个军官。他的家庭都信奉天主教，他从小沐浴在这个充满宗教气氛的生活中，他的信仰从他的童年就建立起来了。他在与阿蒂尔兰波有染的时候就发现了自己的同性恋倾向。他从小就受到他的父母和他的表姐伊利莎的宠爱。伊利莎大他八岁，是一个孤儿，魏尔伦家庭曾经长期无子嗣，因此伊利莎一直在魏尔伦家里抚养。虽然伊利莎没有回应年轻的魏尔伦给她的爱，然而实际上却对他出版的第一个诗歌合集《感伤集（1866 年）》给予很大帮助。

最初的诗歌

中学毕业以后，魏尔伦在巴黎成为一名平凡的雇员。但他不断在幸福和色欲之间，在信仰和迷失之间摇摆不定，终于，他不再满足于这份平静而安逸的生活。自从他中学时期开始他就很欣赏爱伦·坡，并开始写诗。 1865 年，他开始和诗人如西奥多·庞维勒以及弗朗索瓦·科佩来往。（他还和科佩一起在 1867 年创作了《谁渴望奇迹》），并在《艺术》杂志上表达了他对波德莱尔的钦佩。 伊利莎于 23 岁去世，她的去世对魏尔伦是一个严重的打击，并加强了他对苦艾酒的喜爱。

《感伤集》表明了魏尔伦受到巴那斯派的影响，他起初也是以巴那斯派出名的，一些诗歌也被首次发表在《Parnasse Contemporain》杂志上。但魏尔伦的诗歌却不同于传统巴那斯派作品，他的诗歌比较个性化，注重对诗歌形式和音乐美的追求。他的诗歌单句押韵，比一般诗歌显得更自由。

《华宴集》（1869 年）里面，诗歌思想自由，并含有音调的转折和夸张的修辞风格。在十八世纪某一时期那么时尚，深受瓦托的画作的启发，从田园小说出发，描述虚幻的景观和即兴创作略带喜剧色彩的人物形象。魏尔伦的作品各种各样，形式多变，但是都渗透着对自然景观的淡淡忧郁和诗人心里的惆怅之情。这种外界和内心融合的写作被认为是魏尔伦的独创，苍白的颜色和波德莱尔忧郁的风格相呼应。

1869 年，魏尔伦爱上了十六岁的玛蒂尔德，并和她订婚。玛蒂尔德是一个热爱诗歌的来自资产阶级家庭的年轻女子。魏尔伦给她写了很多充满希望和甜蜜生活的诗，这些诗是所有女人都喜欢的，是有关爱情的承诺和幸福的避风港。他们在接下来的一年一起发表了《好歌集》。《好歌集》虽然没有前面的《感伤集》出名，但是仍然是美妙佳作。魏尔伦和玛蒂尔德的婚礼于 1870 年举行，然而他们的幸福是短暂的。魏尔伦坚决投入巴黎公社的运动中，这使他丢掉了在巴黎市政厅的工作。然后在 1871 年，他接到一个陌生青年的一封来信，信上说他欣赏魏尔伦的诗，而且寄去了他的个人简历，让魏尔伦去巴黎与他会面：这个人就是兰波。

魏尔伦对兰波那具有象征性的诗作非常满意，同时被他满腹经纶的才气所征服，他在自己家里接待了这位青年才俊。他们的友谊很快就变成肉体的激情。乔治·魏尔伦虽然出生于比较传统而高贵的家庭，然而却没能改变这种笼罩在三个人身上的不正常气氛。他和兰波两人经常喝醉在一起，酒精使魏尔伦变得暴力。在 1872 年夏天，他终于放弃了自己的妻子，与兰波逃离。他们的旅程遍及英国和比利时，在那里，这对才子佳人以暗淡和凄凉的月光为影射，创作了《无言的浪漫曲（1874）》。这些诗歌以其简洁的笔法和名词短语的运用而见长，以音乐性为目的。这让人想起了印象派绘画家马奈的画。

魏尔伦和兰波的爱情冒险也是短暂的。他们经历了多次的争吵和分分合合。在一次激烈的争吵中，魏尔伦向兰波开枪，兰波因此受伤。他对魏尔伦的行为和他们的这种关系感到害怕，于是报了警。魏尔伦被判处两年徒刑。

被剥夺了自由，每天进行着重复的工作，但是魏尔伦在这种被限制的环境中却发现了一种安全感。他曾经在他寻求资产阶级的幸福和狂热的激情中失败，于是他转向另一方面寻求心灵休息的场所。《智慧集（1880 年）》反映了他对生活新的热情，写作形式时而古典时而带有音乐性。

成为一个天主教徒，并具有保皇党倾向，魏尔伦试图开始过简单的生活。玛蒂尔德已经被法院判处和他分居。他开始在英国和法国的一些机构当老师。他又和他的一个学生吕西安结合在一起。他试图依靠劳动来生活的愿望也破灭了，吕西安的过早去世使他的生活蒙上阴影。他在他的诗集《爱情（1888）》中以"儿子"来称呼他。《幸福（1891 年）》被设计成《智慧集》和《爱情》的续集。魏尔伦似乎在倾诉着一种掩饰在表面的幸福和喜庆下的痛苦情绪。此后，魏尔伦虽然继续出版自己的作品，并出席他那个时代的艺术家的活动，然而他的生活却因为生病、穷困和种种现实无奈而明显下降，导致在巴黎的生活举步维艰。他的诗歌越来越多地偏重现实，更多地以赚钱为目的。即使在同一时间他名气增长的时候，他仍然于 1893 年写出《诗人之王》。《她的歌（1891）》或《十四行诗记录（1895）》，这些作品可能都已经无法代表他的才华。

魏尔伦的诗作良莠不齐，并且从一开始就带着具有明显标志的嘲讽或者快活。既有音乐性又有修辞性，既有个人表达又有巴纳斯主义倾向，时常如此交替。他在《今日和往昔（1884 年）》这个诗歌里面汇集了不同的部分，包含了他的《诗艺》。他在这个作品里将他作品的创作原则付诸实施。包括美丽的音乐，短诗歌和奇韵，他的作品拒绝节奏冗长……

然而魏尔伦却没有完全放弃他所批判的这种诗歌创作方法。魏尔伦发现了一个音乐表现形式，就是谐音和跨行。五音步和七音步（在法国诗中一步为二音节）的诗按照更传统的节奏进行交互。甚至当他使用亚历山大体的诗（法国的十二音节诗）的时候，他经常拒绝任何中间停顿和对称，他会创建新的形式。然而，不能如此就总结出魏尔伦的所有作品：他展示了诗歌艺术，但是他却越来越少地尝试这些大胆地从 11 个音节到未完成的乐曲的新领域。艺术俚语，混合曲，学院派的尝试或感性的灵感不能在他的作品里找到一席之地（《平行集》，1889 年）。魏尔伦已经把自己命运里的惆怅和诗歌的忧郁联系在一起，但同时也没有忽视让人大笑的一些成分，他以自己独特的方式创作。后人比如夏布里埃和福莱在他们的作品里，或者费雷在他的歌曲里都捕捉到了魏尔伦诗歌里面值得借鉴的东西，从而形成他们自己诗歌或音乐里面独到的特色。

Soleils Couchants—Verlaine

夕阳—魏尔伦

Une aube affaiblie

一抹衰微的晨曦

Verse par les champs

掠过田际

La mélancolie

泻下了

Des soleils couchants.

夕阳的阴郁。

La mélancolie

阴郁的摇篮

Berce de doux chants

伴着甜蜜的歌声

Mon coeur qui s'oublie

摇着我

Aux soleis couchants.

沉醉在夕阳里的心。

Et d'étranges rêves,

神奇的梦幻，

Comme des soleis

像夕阳

Couchants sur les grèves,

洒落沙滩，

Fantômes vermeils,

似幽灵

Défilent sans trêve,

红光闪闪

Défilent, pareils

驰骋飘荡，

A de grands soleils

又如辉煌夕阳

Couchants sur les grèves

洒落沙滩。

诗歌点评：

不愧是巴纳斯派出身的诗人，魏尔伦这首《夕阳》充满着浓浓的艺术气息，纯粹为艺术而歌。

朗诵这首诗的时候，人会不自觉地节奏放慢，去追随那一抹恬静的夕阳。再加上配乐，这种舒缓的节奏让人心平气和，忘我陶醉。然而诗歌里面的意境却又让人感动，感动中充满着淡淡的忧郁。那个时期的文人大都伤感却又不失高雅，也许这就是艺术赋予我们的价值。

魏尔伦的原文诗歌：

Le ciel est par-dessus le toit

Le ciel est par-dessus le toit,

Si bleu，si calme !

Un arbre，par-dessus le toit

Berce sa palme.

La cloche dans le ciel qu'on voit

Doucement tinte.

Un oiseau sur l'arbre qu'on voit

Chante sa plainte.

Mon Dieu, mon Dieu，la vie est la,

Simple et tranquille.

Cette paisible rumeur-la,

Vient de la ville.

Qu'as-tu fait,o toi que voila

pleurant sans cesse,

Dis，qu'as-tu fait，toi que voila,

De ta jeunesse ?

瓦上长天

戴望舒的译诗：

瓦上长天

柔复青！

瓦上高树

摇娉婷

天上鸟铃

幽复清

树间小鸟

啼怨声。

帝啊，上界生涯

温复淳

低城飘下

太平音。

——你来何事

泪飘零，

如何消尽

好青春?

　　作为法国象征主义流派的诗人，魏尔伦的诗也像其他象征派诗人的作品一样，充满清幽，暗含意象。而诗歌本身的要求就是朗朗上口，便于传颂，因此音乐性是诗歌有别于其他文学体裁的特征。而"雨巷诗人"戴望舒亦是中国现代象征派诗歌的代表人物。他那最为人熟知的《雨巷》，也充满朦胧的意境美。诗人在翻译魏尔伦的这首诗的时候，不仅忠实于原意，更重要的是尊重了诗歌的音节和韵脚的和谐统一，将诗歌的音乐美发挥得淋漓尽致。对自然的吟唱让人忘我，既像身临其境，又仿佛置身于世外。然而，"如此良宵，'我'却感到身世飘摇，心中不免油然升起无端的苦恼忧愁……"周宁在《外国名诗鉴赏辞典》中如是评说。

　　"瓦上长天，柔复青！瓦上高树，摇娉婷，天上鸟铃，幽复清，树间小鸟，啼怨声。"这是何等境界！结合近期央视播出的《中国诗词大会》，名篇佳作浩如烟海，底蕴深厚，沐浴其中，让读者和听众都能忘却尘世喧嚣，达到精神的洗礼。在跨文化交际特别是外文翻译和文化精髓的传承上，恐怕只有中华民族博大精深的文字才能够驾驭！

兰波的生平（1854 年至 1891 年）

兰波于 1854 年 10 月 20 日出生在沙勒维尔 - 梅济耶尔（阿登），他的母亲是一个非常专制的女人，他父亲弗雷德里克·兰波是一名军人。

1862 年十月，兰波进入 Rossat 学校学习，Rossat 学校是沙勒维尔资产阶级家庭的孩子聚集的一所学校。1865 年，他进入沙勒维尔中学并从那时开始写作。1870 年他和讲授修辞学的教师乔治成为朋友。在乔治的讲解下，他知道了拉伯雷，维克多·雨果和西奥多·庞维勒。同年 8 月，兰波在未经允许的情况下去了巴黎（而当时法国和普鲁士正爆发战争），兰波被关进马扎斯监狱。他的老师乔治设法把他释放。回到沙勒维尔之前，他在他老师乔治的儿时朋友家里住了一些时间。兰波的母亲强烈要求他的儿子回来，然而兰波刚一回来就又去了布鲁塞尔，直到十一月才回到沙勒维尔。1871 年 2 月已经是他第三次神游了，他去巴黎待了两个星期。同年，他遇到了魏尔伦，并参加了巴黎的一个诗社的会议，他和魏尔伦当时都是那个诗社的成员。他之后不久又被这个诗社排除在外。次年，在 1872 年，兰波和魏尔伦过着放荡的生活。同年三月，兰波去了阿登，并于 5 月在魏尔伦的请求下返回巴黎。他们二人之后一起去了布鲁塞尔，九月又去了伦敦。兰波又在 1872 年年底返回阿登。1873 年他开始写《地狱的一季》。魏尔伦和兰波回到伦敦，但经历许多争吵和破裂。在比利时，兰波甚至被魏尔伦开枪打伤，魏尔伦被比利时法院判处有期徒刑两年。兰波独自回到自己的家乡，并结束了《地狱的一季》的撰写。1874 年兰波在伦敦结识了一位新朋友。次年，兰波去了德国，然后住在瑞士和意大利。同年年底，他回到沙勒维尔。他于 1876 年 5 月在荷兰殖民部队签署了六年承诺，并回到沙勒维尔。次年，他又去了不来梅和汉堡、马赛等。兰波 1878 年在塞浦路斯找到一个领班的工作，并于 1879 年返回法国，他于 1880 年航行埃及并于 8 月份抵达亚丁。他之后又在很多商铺工作，专门从事贸易，销售皮革和咖啡。1885 年，他贩卖军火直到 1888 年。1891 年，他因为右膝肿瘤而被遣送回法国，这个肿瘤让他遭受十分痛苦的煎熬并直接导致他在 11 月死亡。兰波和魏尔伦以及波德莱尔都是象征主义诗人，并且兰波被誉为超现实主义诗歌的鼻祖。他于 1868–1870 年写了第一首诗。1873 年：《地狱的一季》。1874–1876 年：写散文诗。1878–1891 年：家庭和商业信函。还写了《灵光集》。他的《黄昏》《黎明》《清晨》《童年》《幽谷睡者》等诗歌非常有名。

兰波和缪塞，魏尔伦都是法国非常有天赋的青年才俊，特别是他和魏尔伦在诗歌方面也做出了突出贡献。现附上他的诗歌《仙境》：

Fairy

仙境

——Arthur Rimbaud

Pour Hélène se conjurèrent les sèves ornamentales dans les ombres vierges et les clartés impassibles dans le silence astral. L'ardeur de l'été fut confiée à des oiseaux muets et l'indolence requise à une barque de deuils sans prix par des anses d'amours morts et de parfums affaissés.

为了海伦，晶莹的液汁在少女的阴影里，沉静的光芒在星宿的沉默中，悄声细语。夏日的炽热画作沉默的鸟群；慵懒的疲惫随着一叶悲伤的轻舟，在消亡的爱情与消沉的芬芳中漂泊。

Après le moment de l'air des bûcheronnes à la rumeur du torrent sous la ruine des bois, de la sonnerie des bestiaux à l'écho des vals, et des cris des steppes.

当伐木女工在被砍倒的林木中对着湍急的溪流歌唱，山谷中回荡着禽鸟的啼鸣，草原上传来呼啸的风声。

Pour l'enfance d'Hélène frissonnèrent les fourrures et les ombres, — et le sein des pauvres, et les légendes du ciel.

为了海伦的童年，丛林、树荫、穷人的乳房与天空的传奇，都在风中战栗。

Et ses yeux et sa danse supérieurs encore aux éclats précieux, aux influences froides, au plaisir du décoret de l'heure uniques.

她的眼睛和她神圣的舞蹈依然闪着请回，抖落寒霜，并在自然的背景之中带来唯一的欢欣。

诗歌点评：

兰波的诗就如他本人一样，干净得一尘不染。他诗歌色彩鲜明，毫不做作。这首《仙境》里面出现了一个少女的名字"海伦"，让人不觉得联想起这是一首与爱情有关的诗。芬芳、鸟儿、山谷、溪流、树荫、舞蹈，一切与尘世喧嚣无关，让人仿佛置身于仙境。海伦这个美丽的名字和这种意境正好相吻合，引领人去遐想一切与爱情和美好相关的东西。

左拉（1840 至 1902 年）

左拉出生于巴黎，母亲是勃艮第人，父亲是意大利人，左拉整个少年时代都在普罗旺斯艾克斯地区度过。左拉曾经在作品中引入一个虚拟的地方"Plassans"，这正是根据他童年时期生活的那个普罗旺斯地区艾克斯小镇设想出的一个地名。法语文献对这个小镇的解释是：（Plassans est une ville fictive qui apparaît dans la série de 20 romans des Rougon-Macquart écrits par Émile Zola entre 1871 et 1893. Plassans est la ville d'origine des Rougon-Macquart qui, de là, va se disperser à travers la France.

Pour décrire la ville, Zola s'inspire d'Aix-en-Provence, la ville de son enfance. L'insurrection varoise de 1851 est le fil conducteur de La Fortune des Rougon, le premier roman de la série et, pour raconter le mouvement insurrectionnel varois de décembre 1851, il s'inspire de ce qui s'est passé à Lorgues, ville du Var）。

左拉在那个地区的一个学校，遇到了塞尚，他们成为多年的好友。他还认识了巴耶，巴黎综合工科学校的学生兼未来的天文学家。

左拉的父亲弗朗索瓦·左拉在艾克斯从事管道工程，左拉之后用了他父亲的名字。他父亲于 1847 年 3 月 22 日去世，左拉当时才七岁。他父亲的去世使家庭的财政状况变得很不稳定，并且对年幼的左拉触动很大，他稍后的小说勾画出作为制造商的他父亲自由、创新、英勇的高大形象。

从 1858 年起，左拉在巴黎定居。经过两次失败的中学毕业会考"都是法语的错，"他从此过着一种不确定的生活。"在巴黎的贫穷是两倍的贫穷。"左拉在《金钱》中这样解说。他最终从 1862 年 3 月 1 到 1866 1 月 31 日进入阿歇特出版社工作。他起初在那里是一个普通文员，然后成为广告部的负责人。

在创作他的主要作品《卢贡马卡尔家族》（完整的标题是第二帝国时期一个家庭的自然和社会史。《卢贡马卡尔家族》是该标题的一个完美总结）的时候，左拉经过长期的实践已经收获了写作的经验并且与一些知识分子开始熟悉。

在阿歇特公司的工作让他看到了一个现代的商业企业内部是如何运行的，他把这些经验多次运用在他的小说中。他的职责不但不妨碍他写作，同时为他与一些最杰出的知识分子，如（基佐、拉马丁、米什莱、利特雷、圣伯夫）提供接触的机会。

除了数百首诗，左拉还尝试过一些戏剧，并且写过一些不同的散文，并从一些具有政治讽刺性的童话过渡到见闻，最终过渡到一些道德性的小说。他设法在 1864 年 11 月出版的《给尼侬的故事》，受到了很好的欢迎。与此同时，他曾在各种报刊工作（le Petit Journal, le Salut public de Lyon），这使得他在 1865 年与龚古尔兄弟一起激情捍卫他们的第一部自然主义小说《热尔玛妮·拉瑟特》。

1865 年，他遇到了一个成为他妻子的埃利诺媚俪。1866 年，他决定离开阿歇特出版社，从此开始以写作谋生。从那一年开始，他在实事报纸和费加罗报上发表他伟大的《自然主义运动》，捍卫被拒绝在沙龙之外的画家马奈。

1867 年，他出版了一本自然主义小说《黛莱丝－拉甘》，这预示着《卢贡马卡尔家族》

的到来。《黛莱丝 – 拉甘》的主题在那个时代有点越界（遗传，精神错乱），激起了一系列批判：新闻界指责作者是"污水工作者""色情狂"的作者或是"道德败坏的文学"的支持者。在连载于 1868 年的故事《玛德兰·费拉》中，作者指出作品两个未来的主题：一方面是自然历史和传承问题，另一方面是社会历史。

《卢贡 – 马卡尔家族》

小说的结构和创作原则

左拉在决定写这个巨幅小说的时候，经过了前期一系列的思考。出于对写作方法担心的缘故，他甚至在开始写第一行的时候就对整个小说进行了整体的计划。他也希望自己的作品与前辈巴尔扎克和他的《人间喜剧》有所不同："在我看来我的作品是另外一个东西。该框架将受到较大限制。我不想描写当代社会，而是通过某一阶层的一个家庭来向人们指出一个规则。[……] 我最重要的事情是成为纯粹的自然主义者，纯粹的生理学家。"

他还希望写"实验小说"，他发表在 1880 年的著名文章中提出一个概念。对照由克劳德·伯纳德写的《实验医学杂志入门研究（1865 年）》，他说小说家不应该再满足于观察，必须要采取真正科学的态度，要使小说中的任务符合事实场景，要体验人物性格，要使小说中的关系、概念、必要性突出，特别是要立足于扎实的文献研究。不难看出这种说法的局限性：一个真正科学的发展是必须要使理论服从于实际考验，然而观察左拉自己的小说会发现经验往往是欠缺的。

左拉在卢卡斯博士《自然遗传的哲学和生理条约（1847 年 –1850 年》的研究中发现了《卢贡 – 马卡尔家族》的写作结构和原则。根据卢卡斯教授的研究，遗传过程可能导致三种不同的结果：选择遗传（单纯遗传父亲一方或母亲一方），混合遗传（同时遗传父亲和母亲的基因），组合遗传（在出生的时候合并或者分解父母亲双方的基因）。小说家眼花缭乱。遗传学的系统知识让他们着迷。小说家左拉在作品里面提供了一个家谱，通过这个家谱，他建立了人物和小说之间的对应关系。他列出了十部小说的结构，这十部小说是根据时间顺序来安排的。 在第一卷的前言内容部分，作者介绍了作品的起源，这成为他作品里面人物角色发展的潜在背景："从历史上看，他们来自人民大众，辐射了整个当代社会。他们在所有的情况下，通过前进中的底层阶级接受到的来自社会主体的冲击，他们通过自己的个人亲身经历是这样讲述第二帝国的，从国家争辩的阴谋到色当政府叛变。"建立在《卢贡 – 马卡尔家族》之上的科学理论在现在来看已经比较陈旧过时了。但是这部作品一直以来还是比较现代的，可能是因为除了作者所表达的科学方面的雄心抱负外，这部小说还在文学方面取得了显著的成就。

卢贡家族的发家史

《卢贡家族的发家史（1871 年）》，是第一卷，也是支持并保证整个作品结构的基石部分。该小说讲述的背景是 1851 年 12 月 2 日路易·拿破仑·波拿巴政变时期。由于对这种政治动荡的狂热和野心，原本的同一个家族分成两个敌对的分支，卢贡和马卡尔，他们相互竞争，变得势不两立。第一支因为权力和算计，表现得比较倾向于波拿巴一派。而第二支自由派则显得相对贫穷并富有欲望。整个卢贡和马卡尔家族的内部结构围绕着神经质的阿德莱德富凯。她的父亲因为神经错乱而死。阿德莱德富凯在她的丈夫，一个名为皮埃尔卢贡的卑微的仆人去世后，又找了一个酒鬼安托万·马卡尔做情人。而在作品中那个被称为蒂德阿姨的后人都遭遇精神病和酗酒的双重不幸。这个我们在整卷作品中都能看到。因此，这部小说第二十卷和最后一卷的主人公帕斯卡尔博士，被突然得知的来自他的家庭的悲惨命运吓坏了："一切都很纠结，有时候会感觉身体和意识飘忽不定，几乎不认识自己，悲痛欲绝。每天晚上，结论是一样的悲剧，就犹如重复的丧钟在他头上响起：遗传，可怕的遗传，这种恐惧都要让人发疯了。啊！谁能告诉我，告诉我？！！我会死于哪一种可怕的情况？遗传，癌症，酗酒，结核，淋巴结核，这些都是什么？我会变成什么？癫痫，痴呆还是疯子？"

丑闻和成功

居斯塔夫·福楼拜在左拉的第一卷出版之后曾经这样写信给他："我读完了你的残暴而美丽的书。我现在是不是还是头头转向的？它是强大的，非常了不起！你拥有值得骄傲的天赋，也是一个非常勇敢的人。"虽然得到福楼拜的高度赞扬和肯定，但还是有很多文学评论家并不是都同意这种观点，很多报纸都批判和谴责左拉的这部作品，左拉成为几个媒体之间相互争斗的牺牲品。《卢贡－马卡尔家族》一卷接着一卷，年复一年地出版，又名《第二帝国时期一个家族的自然史和社会史（Histoire naturelle et sociale d'une famille sous le Second Empire）》（1868–1869 年的冬天开始构思，1893 年完成），共 20 篇：其中最著名的就是《萌芽》《娜娜》和《妇女乐园》。

左拉主要作品

1.《卢贡家族的家运》

2.《贪欲》，1871 年

3.《巴黎之腹》

4.《普拉桑 Plassans 的征服》 1874 年

5.《土地》（又译《泣血乡愁》）1887 年

6.《莫雷教士的过失》1875 年

7.《卢贡大人》

8.《小酒店》1876 年

9.《爱情的一页》1878 年

10.《娜娜》（《小酒店》续篇）1879-1880 连载于《伏尔泰杂志》，是第九部

11.《家常琐事》1882 年

12.《妇女乐园》1883 年

13.《生的快乐》

14.《萌芽》 1885 年

15.《杰作》1886 年

16.《梦》 1888 年

17.《人兽》1890 年

18.《金钱》 1891 年

19.《崩溃》 1892 年

20.《巴斯加医生》1893 年

二十部中的其他几部，年份时间不确定，如：《巴黎之腹》《卢贡大人》（上层权力争斗）。《卢贡大人》有可能是 1876 年。在它出版之后同时引起热烈的反响和拒绝的两种态度。《小酒店》是在 1876 年 5 月公众的压力下连续出版的。但是当它 1877 年一月在夏邦杰家出版的时候，大家却你争我抢。《小酒店》几乎使左拉一夜暴富。

在《小酒店》获取成功并赚到一笔钱之后，左拉在梅塘买了房子，作为自然主义者文学家的会址。这座房子不仅仅是财富，更是他成功的象征。他已经名副其实地成为新一代小说家们的导师。在 1877 年和 1880 年之间最忠实的来访者是于斯曼、莫泊桑、亨利·塞阿、莱昂·埃尼克和保罗·亚历克西斯，他们组成了"梅塘集团"。梅塘别墅里的这些成员们志气相投，经常聚集在一起开会，由这些作家写的故事集（《梅塘之夜》，1880 年）就诞生于此。这是由以上几位作家共同书写，带有一种明显的自然主义的小说集，被誉为自然主义宣言。左拉所写的短篇小说部分命名为《袭击磨坊》，莫泊桑撰写的那一部分命名为《羊脂球》，《羊脂球》使得莫泊桑在 30 岁就成为著名作家。

《小酒店》（1876 年），讲述的是一位非常谦卑有礼的洗衣女工因为嗜酒而堕落的故事。在经历《小酒店》的成功之后，左拉还有其他一些著名作品在出版之后赢得很好的反响。它也属于《卢贡 - 马卡尔家族》的系列小说之一，名叫《娜娜（1880 年）》，讲述的是一个社会晋升以及妓女衰弱的故事。从发行第一天就卖了五万五千份，之后又加印了十个版本。《妇女乐园》（1883 年），将一个爱情故事加入百货商店中，它证明了左拉对财产的新的产出和传播形式的关心，尤其是对社会和经济问题的普遍关心（因为他阅读了傅立叶，蒲鲁东，马克思和盖得的作品）。

但是他在《萌芽》（1885 年）里面表达他对人民的最大关心。为了写好这本以矿区罢

工为主题的小说，左拉与无产阶级直接接触，并亲临矿区生活了好几个月。1886 年的《杰作》，使得塞尚和左拉因此不和：画家塞尚已经广为人知了，一个在艺术道路上失败的自然主义艺术家也被人认识，这两个人公开闹得不和睦。

《土地》（1887 年）激起了暴力的抗议活动。有一些伪自然主义者，他们反对他们以前的主人，并发表宣言，指责并诽谤农民："有时候，人们会通过一些淫秽作品而互相相信。"《梦》（1888 年）讲述的是一个非典型的故事：以比较平静的家庭生活和感情为脉络，它可能是由作者受到给他生了两个孩子的珍妮的启发。然后左拉又在 1890 年出版《人兽》的时候重新返回到严格的自然主义。这部小说主要通过描述铁路职工的日常生活，将一个世袭的罪犯雅克·朗捷搬上文学舞台。爱德蒙·德·龚古尔（龚古尔兄弟之一）曾公开嘲笑左拉的旅行——那次巴黎到芒特的旅行。左拉为了收集他写作所用的资料和信息，他坐在机车的平台上，穿着蓝色的烧炉工人的衣服。龚古尔强调左拉作为作家的这种做法可笑至极：像左拉这样的资产阶级小说家，甚至有着正义的信仰，居然能进入工人阶层，这种研究方法是不是有点片面和错误呢？

第十五章

20 世纪法国文学

15.1 20 世纪法国文学流派

超现实主义

超现实主义是兴起于法国的一种文学和艺术流派。它是在达达主义的基础之上发展而来的。起先只是出现在文学领域，后来在绘画、雕塑、建筑、电影、戏剧等方面都有所表现。正如安德烈·布雷顿在 1924 年定义的那样，超现实主义是一种"纯粹的无意识的精神活动。它可以通过口头的，书面的或其他方式表现思想的实际运作"。因此，它是一个真正的"思想听写"，由于"它处于传统的审美和道德之外，不受任何理性思维的控制"。

像萨德、兰波、马拉美、阿波利奈尔、鲁塞尔，尤其是罗特雷阿蒙《马尔多罗之歌》——《Chants de Maldoror》（1868–1870）一书的作者，这些超现实主义者寻求把人类从植根于西方资产阶级文化的理性中解放出来，他们认为这种文化太过沉闷和过时。

在第一个由安德烈·布雷顿发表于 1924 年的《超现实主义宣言》中，以弗洛伊德的阅读为标记，规定了文学和视觉作品中的新的创作手法，提出将无意识创作作为创造者的新素材。这种素材要求在半梦半醒的梦境状态下，或在催眠、直觉、奇幻、怪诞和意外的状态下去创作。因此，超现实主义从未被视为生产技术，而是作为了解世界的实验工具。它是建立在柏格森（Henri Bergson）的直觉主义和佛洛依德（Sigmund Freud）的梦境和精神分析学说的基础之上的。

超现实主义文学

第一批超现实主义作家

第一批加入超现实主义运动的法国作家是保尔·艾吕雅、路易·阿拉贡、安东尼阿尔托、本杰明·佩雷特、罗伯特·乔治、雷蒙·格诺、米歇尔·莱里斯、约瑟夫、皮埃尔·纳维尔、罗杰维特拉克和菲利普·苏波。

由法国超现实主义教皇安德烈·布雷顿和菲利普·苏波在1919年共同撰写的并于1920年发表在《文学》杂志上的《磁场》现在回想起来是第一个超现实主义的书面作品。这两位作者在他们的作品中将无意识体现出来，任凭想象力自由发挥，试图将语言从任何禁锢中解放出来，主张一气呵成地写作，拒绝任何后续的编辑。

超现实主义者提倡语言的真正探索，主张新诗革命，坚持远离任何规则和理性的束缚。诗意的行为被视为一种社会，政治和哲学方面的定位，并且是超现实的三位一体（自由，爱情，诗歌）的三个分支之一。诗歌表达爱情的新道德。在路易·阿拉贡的《放荡》（1924年），在罗伯特的《自由或爱情》（1927年）或安德烈·布雷顿的《疯狂爱情》（1937年）里面，诗歌在欲望的力量和爱情的选择之间找到了平衡。在《尸体》（1924年在法朗士去世时面世），在对偶然事件的接受和使用中，以及对于疯狂的着魔（《娜佳》，安德烈·布雷顿，1928年）中，诗歌都是自由的一种体现。

超现实主义运动在两次世界大战期间达到了顶峰。它借助的主要工具是1924年由皮埃尔·纳维尔和本杰明·佩雷特指导的超现实主义革命。1930年，杂志也成为一种为超现实主义革命服务的工具，它体现了该运动的政治方向（曾在1927年加入共产党）。从1936年开始，著名的"超现实主义国际展览"使得超现实主义革命变得有规律，其中最有名的是1938年在巴黎美术画廊举行的超现实主义画展。

超现实主义运动的政治承诺以及安德烈·布勒东的个性原因是一些超现实主义人士（阿尔托、维特拉克，特别是苏波）在20世纪20年代末期不和睦和分道扬镳的原因。同时，发表于1929年的《超现实主义第二宣言》标志着新成员（勒内·夏尔、弗朗西斯·蓬热、乔·布斯凯、乔治·萨杜尔等）的加入，特别是特里斯·坦查拉与安德烈·布雷顿的和解。

在1925年经过重组之后，卜洛梅街派（安德烈·马森、米罗、米歇尔·莱里斯，阿尔托）联合乔治巴塔伊和《文献》杂志，指责安德烈·布勒东的"庸俗唯物主义"。与此同时，产生于超现实主义运动时期的城堡街一派（贾克·普维、马塞尔·杜哈明、伊夫·唐基），也渐行渐远。1929年，罗杰·吉尔伯特·勒孔特、勒内、罗歇·瓦扬和捷克出生的画家约瑟夫·司马创建了《伟大游戏》杂志，以此来反对安德烈·布勒东，这本杂志出版了圣鲁波尔、乔治里布蒙和画家莫里斯·亨利的作品。1933年，所有派别的超现实主义作家都加入了由出版商阿贝尔创建的杂志社中，安德烈·布勒东在1937年成为其中的主编。

超现实主义在造型艺术（建筑、雕塑、绘画）方面拓宽了传统绘画、遐想、幻想、象征、寓意，和美妙的神话都是那里一个重要的组成部分。这些因素在博世和阿尔钦博托的作品中，在变形影像作品，在英国拉斐尔前派的怪诞，在威廉·布莱克的插图和古斯塔夫·莫罗，纳比派、亨利卢梭、奥迪隆·雷东或克林姆的作品中都有呈现。梦境，以及总是安排在一个有意义的作品中的由图像或不协调的对象并列产生的视觉震撼，是诗意超现实主义的基础之一。超现实主义最推崇的当代艺术家是乔治·德·基里科、马塞尔·杜尚、弗朗西斯·毕卡比亚和巴勃罗·毕加索，虽然他们都从来没有正式加入超现实主义。

超现实主义画家

从 1924 年起，马克斯·恩斯特，让·阿尔普和曼雷成为超现实主义运动的正式成员。他们很快被安德烈·马森和胡安·米罗聚集在一起。第一个超现实主义的展览是 1925 年在皮埃尔画廊主办的。两幅作品——路易·阿拉贡的《挑战绘画》（1926 年）和安德烈·布雷顿的《超现实主义和绘画》（1928 年），总结了该组织的活动内容。安德烈·布雷顿说："造型艺术，以满足在今天所有思想的真实价值的绝对检验，因此参照的是一种纯粹的内部模型。"在当时的一批参与者中，包括美国的伊夫·唐基、比利时的马格里特、瑞士的贾科梅蒂，他们在 1930 年加入了超现实主义运动。此外，拉乌尔、奥斯卡·多明格斯和维克多也加入了该运动。

超现实主义技巧

超现实主义绘画有时会借助立体主义或达达主义，此外它主要通过使用新材料和全新的技术来创新。最有名的和人们最熟悉的是《精致的尸体》。它是在一张纸上作画，然后把这张纸折叠，只展示出其中的一小部分，相邻的另一半纸张继续进行折叠，一旦展开图，就可以看到一个新的剪辑图像。写作的无意识被安德烈·马森运用在绘画中。他在图纸上画画，或者是画沙画和胶画（《鱼之战》，1926 年，于巴黎国家近代美术馆）。这些实验也被马克斯·恩斯特应用在他的拼贴画和拓印画中。（收集在出版于 1926 年的《自然的故事》中）。还被米罗在 20 世纪 20 年代表现在他的印花布绘画中（《午休》，1925 年，巴黎国立近代美术馆）。

至于萨尔瓦多·达利，他试图利用那个他所谓的"偏执狂临界状态"的方法来表现幻觉，这是基于一种荒诞和不合常理的解释。作为超现实主义画家，他的绘画中经常可见的是将普通的物象扭曲或者变形，以此来表达谜一般的意象。代表作——《记忆的永恒》（1931 年，纽约现代艺术博物馆）。达利和路易斯·布努埃尔一起合作拍摄的电影《一条安达鲁狗》（1928 年）和《黄金时代》（1930 年）将超现实主义扩展至电影艺术领域。让·阿尔普的作品介于抽象和造型之间，是一种被定位在位于绘画和雕塑之间的生物形态作品。米尔在他的 1920 年和 1930 年之间的《诗歌绘画》中，似乎受儿童画的激发，他在绘画里面加入一些词语或表达，将文本和图像结合起来。最后，超现实主义者创造了《对象诗》，这是一种完全不合常规的作品，往往出现在跳蚤市场，配上一些诗意的或者是从报纸上剪辑下来的文字，以便让人第一眼就获得美感。这体现了作者的深刻表达。

超现实主义的兴盛和衰退

在 20 世纪 30 年代，超现实主义迅速蔓延，在捷克斯洛伐克、比利时、意大利、英国、日本、美洲，都诞生了超现实主义流派的艺术家。二战期间，大部分艺术家背井离乡，使得纽约成为继巴黎之后的第二个超现实主义聚集地。特别是在美国，超现实主义运动表现出了崭新的生命力。其中有超现实主义电影导演约瑟夫·康奈尔的《盒子系列》，超现实主义画家罗伯特·马塔的作品，还有阿希尔·戈尔基的画作，他们也预示着纽约抽象表现主义画派的到来。

安德烈·布雷顿于 1946 年返回巴黎，他继续他的超现实主义联盟行动，然而活力却已经不如以前。经历了破裂、排除异己，这个联盟成员发生了改变，重新吸收了新成员。比如艺术家梅拉·奥本海姆、皮埃尔·莫里尼埃、马克斯·沃尔特思文凯、托恩和一些作家，如安德烈、乔伊斯·曼苏尔和朱利安·格拉。1969 年，安德烈·布雷顿去世三年之后，让舒斯特尔正式在报纸上签字，宣布这一运动的结束。

存在主义

除了超现实主义，存在主义也是法国 20 世纪的两大文学运动之一。存在主义是一种哲学思想，兴起于欧美。法国存在主义文学在二战后四五十年代达到高峰，六七十年代开始衰落，到七十年代基本消亡。因此法国一些存在主义作家如萨特和波伏娃在老年基本上都在从事社会活动。存在主义将个人的存在，自由和选择放在思想首位。存在主义文学是存在主义哲学在文学上的表现，是通过具有存在主义思想的相关作家来实现的。法国存在主义作家是以萨特，西蒙波伏娃和加缪为代表的。

关键主题

与伟大的并涵盖各种观点的哲学体系相反，存在主义主要关注下面几大主题：主观的个人存在，个体自由和个体选择。

个人主义道德

自柏拉图以来，大多数哲学家都认为，道德上的善是一样的。在十九世纪，丹麦哲学家克尔凯郭尔是第一个存在主义作家，他通过断言人只有通过发现自己的独特的职业才能找到他生命的意义来反传统。他在日记中这样写道："我一定要找到一个属于我自己的真理，一个我自己为之活着或者死亡的想法。"许多存在主义作家都遵循克尔凯郭尔的思想，认为人必须选择自己的道路而不用参考一个普遍标准。反对客观地判断好坏的传统道德观念或者是选择，存在主义者不接受在道德决策的时候存在客观或理性基础。在十九世纪，尼采曾说过，这是由个人单独来决定自己行为和他人行为的道德价值。

主体

所有的存在主义者都极为注重个人价值，致力于寻求真实和自我。因此，他们强调，个人信念决定个人的经验，这是追求真理的关键。因此，个人的解释要优于一个客观的观察者。作家专注于自己的个人经历现身说法，这更加强了存在主义者对任何思想体系的怀疑。克尔凯郭尔、尼采和其他存在主义思想家刻意没有采用系统的方式来陈述自己的想法，他们经常使用一些格言、对话、讽喻等文学形式。然而，存在主义者不回避理性思维，他们并没有反驳那些他们声称无效的理性主义，因此他们也不能被说成是非理性主义者。理性思维的光明被看作是可取的，他们认为存在主义最重要的问题是不被理性或科学所接受。因此，他们试图证明科学并不是一般认为的那么理性。例如，对于尼采来说，宇宙中的科学假说归根到底是一个合理的虚构，被视为工作假设。

选择和承诺

存在主义的最引人注目的主题可能是选择。大多数存在主义者将选择的自由看作是人类特定的特点，而人类的这种特质是区别于被自然所主宰的动物或植物的本质要素。通过选择，每个人都建立了属于自己的本性。用让·保罗·萨特的著名格言来说就是："存在先于本质。"选择在人类存在中也是最主要的，最不可避免的，甚至选择拒绝也是一种选择。但是萨特的存在主义认为存在就是走向死亡，是一种悲观的存在主义。选择的自由在于承诺和责任。因为选择自己的道路是自由的，根据存在主义者的理论，即使有风险，人也必须接受这种风险和自己承诺过的固有责任，无论结局如何。

15.2 20 世纪法国作家及其代表作点评

西蒙·波伏娃和生态女性主义

西蒙·波伏娃（1908–1986 年），是法国女性主义文学家，存在主义女作家，女权运动的倡导者，主要作品有：

《第二性》《永别的仪式》《达官贵人》《女宾》《他人的血》《人总是要死的》《名士风流》《建立一种模棱两可的伦理学》《存在主义理论与各民族的智慧》《皮鲁斯与斯内阿斯》等。

她在女性主义和政治领域有突出贡献，其代表作《第二性》从其女性独特的视角观察女性，1）指出"性"和"性别"以及女性的自然功能和社会功能之间的差异。2：女人并不是天生造就的，而是由男权社会的需要所造就的。她们放弃了作为人的独立自主性，成为男人的附属品和男权社会的第二性。而生态女性主义是女性主义和生态运动相结合的产物，既是女权主义研究的重要流派之一，也是生态哲学的重要流派之一。生态女性主义学说结合了解构主义者德里达（Derida）的观点和多元化理论，并受拉康精神分析理论影响，认为女性和生态之间存在密切联系，甚至断言"环境问题即生态问题"，二者的共同点都在于推翻以男性为中心的世界观。认为对自然界的支配和压迫和对女性的支配和压迫在思维框架上是同源的，由此开创了对二元论的批判。而波伏娃认为，"女性是仁慈的大自然"，这已经显露出女性和自然生态相结合的迹象。整个生态圈面临毁灭性的威胁，不仅仅是人与生物之间关系紧张，同样两性之间也存在着不和谐。波伏娃对女性主义的研究主要局限在存在主义理论，即主要关注对象的身份、超越方式，某些方面在学术界存在质疑。受以上思想启发，将生态和谐和女性主义纳入一起研究是本研究的核心内容之一。虽然研究一个波伏娃不能很快解决我们的当下危机，但是榜样的力量是巨大的。

2）对西蒙·波伏娃作品的研究：波伏娃的《第二性》是有史以来讨论女性最理智的一本书。在西方文坛乃至世界领域引起巨大轰动，被誉为"女性的圣经"。《第二性》诸多关键词中，"他者"的高频使用，使其几乎成为女性的第二称谓，主要用存在主义来解释女性问题。在知网文献中，对第二性的解读又主要停留在研究女性主义和两性问题上。国内对波伏娃及其作品的研究主要停留在存在主义和女性主义这两个层面上。将她的代表作和生态联系在一起研究得不多，因此用生态女性主义视角来解读她的作品很有研究空间。本研究正是发现了《第二性》中除了女性之外的与自然和生态有关的东西，试图深层挖掘它的生态女性主义意蕴。

西蒙·波伏娃作品对生态女性主义意义分析：

社会经济因素：社会经济的发展带来能源的日益耗尽使得生态濒临危机，同时社会要和平稳定发展首当其冲需要解决生态问题。

生态环境危机：自然和生态危机是当今社会广泛又严重存在的社会问题，解决这一问题刻不容缓。

两性关系问题：两性问题是关乎家庭，社会和国家和谐的大问题，值得关注。

西蒙·波伏娃作品研究的重点难点和创新之处：

1）拟突破国内对西蒙·波伏娃及其作品女性主义认识的瓶颈，挖掘其作品的生态主义内涵。物质文明的高度发达带来精神空虚和生态失衡，生态女性主义呼吁人类对女性和整个社会生物链的关注，倡导女性对精神家园和社会价值的追求以及理想的两性关系。为社会和两性和谐找出平衡点。但是女性问题是亘古存在的历史问题，生态问题又是当今社会的新问题，二者虽然有共性，但是主要局限于理论层面，而且在国外发展比较靠前，而本研究的初步目标旨在以此为楷模解决我国当下面临的实际问题，因此要想落到实处还是有难度。这同时是本研究拟突破的重点难点。

2）佐证生态主义在《第二性》中的潜在影响，指出将生态女性主义运用到其作品分析中后产生的新颖独到之处，并找出其和中国同时期女性文学的切入点。

3）拟突破文献相对欠缺的困难。国内对女性主义和生态主义的研究都相对较多，但是对生态女性主义结合研究的却较少，主要从 1996 年开始的。生态女性主义起源于法国，正涉及本人的专业领域，因此本研究有信心获得第一手珍贵资料，为丰富国内文献研究尽绵薄之力。

分析西蒙·波伏娃作品的生态女性主义之创新：

视角创新：①生态女性主义将保护生态和保护妇女的合法权益结合起来，旨在保护生态平衡，寻求两性和谐，符合经济发展的新要求。并拓宽了女性主义向多元化发展的视野，促使产生新的学术增长点。

取材创新：②女性主义和生态主义结合起来分析波伏娃的作品，将国内对西蒙·波伏娃的认识提高到一个新高度。气候变化，污染严重等生态问题是眼下全世界关注的大问题，物质文明的高度发达不仅导致生存环境恶化，同时使得道德观念颠覆，精神信仰缺失，由此引发一系列不平等的两性关系和社会问题。为生态失衡找出新对策正是本课题的目标所在。环境和生态发展是关乎国家和人类生存的首要问题，两性和谐亦是家庭，社会乃至国家和谐的基础。二者结合，意义重大。

国内外相关研究现状分析

①国外研究现状：

生态女性主义在西方国家，尤其是在法国、德国、荷兰和美国的发展比较前沿。伍尔夫是当代女性主义论争的开创之首。《一间自己的屋子》，指出女性与男性在物质上的不平等，要求争取妇女权益。1904 年爱尔兰女作家艾米莉·劳立丝在她的著名作品《赫里士研究》里面从生态女性主义视角看待性别、种族和自然之间的关系。但是只是并没有形成正式理论。这是人类首次将女性主义和生态主义相结合的学说。1973 年挪威哲学家阿恩纳斯首先开始关注女性和深层生态学之间的关系。1974 年标志着西方生态女性主义理论研究的开端。法国女性主义者弗朗西丝娃·德·奥波妮（Francoise d'Eaubonne）在《女性主义·毁灭》（Le Feminisme ou La mort）一文中呼吁女性参与拯救地球的工作时，最先提出了"生态女性主义"（ecofeminism）这一术语。她指出了女性和生态在社会中所处的地位是等同的，都受到男性的压迫。因此将二者结合起来，希望通过提倡关爱实现社会公正。1977 年美国作家伊莱恩·肖瓦尔特在《她们自己的文学》中分析了一系列女作家及其作品，并以女性主义视野剖析了这些女作家心理，伦理以及意识形态方面决定因子的形成。1978 年苏珊·格里芬（Susan Griffin）在《妇女与自然：女人心底的怒号》中宣告："我们就是自然。我们是了解自然的自然。我们是有着自然观的自然。"这种观点直接将女性与自然等同。1980 年卡洛林·麦茜特（Carolyn Merchant）发表了生态女性主义的经典著作《自然之死——妇女、生态和科学革命》，提倡自然权利与妇女权利同时实现，提出了一个生态社会的构想。沙勒（A. K. Salleh）（1984）在《比深层生态学更深》一文中指出："父权社会不能认识妇女和生活经验的价值，而我们需要做的，则是要去认识这种价值。传统女性的角色与掠夺性的技术理性相反，它为真正有根基的养育环境伦理学提供基础。妇女往往不寻求对地位的确认，而是更关心环境。"不仅抨击了父权社会，还肯定了女性在关心、保护生态环境方面的重要角色。1986 年瓦尔·普兰姆伍德（Val Plumwood）发表《生态女性主义：立场与观点的概述与讨论》，从综合角度系统归纳了女性主义观点的成因以及女性的社会立场等问题。1987 年生态女性主义者还召开了纪念《寂静的春天》一书发表 25 周年的大会，号召妇女投身并引导生态革命，以保护地球的生态系统。1993 年德国学者米斯和印度席瓦合著《生态女性主义》。此外还有一些女性作家在这一领域有所贡献。例如麦茜特（Carolyn Merchant）将"自然歧视"与"性别歧视"联系起来，在她的《自然的死亡：女人、生态学、与科学革命》（*The Death of Nature: Women，Ecology，and Scientific Revolution*）中，面对当前自然资源被耗尽的危机，麦茜特倡导生态女性主义应该立足于有机论相。法国存在主义女作家西蒙·波伏娃的《第二性》，直接揭露性别歧视，提出了男性对女性在心理和生理方面的歧视。这是法国当代女性文学的奠基作品，被誉为"女性的圣经"。埃莱娜·西苏（Hlne Cixous）、露丝·依利格瑞（Luce Irig Irigarayara）等女性批评家也做了杰出贡献。

生态女性主义从批判西方现代世界观（worldviews）中的等级二元论及统治逻辑着手，旨在打破这种根深蒂固的等级制二元关系模式，建立一个多元复杂的、人与自然和谐相处的美好世界。但是除了法国女性主义者弗朗西丝娃·德·奥波妮和沙勒外，其他的研究则更倾向于纯粹的女性主义或者激进女权主义。总之，早期的女性主义研究偏重与男权社会斗争，普遍存在对立的激进思想，而后期的生态女性主义摒弃了焦虑思想，正在朝更成熟，理智，协调的方面发展。

②国内研究现状：

《寂静的春天》是国内最早的有关生态女性主义在中国的译著，被誉为生态女性主义在中国的奠基之作。受生态女性主义思想影响，20 世纪 90 年代，中国女性文学创作中出现了具有鲜明生态女性主义特点的作品，毕淑敏、迟子建、马兰等均是关注自然与女性的代表作家。1992 年张京媛在《当代女性主义文学批评》中把"feminism"翻译成"女性主义"，并提出理由："女权主义"和"女性主义"反映的是妇女争取解放运动的两个时期，20 世纪 90 年代之前，"feminism"主要被译成"女权主义"。1993 年，中国人民大学出版社出版了由奚广庆和王谨主编的《西方新社会运动初探》，书中对西方女权主义运动作了简单的介绍。在此后的几年里，国内学术界对西方女权主义的研究开始逐渐升温，先后发表了近

30 篇论文，出 版了 20 多部专著和译著。1996 年，关春玲发表了《西方生态女权主义研究综述》，简单介绍了生态女性主义研究的观点和学派，自此拉开了生态女性主义在中国学术界研究的序幕，此后生态女性主义作为一种西方理论被引入到中国。1996 年李银河在《后现代女权主义思潮》一书中指出女权主义在后现代的发展。并在 1997 年对生态女性主义核心理论概要总结为：1：女性更接近于自然；2：世间万物无等级之分；3：人与人，人与物之间都应该寻求平衡，保持多元生存状态；4：女性与环境紧密相连。陈喜荣（2002）在《生态女性主义述评》中，指出 生态女性主义与后现代主义在反对传统哲学中的二元论方面既有共性，又有区别。他主要从理论方面肯定了生态女 性主义本体论的建设性贡献，指出"非二元论是生态女性主义认识论根据"。2004 年罗婷、谢鹏在《生态女性主义与文学批评》中对此批评进行了展望，就其何以能成为文学批评、文学中女性与自然的关系、生态女性主义文本的发掘、 文学理论的建构和批评特点的概括做了较为具体的论证，该年度生态女性主义在国内的研究成果比较辉煌。2009 年韦清琦采用生态女性主义视角解 读了贾平凹的短篇小说，尝试为中国现当代文学提供一 种绿色女性主义的解读范式。2010 年罗蔚在《生态女性主义的批判与建构》一文中以伦理观分析了女性和生态学之间的关系以及对父权制社会的挑战。2011 年李克强夫人程虹教授在译作《醒来的森林》《遥远的房屋》《心灵的慰藉》《低吟的荒野》和著作《寻归荒野》都体现了生态和自然的主题， 她所研究的自然文学和生态批判将生态主义成功扩展到自然科学领域。2013 年李学萍在《道家思想与厄苏拉·勒奎恩的生态女性主义》一文中将生态女性主义和中国传统道家思想相结合，形成了东西方思想相结合的中国特色的生态女性主义。2014 年《生态女性主义：激进环境哲学冲突、对话、合作的学术场域》从多维度、多层面探讨了生态女性主义与环境哲学中影响最大的激进派别在深层生态学之间的冲突与对话。综上所述，国外研究多偏重否定和批判，而国内研究更注重反思，引导，继而形成正面发展的趋势。

理论意义：

①生态女性主义理论是对二元论的反驳以及对解构主义的认可，解构的对象是以男权为中心，有利于建立新的多元理论和多维视野，形成正确的女性生态主义价值观。

②生态女性主义者不但承认女性本质上与自然的联系，认为传统女性美德能够培养更少侵略性、使得人类更能持续发展。生态危机的背后是文化和信仰危机。

③为女性文学在相关学科的进一步研究提供素材，并为其学科化发展提供新的、适用于中国女性文学的本土式参考模式。

④本书研究弥补了生态女性文学在国内研究相对较少的不足点，推动实际探索，这是一个良性循环，从而促使产生新的学术增长点。

实际意义：

①生态女性主义旨在倡导人与自然，人与社会和谐共处，解决社会矛盾，保护生态和

经济可持续发展。尤其帮助女性正确定位自身在社会上的角色，号召女性巧妙自然地发挥她们善良温柔的天性，扩大爱的疆域，去包容万物，拯救生态。

②有助于女性打破男权社会下的传统形象，解除被动和束缚，赋予女性新角色，对于新时期女性的自我审视、提高给予多维的、积极的参考帮助。

③拉近女性与社会之间的关系，鼓励女性争取个人自由，提高自身形象素质，弘扬女性真善美，促使女性走出禁锢，实现社会价值。

加缪和荒诞哲学

阿尔贝·加缪（1913-1960 年）

加缪出生在阿尔及利亚的一个贫穷家庭，父亲早逝，他之后随母亲寄身在阿尔及利亚贫民窟的外祖父家。这种家庭和生存环境也养成了他孤僻的性格。他在 1957 年因为"提出了人类当今的意识问题"而获得诺贝尔文学奖。他还未成年的时候就得了结核病。之后他学习哲学并加入了共产党。《婚礼》出版，被视为地中海的颂歌。由于战争原因，加缪来到巴黎定居，然而这对于他来说只意味着痛苦。结核病使他被拒绝参军。然而他却满腔热忱地投入了抵抗运动。之后他又从事了记者职业。在后来的阿尔及利亚战争中，他积极致力于为和平而努力的事业。他于 1960 年在一场车祸中去世。

加缪的小说带有自传的性质。在他的系列小说中，《婚礼》是最具有幸福感和正面意义的。其次他还著有《堕落》。最著名的当属《局外人》，在《局外人》里面，作者提出了他的荒诞主义哲学思想，即人生活在一个荒诞的世界，却又无力改变这种荒诞的局面，因此人的生存是无意义的。小说中也影射了作者自己。因为生活在贫民窟，让自己看起来像一个被繁华世界隔绝的"局外人"。1947 年出版的《鼠疫》，象征了对于整个人类问题和痛苦的集体反抗。1951 年《反抗者》的出版引起了他和萨特的决裂。

加缪的荒诞哲学

无论在加缪的小说、随笔、剧作品中，都能看到对哲学和政治的反思。

《局外人》（1942 年），是他的第一批作品之一，该书采用非常中性的写作风格和有条不紊的描述。主人公兼叙述者默尔索，是一个办公室职员，然而他在那里就像个局外人。由于缺乏为人处世的感情，他的行为方式显得特别机械。光、太阳、热，似乎成为整个突如其来的事件发生的原因：在沙滩上，经过激烈的争吵后，他开枪五次杀死了一个人，却一直都没有说出他此次行为的真正原因。很明显，荒诞的意义就存在于人和世界生存的不协调中。

荒诞是存在于人类现实生活中的固有事实，这是加缪早期哲学思想的核心主题。荒诞哲学随笔《西西弗的神话》和《局外人》同年出版，从理论方面讲述了同样一个观点：人类就像西西弗（西西弗得罪了诸神，于是他被罚将巨石推到山顶。然而，每当他用尽全力，将巨石推近山顶时，巨石就会从他的手中滑落，滚到山底。西西弗只好走下去，重新将巨石向山顶奋力推去，日复一日，陷入了永无止息的苦役之中。）一样，每天重复做着一系列机械的事情，却不知道做这些事情的目的是什么。这是一种荒诞的生存。相反的是，主人公并没有陷入悲观，而是从这种荒诞状态中认识到了自己，于是自我解放，抓住当下，寻求幸福。《局外人》的结局也大致如此：默尔索在自己被处决的前夜变得觉悟和清醒，他感觉自己自由了，于是抓紧享受生命最后的时光。

加缪的主要作品：

长篇小说：

《局外人》L'Étranger

《鼠疫》　La Peste

《堕落》（《坠落》）　　　La Chute

《快乐的死》　　La Mort heureuse

《第一个人》（未完成）　Le Premier homme

短篇小说集：

《放逐和王国》　L'Exil et le Royaume

短篇小说：

《成熟的女人》　La Femme adultère

《困惑灵魂的叛变》　　Le Renégat ou un esprit confus

《沉默之人》　Les Muets

《宾客》　L'Hocircte

《乔那斯或工作中的艺术家》　　Jonas ou l'artiste au travail

《石头在长》　La Pierre qui pousse

戏剧：

《卡里古拉》　　Caligula

《修女安魂曲》　Requiem pour une nonne

《误会》　Le Malentendu

《围城状态》　L'Etat de Siege

《义人》　Les Justes

《附魔者》Les Possédés

散文、评论集：

《西西弗的神话》　　Le Mythe de Sisyphe

《反与正》L'Envers et l'endroit

《婚礼》　　Les Noces

《反抗者》L'Homme révolté

《夏天》　　L'Eacuteté

萨特和存在主义

让·保罗·萨特（1905–1980 年）

让·保罗·萨特于 1905 年出生于巴黎一个有教养的资产阶级家庭。他父亲在他很小的时候便去世了。他在巴黎求学，然后认识了保尔·尼桑。1924 年在巴黎高等师范学校就读，并于 1929 年拿到了哲学教师资格证。也正是在巴黎高等师范学校就读期间，他认识了同样在那里攻读哲学的西蒙·波伏娃，西蒙·波伏娃成了他从未结婚的终身伴侣。之后他在勒阿弗尔教哲学，并在那里写他的小说和哲学随笔。1938 年，他出版了深受评论家的好评的小说《恶心》。1939 年萨特入伍参加战争，于 1940 年 6 月被俘虏。被释放后，萨特开始转向戏剧写作，出版了《苍蝇》。又于 1943 年出版了哲学代表作《存在与虚无》。

在《解放报》工作期间，他又创办了另外一份杂志，并且离开了教育界。他的存在主义理论是非常成功的。他认为，一个知识分子必须是一个实干家，并且认为承诺也是有必要的。这也就是为什么，他从 1950 年开始接近共产党。在阿尔及利亚战争期间，他支持民族解放阵线（FLN）的独立主义者。

1964 年，他拒绝了诺贝尔文学奖。

1968 年 5 月参加了学生运动。

他于 1980 年 4 月在巴黎去世。

萨特的主要作品

1938 年：《恶心》

1939 年：《墙》

1943 年：《存在与虚无》

1943 年：《苍蝇》

1944 年：《禁闭》

1948 年：《肮脏的手》

1951 年：《魔鬼与上帝》

1959 年：《存在主义与人类情感》

1964 年：《词语》

1971 年：《白痴家庭》

萨特的哲学

萨特的哲学属于悲观的无神论哲学。他是受二十世纪三十年代在德国柏林出现的现象学派的影响。他发表在 1937 年的《论自我的超越性》又译《自我的克服》，已经显示了他对这种方法的兴趣，因为他在那本著作里面批判了出现在康德和胡塞尔身上的有关超验性主题的概念。他对唯象论的兴趣在他的作品《影象论》（1936 年），以及《想象》（1940）中都有所表现。其中第一个作品被萨特认为是第二个的前言，同时是作为对笛卡尔、斯宾诺莎、莱布尼茨理论，以及丹纳、里博、柏格森的含有经验论的心理学理论的批判性检验。第二个作品《想象》提出了想象意识的理论。想象出来的东西是一种意识的反映，它可以提取现实中的图片，这属于感觉的范畴。萨特特别强调想象力的意识的功能，并坚决反对感性的认识。事实上，第一种情况是不存在的，而只有第二种才存在。萨特认为这两种类型的意识不能同时出现。

萨特最有名的哲学作品当属《存在与虚无》，它对意识和自由之间的关系提出反思。萨特在写这部作品的时候与黑格尔、胡塞尔和海德格尔的作品都进行了对话。在意识最初出现的时候，它可能被感知到，也可能不被感知到。胡塞尔认为"我"与"思"处于同一层次，在萨特看来却有谬误。在原则上，应该把这两者进行区分，这是必不可少的一点。但是萨特认为，"我"是我们意识中的第二性构成物，它只是在反射意识的层次上出现的。意识只有设法转向自身，才能通过反射行为构成"我"这个处于"我们一切意识活动"之外的东西。萨特认为，他对现象学的意识概念的剖析比这一概念的创造者胡塞尔本人的分析更符合原意。

另外，在萨特看来，存在先于本质，他强调个人的自由和选择，是一种主观的，唯心主义的哲学。他在法国的哲学理念的传播成功超越了战前法国的整个传统哲学体系，包括思辨哲学等，他的思想主要被归于存在主义哲学的范畴。

存在主义哲学在法国存在的时间并不长，因此萨特等人在后来都是转向从事一些社会活动。加缪虽然也被划入和萨特相同流派的存在主义哲学家之列，然而他本人并不承认自己属于存在主义一派。的确，虽然萨特和加缪处于同一国家，相同的时代，然而分析二人的哲学观点，还是有很多不同之处。萨特主要分析主观的哲学，他的观点对西蒙·波伏娃影响较大。西蒙·波伏娃的《第二性》也是从相同的角度阐述女性存在的意义。而加缪则是偏重于荒诞主义。这也是二人最终分道扬镳的原因。

马塞尔·普鲁斯特（1871 年至 1922 年）

普鲁斯特出生在巴黎的一个村庄，他在那里度过他的大部分时光。他的父亲是医生，母亲出生于一个犹太大资产阶级家庭。很小的时候，他便开始频繁出入巴黎上层社会并进行业余写作。在与文艺界名流的广泛接触中，他结识了作家法朗士和其他一些文学界名流，因而进入圣日耳曼区古老贵族世家的沙龙。

他的第一批作品大多出现在他与孔多塞公立高中的同学一起创办的《宴会》杂志上。1895 年，他开始写第一部自传体小说《让·桑特伊》（遗作，1952 年），之后又出版了短篇小说，散文集和诗集。

闲散而幸福的生活给他带来无穷的乐趣，与此同时他还进行一些阅读和写作。他是英国艺术评论家和社会学家约翰·罗斯金的崇拜者，并翻译了他许多作品，包括 1903 年的《亚眠的圣经》和 1906 年的《芝麻和百合》。与此同时，普鲁斯特深受父亲的去世（1903 年），其次是母亲去世（1905 年）的打击。他尤其对母亲有着深厚的感情，从此陷入无限悲痛之中。从 1908 年开始，他把自己封闭在用软木内衬装饰的房间里，以更好地保护他孤独而受伤的心灵，从那里开始了隐居的生活，一门心思投入到写作中。

《追忆逝水年华》的出版

普鲁斯特将他的文学评论和一些小说相继交给几个出版社。1896 年，他将各处发表的纪事、随笔、故事等汇编成第一部作品《欢乐与时日》出版。他的一篇阐述美学观点的论文《驳圣伯夫》，生前未发表，直到 1954 年才发表手稿的片断。之后他又重新拿起手稿，在里面加入了新的章节，并且转变了故事最后的结局，这部小说最初的设定是一个美学随笔，普鲁斯特将它转变为对盖尔芒特家庭早晨的一个描述，现在它占据了《重现的时光》的一半内容。这个手稿经过如此丰富之后，第一部分《逝去的时光》又被重新命名为《在斯万家那边》，于 1913 年出版。第二部《在少女们身旁》，于 1919 年出版，并获得了龚古尔文学奖，作者因此而成名。

1914 年，阿尔弗雷德意外死亡，那是他自 1907 年以来一直保持关系的女性，这让普鲁斯特再次陷入忧郁。失去心爱的人所造成的痛苦，启发了他的灵感，她是他《追忆逝水年华》中的阿尔贝蒂娜，这同时也是他《女囚》和《消失的阿尔贝蒂娜》的灵感起源。从小就体弱多病，直到去世他都受哮喘的折磨。然而这些都没有阻止他不断进行创作，修改，完善他的作品。在继 1919 年出版了《在少女们身旁》之后，他又出版了他长篇巨著的第三部《在盖尔芒特家那边》（1920 年和 1921 年），之后又是《索多姆和戈摩尔》（1921 年和 1922 年）。他在生前完成了整部著作，但是剩余的最后几卷在他死后才出版（1922 年 11 月 18 日，他死于长期的慢性哮喘的加重而导致的支气管炎）。他被尊为法国意识流小说的先驱。

普鲁斯特的作品

《欢乐与时日》	1896
《让·桑德伊》	1952
《驳圣伯夫》	1954

《追忆逝水年华》（À la recherche du temps perdu）包含以下七卷：

《在斯万家那边》	1913
《在少女们身旁》	1919
《在盖尔芒特家那边》	1920–1921
《索多姆和戈摩尔》	1921–1922
《女囚》	1923
《女逃亡者》	1925
《重现的时光》	1927

下面节选自普鲁斯特《追忆似水年华》第一卷的一部分：

Du côté de chez Swann （1913）

Description de la chambre de « Tante Léonie »

[…] Avant que j'entrasse souhaiter le bonjour à ma tante, on me faisait attendre un instant dans la première pièce où le soleil, d'hiver encore, était venu se mettre au chaud devant le feu, déjà allumé entre les deux briques et qui badigeonnait toute la chambre d'une odeur de suie, en faisait comme un de ces grands « devants de four » de campagne, ou de ces manteaux de cheminée de châteaux, sous lesquels on souhaite que se déclarent dehors la pluie, la neige, même quelque catastrophe diluvienne pour ajouter au confort de la réclusion la poésie de l'hivernage ; je faisais quelques pas du prie-Dieu aux fauteuils en velours frappé, toujours revêtus d'un appui–tête au crochet ; et le feu cuisant comme une pâte les appétissantes odeurs dont l'air de la chambre était tout grumeleux et qu'avait déjà fait travailler et « lever » la fraîcheur humide et ensoleillée du matin, il les feuilletait, les dorait, les godait, les boursouflait, en faisant un invisible et palpable gâteau provincial, un immense « chausson » où, à peine goûtés les arômes plus croustillants, plus fins, plus réputés, mais plus secs aussi du placard, de la commode, du papier à ramages, je revenais toujours avec une convoitise inavouée m'engluer dans l'odeur médiane1, poisseuse 2, fade, indigeste et fruitée du couvre–lit à fleurs.

探索法国文学中的浪漫主义和现实主义——评《法国文学简史》

提起法国，人们对这个国家的第一个形容词是浪漫，其次是巴黎，这是一个神奇的国度，而这一切都归功于这个国家绚烂多彩的文化,法国的文学让世界都深深记住了它,爱上了它,并狂热地去追寻这份爱背后的故事,法国文学。

法国文学和它自身的历史是紧密相连的,了解法国的历史,却不知道它的文学史,那是有缺憾的。随着文化的发展,关于法国文学史的书籍也在不断地弥补这一空缺,由上海外语教育出版社出版,吴岳添著的《法国文学简史》就对法国漫漫历史长河中文学的发展作了详尽完备的梳理,编辑成册,供学界人士和广大读者去进一步了解法国文学的萌芽、发展、成熟和传承。全书在编辑的过程中有以下几个特色。

以历史的发展为背景,结合作品具体讲述。法国历史的发展在整个欧洲的历史中是较为动荡和复杂的,作者从最早的中世纪说开去,一直到 20 世纪 70 年代,年代的跨度之大也可见法国文学史的悠久与深厚。每一个世纪都有它代表性的作品和作家,除此之外那些有开创意义价值的作品以及作家也是不容忽视的。例如书中在讲述"孟德斯鸠、伏尔泰、狄德罗、雨果、大仲马、小仲马、罗曼·罗兰、莫泊桑、巴尔扎克、都德"等的家喻户晓的文学巨匠、文豪之外,也会去讲述高乃依、拉辛、拉马丁、阿拉贡、纪德等不被大众了解却具有鼻祖地位的作家,同时也是更进一步说明文学的创作是继承和创新,站在前人的肩膀上进行的文学。

结合知人论世的方法去进行作品的介绍和作家的解读。作者在编写该书的时候注重对每个时代历史背景的介绍,通过这种方式可以让读者对该阶段的整体作品有一个宏观上的把握,明白书籍的整体基调和思路形式,从而更有助于对该阶段文学作品的理解。针对作家的介绍从作家的家世背景、生活环境、人生经历开始,再引出该作家的具体作品,由此可以帮助读者结合作者的生平去理解故事中的情节设置和一些场景的刻画用意以及作者最想表达的真实想法。在介绍作家小仲马时说道他是大仲马的私生子,七岁时才被父亲认领,随着之后的相处父子关系的融洽,小仲马也适应了豪奢的生活,成了花花公子。小仲马在 18 岁时遇上了绝色美女玛丽·杜普莱西并且两人相爱过一段时间,但后来因种种原因而分手,当小仲马再次去追寻这段过往时却发现玛丽已经离开人世,这成为小仲马心中永远的痛,但这也为之后的小仲马的代表作《茶花女》的问世奠定了基础。

整体布局安排全面详尽,但又详略得当。作者在编写安排章节时紧扣历史发展的脉络,列举出每个世纪每个时段的代表文学,如中世纪的英雄史诗,骑士和市民文学;十六世纪的七星诗社和小说;十七世纪的贵族沙龙文学和古典主义文学和十八、十九世纪最辉煌的浪漫主义和现实主义文学。代表性的文学是世人皆知的,而它所具备的价值也是大家供认不讳的,因此作者在介绍时用较多的笔墨,并且引用书中的具体章节去进一步地体现该文学作品的魅力所在。与此同时作者也会单独设置章节去介绍大家所忽略或者具有不同特色的作家,如在第五编介绍 19 世纪文学时作者在第八章中单独去介绍一些"其他作家",其中包括"都德、小仲马、洛蒂",作者认为都德的《最后一课》有特殊价值,该作品是讲述法国教师给孩子们上的最后一堂课时的情景，故事的讲述已经不再是简单的现实主义的题材，其中所显示的对战争的控诉和小人物在国家沦为殖民地时所体现的爱国主义的情怀更是闪耀着光辉的文学价值。对小仲马的讲述在前文中就花费笔墨，但又放到此章中看似重复，其实不然，前文的讲述时结合大仲马的私生子这一特殊身份，而在此章中是侧重于小仲马的文学作品。

除了以上的特点之外，该书在整体讲述的过程中脉络清晰，逻辑严明，并没有因为法国历史的混乱而使得文学史的讲解也陷入迷乱，但唯一一点需要指正的是作者在进行作品故事梗概的讲解时一味地从自己的主观想法去讲述，多是形容词的堆砌，而且大多数形容词是该作品最常见的描述，缺乏生动性，可以在设置书目章节的时候加入一些课外链接，链接原作品的字句章节，如此可使文章的说明性更强，更能吸引读者。

就整体而言，该书适合广大群体阅读，没有界限，无论是在校学习人士还是普通民众，对法国文学的了解也是提升自我文学修养的一个好的方法与途径，并且法国文学中的很多思想和中国的文学作品有许多相似之处，可以进行类比和学习，因此，该书值得大力推广。

附：《法国文学史》课程建设

南昌大学理论／实践课程教学大纲样表					
课程名称（中文）	法国文学史		课程编码		Z5120X0321
课程名称（英文）	History of French Literature		课程性质（通识课／专业类基础课／专业课）		专业课
学分	总学时	理论学时（课内）	理论学时（课外）	实验学时	实践周数
2	32	32			
开课单位	学院　外国语系：亚欧　　教研室：法语　　其他：				
课程负责人	工资号	姓名	性别	出生年月	职称	学位
		Pierre	男	1965.9	外教	硕士
前修课程名称					
前修课程编码					
其他主讲教师	工资号	姓名	性别	出生年月	职称	学位
		Christian	男	1978.5	外教	硕士
		葛莉	女	1983.9	讲师	硕士
选用教材／参考书目	《法国文学史》外语教学与研究出版社，作者：陈振尧　时间：2016 年				
	《法国文学选集》外语教学与研究出版社，作者：晶尼 张放　时间：2007 年				
课程简介	本课程是一门培养学生文学能力、理解能力和鉴赏能力的综合课程。授课的主要内容包括学生阅读和教师讲解两方面。通过教师课堂上对法国文学史的讲解再结合学生自己课下阅读大量法语精选文学作品来培养学生的文学感悟能力。 教学目标：通过阅读法国文学精选作品，提高学生阅读法国文学原著的能力和欣赏鉴赏水平				

课程简介（英文）					
课程主要内容及学时安排	第一章： 中世纪法国文学作品及作家介绍及选讲（8 学时） 第二章： 16、17 世纪法国文学作品及作家介绍及选讲（8 学时） 第三章： 18、19 世纪法国文学作品及作家介绍及选讲（8 学时） 第四章： 20 世纪法国文学作品及作家介绍及选讲（8 学时）				
理论 / 实践课程考核评价	类别（分数权重）	考核			
		方式	内容	要求	备注
	（理论）过程考评（25±15%）/（实践）准备考评（20±15%）	占总成绩 10%	平时点到，作业，课堂回答问题情况	要求独立完成	
	（理论）期中考评（25±15%）/（实践）过程考评（40±15%）	占总成绩 30%	试卷或者小论文的成绩	闭卷或半开卷	
	（理论）期末考评（50±15%）/（实践）报告考评（40±15%）	占总成绩 60%	试卷成绩	闭卷	
课程负责人签名：外教			日期：2016 年 12 月 9 日		

Références

1. Charolles.M, Introductions aux problèmes de la coérence des textes, en langue française, numéro 38, 1978

2. Charolles.M, Les études sur la coérence, la cohésion et la connexité textuelle depuis la fin des années 1960, in Modèles linguistiques,X–2.p. 108

3. Micheline de Combarieu du Grès et Jean Subrenat, Les Quatre Fils Aymon ou Renaut de Montauban, Paris, Gallimard, 1983 （ISBN 2–07–037501–3）, p. 16

4. Jacques Thomas, L'épisode ardennais de Renaud de Montauban, édition synoptique des versions rimées, vol. 3, Brugge, De Tempel, 1962, faculté de philosophie et de lettres de l'université de Gand.

5. Ferdinand Castets, La Chanson des Quatre Fils Aymon, d'après le manuscrit La Vallière, avec introduction, description des manuscrits, notes au texte et principales variantes, appendice où sont complétés l'examen et la comparaison des manuscrits et des diverses rédactions, Montpellier, Coulet et fils, 1909, p. V

6. Ferdinand Castets, La Chanson des Quatre Fils Aymon, d'après le manuscrit La Vallière, avec introduction, description des manuscrits, notes au texte et principales variantes, appendice où sont complétés l'examen et la comparaison des manuscrits et des diverses rédactions, Montpellier, Coulet et fils, 1909, p. VI

7. Xavier Darcos, Histoire de la littérature française, Paris, Hachette, coll. « Faire le point. Références », 1992, 527 p., couv. ill. ; 20 cm （ISBN 2–01–016588–8, ISSN 0297–5580, notice BnF no FRBNF35565165）, p. 25–26

8. Paris,M.–C, problème de syntaxe et de sémantique en linguistique chinois, Paris, Collège de France,1981,numéro 30,p.265

9. Paris,M.–C, Position syntaxique et valeur discursive, le cas de même en chinois,in Cahiers de linguistique Asie–Orientale, numéro 20,p.

10. Brumfit,C.J.R.A Carter.Literature and language Teaching.Oxford:Oxford university Press, Shanghai Foreign Languages Etucation Presse.2000

11. Carrett,N.Technology in the Service of Language Learning:Trends and Issues. Morden

Language Journal,75–112

12. A genetic-algorithm-based neural network approach for EDXRF analysis [J]. Nuclear Science and Techniques. 2014（03）

13. Guy Capelle, Noel Gidon, Reflets, livre de l'éleve, Hachette 1986

14. THERER,J. "Style d'enseignement, styles d'apprentissage et pédagogie différenciée en science". Informations Pédagogiques . 1998

15. Guy Capelle, Noel Gidon,Reflets,livre de l'eleve, Hachette 1986

16. 毛意忠，《法语现代语法》[M]，上海译文出版社，2005 年。

17. 马晓宏，林孝煜，《法语修订本 2》[M]，外语教学与研究出版社，2013 年。

18. 路易 – 让·卡尔韦，《社会语言学》[M]，商务印书馆，2001 年

19. 赵俊欣，《法国文学作品选读》（影印本）上下册 [M]，上海译文出版社，2015 年

20. 吴贤良，《新公共法语》上，中，下册 [M]，上海外语教育出版社，2014 年

21. 王秀丽, Cours Elémentaire de Linguistique Française《法语语言学教程》（影印本）[M]，外语教学与研究出版社，p 23–69, 2006 年

22. 陈振尧，《法国文学史》[M]，外语教学与研究出版社，2016 年

23. Geneviève ZARATE，傅荣，《多元语言和多元文化教育思想引论》[M]，外语教学与研究出版社，2016 年

24. 佛朗索瓦兹·普洛坎，钱培鑫，陈伟等，《法国文学大手笔》（影印版）[M]，上海译文出版社，2002 年

25. 张彤，《法语介词攻略》[M]，上海译文出版社，2005 年

26. 葛莉，《谈法语专业教学》[J]，知识经济。2012（11）

27. 葛莉，《如何学好法语语音》[J] 金田。2012（10）

28. 葛莉，《法国现当代文学对文学变革的影响——评 < 法国现当代文学——从波德莱尔到杜拉斯 >》[J] 中国教育学刊，2017 年（3）

29. 葛莉，《探索法国文学中的浪漫主义和现实主义——评 < 法国文学简史 >》[J] 中国教育学刊，2017 年（1）